개정 2판

6·25 전쟁의 교훈과 한반도 미래

김두현 저

도서출판 진영사

머리말

우리나라는 대륙과 해양을 연결하는 지정학적 위치의 특성 때문에 외부에서 수 없이 많은 침략을 받아왔다. 그 중에서도 6·25전쟁은 같은 민족끼리 이념과 체제의 대립으로 많은 사상자가 발생한 **'동족상잔(同族相殘)'**의 전쟁이었다. 그러나 6·25전쟁이 휴전한지 70여 년이 지난 현재에도 남·북한은 여전히 분단되어 있으며 북한의 도발과 전쟁의 위협은 큰 변화가 없다. 따라서 6·25전쟁을 체험하지 못한 세대들이 대부분인 현 시점에서 전 국민이 쉽게 읽을 수 있고 군 간부를 희망하는 사관생도와 후보생, 그리고 전술적 지식이 부족한 초급간부들이 6·25전쟁의 사실과 과정을 이해하고 국가의 존망(存亡)을 위협하는 전쟁에 대해서 다시 한번 인식하고 대비하는 데 도움이 되고자 이 책을 발간하였다. 이 책의 특징은 7개 분야로 구분하여 정리하였다.

첫째, 6·25전쟁의 배경과 과정에서 6·25전쟁의 교훈과 한반도 미래까지 한 권의 책에 수록하였다. 둘째, 6·25전쟁의 사실과 과정을 쉽게 이해할 수 있도록 스토리텔링(Storytelling) 기법을 적용해서 시간적 상황을 순차적으로 전개하였다.

셋째, 전술지식이 부족한 초급간부와 장교 및 부사관 후보생들의 군사지식과 눈높이를 고려해서 용어 설명과 관련 상황도를 제시하여 쉽게 이해할 수 있도록 했다. 넷째, 6·25전쟁사를 처음 접하는 국민들이 이해하기 쉽게 군사용어를 최소화해서 내용을 구성하였다. 다섯째, 6·25전쟁의 주요 국면과 전투 상황에서 전쟁과 전술의 원칙을 '어떻게 적용하고 대응 했는가'를 제시하였다. 여섯째, 6·25전쟁에서 '지휘관(자)의 지휘능력과 무기체계가 전쟁의 승패에 미친 영향'에 대해서 제시하였다. 일곱째, 6·25전쟁의 결과와 교훈을 통해서 전쟁에 대비하지 않은 국가는 멸망했거나 많은 사상자가 발생한 사실과 대립과 갈등의 남·북한 상황을 설명했고 통일 한국의 미래 비전을 제시하였다. 그러나 6·25전쟁사를 한권의 책에 상세하게 서술하는 것은 제한되기 때문에 주요 국면과 핵심 전투상황 위주로 서술을 하였다.

본 책은 8장으로 구성하였다. 제1장은 6 · 25전쟁의 배경과 전쟁준비 과정으로 주요 상황, 광복 전 · 후 한반도의 상황과 분단배경, 남 · 북한군의 창설과 전쟁준비, 6 · 25전쟁의 단계와 상황 등 4개의 절로 편성하였다.

제2장은 기습남침 및 지연전의 주요 상황, 축선별 초기전투, 유엔군 참전과 지연전, 전쟁초기 지연작전(한강 방어선~낙동강 방어선), 지연작전 분석 및 교훈 등 5개의 절로 편성하였다. 제3장은 낙동강 방어선 전투의 주요 상황, 낙동강 방어선 형성과 방어편성, 북한군의 공격 기세와 대응, 낙동강 방어선 전투 분석 및 교훈 등 4개의 절로 편성하였다. 제4장은 반격작전의 주요 상황, 인천상륙작전 계획, 인천상륙작전 경과, 수도 서울 탈환작전, 낙동강 방어선 반격작전 등 6개의 절로 편성을 하였다. 제5장은 북진작전의 주요 상황, 북진작전 과정, 북진작전 분석 및 교훈 등 4개의 절로 편성하였다. 제6장은 중공군의 참전과 후퇴의 주요 상황, 중공군 제1~3차 공세와 서울피탈, 후퇴작전 분석 및 교훈 등 6개의 절로 편성하였다. 제7장은 유엔군의 반격과 중공군의 공세로 주요 상황, 유엔군의 제1차 반격, 중공군의 제4차 공세와 유엔군 제2차 반격, 유엔군의 38도선 재 돌파와 중공군 제5차 공세, 중공군 제6차 공세와 유엔군 제3차 반격, 전훈분석 등 6개의 절로 편성하였다. 제8장은 교착전과 휴전의 주요 상황, 주요 군사작전과 고지전, 정전협정 배경과 준비과정, 정전협정의 갈등과 협상, 정전협정체결 및 조치 등 5개의 절로 편성하였다. 제9장은 6 · 25전쟁의 교훈과 한반도 미래 비전에 대해서 서술하였다. 그리고 초판에서 미흡했던 낙동강 방어선 전투, UN군의 공군작전, 6 · 25전쟁의 사실 20가지를 추가했고, 정전협정과정과 한반도 미래비전을 세부적으로 보완하였다.

끝으로 이 책이 완성되는 데 많은 조언과 도움을 준 용산 전쟁기념관 6 · 25전쟁 전문 해설사 김진섭 동기와 군 생활시작부터 전역을 할 때까지 나에게 등대와 같았던 예비역 육군 소장 강천수 장군님께 감사드립니다. 이 책이 군 간부와 후보생 교육과정에서 6 · 25전쟁사를 연구하는 데 많은 도움이 되기를 바랍니다.

2022년 12월 저자 김두현

목 차

목 차

제1장

6 · 25전쟁의 배경과 전쟁준비 과정

모든 인류 죄악의 총합은 전쟁이다.

- 손자병법 : 허실(虛實)

제 1 절 주요 상황

6·25전쟁 이전의 정치적 배경과 전쟁준비 과정에서의 주요 상황은 다음과 같다.

순서	일정	내용	순서	일정	내용
1	'43.11.22~26	카이로 회담	20	'48.8.15	대한민국 정부 수립
2	'43.11.28.~12.1	테헤란 회담	21	'48.8.24	한국군 통수권 한국이양
3	'45.2.4~11	얄타회담	22	'48.9.9	조선민주주의 인민공화국 발족
4	'45.7.17~8.2	포츠담 회담	23	'48.10.19	여순 반란사건
5	'45.8.6	나가사끼 핵폭탄 투하	24	'48.12.26	소련군 철수 완료
6	'45.8.9	히로시마 핵폭탄 투하	25	'49.3.3	김일성·스탈린 회담
7	'45.8.9	소련군 함북 경흥 점령	26	'49.3.17	조·소 경제문화협정 체결
8	'45.8.12	소련군 웅기 점령	27	'49.3.19	조·중 방위협정 체결
9	'45.8.13	소련군 청진 상륙	28	'49.6.29	주한미군 철수 완료
10	'45.8.15	광복, 한국 해방	29	'49.9.9	소군정 장비 이양
11	'45.8.24	소련군 평양 점령	30	'49.10.1	중화인민공화국 정부 수립
12	'45.10.16	미제24군단 남한 전개 완료	31	'50.1.12	애치슨 태평양 방위선 결정
13	'45.12.27	김일성 책임비서 임명	32	'50. 4월 초	김일성·스탈린 회담
14	'45.12.21	모스크바 3상 회의	33	'50.5.13	김일성·마오쩌둥 회담
15	'46.2.8	북조선 임시 인민위원회 조직	34	'50.5.29	북한 선제타격계획 완성
16	'46.3.20	제1차 미·소 공동위원회 개최	35	'50.6.10	북한 위장평화 공세
17	'47.5.21	제2차 미·소 공동위원회 개최	36	'50.6.10	한국군 주요 직위자 인사이동
18	'48.2.8	북한 조선인민군 창설	37	'50.6.22	북한군 전투명령 하달
19	'48.4.3	제주도 4·3사건	38	'50.6.24	한국군 비상경계 해제

제 2 절 광복 전·후 한반도 상황과 분단의 배경

1. 광복 전 국제정세

제2차 세계대전 말기에 연합국은 종전처리에 대한 문제를 해결하고자 이집트의 카이로에서 미국의 루스벨트(Franklin D. Roosevelt) 대통령, 영국의 처칠(Winston S. Churchill) 수상, 중화민국의 장개석(蔣介石) 총통 등이 카이로 회담(1943.11.22~26)을 개최하였다. 이 회담에서 일본이 점령했던 지역의 처리 방안에 대한 논의가 있었으며 **"적당한 시기에 한반도의 독립을 보장 한다"**라고 선언하였다. 이는 국제적으로 한반도의 독립이 처음 언급된 것이며 여기에는 적절한 절차 즉 신탁통치를 한다는 단서가 내포되어 있었다.

이란의 수도 테헤란에서 개최된 회담(1943.11.28~12.1)에서는 스탈린(Joseph V. Stalin)이 참석하여 루스벨트의 한반도 신탁통치 안에 동의를 하였다. 따라서 미국·소련·영국·중국 등 연합국 지도자들이 한반도 문제에 대해서 공동의 인식을 하게 되었다. 이후 한반도의 신탁통치는 한국문제 처리의 핵심 사안이 되었다.

얄타회담은 흑해 연안의 크림 반도에 있는 얄타에서 미국·영국·소련의 연합국 지도자들이 비공개 회담(1945.2.4~11)으로 진행 되었다. 이 회담에서 패전국 처리, 식민지 독립, 이권 분배 등의 비밀 협상과 소련이 대(對)일전에 참여하고 대신에 러·일 전쟁(1904)에서 잃은 만주 일대의 이권을 소련에게 보장을 해주는 것으로 합의하였다. 따라서 얄타 회담 결과 소련의 대(對)일전 참전과 미·소가 38도선을 분할하여 신탁통치를 하는 것으로 결정되었다. 종전 직전 독일의 포츠담에서 개최된 회담(1945.7.17~8.2)에서는 카이로 회담에서 결정된 한국의 독립 문제와 소련의 대(對)일전 참전을 재확인했다. 따라서 소련은 히로시마(1945. 8. 6)와 나가사키(1945. 8. 9)에 원자탄이 투하된 시점인 8월 8일(8. 9. 00:00)에 만주 국경을 넘어 대(對)일전에 참전을 했다. 이때 미국이 제2차 세계대전의 종전에 대비하여 일본의 항복 절차와 연합국 지휘관 지정, 한반도를 포함한 일본의 점령지를 접수하기 위한 계획이 **'일반명령 제1호'**[1)]이다. 미국은 일반

명령 제1호에 미군과 소련군의 점령지역 분할선을 한반도 상의 위도 38도선으로 확정하고 스탈린의 동의를 얻었다. 이로 인해서 한반도가 남과 북으로 양분되는 운명을 맞이했고, 일본은 1945년 8월 15일에 **'무조건 항복'**을 했다.

2. 광복 후, 한반도 안보정세

광복 후의 한반도 안보 상황과 남·북한의 분단 배경을 보면 다음과 같다. 제2차 세계대전 종료 직전 대일전에 참전한 소련은 제1극동전선사령부 소속 제25군 사령부(대장 치스차코프, Ivan M. Chistiakov)를 주축으로 8월 9일 15시에 함북 경흥을 점령하였고, 8월 12일에는 웅기, 8월 13일에는 청진에 상륙했다. 소련군은 약 15만 명의 육군과 해군을 북한에 신속하게 진주시켰으며, 8월 24일에는 소련군 선발대가 평양을 점령하고, 평남 도청에 치스차코프 대장을 사령관으로 하는 군정(軍政)사령부를 설치하였다. 소련군은 38도선에 즉각 경계초소를 설치하고 남·북한 간의 모든 교통과 체신 왕래를 차단했다. 그리고 소련은 군정 하에서 각 도·시·군에 위수사령부를 설치하였고, 5도행정국을 설치(1945.11.19)하였으며, 김일성을 북조선 공산당 책임비서로 임명(1945.12.27)하는 등 군정체제를 완비해 나갔다.

그러나 남한지역은 미군의 일반명령 제1호 하달이 지연되어 미군은 9월 8일부터 인천을 통해서 진주하기 시작했으며, 오키나와에 주둔하고 있던 제24군단(중장 하지 John R. Hodge, 제6·7·40보병사단) 병력 8만여 명을 10월 16일까지 남한에 전개를 완료했다. 그러나 미국의 군정 정책은 소련과 달리 최초부터 부재했고, 민주주의 기본개념에 따라 좌·우익을 포함한 모든 정파의 정치활동을 보장하는 반면, 대한민국 임시정부와 광복군은 인정하지 않았다. 따라서 김구를 비롯한 임시정부 인사와 광복군은 개인 자격으로 입국을 해야만 했다. 당시 미국의 대(對) 한반도 정책은 **"군정을 통한 신탁통치를 통해서 조선인 스스로의 통치능력을 기른 다음에 독립 국가를 보장한다"**라는 수순이었다.

그리고 제2차 세계대전 종전 후의 한반도 문제 등 제반문제 처리를 위해서 1945년

---

1) 미국 3부 정책조정위원회(State-War-Navy Coordinating Committee : SWNCC)에서 본 스틸 대령과 딘 러스크 대령이 1945년 8월 10일과 11일 북한에 소련군이 진주하는 가운데 미군은 1,000km 남쪽 오키나와에 있다는 사실을 고려하면서, 한반도의 소비에트화를 방지하기 위해서 38도선을 분할선으로 설정하고, 13일 트루먼 대통령의 승인을 받아 맥아더 원수에게 일반명령 제1호로 하달했다.

12월 27일 모스크바에서 개최된 **'미 · 영 · 소 3개국 외상회담'**[2)]에서 **'5년간의 한반도 신탁통치'**가 합의 되었으나 격분한 국민들이 신탁통치를 반대하는 운동을 대대적으로 전개했다.

(신탁통치 반대)

(신탁통치 찬성)

그러나 북한은 신탁통치를 반대하다가 소련의 지령으로 찬탁으로 돌아섰다. 따라서 한반도 내부의 이념적 성격의 분열상이 극명하게 노출되기 시작했다. 이와 같은 상황에서 모스크바 외상회담의 사후문제 처리를 위해서 미 · 소 공동위원회가 설치되었으며, 제1차 미 · 소 공동위원회가 서울 덕수궁 석조전에서 개최되었다(1946.3.20). 이때 소련은 신탁통치에 찬성하는 대상만으로 임시정부 구성을 준비하고, 반대하는 정당이나 단체는 임시정부 구성에 참여시킬 수 없다고 주장하며 미국과 대립되는 의견을 제시하여 결국 미 · 소 공동위원회는 파국을 맞이했다. 그리고 이후에 개최된 제2차 미 · 소 공동위원회(1947. 5. 21)마저도 합의점을 찾지 못하고 결렬되었다. 한반도 문제가 해결의 실마리를 보이지 않자 미국은 한반도 정권수립 문제를 유엔에 상정했으며, 유엔은 한국 문제를 처리하기 위해서 **'유엔한국임시위원단(UNTCOK)'**을 설치하고 남 · 북한 총선거를 실시하고자 했다. 그러나 선거에서 불리하다고 판단한 소련과 북한의 반대로 북한에

---

2) 모스크바 삼상 회의(三相會議)는 1945년 12월 16일부터 26일까지 소련의 모스크바에서 개최된 미국 · 영국 · 소련의 외무장관 회의이다. 제2차 세계대전 뒤의 일본 점령 지구에 대한 관리 문제를 비롯하여 얄타회담에 따른 대한민국의 독립 문제를 거론하였다.

는 입국을 하지 못했다. 결국 남한지역(4·3사건으로 제주도 제외)만 자유 총선거를 실시하고(1948. 5. 10) 결과에 따라 1948년 8월 15일에 **'대한민국 정부'**가 수립 되었다. 한편, 북한에서도 **'흑백선거'**[3]를 통해서 1948년 9월 9일에 **'조선민주주의인민공화국'** 이라는 정권을 탄생시켰다. 이로써 한반도는 해방과 동시에 강대국의 전후처리에 의해 설치된 38도선을 기준으로 양 지역에 이질적인 정권이 수립되었다. 한반도에서 남·북 분단은 이때부터 고착화되기 시작했으며, 결국 6·25전쟁의 직접적인 원인이 되었다.

3. 6·25전쟁의 원인

6·25전쟁의 원인은 **'국제 정치질서'** 상황의 **'국제적 측면'**에서 보는 관점과 **'한반도 내부'상황**의 **'국내적 측면'**의 두 가지 관점에서 살펴보았다.

가. 국제적 측면

국제적 측면에서 전쟁의 원인을 보면 당시 상황은 제2차 세계대전의 전후처리에 의한 남·북한 신탁통치와 38도선 분할 확정에 따라서 분단이 시작되었다. 이는 미·소의 동서냉전 체제의 확대가 6·25전쟁이 발발하는 상황으로 발전하였다. 국제적 측면에서 전쟁의 원인을 보면 당시 미·소의 대결, 미국의 대(對) 한반도 전략 부재, 중·소의 세계 공산화 정책 등 대략 세 가지로 볼 수 있다. 먼저 소련의 팽창주의 정책과 미국의 봉쇄정책 간의 대결 문제로 당시 국제 역학의 주도권을 잡고 있던 양국은 이념과 체제면에서 대립을 하고 있었다. 제2차 세계대전 종전 후 소련은 **'팽창주의(膨脹主義, expansionism)'** 정책을 추진했고, 미국은 이를 저지하기 위해서 **'봉쇄정책(封鎖政策, containment policy)'**을 추진하면서 상호대립이 격화되고 있었다. 이와 같이 미·소가 대립하는 상황에서 소련은 동유럽 및 발칸반도에서 **'철의 장막(Iron Curtain)'**을 치며 동유럽 국가를 위성국화(化) 하였다. 이에 맞선 미국은 **'트루먼 독트린'**[4]과 **'마샬 플**

---

3) 1948년 북한정권 수립 이후 1957년까지 실시된 북한의 투표방식으로, 최고인민회의 대의원 및 지방인민회의 대의원 선거시 투표장에서 단일 입후보한 후보자를 찬성하면 백색(白色) 투표함에, 반대하면 흑색(黑色) 투표함에 투표용지를 넣는 제도를 말한다.

4) 1947년 3월 미국 대통령 H.S.트루먼이 의회에서 선언한 미국외교정책에 관한 원칙. 공산주의 세력의 확대를 저지하기 위한 정책으로 이 원칙에 입각하여 당시 공산세력으로 인하여 직접적인 위협에 직면하고 있던 그리스와 터키의 반공(反共) 정부에 대하여 미국의 경제적·군사적 원조가 제공되었다. 이 원칙은 그 후 미국 외교정책의 기조가 되

랜'[5])을 추진하였다. 소련이 동유럽에 **'코민포름'**[6])을 형성하며 베를린 봉쇄정책(1948.2)을 단행하자, 미국은 **'북대서양 조약기구(NATO)'**[7])를 결성하였다. 하지만 이와 같은 대결구도 하에서도 미·소는 힘의 균형을 축으로 하여 제3차 세계 대전을 예방하기 위해서 극단적인 무력 충돌만은 회피하고 있었다. 그러나 힘의 균형이 한반도에서 일시에 무너지고 말았다. 결과적으로 미·소 대립의 최첨단 지역인 한반도에서 어느 한 국가는 전쟁을 사주했거나 적어도 묵인하는 정책을 추진한 것이다. 따라서 6·25전쟁은 그동안 축척된 미·소간의 에너지가 한반도에서 만큼은 **'열전(熱戰)'**으로 분출한 것이라 볼 수 있다. 다음은 미국의 한반도에 대한 **'전략적 가치 경시와 정책의 부재'**였다. 미 국무부장관 애치슨(Acheson D. Gooderham)은 1950년 1월 12일에 미국의 태평양 방위선에서 일본 열도까지 만(알유산 열도~일본 열도~오끼나와~필리핀을 연하는 선)을 미국의 전략방위선(애치슨 라인)으로 포함하고, 애치슨 라인에서 한반도와 대만을 제외했다. 이러한 결정을 하게 된 미국의 속 사정은 제2차 세계대전이 종료되면서 전략공군 위주의 대량보복 전략을 수립하여 지상군을 1,200만 여 명에서 146만 여 명으로 대폭 감축하고, 마샬 정책 추진으로 경제적 부담과 동북아에서 한국의 전략적 가치를 낮게 평가한 데서 원인을 찾을 수 있다.

또한 미국은 한반도에서 한국군을 무장시키지 않고 군사고문단 500여 명만을 남기고 주한미군을 철수(1949.6.29)시켜 한반도에서 힘의 공백을 초래했다. 마지막으로 국제적 측면에서 전쟁의 원인은 소련과 중국의 세계 공산화 정책이다. 소련은 제2차 세계대

었으며, 유럽부흥계획과 북대서양조약으로써 구체화되어 갔다.

5) 마샬 플랜(Marshall Plan)은 제2차 세계대전이 끝난 뒤, 1948년부터 1951년까지 미국이 서유럽 16개국에 대한 대외원조계획이다. 정식 명칭은 유럽부흥계획(European Recovery Program, ERP)이지만, 당시 미국의 국무장관이었던 조지 마샬(George Catlett Marshall, 1880~1959)이 처음으로 제안하여 '마샬 플랜'이라고 한다.

6) 코민포름(Cominform)은 "Communist Information Bureau"(공산주의자 정보 기구)의 약칭이다. 1947년 9월, 바르샤바에서 소련 공산당 주창 아래 유럽에 있는 9개국 공산당이 참가하여 창설한 공산주의 국가의 정보국이다. 참가국은 소련을 중심으로 체코·불가리아·루마니아·헝가리·폴란드·유고슬라비아·프랑스·이탈리아의 9개국으로서 미국을 중심으로 한 서유럽의 반공 체제와 투쟁할 것을 선언하고 행동의 통일, 경험·정보 교환, 활동의 조정을 위하여 코민포름을 설치할 것을 정하였다. 이들은 마샬 계획을 미국의 확장 정책에 일부러 비판하고, 1948년 6월에는 유고슬라비아 공산당을 제명하여 반소적(反蘇的)이고 민족주의적이라고 비판하였다. 1956년 4월에 해산될 때까지 세계 각국의 공산당에 대해서 지도적인 역할을 수행함으로써 냉전 초기 단계에서 갖는 의의가 컸다.

7) 제2차 세계대전 후 동유럽에 주둔하고 있던 소련군과 군사적 균형을 맞추기 위하여 체결한 북대서양조약의 수행기구로 회원국은 벨기에·캐나다·덴마크·아이슬란드·이탈리아·룩셈부르크·네덜란드·노르웨이·포르투갈·영국·미국·프랑스 등이다. 1952년 2월 그리스와 터키, 1955년 5월 서독, 1982년 5월 스페인, 1999년 3월 체코·폴란드·헝가리가 가입하였다. 프랑스는 NATO 회원국으로 남아 있었으나, 1966년 NATO통합군에서는 탈퇴하였다.

(미국의 전략 방위선 : 애치슨 라인)

전 종료 직후에 동구권 국가를 위성국화 하였고, 1948년부터 전략의 축을 유럽에서 아시아로 전환하는 정책을 수립하여 아시아의 신생 독립국을 대상으로 공산화 정책을 추진하였다. 특히 소련은 한반도를 위성국화해서 미군을 축출하고 극동지역에서 부동항의 전진기지를 확보해서, 대(對)미 일변도의 일본에 대한 직·간접적 영향력을 행사하고자 하였다. 또한 당시 공산주의 국가로 태동하기 시작한 중국이 유고의 대통령이었던 티토(Josip Broz Tito)와 같이 미국으로 기울어지는 것을 방지하고 소련의 영향권 하에 중국을 묶어 두고자 했다. 한편, 중국은 이미 국·공 내전 간 북한으로부터 군사적 협조를 받아 센양(瀋陽)전투에서 승리를 했고 전투 간에 피난처로 북한을 이용하였으며, 북한의 물자를 지원받기도 하였다. 또한 1946년 말과 1947년 초부터 6·25전쟁 직전까지 약 6만 3천명의 조선의용군을 중공군에 편입해서 내전에 참전시켰으며, 남침 시 북한군 병력이 198,380명이었던 것을 고려하면 북한군의 1/3 수준으로 조선의용군은 북한에 입북하여 북한군 제 5·6·12사단으로 개편되었다. 중국은 북한과 **'피로 맺어진 형제'**였으며, 중국의 대(對)북한 지원은 역사적으로는 중화관(中華觀)이 작용하였고, 실질적으로는 한반도와 지리적으로 인접한 **'순망치한(脣亡齒寒)'**[8]의 지정학적 관계가 고려되었다. 마오쩌둥(모택동)은 이미 장제스(장개석)와의 문제로 미국과 형성된 적대관계에서 자국의 안전을 위해서 한반도 장악이 필요하다고 판단한 것이다. 이와 같이 소련의 전략에 의한 한반도 공산화 정책, 중국의 국익을 바탕으로 조·중·소 우호전략, 북한 김일성의 적화야욕 등의 요인이 상호간에 이해가 일치하면서 소련·중국·북한은 정치·군사·문화면에서 **'3국 협력체제'**를 탄생시켰으며, 이는 국가별 조약으로 명문화 되었다.

8) 입술이 없으면 이가 시리다. 굉장히 밀접한 둘의 관계를 의미하는 것으로, 둘 중 하나가 망하면 나머지도 망함을 경계하라는 비유로 쓰인다.

★ 6 · 25전쟁의 사실 1 : 왜 마오쩌뚱은 스탈린의 6 · 25전쟁 참전 요구에 응할 수밖에 없었는가?

마오쩌뚱은 1949년 10월 1일에 중화인민공화국을 수립한 후에 주석에 취임했다. 당시 중공은 공산정부 수립 후에 경제복구, 토지개혁, 대만점령, 반공세력 토벌, 티베트 점령 등의 과제가 있었지만 그중에서 가장 시급한 것은 경제복구였다. 이와 같은 상황에서 1950년 2월 14일 중·소 우호동맹 및 상호원조조약에서 소련은 중공에 5년간 3억 달러의 차관을 제공하는 것으로 협의가 되었다. 이와 같이 중국은 소련의 지원이 절실한 상황에서 마오쩌뚱은 스탈린의 요구에 응할 수 밖에 없었다.

나. 국내적 측면

6 · 25전쟁의 국내적 요인은 김일성의 무력 적화통일의 야욕과 남 · 북한간의 군사력 불균형, 남한의 자치역량 부족, 정치적 혼란, 경제력 빈약 등을 들 수 있다. 김일성은 정권을 장악한 후에 내부적으로는 체제를 공고히 하면서 군대를 양성하고 전쟁물자와 장비를 준비해 나갔다. 그는 무력으로 한반도를 통일하겠다는 야망을 품고 있었던 것이다. 따라서 김일성은 소련의 스탈린을 수 차례 방문해서 남침에 대한 지원과 승인을 요구했다. 이에 스탈린은 그때마다 남침에 대한 비전과 전략을 제시하면서 때를 기다리라고 했으나 미군이 철수하자 김일성의 무력 통일안이 자신의 동방전략과 일치한다고 판단하고 무력전쟁을 승인했다. 그러나 군사력이 문제였다. 당시 세계적인 냉전의 균형추는 상호 견제 가능한 군사력이었는데 한반도에서는 이 균형추가 붕괴되었다. 6 · 25전쟁 직전에 남 · 북한군의 전투력은 북한이 월등하게 우세하였다. 특히, 당시에 한국군은 북한군의 전차를 파괴[9]할 수 있는 무기체계를 전혀 보유하지 못하고 있었으며 이와 같은 비대칭 전력의 상황을 고려한다면 기타 전투력 비교 자체가 무의미하다고 할 수 있다. 특히, 해방 후의 정치 · 경제 상황으로 북한지역에서는 소련의 지원으로 공산당이 정권을 잡고 북한사회를 일사분란하게 통제를 했으나 남한지역에서는 정치적 혼란이 지속 되었으며 서구 민주주의의 영향으로 39개의 정당이 난립하였고, 집권당은 국회의석이 26% 수준으로 정치기반이 취약하였다. 또한 정치적 혼란으로 남한의 지도부나 정치인들은 국방 문제를 심도 있게 다루지 못했다. 경제면에 있어서는 해방 당시에 대부분의 산업시설이 북한에 산재해 있었으나 분단과 더불어 교류가 단절되었다. 특히, 많은 북한 주

9) 6 · 25전쟁 당시 한국군이 보유했던 대전차 장비는 2.36인치 로켓포와 57밀리 대전차포였으나 이들 장비로는 북한군 T-34전차를 파괴할 수 없었다.

민들이 월남을 해서 남한의 인구 부양능력은 한계에 달했고, 전력과 생필품이 부족해서 물가가 30배가 폭등하는 극심한 인플레이션이 발생하였다. 그리고 **'제주 4 · 3사건'('48년)**[10]'과 **'여수 · 순천 반란사건('48년)**[11]' 등의 사건과 남로당 및 무장공비의 활동 증가로 파업 및 폭동과 좌익사건이 발생하는 등 사회질서가 극도로 혼란하였다.

★ 6 · 25전쟁의 사실 2 : 왜 육군편제에 제4 · 14연대가 없는가?

여수·순천 반란 사건 당시에 순천지역에 주둔하고 있던 제14보병연대가 제주 4·3사건 진압명령을 거부하고 무장 반란을 일으켜 중앙 정부에서 이를 진압하기 위해 제4보병연대를 파견하였으나 제14보병연대와 동조를 하여 무장반란을 일으켰다. 이에 정부에서는 무장반란이 완전 진압된 후에 제4·14보병연대를 해체하였다.

이와 같은 사회불안은 국가 존립과 안정에 부정적 요소로 작용되었고 좌익세력이 준동할 수 있는 원인이 되었다. 그리고 미국은 한반도를 극동 방위의 전초기지 정도로 인식하고 한반도의 전략적 가치를 과소평가해서 1949년 6월 29일에 주한미군을 철수시켰다. 이와 같은 미국의 조치는 한반도에서 **"힘의 공백이 발생하는 결과를 초래"**하였다.

결론적으로 6 · 25전쟁은 미 · 소 냉전체제의 대립 등 국제적인 정치상황과 국내의 정치 · 경제 · 군사 등의 정세 혼란, 남 · 북한의 군사력 불균형, 군사대비태세 미흡 등이 결합되어 발생하였다.

전쟁은 국가의 가장 막중한 일로서, 땅의 모든 것을 파괴하고 인간의 도리를 무너뜨리므로 깊이 살피지 않을 수 없다.

- 손자병법 : 시계(始計)

10) 1947년 3월 1일부터 1954년 9월 21일까지 7년 7개월에 걸쳐 제주도에서 일어난 사건이다. 일제의 패망 이후 남북한의 이념갈등을 발단으로 봉기한 남로당 무장대와 미군정과 국군, 경찰 간의 충돌과정에서 미국 정부의 묵인하에 벌어진 초토화 작전 및 무장대의 학살로 많은 주민이 억울하게 희생당한 사건이다.

11) 여수 · 순천 사건(麗水順天事件) 또는 여순 사건(麗順事件)은 1948년 10월 19일부터 10월 27일까지 당시 전라남도 여수시에 주둔하고 있던 14연대의 군인 2,000여 명이 중위 김지회, 상사 지창수 등 남로당 계열 군인을 중심으로 제주 4 · 3 사건 진압 명령을 거부하고 무장 반란을 일으켜 이를 진압하는 과정에서 전라남도 동부 지역의 많은 민간인이 희생된 사건을 말한다.

제 3 절 남 · 북한군의 창설과 전쟁준비

1. 북한군의 창설과 전력 증강

북한군의 창설은 소련군에 의해서 주도되었다. 소련이 북한군을 증강시킨 목적은 최초에는 군정통치를 위한 것이었고, 소련군이 철수하면서부터는 남침을 목적으로 전력증강을 했다. 해방 직후 북한지역에서는 소련의 군정체제가 완비되기 전까지 민족 진영의 자위대(조만식)와 치안대(현준혁) 등의 무장단체가 활동하고 있었다. 소련 군정은 김일성을 등장시킨 후에 무장단체를 해산하고(1945.10.12), 김일성 계열 중심의 보안대를 조직(1945.10.21)했다. 이후에 철도보안대를 창설하였고, 1948년 2월 8일에 **'조선인민군'**을 창건했다. 그리고 북한정권을 수립하고 인민군 총사령부를 **'민족보위성(1948.9.9)'**으로 격상시켰다. 또한 소련에서 군사고문단과 사절단을 파견해서 전쟁준비를 지도하였으며 소련군은 북한군의 전력증강이 어느 정도 이루어지자 1948년 10월 19일까지 철수했다. 한반도의 무력통일을 결심한 김일성은 소련 스탈린의 동의와 군사력 지원이 없이는 남침이 불가능하다는 것을 잘 알고 있었다. 따라서 김일성은 1946년에 1차로 모스크바를 방문하여 소련의 스탈린에게 한반도의 소련 대변자로 인정을 받았고, 1949년 3월에 2차로 모스크바를 방문하여 스탈린에게 최초로 남침을 위한 군사지원을 요청했다. 그러나 스탈린은 김일성의 남침 제안에 대해서 신중론을 제시했으며 **"북한이 군사적으로 남한보다 절대 우위에 있어야 하는 점과 현재 38도선이 유효하며, 만약 전쟁이 발발하면 미군이 개입할 것"**임을 언급하면서 상황이 변하지 않는 한 전쟁은 불가하다고 했다. 그러나 1949년 6월에 한반도에서 미군 철수가 완료되었고, 한반도가 미국의 극동방위선에서 제외되었으며, 1949년 10월에 중국의 공산당이 국공내전에서 최종 승리를 거두면서 한반도 전쟁에 개입을 할 수 있는 상황이 조성되자 스탈린은 김일성의 무력남침 계획을 승인했다. 이와 같이 스탈린이 전쟁을 결정하게 되는 배경에는 조 · 소 비밀군사협정, 조 · 소 경제문화 협정체결('49.3.17), 조 · 중 상호 방위협정체결('49.3.19)등 중국과의 새로운 관계가 진행(1950.2, 신 중 · 소 동맹 체결)되어 조 · 중 · 소가 북방 3각 협력 체제를 형성하였고 소련이 원자탄을 개발해서 군사적으로 자신감을 얻었기 때문이었다. 스탈린은 1949년 12월 16일부터 모스크바를 방문한 마오쩌둥(毛澤東)과 국제정세를 협의한 후, 김일성에게 남침에 대한 전향적인 전문을 발송했다(1950.1.30). 이에 따라 김일성과 박헌영은 1950년 3월 3일에 3번째로 스탈린을 방문해서 남침에 대한 스탈린의 결심을 받아냈다. 이때 스탈린은 김일성에게 옹진반도에서 남한군대와 교전을 유인하여 전쟁발발을 위장하기 위해서 **'위장 남침 전략과 옹진반도 타격에 이은 전격전'**을 강조했다. 그리고 한반도의 무력통일은 중국의 지원이 필수적임을 피력하고, 김일성에게 마오쩌뚱(모택동)과의 협의를 사주했다. 김일성은 즉시 베이징의 마오쩌둥을 방문(1950.5.15)했다. 마오쩌뚱은 소련이 공군 1개 사단을 지원하고, 미군이 참전할 경우에 소련이 만주에서 미군과 싸울 것임을 확인하고 나서, **"미군이 한반도에 참전하면 병력을 파견하여 필요한 지원을 제공 하겠다"**라는 동의를 하였다. 이에 따라 북한 정권은 국제적으로 전쟁의 역량을 성숙시키면서 소련과 중국으로부터 군사력을 지원 받았다. 소련에서는 1945년부터 1948년 11월까지 군사고문단 2천여 명을 지원받았으며, 1948년 9월 9일에는 소군정의 장비를 이양 받았다. 그리고 1949년에는 군사사절단이 파견되었고 1949년 6월부터 1952년 6월까지 2억 루블의 차관을 지원받았다. 중국에서는 1949년 7월에 중공군 제166사단(인민군 제6사단), 1949년 8월에는 제164사단(인민군 제5사단), 1950년 5월에는 중공군 독립 제15사단(인민군 제12사단)이 입북하여 인민군에 편입되었다. 내부적으로는 1949년 초부터 총동원령을 발령하여 전시체제에 들어갔으며, 군 병력충원제도를 지원제에서 징병제로 변경하고 1949년 7월에 북한은 17세에서 40세까지의 모든 남녀를 총동원하여 강제로 군사훈련을 시켰으며 전시 동원 체제를 구축하였다. 그리고 남침을 위해 1949년 9월부터 본격적인 야외기동훈련과 도상연습을 강화하였다.

★ 6 · 25전쟁의 사실 3 : 중공에서 입북한 조선의용군은 6 · 25전쟁 준비에 어떠한 영향을 미쳤는가?

6 · 25전쟁 전까지 중공에서 입북한 조선의용군은 63,000여 명이었다. 6 · 25전쟁 남침 시 북한군의 병력이 198,380명이었던 것을 고려하면 북한군의 1/3 수준이었다. 조선의용군은 북한에 입북하여 북한군 제5 · 6 · 12사단으로 개편되었으며, 남침 당시 2개 군단 중 2명의 군단장과 5명의 사단장이 조선의용군 출신이었다. 만약에 조선의용군이 입북하지 않았다면 김일성은 남침을 연기했거나 포기했을 수도 있을 것이라고 예상할 수 있었다.

2. 한국군 창설과 전쟁준비

남한에서는 군사관련 유경험자를 중심으로 사설 군사단체 30여 개가 이념 구분 없이 난립하고 있었다. 1945년도에 미 군정청은 **'국방사령부'**(11.13)를 설치하고, 언어 소통을 위해서 **'군사영어학교'**(12.5)를 설치하여 한국군 간부를 최초로 양성하였다. 그리고 1946년 1월 15일에 국방군 창설을 위한 미군정의 뱀부(Bamboo) 계획에 의거 국방경비대(1개 도에 1개 연대씩 8개 연대를 편성, 25,000명 규모)와 조선해양경비대를 설치했다. 그러나 이 시기(1946.4.1)에 해체된 군사 단체의 남로당 좌익성향 인원들이 군에 대거 침투하여 군내에 이념적으로 심각한 문제를 야기 시켰다. 1947년 10월에는 미 · 소 공동위원회에서 점령군의 철수문제가 대두되면서 미군의 철수에 대비하여 한국의 국방군 창설을 검토하기 시작했다. 1948년 7월 17일에는 정부조직법에 의해서 국방부가 설치되어 육 · 해군의 군정을 담당하기 시작했다. 정부수립(1948.8.15)과 더불어 한국군이 탄생했고, 1948년 8월 24일부로 국군통수권이 한국에 이양되었다. 조선경비대와 조선해양경비대는 9월 5일에 한국군에 편입되었으며 육군과 해군으로 개칭되었다. 이에 따라 육군은 12월 7일부로 5개 여단 15개 연대 편제인 조선경비대 총사령부를 육군총사령부로 변경하였고 이후에 육군본부로 개칭하였으며, 6 · 25전쟁 이전까지 8개 사단 22개 연대로 증강되었다. 해군은 1945년 11월 11일에 손원일 제독을 중심으로 한 200명 규모의 조선해안경비대를 창설하고 있었다. 정부수립 이후에는 해군으로 개칭을 하고, 여 · 순 반란사건에 출동을 해서 해상봉쇄작전을 수행하면서 상륙작전 임무수행이 제한되자, 1949년 4월 15일에 진해 덕산비행장에서 380명 규모의 해병대를 창설하여 운용하기 시작했다. 공군은 1948년 5월 15일에 경기도 수색에서 항공부대를 창설하여 임무를 수행하다가 1948년 9월 1일에 김포비행장으로 이동하면서 미군으로부터 전투기 10대와 L-4형 연락기 12대를 인수해서 22대로 육군 항공기지사령부로 개편을 하였으며, 1949년 10월 1일에 육군에서 독립했다. 이로 인해 한국국은 3군 체제가 되었고 이를 기준하여 국군의 날로 선정하였다. 한국군은 북한군이 1950년에 공격할 것 이라는 육군 정보국의 **'1949년 말 종합 정보 보고'**에 따라 1950년 1월에 육본의 기본방어계획이 육본작전명령 제38호로 하달되었다. 이에 38도선을 경계하는 부대들은 5월 초에 기본계획 위주의 3단계 방어위주 개념의 부대별 방어계획을 작성하였다. 이때 육본의 방어개념은 북진을 위한 집결된 공세적 배치가 아니라 현 방어 전선을 확보하고 북한군의 남침을 저지·격퇴한다는 수세적인 지역방어 개념의 방어계획이었으며 단계별로 축차적인 지연전을 실시한 후에 필요시 후방부대를 증원하여 역습을 하는 개념이었다. 그러나 이 계획에 대해서 검증이나 실전 상황을 가정해 병력과 장비를 기동하는 훈련(FTX : Field Training Exercise)없이 전쟁이 시작되었다. 그리고 정부와 군 수뇌부의 제반 조치들은 많은 모순이 있었다. 전쟁 직전 미 군사고문단은 북한군의 남침 징후를 북한군의 부대교대 징후로 판단하는 등 전쟁 직전에 대북 정보에 대해서 안이하게 대응을 했다. 또한 이승만 대통령은 대안이 없는 북진설을 천명했고, 신성모 국방장관은 기자회견을 열어(1950.5.10) 북침설로 엄포를 놓았으며, 남침 위기설이 나도는 가운데 4대 육군참모총장 채병덕 소장은 4월 22일과 6월 10일에 2차에 걸친 대규모 군 고위급 인사를 단행하였으며, 육본의 참모진과 전방 사단장 및 연대장 급 지휘관을 대폭 교체했다. 따라서 전방의 사단장과 연대장은 자신의 부대를 파악도 하지 못하고 전쟁에 임하게 되었다. 또한 연대급 부대 교대를 6월 13일부터 단행하였으며 전방의 제7사단 3연대를 수도경비사령부로, 수도경비사령부 2연대를 제6사단으로(기존 제6사단 8연대 수경사 편입) 예속 변경하고, 제2사단 25연대(온양)를 제7사단으로 예속 변경하는 조치를 취하였다. 결국 제7사단 25연대는 의정부 호원동의 주둔지 문제로 북한군의 주공이 의정부를 공격하는 그 순간까지 온양에 위치하고 있었기 때문에 사단의 통제를 받지 못했다. 육군본부는 1950년 4월과 6월에 북한군의 국지도발 동향과 국내정세를 고려해서 군사대비태세를 강화하는 조치를 발령하였다가 해제하기를 3회에 걸쳐서 반복하였다. 이와 같이 전쟁직전까지 45일 간이나 지속되던 경계령도 북한군이 공격대기지점으로 이동하는 6월 23일 00:00부로 장병의 피로도와 군량미 사정을 고려하여 해제하였다. 따라서 6·25전쟁 직후 한국군은 많은 수의 장병들이 휴가 또는 외출을 나가서 영내의 가용인원은 부대별로 1/3내지 1/2수준으로 전투력 발휘에 많은 문제가 있었다.

제 4 절 6 · 25전쟁의 단계와 상황

1. 6 · 25전쟁의 단계 구분

6 · 25전쟁은 1950년 6월 25일에 북한군의 남침으로 개시되어 1953년 7월 27일 휴전이 성립되기까지 만 3년 1개월 2일 간(1,129일)의 전쟁이었다. 전쟁기간 동안 양측은 남으로는 낙동강, 북으로는 압록강까지 오르내리며 전 국토의 80%에 달하는 지역에서 전투를 하였다. 6 · 25전쟁은 전략적 상황에 따라 북한군 기습남침 및 지연전(1950.6.25∼1950.9.15), 반격 및 북진(1950.9.15∼10.25), 후퇴 및 재 반격(1950.10.25.일∼1951.7.10), 교착전 및 휴전(1951.7.10∼1953. 7. 27) 등 4단계로 구분할 수 있다.

<table>
<tr><th colspan="2">구 분</th><th>전선의 흐름</th><th>기 간</th></tr>
<tr><td rowspan="3">❶</td><td>기습남침</td><td>북한의 기습남침, 서울 피탈</td><td>1950. 6. 25
~ 6. 28</td></tr>
<tr><td rowspan="2">지 연 전</td><td>한강선 ⇨ 낙동강선
* UN군 최초 투입(7. 1)</td><td rowspan="2">1950. 6. 29
~ 9. 14</td></tr>
<tr><td>낙동강선 방어작전</td></tr>
<tr><td rowspan="2">❷</td><td>반 격</td><td>인천상륙작전(낙동강선 ⇨ 38도선)
* 서울 탈환(9. 28)</td><td>1950. 9. 15
~ 9. 30</td></tr>
<tr><td>북 진</td><td>38도선 돌파 ⇨ 압록강선</td><td>1950. 10 .1
~ 10. 24</td></tr>
<tr><td>❸</td><td>후 퇴</td><td>중공군의 개입(평양 ⇨ 서울 이남)</td><td>1950. 10. 25
~ 1951. 7. 9</td></tr>
<tr><td>❹</td><td>교 착 전</td><td>휴전협상과
고지쟁탈전(휴전선일대)</td><td>1951. 7. 10
~ 1953. 7. 27</td></tr>
</table>

(6 · 25전쟁 진행단계)

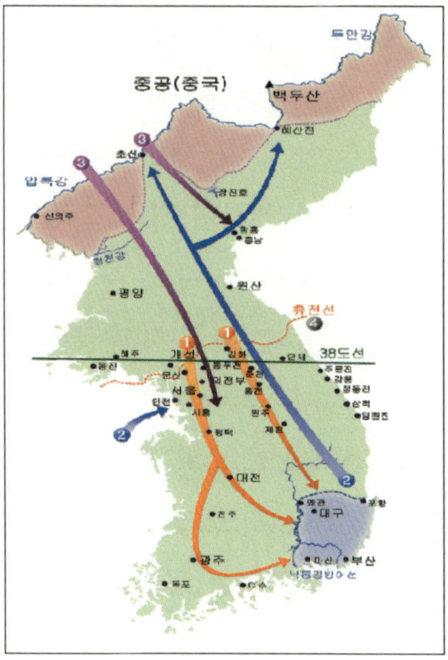

(6 · 25전쟁 진행상황도)

2. 남 · 북한의 전투력

6 · 25전쟁 초기 남 · 북한의 전투력은 아래 표에서 보는 바와 같이 북한군이 월등하게 우세했다는 것을 알 수 있다.

구 분	북한군	한국군	비고 (비율)
병 력	201,050명	103,827명	2:1
전 차	242대	·	·
야포 (박격포)	728문 (1,467)	91문 (960)	6:1
항공기	226대 : 전투기	22대 : 훈련기	10:1
함 정	110척	33척	10:3

(남 · 북한군 군사력 비교)

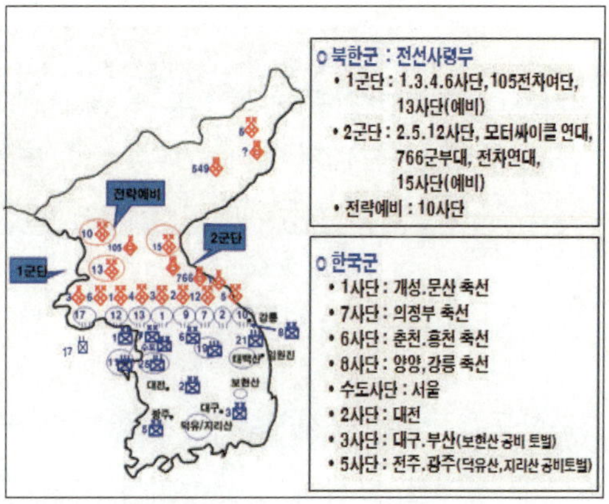

(6 · 25전쟁 직전 남 · 북한군 배치상황)

병력 현황을 보면 북한군은 201,050명으로 한국군 병력 103,827명에 비해서 약 2:1로 우세했다. 장비 현황을 보면 북한군은 한국군에 한 대도 없는 T-34 전차를 242대, SU-76 자주포 176대를 보유하고 있었다. 화포는 북한군에 소련제 82/122mm 박격포, 76.2/122mm 평사포/곡사포, 45mm 대전차포가 편제되어 있었다. 항공기는 한국군이 연습기 22대를 보유한 반면에 북한군은 전투기를 226대나 보유하고 있었다. 또한 전투력의 질적인 면에서도 큰 차이를 보이고 있다. 교육훈련면에서는 한국군은 16개 대대만 대대훈련을 실시했고, 나머지 부대들은 중대훈련 수준에 머물러 있었다. 하지만 북한군은 1948년 이전까지 이미 부대 단위별로 훈련을 완성하였으며, 소련 특별 군사고문단이 도착한 이후에는 공격전투 위주로 대부대 전투훈련이 시작되었고, **'군단급 기동훈련'**을 마친 상태였다. 지휘관의 능력과 장병들의 전투경험면에서도 큰 차이를 보이고 있다. 한국군은 6 · 25전쟁 이전에 공비토벌작전 참가, 38도선에서 국지도발 경험과 일부 일본군 및 대륙에서 전쟁을 경험한 소수의 지휘관 외에는 전면전 경험이 없었다. 그러나 북한군은 이미 조선의용군 병력을 중공군에 가담시켜서 실전 경험을 쌓았고, 약 6만 3천 여 명의 조선의용군이 1949년 7월 초부터 1950년 5월 초까지 입북하여 북한군 제5 · 6 · 12사단에 편입되었다. 그리고 소련군에 편입되어 스탈린그라드 전투에 투입되었던 한인계 약 2,500명도 북한군 기계화 부대에 편입되었다. 따라서 북한군의 1/3이상이 전투 유경험자였다.

3. 남 · 북한군의 작전계획 비교

북한군(공격)	한국군(방어)
전차부대 주공방향에 집중 운용	북한군 주공방향 전투력 배치 미약
도보부대 균등 배치	병력분산 운용 : 공비토벌, 포병분산 운용
1단계 작전만 구체화	세부 전투계획 미 수립

가. 북한군의 작전계획

북한군은 소련 군사고문단 지원 하에 남침계획을 세부적으로 작성하였으며 공격제대는 2개 제대로 편성하고 고속기동부대, 산악침투부대, 상륙부대 운용 등 다양한 공격부대를 편성하였다. 그리고 계획 · 준비단계에서 부대전개 · 위장, 정찰명령 하달, 전투명령 하달을 사전 시나리오에 의해서 긴밀하게 추진하였다. 그러나 남침계획은 작전 목표 측면에서 간명하게 작성하였으며 북한군의 기본전략 개념은 **"전면 공격을 개시하여 한국정부를 전복하고 서울을 점령한 후에 신속하게 남해안까지 진출을 해서 미군의 한반도 증원 이전에 전쟁을 종결하고, 8월 15일 해방 5주년 기념으로 서울에 통일 인민정부를 수립하는 것"**으로 **'한반도를 공산화'**하는 것이었다. 이를 달성하기 위해서 **'속전속결전략'**을 추진하여 3일 이내에 서울 후방을 차단하고 한강 이북에서 포위섬멸을 하여 한국군의 주력을 격멸하고 1개월 이내에 남해안까지 작전을 확대하여 신속히 종결한다는 방침아래 공격집단을 금천~구화리, 연천~철원, 화천~양구 일대를 연하는 선에 집결시켰다.

북한군의 전투편성은 육군 10개 사단을 2개 군단으로 편조하여, 제1군단에는 제1 · 3 · 4 · 6사단 및 제105전차여단, 제2군단에는 제2 · 5 · 12 · 15사단, 모터싸이클연대, 제766부대 및 549부대로 공격 제대를 구성하였다. 북한군의 3단계 기동계획(선제타격계획)을 보면 제1단계 작전은 옹진지역에서 국지전을 시작으로 전선을 돌파하여 한강이북의 한국군을 포위 · 섬멸하기 위해서 주공인 제1군단은 서울 북방에서 서울을 공격하고, 조공인 제2군단은 춘천을 돌파한 후에 일부 병력을 서울 · 수원 방향으로 진출시켜 수원

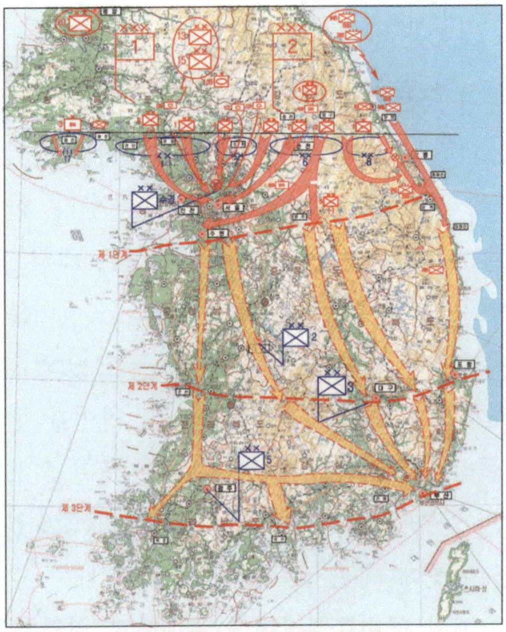

(북한군 3단계 작전상황도)

~원주~삼척을 연하는 선에서 한국군의 주력을 포위·섬멸하는 것이었다. 제2단계 작전은 전과확대 및 예비대 섬멸단계로 군산~대구~포항을 연하는 선을 점령하는 것이었다. 제3단계 작전은 잔적을 소탕하며 목포~여수~부산을 연하는 선까지 진출하는 계획이었다. 민족보위성은 6월 22일에는 공격명령인 **'전투명령 제1호'**를 하달했다.

★ 6·25전쟁의 사실 4 : 북한이 먼저 공격한 남침 증거는?

① 선제타격 작전계획은 소련의 북한 군사 고문단장 바실리에프가 1950년 5월 29일에 작성하여 스탈린과 김일성의 동의를 받은 후에 인민군 총참모부에 통보되었고, 북한군 총참모장인 강건 통제 하에 작전국장(유성철) 포병사령관, 공병국장 등이 한글로 번역하였다.

② 북한군 총사령부의 정찰명령 제1호는 1950년 6월 18일에 각 사단에 하달되었으며, 원본은 러시아어 필사체로 1950년 10월 4일에 서울에서 미군이 노획하였고, 적(한국군)상황, 공격개시 전후 단계별 수집해야 할 정보 요구가 구체적으로 제시되어 있다. 1987년 4월 28일에 미국 국립문서 보존서에서 극동군 사령부의 적 노획문서철 비밀해제로 공개되었다.

③ 1950년 6월 22일에 하달한 북한군 제2사단과 제4사단의 전투명령(한글 필사본)에 1950년 6월 23일까지 공격준비를 완료하도록 명시되어 있다.

④ 후르시초프의 회고록에 "소련이 무기를 제공하자 북한은 계획대로 남침을 자행했다"고 기술하였으며, 북한을 탈출한 북한군 총참모부 작전국장 유성철과 총참모부 부참모장 이상조가 북한의 '남침'이라고 증언을 하였다.

나. 한국군의 배치 및 방어계획

한국군의 전략지침은 **'한 · 미 연합 국방을 통한 국토방위'**이며 한반도에서 전쟁에 대비하여 미국의 작전지원을 가능하게 하는 연합 국방을 기본 축으로 군을 육성하는 것이었다. 그러나 한국군은 전략지침을 군사작전으로 전환하기 위한 노력이 미흡하였다. 한국군은 북한군 주공 방향을 동두천~서울 축선으로 판단하였고, 조공의 방향은 개성 · 문산~서울 축선으로 판단하였다. 한국군의 방어 계획은 38선을 고수하고 지역방어를 하는 개념이었다. 한국군은 북한군의 주공이 지향될 의정부 축선에 주안을 두고 있었으며 전방 방어지역에는 제1 · 7 · 6 · 8사단을 배치했고 옹진반도는 17연대가 방어를 했다. 서부지역인 옹진반도에 제17연대, 개성 · 문산 지역에 제1사단, 동두천 · 포천 의정부 축선에 제7사단, 춘천 · 홍천 축선에 제6사단, 동해안 축선에 제8사단을 배치하고 있었다. 후방에는 서울 수색에 수도경비사령부를 비롯해 대전 · 청주에 제2사단, 대구 및 부산에 제3사단, 전주 · 광주에 제5사단을 배치해서 공비토벌작전을 수행하고 있었다. 이들 후방사단들은 평시에는 육군 예비대로 있다가 전시에는 전방사단을 증원 및 역습을 하는 임무를 부여받고 있었다. 수도경비사령부는 의명 제1 · 7사단을 증원하고 제2사단은 의명 제7사단을 증원해서 의정부~춘천 간을 방어하는 것이었다. 제3사단은 의명 제1사단을 증원하고 제5사단은 의명 제7사단을 증원하는 것이었다.

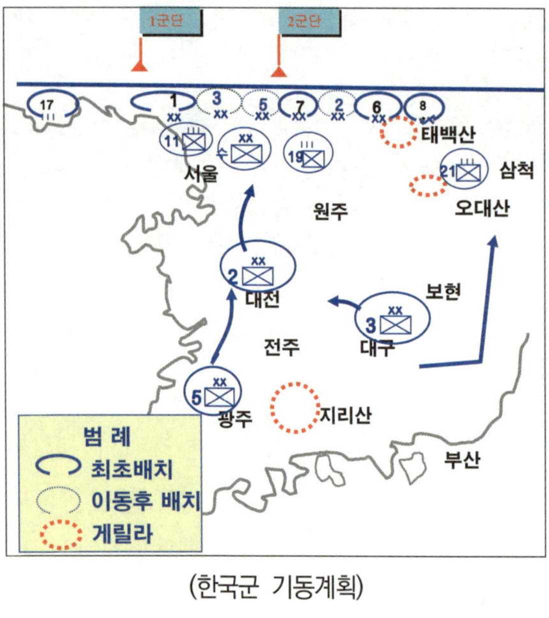

(한국군 기동계획)

그리고 전방의 제1선 부대와 후방의 예비대 등 2개의 방어 제대로 구분하고, 38도선에서부터 단계적 전투를 수행하도록 했다. 38도선을 담당하는 경계부대는 **'경계진지 전투지대(1차 방어선)'**에서 적을 최대한 지연하며, 다음으로는 **'주저지선 전투지대(2차 방어선)'**에서 적의 주력을 격멸하도록 했고, 그 다음은 **'최후저지선 전투지대(3차 방어선)'**에서 적을 격멸하는 3단계의 축차적인 방어계획을 수립하였다. 특히 최후저지선은 반드시 확보해야 할 저지선으로 필요시에는 후방의 전 작전 가용요소를 통합하여 역습을 실시하는 계획으로 주 방어지대가 유린될 경우에는 후방사단을 서울 지역으로 이동을 시켜서 전방부대를 증원하도록 하였고 서울지역에 위치하고 있는 수도 사단을 순차적으로 투입해서 역습을 하는 계획이었다. 그러나 방어계획은 6 · 25전쟁 1개월 전에 북한군의 공격이 예상된다는 정보판단을 근거로 단기간에 수립된 계획으로 한국군의 방어계획은 전쟁지도부에 대한 편성 및 운용계획이 수립되지 않았으며 통합방위 계획, 국가차원의 동원, 전쟁연습을 한 번도 검증하지 못하고 실전을 맞이했다. 그리고 방어계획하달 시점을 고려 시 진지방어 및 방어준비 시간이 부족했고, 육군참모총장의 지휘 폭이 과다(국무 · 군무회의, 전선 지도 방문, 9개 부대 전투지휘)하였으며, 주요 하천을 이용한 지연방어 계획의 구체화가 미흡하였다. 그리고 정보판단에서 북한군의 전투력이 한국군에 비해서 월등하게 우수하였으나 가용한 8개 사단 중 4개 사단만을 전방에 배치해서 부대별로 광정면이 할당되었고 북한군의 집중공격에 대한 대비가 미흡하였다. 그리고 북한군의 우회를 허용한 점, 북한군의 주공이 지향되는 의정부 축선에 전투력 배비가 미약했던 점, 포병을 분산운용 했던 점 등은 작전계획 상의 허점이었다. 또한, 북한군 전차에 대한 대비책이 미흡하였고 후방사단의 전방이동 및 투입계획, 장애물 계획, 공세행동 계획, 지연작전 계획 등 우발계획과 예비계획 등의 수립이 미흡하였다. 특히 전방사단은 기동훈련과 도상연습이 미흡하였고 38도선 고수방어 개념으로 융통성이 결여되는 문제가 있었다.

방어는 군사력이 부족한 것이고, 공격은 군사력이 여유가 있기 때문이다.

- 손자병법 : 군형(軍形)

제2장

기습남침 및 지연전

우세한 군사력으로 약한 적을 치면,
싸움의 결과는 분명하다.

- 손자병법 : 허실(虛實)

제 1 절 주요 상황

1단계 북한군의 불법 남침 및 지연전은 북한군이 기습남침을 개시한 후부터 한국군과 유엔군이 낙동강 방어선에서 북한군의 공세를 저지하고 반격 여건을 조성한 1950년 9월 15일까지이다.

순서	일정	내용	순서	일정	내용
1	'50.6.25	북한군 불법 남침	13	'50.7.5	스미스 부대 오산 전투 제1군단 창설 미 제24사단 평택방어(6~8) 동락리 전투(~10)
2	'50.6.26	의정부 피탈	14	'50.7.6~8	평택 · 천안지구 전투
3	'50.6.26	옹진반도 해상철수 단행	15	'50.7.6~13	진천 · 청주지역 전투
4	'50.6.27	미국, 한국에 해 · 공군 지원	16	'50.7.6~12	단양 전투
5	'50.6.28	서울 함락, 한강교 폭파	17	'50.7.7~9	충주 전투
6	'50.6.29	미 해 · 공군 북으로 작전 확대	18	'50.7.14	한국군 지휘권 미군이양 대전 전투(~20)
7	'50.6.30	미 지상군 한국전선 투입 결정	19	'50.7.15	제2군단 창설 (함창)
8	'50.6.30	북한군 홍천 점령	20	'50.7.17~23	화령장 전투
9	'50.7.1	미 지상군 선발대 부산 도착	21	'50.7.23	황간 전투
10	'50.7.2	한국 공군 F-51 10대 인수	22	'50.7.28	영덕 181고지 전투
11	'50.7.3	한강방어선 돌파 육군본부 수원으로 이동	23	'50.7.29	안동 전투(~8.1)
12	'50.7.4	무극리 전투(~10) 음성 전투(~10) 주한미군사령부 설치(대전)	24	'50.7.30	서남부 지역 지연전(~30)

북한군의 공격계획은 **"한국군 주력을 한강 이북에서 섬멸하고 전과확대 및 추격 작전을 실시해서 부산까지 점령 한다"**라는 작전개념으로 초기작전을 수행하였다. 한국군은 전투준비태세가 미흡하여 북한군에게 초전에 기습을 허용하였으며, 춘천지역을 제외

한 전 전선이 붕괴가 되어 수도서울을 포기하고 한강방어선에서 지연전을 전개하였다. 육군본부는 시흥지구전투사령부를 창설하고 북한군의 한강 도강을 저지하기 위해서 필사적인 노력을 하였으며 동부전선의 제6사단과 8사단을 충주와 제천으로 철수시켜서 지연전을 전개하였다. 7월 1일에는 미 지상군 부대가 한반도에 투입되어, 스미스 부대가 오산 북방의 죽미령에서 첫 전투를 실시한 이후부터 한반도의 서부전선은 미군이 담당하였고, 중 · 동부 전선은 한국군이 담당하여 연합작전을 전개했다. 이어서 미군이 본격적으로 투입되었고 유엔군이 창설되자 북한군은 한국군과의 전쟁에서 미군을 포함한 유엔군들을 상대로 전쟁을 하게 되었다. 북한군은 남한을 조기에 석권하기 위해서 전 역량을 집중하여 공격해 왔고, 한 · 미 연합군은 북한군의 공격을 지연시키고 미군의 증원시간을 확보하면서 남으로 철수를 했다. 한 · 미 연합군은 8월 1일에 워커 사령관의 작전개념에 따라 낙동강 방어선을 확보하여 최후의 방어선을 형성하고 다부동, 서남부 지역 등에서 북한군과 일진일퇴의 공방전을 전개하였다.

기습남침 및 지연전은 북한군의 불법 남침으로부터 축선별 지연전 상황 등을 서술하였으며 주요 상황은 다음과 같다.

제 2 절 축선별 초기 전투

1. 개　요

북한군은 총공세를 하기 전에 전초전으로 옹진반도에서 국지전을 하는 계획이었다. 그러나 김일성은 한국군이 옹진반도에 군사력을 강화하고 있기 때문에 모든 전선에서 전면전을 하는 것으로 제안을 해서 스탈린이 동의를 했다. 이에 따라 1950년 6월 25일 일요일 새벽 04:00시를 기해서 서해안의 옹진반도로부터 동해안의 강릉지역까지 전 38도선 상에서 일제히 공격준비사격을 실시한 후에 기습적으로 남침을 개시했으며 개전 당시에 축선별 전투력은 아래 표에서 보는 바와 같이 북한군이 월등하게 우세했다.

구 분(축선)		개성~김포반도~영등포	문산~서울	동두천/포천~의정부~서울	춘천/홍천~서울 동남방	동해안
북한군		제6사단 전차1개 대대	제1사단 203전차 연대(-1)	제4사단 (전차대대 배속) 제3사단 포천 : 105전차여단(-1) 동두천 : 203전차 연대 3대대 제13사단	제2사단 제12사단 제15사단 603모터 싸이클연대	제5사단 제1경비 여단 제945 육전대 제766 유격대
한국군	최초 배치	없음	제1사단	제7사단(-1)	제6사단	제8사단
	추가 증원 (25~27일)	김포 방어사 (정보학교 등)	수도 사단 제3연대 등 14개 대대	수도 사단 제18연대 등 27개 대대		

(개전당시 축선별 전투력 비교)

또한 사전에 해상으로 유격부대를 침투시켜서 전·후방에서 정규전부대와 비정규전부대(특수작전부대)를 조합해서 사용하는 배합전술을 구사하였으며, 우세한 공군과 지상 전력으로 한국군을 공격했다. 북한군 주공인 제1군단(웅진반도~포천, 제1제대 : 제1·3·4·6사단과 제3경비여단. 제2제대 : 제13사단. 후속 제105전차여단)은 서울에 이르는 단거리 접근로인 동두천·포천~의정부~서울 축선으로 주공을 지향하고, 조공은 서부지역인 옹진 축선과 개성·문산 축선으로 진출했다. 북한군 조공인 제2군단은 춘천·홍천 축선(포천~동해안, 제1제대 : 제2·12사단, 제2제대 : 제15사단, 후속 제603모터사이클연대)과 동해안 축선(제1제대 제1경비여단, 제2제대 제5사단)으로 진출했으며, 제945 육전대와 제766유격대가 정동진 및 임원진 일대에 상륙을 해서 전방 증원차단 및 후방교란 활동을 시도했다. 이에 맞서 한국군 해군은 전쟁초기 옹진반도에서 제17연대의 철수를 지원했고, 백두산(PC 701)함은 600여 명의 비정규전 부대가 승선한 북한 수송선을 부산 앞 바다에서 격침을 시켜서 의도했던 북한군의 제2전선 형성 기도를 좌절시켰다. 6월 26일 13:00시에는 의정부가 피탈되었으며 한국군 제17연대는 옹진에서 인천으로 철수를 하였다. 그러나 한국군 제6사단은 춘천에서 진지를 고수하고 있었다. 6월 27일에 한국군은 미아리에서 청량리를 연하는 선에서 방어선을 구축하였으나 24:00시에 미아리 방어선이 붕괴되었다. 6월 27일에 미국은 해·공군의 지원을 결정했으며 북위 37도 이북은 미 해·공군이 그 이남은 한국군이 담당했다. 6월 28일

01:00시에 북한군 전차가 서울에 돌입하였고, 한국군은 02:30분에 한강교를 폭파였으며 15:00시에 북한군의 주력이 서울에 돌입하였다. 이에 한국군은 시흥사령부를 편성하여 한강방어선을 구축하였다.

공군은 전쟁이 시작되자 연습용 항공기 22대를 이용해서 남침하는 북한군에게 도수로 폭탄을 투하하다가, 7월 2일에 일본에서 미군의 F-51 무스탕 전폭기 10대를 인수하여 7월 3일부터 근접항공지원 임무를 수행하였다. 이후 한반도의 제공권은 미 극동공군 예하 제5공군이 장악했다. 6 · 25전쟁 초기의 지상전투는 서부지역 전투(옹진반도, 동두천 · 포천~의정부 축선), 중 · 동부지역 전투(화천~양구 축선, 동해안 축선), 서울지역 전투 등으로 구분하여 제시하였다.

2. 옹진반도 전투(1950. 6. 25, 04:00~21:00)

한국군 독립 제17연대(연대장, 대령 백인엽)는 반도지역인 옹진에서 약 45km의 광정면을 담당하고 있었다. 옹진반도는 북쪽을 제외하고는 3면이 해주만으로 둘러싸여 우측의 연백평야와 분리되어 하나의 섬과 같은 지형이다. 38도선 북쪽에는 국사봉(527m)이 있고 38도선 남쪽에는 충무고지(459m)가 국사봉과 700m 떨어진 곳에 있어 북한지역을 감제할 수 있었다. 반도의 남동단에 있는 부포(옹진 남동쪽 30km)는 병력과 보급품을 지원할 수 있는 유일한 관문으로서 인천까지는 정기 연락선으로 9시간이 소요되는 거리였다. 제17연대는 2개 대대 전방, 1개 대대를 예비로 하여 38도 선상의 두락산~412고지~까치산을 연하여 배치하고 제7포병대대의 직접지원을 받고 있었다. 북한군은 기존의 제3경비여단과 제6사단 1연대에 전차로 증강된 제6사단 14연대를 증원하여 공격해 왔으며, 2개 연대 규모로 기습을 전개한 북한군은 좌측에 배치된 한국군 제17연대 1대대를 제3경비여단으로 공격을 하였다. 기습을 받은 제1대대는 전투가 개시됨과 동시에 대대장이 전사하였고 06:00시 경에 돌파되었다. 연대장은 즉시 예비인 제2대대를 역습에 투입하여 09:00시에 목표인 사동 및 자동 일대를 탈취했다. 그러나 우측의 제3대대 지역에 북한군 제6사단 1연대가 강력한 보 · 전 협동공격을 하여 11:00시에 석교리~치마 선이 돌파되었다. 이어서 13:00시에는 북한군 제6사단 1연대가 전방대대 전투지경선의 국도를 따라 진출하여 연대 주방어지역이 동서로 양분되었다. 이에 따라 연대는 조직적인 저항이 불가능했고, 17:00시 경에는 옹진과 강령마저 피탈되었다.

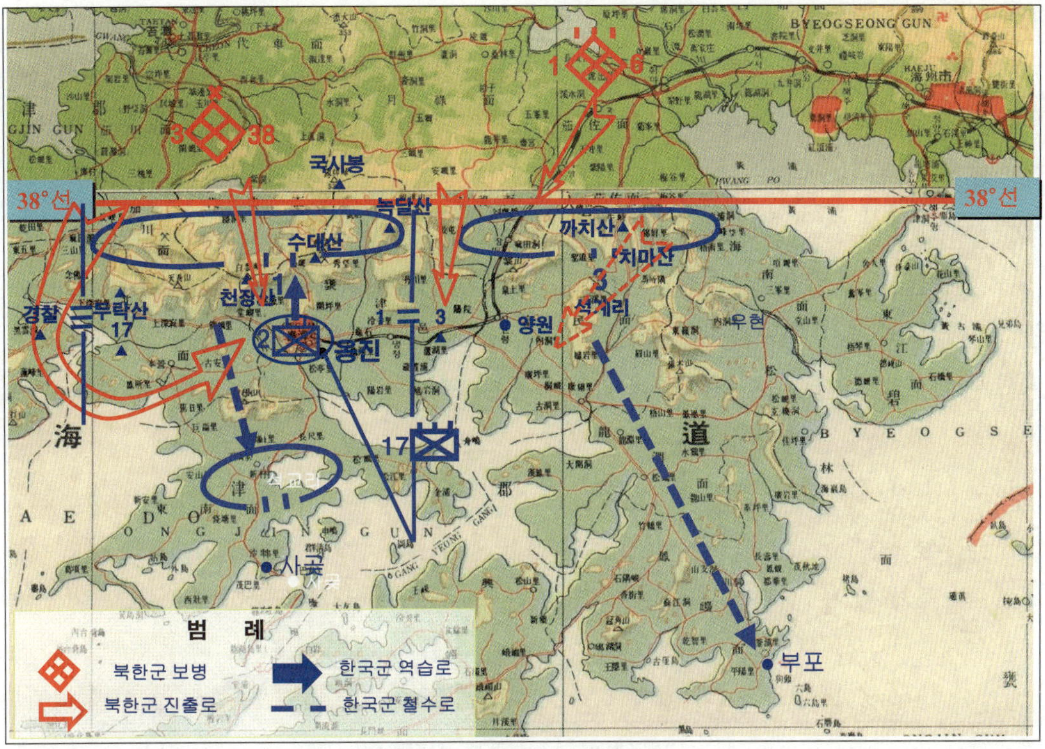

(옹진반도 최초 전투 상황도)

연대는 전방대대가 무너지자 철수가 가능한 항구 방향으로 지연전을 전개하면서 6월 26일 14:00시에 해상철수를 단행했다. 연대(-2)는 부포항에서 해군의 LST로, 2대대 및 1대대 잔류병은 사곶에서 민간선박으로 25일 21:00시에 철수했다.

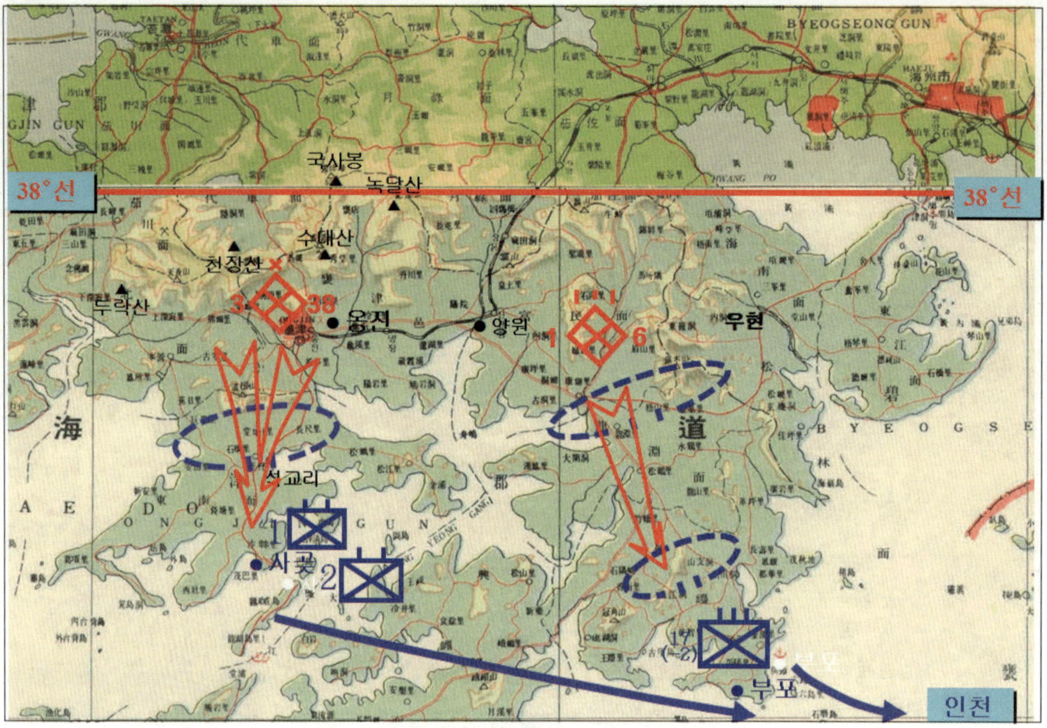

(옹진반도 차후 전투 상황도)

그러나 해상 철수를 하면서 많은 장비 및 화포를 유기하고 철수를 했으며 철수계획이 미흡하여 많은 피해가 발생하였다. 제17보병연대는 6월 28일 18:00시에 인천을 경유해서 수원에 집결하여 육군 예비대로 재편성이 되었다. 옹진반도 전투의 교훈은 사곶 지역의 예비대를 조기에 투입하여 전투력 발휘가 제한되었고 철수계획이 미흡한 것이 문제점으로 도출되었다.

3. 개성 · 문산 축선 전투(1950. 6. 25~6. 28)

개성~문산을 거쳐 서울에 이르는 축선에는 한국군 제1사단(사단장, 대령 백선엽)이 청단으로부터 고랑포까지 약 94km의 정면을 담당하고 있었다. 사단의 방어 편성으로 서(좌)에는 제12연대(개성 일대), 동(우)에는 제13연대(3고랑포 일대), 예비로 제11연대를(수색) 배치하고 있었다. 투입된 북한군은 제1군단의 조공으로 제203 전차연대(-1)의 지원을 받는 제1사단과 6사단(-1)이었다. 전투지역은 서울의 서쪽 관문인 개성 · 문산 · 파평산 · 금촌 · 봉일천 일대였으며 4일 간 격전을 하였다. 전투 첫날인 25일, 개성일대의 경계진지에 배치된 한국군 제12연대는 북한군 제6사단(-1)의 공격을 받았고 적성 방향의 제13연대 3대대는 북한군 제1사단의 기습공격을 받고 돌파 되었다. 한국군 제12연대는 북한군 제6사단(-1)에게 당일 5시간 만에 개성을 피탈 당했다. 개성에서 분산하여 퇴각한 제12연대는 한강변으로 퇴각하여 민간 선박을 이용해서 김포반도로 도강을 했고 일부는 문산 방향으로 철수하였다. 북한군 제6사단은 철수하는 제12연대를 추격하며, 김포반도와 강화도 방향으로 도하를 서둘렀다. 동(우)측의 제13연대 3대대도 후방에서 북한군 전차가 나타나자 북한군의 기동을 지연하면서 임진강 방향으로 철수했다. 또한 북한군 제1사단은 한국군 제1사단과 제7사단의 전투지경선을 따라 임진강 상류의 가여울 지역에서 도하하여 적성 방면으로 공격하고, 일부는 임진강 북쪽의 한국군 진지를 공격하며 퇴로를 위협하였다.

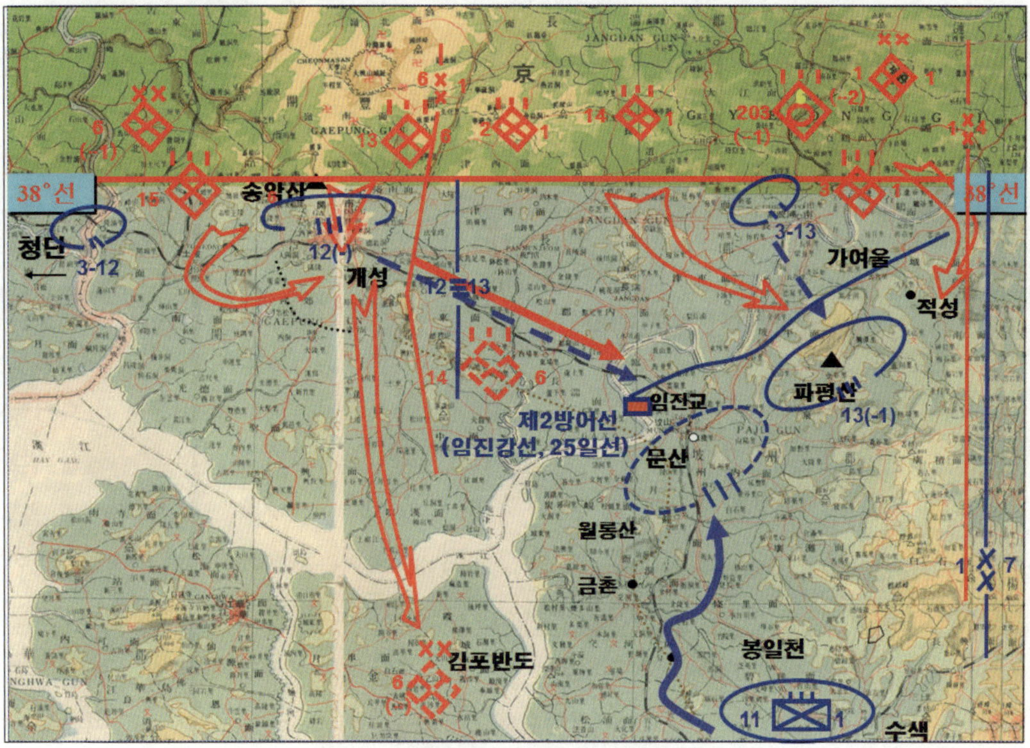

(개성 · 문산 축선 1일차 전투 상황도)

전투 2일차인 26일, 제1사단은 2차 방어선(주 방어선)인 임진강 차안의 파평산 일대에 방어진지를 편성하고 서울로 이어지는 도로를 통제하고 있었다. 동(우)측의 제13연대 1대대는 북한군이 전차를 이용하여 공격해 오자 대전차 특공조를 편성하여 퇴각시켰다.

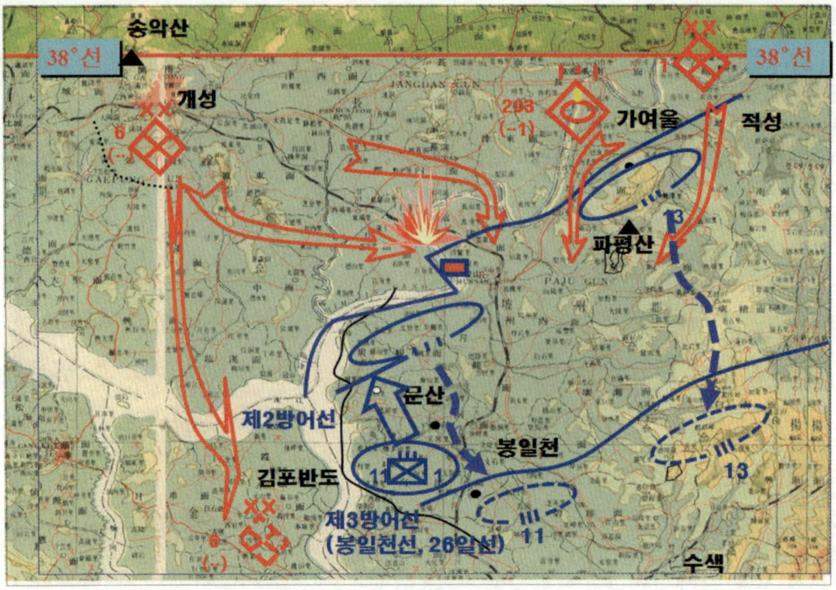

(개성 · 문산 축선 2일차 전투 상황도)

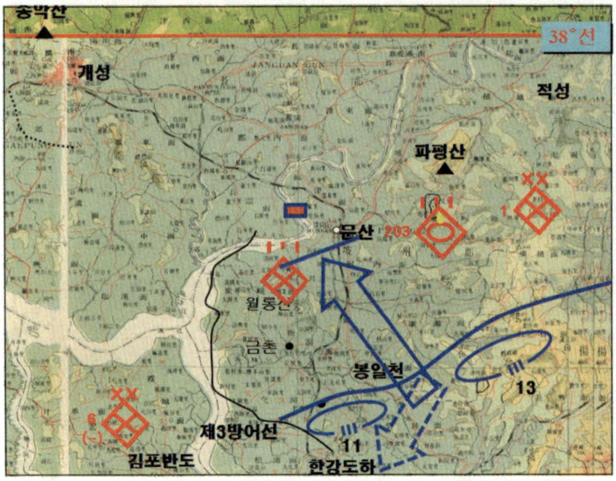

(개성 · 문산 축선 3일차 전투 상황도)

북한군의 공격 제대가 문산 돌출부에서 급속도하 후에 후속부대의 진출 지연으로 공격이 지체되자, 제11연대가 역습을 해서 회복하였다. 하지만 우측의 제13연대 지역이 돌파되면서 2차 방어선이 위협을 받자 26일 19:00시에 3차 방어선인 봉일천 및 금촌 일대로 철수했다.

전투 3일차인 27일에 북한군 제1사단과 제6사단 일부가 1번 도로와 307번 도로를 중심으로 전개하여 공격했으며, 한국군 제1사단은 최후저항선이 무너지자 봉일천 차안으로 후퇴를 하였다. 전투 4일차인 28일에는 임진강 남쪽을 목표로 역습을 시도하였지만 북한군 전차의 위협과 우측 제7사단의 철수로 측방이 노출되고 한강 인도교가 폭파되어 철수로가 차단되자, 육본의 명에 의거 이산포와 행주나루를 이용해서 한강을 도하했다. 도하를 완료한 약 5,000여 명의 제1사단 병력은 시흥에서 재집결하여 육군 예비임무를 수행하였다.

개성 · 문산 축선 전투의 교훈은 아래와 같다.

① 전장 관찰 소홀	② 전투준비 미흡
③ 전투력 집중 미흡	④ 공세적 행동의 중요성 인식

첫째, 북한군의 남침 징후를 사전에 파악을 했으나 전장 관찰에 소홀했다. 둘째, 많은 장병들이 외출 및 외박을 나가서 전투공백이 발생했고, 지형의 이점인 임진강선 주방어선에 방어편성이 미약했으며 전반적으로 전투준비가 미흡했다. 셋째, 북한군의 남침 징후를 포착한 상태에서 오판으로 전투력 집중이 미흡했다. 넷째, 임진강과 봉일천 선상의 역습으로 공세적 행동의 중요성을 인식하였다.

4. 동두천 · 포천 · 의정부 축선 전투(1950. 6. 25~6. 26)

동두천 · 포천 · 의정부 축선은 한국군이 중점 방어지역으로 선정한 지역이었으며 서울 북방에서 한국군 제7사단(-1)이 북한군 제105전차 여단(-1)의 지원을 받는 제1군단의 주공인 제3 · 4사단과 6월 25일부터 26일까지 2일 간 치른 방어전투이다. 이 축선은 한국군 제7사단(-)이 적성에서 사직리까지 비교적 협소한 47km의 정면을 담당하고 있었다. 작전지역의 특징은 동두천 · 포천 · 의정부 · 서울에 이르는 종적인 도로망과 종격실 능선으로 형성되어 있고 하천 등의 장애물이 없어서 공격을 하는 북한군에게 유리한 지형이었다. 이와 같은 지형은 서울에 이르는 최단거리 접근로이며 Y형 도로가 발달하여 기계화 부대 운용에 유리하였으며 지역 내 고지는 북한군이 공격하는 방향으로 연장되는 지형으로 종격실 능선이 발달되어 도보부대 운용에 유리하였다. 북한군은 제4사단(전차대대), 제3사단, 제105전차여단(-1)으로 편성하여 공격을 했고 한국군 제7사단(사단장, 준장 유재흥)은 서(좌)측 동두천 정면에 제1연대, 동(우)측인 포천 정면에 제9연대를 배치하고 있었다. 그러나 교대 예정이었던 예비 연대인 제25연대는 아직도 온양에 있었다. 북한군 제1군단은 제3사단으로 운천~포천 방향을 공격했으며 제7연대는 양문리 일대의 1차 진지를 돌파하고 포천으로 진출을 했다. 제9연대는 서파~퇴계원 방면으로 우회를 해서 측방공격으로 한국군 7사단의 주력을 포위했다. 북한군 제4사단은 연천~동두천 방향에 투입을 시켰으며 보 · 포 · 기 협동 공격으로 전후방 동시 전투를 강요하고 좌우에서 양익포위로 병행공격을 했다. 이 축선의 전투는 2단계로 구분할 수 있

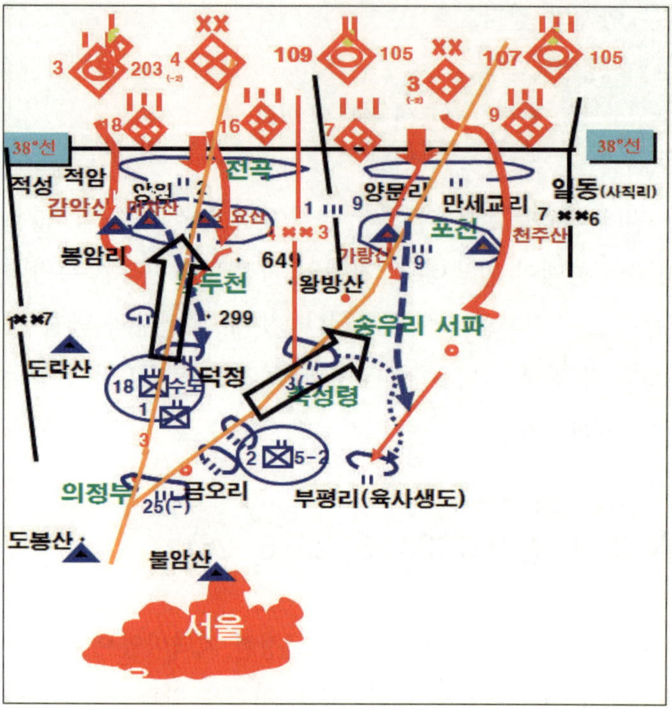

(동두천 · 포천~의정부 축선 전투 상황도)

다. 제1단계는 경계진지전투로부터 동두천과 포천이 함락되는 당일 전투이고, 제2단계는 동두천과 포천 역습에 실패하면서 의정부가 피탈되는 26일의 상황이다.

한국군 제7사단장은 북한군의 공격이 개시되자 경계진지에 배치된 2개 대대로 북한군을 지연시키도록 하고, 의정부 일대에서 교육훈련 중인 2개 연대의 주력을 이동시켜서 2차 방어선(주저항선)에 배치하고자 했다. 그러나 전차대대를 배속 받은 북한군 제4사단은 전곡~초성리 방향으로 주공인 제16연대를 투입했고, 동이리(전곡 서쪽 6km) 통로를 이용해서 적암~봉암리 방향에 조공인 제18연대를 투입하여 보 · 포 · 기 협동공격을 실시한 결과 북한군 제4사단은 25일 22:00시경에 동두천에 진입했으며, 한국군은 전쟁 발발 당야에 덕정으로 철수를 했다. 우측의 양문리~포천 방향에서는 제9연대가 제107전차연대의 지원을 받아서 공격하는 북한군 제3사단의 공격을 효과적으로 저지했으나 탄약 부족으로 철수를 하였으며 11:00시에 포천이 피탈되었다. 결국 제7사단은 서울에 이르는 가장 단거리 축선인 동두천과 포천을 피탈 당했다. 이와 같이 개전 초일에 서울의 북쪽 관문인 동두천과 포천을 피탈 당하고 의정부가 붕괴 위협에 놓이게 되자, 육군본부는 서울의 수도사단, 대전의 제2사단, 대구의 제3사단(-), 광주의 제5사단 그리고 육군 직할부대 등을 집중 투입해서 수도 서울의 위기를 타개하고자 하였다. 하지만 이들은 도착한 순서에 의한 임시 편제로 후속부대와 연결 없이 투입되었으며, 투입 간에는 횡적 연결은 물론 종적 간에도 지휘계통이 확립되지 않아서 전투력이 제대로 발휘되지 못했다. 이와 같은 상황에서 채병덕 참모총장은 의정부를 고수하기 위해서 제7사단장과 제2사단장(이형근 준장)에게 수도사단 제18연대와 제2사단 5연대 2대대를 투입하여 동두천과 포천을 역습하도록 명하였다. 먼저 제2사단 5연대가 26일 03:00시에 역습을 개시하였으나 전방 상황을 제대로 파악하지 못하고 축석령으로 향하던 중에 북한군과 조우를 하여 포천 역습은 실패하였다. 그러나 제7사단 1연대는 6월 26일 08:00시에 3번 도로를 따라 역습을 개시하여 10:00시에 동두천을 통과해서 소요산까지 진출을 할 수 있었다. 그리고 1950년 6월 26일 의정부 지구 전투에서 당시 육군 포병학교 교도대대장이었던 **'김풍익'**[12]소령이 의정부 지구 전투에 참가해서 북한군이 전차 40여대를 몰고 남하하는 것을 저지하고자 직접 105미리 곡사포를 사격해서 전차 2대를 파괴하였다. 하지만 북한군 제3사단이 6월 26일 13:00시 경에 의정부에 진입함에 따라 동두천 축선에 투입된 역습부대들은 오히려 퇴로가 차단되었다. 그리고 동두천·포천이 북한군에게 돌파되자 위기를 느낀 육본 지휘부는 후방 부대를 증원하였지만 서울로 향하는 마지막 관문인 의정부마저 피탈되었다. 이에 따라 한국군 제1연대는 창동으로 철수를 했고, 인접에서 역습을 하던 제18연대는 행주나루를 경유해서 김포반도로 철수하였다. 동두천·포천~의정부 축선의 전투를 분석해 보면 몇 가지 문제점이 있었다.

① 방어준비 미흡 및 예비대 부족
② 전장관찰 소홀 및 대응 미흡
③ 무모한 역습 시행
④ 부대지휘 능력 미흡

첫째, 북한군의 공격에 대비한 방어준비가 미흡했고 북한군의 전차를 저지할 수 있는 예비대가 부족했으며 북한군의 주공을 판단하고도 조치가 미흡하였다. 둘째, 북한군의 공격 징후를 무시했고 전장관찰과 경계에 소홀했으며 대응이 미흡했다. 셋째, 전투력이 상대적으로 열세한 상황에서 무모한 역습을 실시했고 형성된 돌파구에 저지부대 없이 병력을 투입했다. 넷째, 전장상황을 정확하게 파악하지 못했고 축차적인 병력투입 등의 부대지휘 능력과 육본의 전쟁지도 능력이 부족했다.

5. 춘천 · 홍천축선 전투(1950. 6. 25~6. 28)

6월 25일부터 28일까지 중동부전선의 화천~춘천 축선과 인제·홍천 축선에서 한국군 제6사단과 북한군 제2군단의 제2·12사단 및 제5사단 연대, 제603모터싸이클 연대

12) 포병학교에서는 김풍익 중령을 군신으로 존경하고 있다. 포병학교 강당을 "풍익당"이라고 명명하여 고귀한 희생정신을 기리고 있다.

와의 방어전투는 다음과 같다. 북한군은 1950년 6월 23일에 공격대기지점을 점령하여 공격준비를 완료하였으며 춘천~가평 축선은 제2사단, 인제~홍천 축선은 제12사단이 공격준비를 하고 있었다. 한국군 제6사단은 사전에 북한군의 공격을 예측하고 있었으며 춘천 · 인제지역을 담당하는 서(좌)측의 사직리로부터 동(우)측의 진흑동까지 산악지형 84km를 담당하고 있었다. 지역 내 소양강 및 횡격실 지형은 방어에 유리했고 서울과 원주로 이어지는 도로가 발달되어 있었다. 제6사단은 춘천 북방에 제7연대, 홍천 북방에 제2연대를 각각 배치하고 예비 제19연대는 원주에 있었다. 춘천은 교통의 요지로 돌파가 된다면 한국군이 동서로 양분될 수 있는 전략적 요충지로 제6사단장 김종오 대령은 전쟁 직전에 북한군의 도발을 예측하고 제7연대에 임무를 부여해서 춘천 전방에 장애물을 설치하고 민 · 관 · 군 총력전으로 대비태세를 유지하고 있었다. 그러나 제2연대와 제19연대는 5~6월에 6사단에 예속되어 전투준비 시간이 부족하였다.

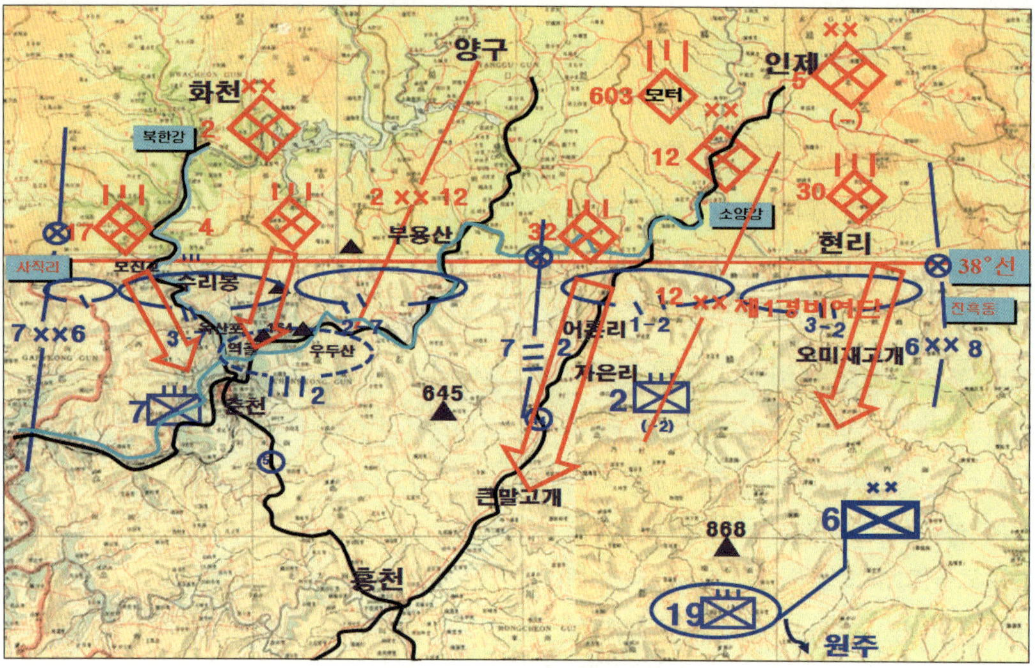

(춘천 · 홍천축선 전투상황도)

전투지역은 2개축선(화천~춘천, 홍천), 작전단계는 3단계로 구분할 수 있다. 우선 1단계는 1차 방어선 전투에서부터 2차 방어선 전투가 진행 중인 26일까지의 상황이다. 2단계는 2차 방어선 전투에서부터 3차 방어선 전투가 전개되는 6월 26일과 27일의 상황이며, 제3단계는 춘천 원창고개와 홍천 말고개에서 철수하는 28일 이후의 상황이다.

개전 당일 화천~춘천 축선의 경계지역 전투에서 한국군 제7연대가 북한군 기계화 부대가 반드시 통과를 해야 하는 도로상에 위치한 모진교를 폭파하는데 실패를 하면서 경계진지는 순식간에 붕괴되었다. 따라서 연대는 09:00시에 2차 방어선인 소양강 북안의 역골~164고지~우두산을 연하는 선으로 철수하여 소양강 도하를 시도하는 북한군과 격전을 치르게 되었다.

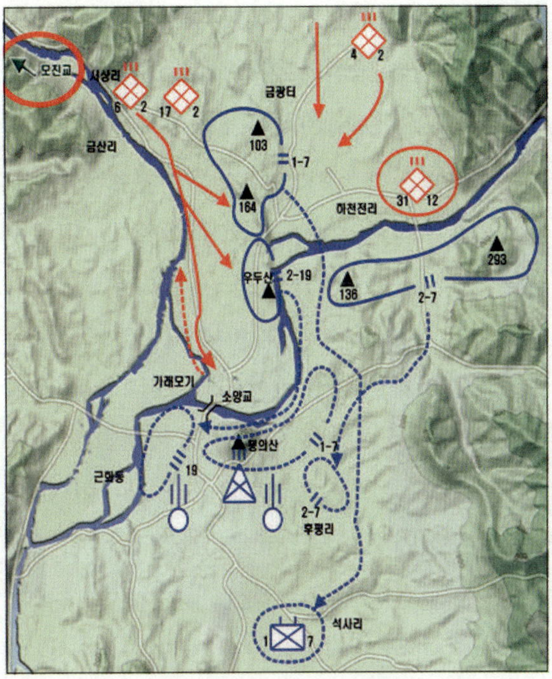

(북한군의 춘천공격 상황도)

북한군은 6월 25일 02:00시경에 옥산포를 공격했다. 이때 옥산포에서 한국군 제7연대 대전차포 중대의 심일 소위[13]는 소양강과 북한강이 합류하는 옥산포(현재 춘천시 사농동) 도로변의 소나무 숲에서 매복해 있다가 기동하는 북한군 SU-76자주포에 올라가서 수류탄과 화염병으로 육탄공격을 해서 자주포 3문을 파괴하였다. 6월 26일 10시경에는 소양교 지역에서 대전차포로 적 자주포 3대를 파괴하였다. 심일 소위의 대전차 공격은 6·25전쟁 최초로 화염병과 수류탄으로 자주포를 격파한 사례로 북한군에 대한 공포심을 해소하고 아군의 사기앙양에 크게 기여하였다. 북한군은 당일 춘천을 점령하기 위해서 공격을 반복하였으나 한국군 제16포병대대가 정밀사격으로 북한군에게 화력을 집중해서 북한군 제2사단이 대량피해를 입었으며, 소양강을 도하하고자 했던 계획과 춘천을 점령하고자 했던 작전 목적은 실패하였다.

한편, 인제~홍천 축선의 제2연대 지역은 북한군 제12사단의 주공인 32연대가 양구~신남~홍천 축선으로 공격하고, 조공인 제30연대가 인제~현리 축선으로 공격해 왔다. 배치된 제2연대는 전투가 개시되면서 곧바로 경계진지인 1차방어선을 피탈 당했으

---

13) 육군은 위국헌신의 심일 소위를 기리기 위해서 전군을 대상으로 투철한 군인정신과 위국헌신의 정신을 실천하는 모범 전투 중대장에게 수여하는 '심일상'을 제정하여 포상을 시행하고 있다. 그리고 소양교 전투에서의 공적으로 미국은 은성무공훈장을 수여했고 한국은 춘천지구 전투와 충주, 음성, 문경 등의 전투에서 거둔 전과를 인정해 태극무공훈장을 수여했다.

며, 2차 방어선인 어론리 일대까지 철수했다. 26일 아침 춘천지역에는 예비 연대인 제19연대 2대대가 원주에서 이동하여 우두산 일대에 배치되었고, 제7연대 1대대는 북한군 제17연대를 기습공격해서 궤멸상태로 몰아넣었다. 연대는 26일 밤 전선을 축소하기 위해 모든 부대를 소양강 남안 3차방어선으로 조정하여 재배치하였다. 인제~홍천 축선의 한국군 제2연대는 26일 06:00시에 어론리에서 2개 대대로 반격을 했지만 실패하고 말고개(홍천 북방 14km)에 새로운 방어진지를 구축하였다. 이 시기에 공격하는 북한군은 전술적 변화를 주었다. 제2군단장(김광협)은 개전 초일에 춘천 지역의 제2사단이 큰 피해를 입고 공격에 실패하자, 북한군의 작전목적을 달성하기 위해서 인제~홍천 축선에서 공격하는 제12사단 31연대를 춘천방향으로 전환시켰다. 하지만 제31연대는 통신문제로 기존연대와 통합하여 춘천을 돌파하려 했던 기도는 실패했다. 그러나 27일 05:00시부터 춘천에서는 북한군의 대규모 공세가 시작되었다. 결국 한국군은 15:00시경에 춘천 시내에 위치한 봉의산을 피탈 당하고, 제7연대는 원창고개 방향으로 철수하였다. 한편, 제2연대는 27일 이후에 홍천 인근의 말고개 일대에서 북한군과 소규모 교전을 치르고 있었으며, 상황을 파악한 사단장은 28일 14:00시경부터 제7연대는 춘천~홍천 간 도로를 따라, 제2연대는 29일 말고개에서 홍천 방향으로 견제유지 하에 지연전을 전개하도록 했다. 그러나 북한군은 자주포를 선두에 두고 돌파를 시도하였으며 이 과정에서 한국군 제2연대는 대전차 특공대로 북한군의 공격을 저지하는 성과를 냈다. 특히, 지형의 이점을 효과적으로 활용해서 적 전차를 파괴할 수 있었으며 **'육탄 11용사'**는 북한군 자주포 10대를 육탄으로 파괴하는 큰 전과를 세웠다. 그럼에도 불구하고 북한군 제12사단은 30일 18:00시에 홍천을 점령하였다.

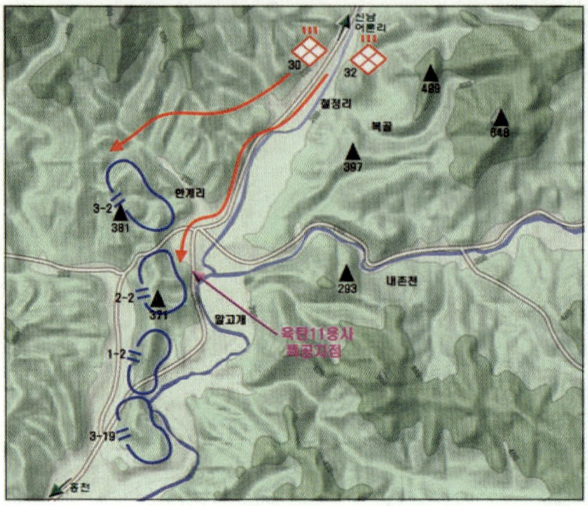

(북한군의 홍천공격 상황도)

춘천 · 홍천 축선의 전투는 6 · 25전쟁 초기에 한국군이 거둔 최초의 전술적 승리로 원인은 다음과 같다.

① 전장감시 강화	② 적정파악 철저
③ 방어수단의 통합 및 협조	④ 적극적인 공세행동

첫째, 전장감시를 위해서 수색대가 38도선 이북지역에 대한 정보수집 활동으로 전장감시를 강화했다. 둘째, 경계태세 유지와 도하부대에 대한 적정파악을 철저히 했다. 셋째, 방어수단의 통합 및 협조를 효과적으로 운용했다. 넷째, 적극적인 공세행동으로 공세적인 방어를 실시했다. 춘천·홍천 전투는 6·25전쟁 초기에 한국군이 거둔 최초의 전술적 승리이고 전략적 의미가 매우 큰 전투였다. 춘천·홍천 전투에서 승리는 제6사단장(대령 김종오)의 전투준비 노력의 결과로 제6사단장은 1950년 6월 23일에 전군이 비상해제를 하는 상황에서도 사단 전 장병의 외출·외박을 제한하였으며 38도선 경계지역에 수색대를 침투시켜 정보활동을 강화해서 북한군의 공격징후를 사전에 파악할 수 있었다. 그리고 포병대대 군의관도 포병사격이 가능하도록 간부교육을 강화했으며 민·관·군 유대를 강화해서 물자징발, 탄약운반, 인력 협조 등이 가능하도록 대비하였다. 그리고 소양강·원창고개·말고개 등의 지형이점을 효과적으로 이용하였다. 춘천·홍천 전투가 차후 작전에 미친 영향은 북한군의 최초 작전계획에 차질을 초래했으며, 한국군이 전투력을 보존해서 지연전을 수행하고 한강 방어선을 형성할 수 있는 여건을 마련해주었다. 만약 이 전투가 북한군의 의도대로 진행되었다면, 한강 이북에서 한국군 유생역량을 포위·섬멸시키고자 했던 북한군의 작전목적을 달성하고, 한국군의 한강방어선 전투가 불가능했을 것이다. 물론 미군이 한반도에 투입되는 시간도 얻지 못했을 것이다. 따라서 제6사단이 춘천·홍천지구 전투에서 수행한 성공적인 작전은 전쟁 초기 북한군의 작전계획에 심대한 차질을 주었으며 6·25전쟁 초기의 전투양상에 많은 영향을 주었고 단순한 전술적 승리를 넘어 양측에 주는 전략적 의미가 매우 큰 전투라고 할 수 있다.

★ 6·25전쟁의 사실 5 : 6·25전쟁 초기 제6보병사단장 (김종오 대령)의 역할은?

6·25전쟁 초기에 김종오 사단장은 춘천 북방에서 적을 격퇴하려는 기존의 계획에 얽매이지 않고 상황 변화에 따라 적의 주력이 지향된 곳에 예비대와 포병을 전환 및 집중운용하여 전투수행여건을 보장해 주었다. 당시에 제6보병사단은 적보다 열세한 전투력에도 불구하고 제6보병사단이 최소의 희생으로 최대의 전과를 얻을 수 있었던 것은 사단장 주도하에 적의 약점을 공략하기 위한 선택과 집중, 지속적인 방어력 발휘를 위한 예하부대간의 유기적인 협조 등이 잘 이루어졌기 때문이다. 김일성은 춘천~홍천 전투의 실패를 물어 북한군 제2군단장과 제2·12보병사단장을 해임하였다.

6. 동해안 축선 전투(1950. 6. 25~6. 27)

양양에서 강릉에 이르는 통로를 담당했던 한국군 제8사단(사단장, 대령 이성가)은 좌측의 진흑동에서 동해안의 기사문리에 이르기까지 약 26km의 비교적 좁은 정면을 담당하고 있었다. 그리고 사단은 2개 연대 편제로 삼척에 제21연대가 주둔하고 있었기 때문에 제10연대(-1)가 단독으로 책임지역을 방어하고 있는 상황이었다. 특히, 제8사단은 오대산과 계방산 공비소탕을 위해서 양 연대에서 1개 대대씩을 차출했기 때문에 즉각 전투에 투입 가능한 전투력은 연대 당 2개 대대인 4개 대대였다.

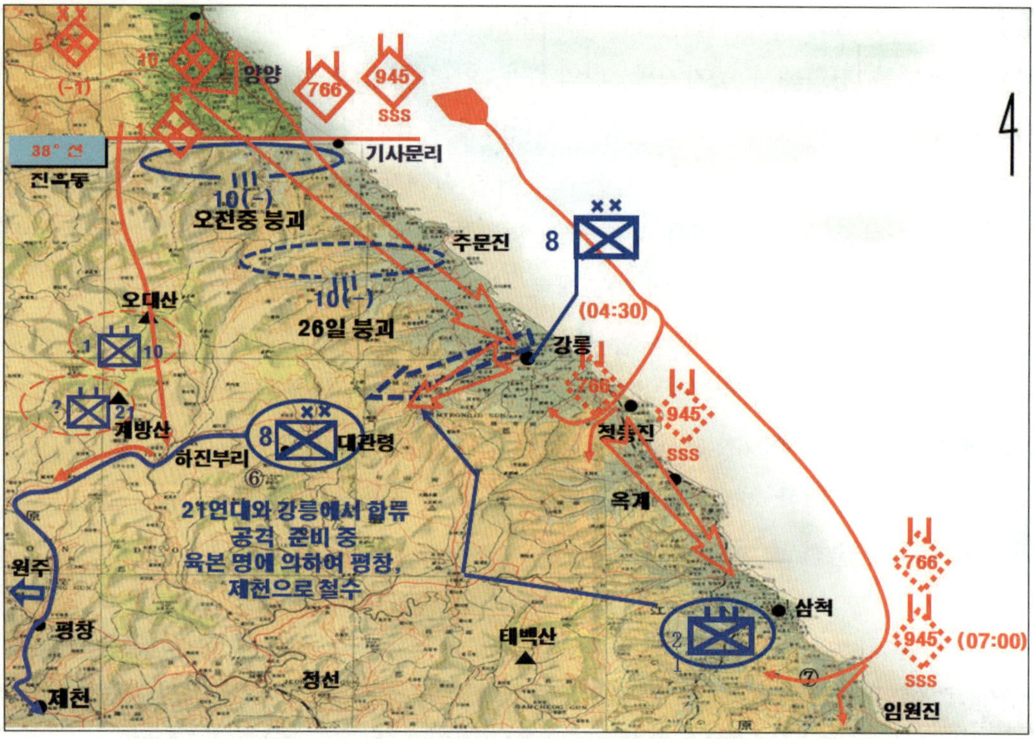

(동해안 축선 전투 상황도)

북한군은 제38경비 제1여단과 제5사단 제10연대를 1제대로 편성하고, 제5사단(-)을 제2제대로 편성하였다. 그리고 해안으로 제549육전대 및 제766부대를 정동진 · 임원진으로 상륙시켜서 동해안 축선 전 · 후방에서 배합전을 수행했다. 제8사단은 38도선에서 강력한 방어편성으로 방어지역의 상실을 최대한 억제하면서 적의 공격을 저지 및 격멸하는 고수방어를 계획했으나 북한군의 공격으로 전방의 제10연대는 전투도 못해 보고 당일 아침에 경계진지가 무너졌다. 따라서 사단장은 삼척의 제21연대를 강릉으로 북상시켜서 제10연대와 통합하여 강릉을 사수하려고 했다. 그러나 삼척의 제21연대는 북상 중에 북한군 945육전대가 도로를 차단하자 삼척에서 내륙 산악도로를 이용하여 강릉의 사단과 합류했다. 제8사단은 예하 연대를 통합해서 6월 27일에 **"원주로 철수하라"**는 육본명령을 접수하고 대관령과 평창을 경유해서 제천으로 철수를 했다. 따라서 부산에 이르는 가장 가까운 접근로인 동해안 축선은 한국군 제3사단 23연대가 울진으로 이동할 때까지 김포 축선과 함께 무주공산이었다.

7. 서울방어 전투(1950. 6. 26~6. 28)

서울방어 전투는 6월 26일 13:00시에 의정부가 피탈되면서 시작된 서울 최후저지선인 창동·미아리 지역의 전투이다. 부대는 동두천·포천~의정부 축선에 투입되었던 병력으로 동두천과 포천 전투의 제2라운드였다. 북한군에 의해 서울의 관문인 의정부가 피탈되자 국방부와 군 수뇌부는 **'서울 고수'**로 방침을 확정하고, 채병덕 참모총장은 유재흥 제7사단장을 **'의정부지구전투사령관'**으로 임명했다. 참모총장은 **"창동~우이동을 연하는 선에서 투입된 모든 부대를 지휘하여 북한군을 저지한 후 후방의 증원부대(제3·5사단)를 이용하여 반격을 해서 실지를 회복하라"**고 명했다. 참모총장의 명에 의거 의정부 지구전투사령부는 제7사단, 제2사단, 제3사단 등의 잔여병력 총 6개 대대를 편성하여 배치하였다. 이로서 한국군은 개전 이래 처음으로 협조된 저지진지를 편성하기 시작했다. 그러나 진지를 편성하기도 전인 27일 10:00시경에 북한군 전차와 자주포 40여 대가 진지를 유린하여 한국군은 또 다시 창동에서 분산하여 미아리 일대로 철수했다. 이무렵 미아리~회기동 선에서는 미아리지구전투사령관 겸 제5사단장인 이응준 소장이 방어진지를 편성하면서 철수병력을 통제하고 있었다. 전방에서부터 밀려온 제2·5·7사단 약 3,000여 명의 병력이 이응준 소장과 유재흥 준장의 지휘 아래 서울방어를 위한 최후 방어선이 27일 오후까지 정릉~미아리~청량리를 연하는 선에 형성되었다. 밤이 되자 폭우가 쏟아지는 가운데 전차로 증강된 북한군 제3·4사단이 수유리에서 미아리방향으로 공격을 했다. 한국군은 우여곡절 끝에 1차 공세를 막아냈지만, 24:00시부터 실시된 북한군의 2차 공세에 무너지고 말았다. 28일 01:00시 경에 북한군 전차 2대가 기습적으로 미아리 고개를 통과하여 서울 시내로 진출을 해서 한국군의 수도 서울 최후방어선을 붕괴시켰다. 이에 따라 분산된 한국군 병력들은 시가전을 전개하면서 한강으로 몰려들었다. 이에 앞서 28일 01:00시경에 북한군 전차가 서울에 진입했다는 보고를 받은 채병덕 참모총장은 서울 사수를 포기하고, 공병감 최창식 대령에게 한강교 폭파를 명령하여 6월 28일 02시 30분 경에 한강 인도교와 3개의 철교를 폭파하고, 이어 04시에 광진교를 폭파하였다.

(한강교 폭파 장면)

이 상황에서 한강교를 조기 폭파하는 결정은 아직 철수하지 않은 한강 이북의 한국군과 서울 시민에게 치명적인 피해를 가져왔다. 6 · 25전쟁에서 한강교 조기 폭파는 서울에서 철수한 한국군의 재편성에 막대한 지장을 초래하였다. 미아리방어선에서 철수를 한 한국군은 6월 28일부터 7월 3일까지 6일 간 한강방어선을 구축하였다. 그러나 서울을 점령한 북한군은 부대 재정비와 전투력을 보강하며 28일부터 7월 3일까지 6일 간 서울에서 지체했다. 북한군의 이 실수는 6 · 25전쟁에서 북한군의 3대 실수 중의 하나로 초기 전투간 가장 큰 실수가 되었으며 미 증원군의 도착시간을 확보할 수 있는 원인이 되었다.

8. 초기작전 분석

6 · 25전쟁 초기에 북한군은 전략적으로 유리한 시기와 시간을 선택해서 성공적인 기습작전으로 공격의 주도권을 장악하고 전장을 지배했다. 그리고 북한군은 속전속결(速戰速決)전략에 따라서 주공 지역인 동두천 · 포천~의정부 축선에 전차를 집중 배비하여 운용을 하였고, 도보부대는 주 · 조공에 균등하게 배비를 하였다. 북한군은 1단계 작전에서 한국군의 주력을 한강 이북에서 일부 격멸하였다. 그리고 전술면에 있어서는 압도적으로 우세한 전투력을 바탕으로 정면 돌파를 시도하는 한편 넓은 공간을 활용한 적절한 우회기동으로 한국군의 측 · 후방 방어진지를 무너트렸다. 이를 **'일점양면전술(一點兩面戰術)'**이라고 한다. 이 전술은 북한군과 중공군이 이후의 전투에서 지속적으로 사용

했다. 또한 보·전·포병의 제병과가 협조된 공격을 효율적으로 수행했고 비정규전부대와 통합된 배합전술도 구사했다. 그러나 북한군의 전술적 과오는 첫째, 제2군단의 춘천·홍천 축선에서의 전술적 실패가 전략적 실패로 이어졌다. 서울을 점령한 북한군의 당면과제는 한강을 도하하는 것이었다. 그러나 북한군은 6일 동안이나 한강을 넘지 못했다. 이는 6·25전쟁에서 북한군이 만회할 수 없는 실책이었다. 이와 같은 상황이 발생하게 된 것은 북한군이 춘천지역에서의 패배가 결정적인 원인이 되었으며, 제1군단과 제2군단의 협조된 공격이 무산되었기 때문에 한국군의 주력이 괴멸을 면할 수가 있었다. 그리고 도하장비도 부족했으며 미군의 포격으로 운용이 제한되었기 때문에 도하작전이 곤란하였다. 둘째, 기동면에 있어서는 북한군 주공이 의정부를 6월 26일 13:00에 점령하고도 미아리고개를 넘어 서울까지 20km가 넘지 않는 거리를 전진하는데 장장 36시간을 소모하여 전과확대의 기회를 상실하였다. 셋째, 지휘통제의 역량 부족으로 고급제대인 총참모부와 제1·2공격집단 간 유기적인 협조체제가 이루어지지 않았다. 또한 북한군 제2군단은 춘천·홍천 축선 전투에서 제2사단이 춘천지역으로 진출이 지연되자, 홍천 방향의 제12사단 31연대를 역행군을 시켜 춘천지역에 투입하였으나 통신장비의 미비로 협조가 되지 않아 전투를 하지 못하는(유병화) 실책을 범했다. 한국군이 초전에 패퇴한 이유는 다음과 같다.

① 전쟁준비 미흡 및 전장감시 소홀	② 상대적 전투력 열세
③ 지휘부의 판단과 조치 미흡	④ 치밀한 방어계획의 미흡

첫째, 한국군은 전쟁준비가 미흡했고 전장감시 활동에 소홀했기 때문에 북한군의 기습을 허용했다. 이는 정보력의 한계를 드러내는 사항이기도 했다. 둘째, 북한군에 비해서 현저하게 열세한 전투력 때문이었다. 특히, 북한군 전차를 제압할 수 있는 무기체계와 북한군의 도하작전에 대한 거부대책이 전무했다. 셋째, 한국군 지휘부의 상황판단과 조치의 부재를 들 수 있다. 당시의 한국군은 남한 전국에 산재되어 있었기 때문에 초전에 전투력을 집중할 수가 없었다. 그리고 북한군의 우선 접근로에 대한 대비가 미비했고 포병 6개 대대를 포병교와 전방사단에 분산 배치해서 북한군 주공 지역에 화력 집중이 제한되었다. 그리고 한국군 지휘부는 전략이나 작전술 구사능력과 작전지도 능력이 부족하여 초기 전투간에 주먹구구식으로 전술적 대응을 하였다. 그리고 기습을 허용한 이후에 불리한 전세를 타개하고자 하는 공세의지와 방법이 적절하지 못했으며, 동두천

·포천·의정부 축선에서의 축차적인 병력투입, 한강교 조기폭파 등은 지휘부의 무능함을 보여주는 대표적인 사례라고 할 수 있다. 한강교 폭파를 두고 외국 언론은 **"한국은 공격당한 것이 아니라 스스로 붕괴되었다"**라고 표현을 할 정도였다. 넷째, 방어계획상의 맹점으로 북한군의 주공으로 파악된 지역에 오히려 예비대를 비워두는 전술상의 실책을 저질렀고, 가용한 포병을 추가 할당하는 등의 적극적인 방책을 강구하지 않았다. 그러나 한국군은 초전의 완패에도 불구하고 춘천에서 제6사단의 전술적 승리가 전략적 승리로 이어지면서 기사회생을 할 수 있는 계기가 되었다. 동해안의 제8사단도 건제 유지 하에 효과적으로 적을 저지해서 북한군의 의도대로 전쟁이 진행되지 않는다는 것을 보여주었다. 특히, 각개 장병들이 보여준 육탄의 감투정신은 이후의 전투에서 한국군의 큰 자산이 되었다. 한편, 스탈린과 김일성의 오판은 6·25전쟁에 미군이 참전하지 않을 것이라고 판단을 했다. 따라서 북한군은 이후의 전투에서 미군이 참전하여 큰 피해를 당했으며 북한 전쟁지도부의 계획대로 전쟁이 진행되지 못했다. 그러나 미군의 참전은 중공군의 참전을 정당화하였고 중공군이 전쟁에 참전하는 원인이 되었다.

★ 6·25전쟁의 사실 6 : 북한군 점령 치하 3개월간 폭정과 만행은?

1950년 6월 28일 오전 11시경 정부의 중앙 청사와 서울 시청 등의 국기 게양대에는 인공기가 휘날리고 있었다. 북한 정권과 북한군은 잔류하고 있던 서울 시민을 다음과 같이 5단계로 분류하였다. 1등급은 지하 남로당원, 2등급은 적극 가담자, 북한군 남침 환영행사와 부역 등 적극 가담자, 3등급은 소극가담자, 친북 성향의 시민, 4등급은 도강하지 않은 주민으로 숨어 지낸 일반 시민, 5등급은 소위 반동분자, 군경 및 가족, 공무원, 언론인, 우익인사, 서북청년단, 반공활동 가담자 등이다. 특히 5등급 중에서 국군과 경찰, 미군 요원 등을 반역자로 분류해서 재판이나 사법절차를 거치지 않고 즉시 처형을 했으며, 북한 점령 치하에서 많은 시민들이 공포와 양민이 학살되는 폭정 속에서 지옥 같은 3개월의 시간을 보냈다.

> 전쟁에서 예측할 수 있는 일은 한 가지 예측대로는 일어나지 않는다.
>
> \- 클라우제비츠

제 3 절 유엔군의 참전과 지연전

1. 개 요

북한군의 기습남침으로 수도 서울이 피탈되자 한국군은 **'시흥지구전투사령부'**를 창설하여 한강 방어선에서 북한군의 진출을 저지하고자 했다. 한국군은 결사적인 방어로 한강 방어선을 6월 28일부터 7월 2일까지 6일 동안 북한군을 지연하여 전과확대 및 추격기회를 상실하게 하였으며 한국군의 재편성 및 유엔군의 전개여건을 보장하였다. 그러나 북한군 제1군단 예하의 제3 · 4사단과 제105전차사단이 7월 3일에 한강 도하를 하고, 김포반도에서는 제6사단이 김포~영등포 축선으로 도하 공격을 했다. 따라서 한국군의 한강 방어선이 돌파되어 수원을 경유해서 평택으로 철수하였다. 이 기간에 김포반도에서는 김포지구전투사령부가 창설되어 북한군 제6사단과 대치하였고, 중 · 동부전선에서도 한국군 제6사단과 8사단이 충주~제천 선으로 철수하였다. 동해안 축선에서는 제3사단 23연대가 울진으로 진출하여 북한군 제5사단의 남진에 대비했다.

북한군은 공격속도를 증가하여 7월 26일 경에는 영동~상주~함창~예천~안동을 연하는 선 남쪽까지 진출하였으며, 북한군 제6사단은 호남지역으로 우회하여 한반도의 서남방으로 기동하면서 유엔군을 경악하게 했다. 북한군은 서울을 점령한 후에 미군이 참전하기 이전에 남한 전 지역을 석권한다는 전략 하에 한강을 도하한 후에 서부 · 중앙 · 동해안의 3개 축선에서 압박을 해왔다. 서부전선에는 서울을 탈취했던 제1군단의 3 · 4 · 6사단과 105전차사단을, 중부전선에는 제2군단의 2 · 1 · 12사단을(진출이 지연되자 제8 · 15 · 13사단 추가 투입) 그리고 동해안 축선에서는 기존의 제5사단을 운용하였다.

북한군은 초전의 전술적 승리이후에 남쪽으로 추격전을 전개하여 전과확대를 하려고 했다. 전선에서는 정면공격과 더불어 기동공간을 이용한 침투와 일점양면전술의 포위전술을 사용했고, 화력과 기동력이 우세한 미군이 투입됨에 따라 야간전투 위주의 작전을 전개했다. 이때 북한군이 적용한 우회기동은 소수의 부대로 지연전을 수행하는 한 · 미 연합군에게는 매우 위협적이었으며, 북한군의 우회기동으로 전방을 잘 방어해도 후방으로 침투한 부대에 의해 포위가 되었다. 북한군은 한국군과 미군을 낙동강까지 밀어내며 제6사단을 투입해서 대륙(중국)에서나 구사할 수 있는 우회전을 한반도 서남부지역에서 운용하여 공격 기세를 유지하였다. 그러나 북한군은 제공권과 제해권을 상실하고, 남으로 내려가면 내려갈수록 병참선이 신장되어 취약점이 가중되었다. 북한군의 전쟁지도부는 단기결전의 전쟁지도에 맞춰 부산으로의 진출을 독려했지만, 전선뿐만이 아니라 후방의 병참계통의 피해가 커져 갔다. 그리고 전선이 신장되면 신장될수록 북한군은 미군을 포함한 한국군과의 전투력 격차가 오히려 반비례로 변해갔다.

이와 같은 한반도의 전쟁 상황은 미국에 급보되었으며 트루먼 정부는 북한의 남침을 불법으로 규정하고 군사적 조치를 강구하기 시작했으며 군대를 파견함과 동시에 유엔을 통해서 한반도 사태를 해결하고자 했다. 미국은 6월 27일에 먼저 해 · 공군 투입을 결정했고, 30일에는 지상군 투입을 결정했다. 이에 따라 7월 1일에 일본에서 출발한 선발대가 부산에 도착하였고, 이어서 유엔에서는 북한을 침략자로 규정을 하고 7월 7일에 유엔군 창설 및 파병을 결정했다. 미군의 투입으로 기사회생한 한국군은 초전의 패배를 딛고, 지연전을 수행하며 신속히 2개 군단 5개 사단의 편제로 전환되었다. 유엔군 사령부는 대구에 위치하고 있었으며, 7월 14일 부로 지휘권의 단일화를 위해서 한국군의 작전 지휘권이 유엔에 이관되었다.

한강 방어선 전투부터 한국군의 작전개념은 북한군의 진출을 최대한 저지하여 미군의 증원시간을 확보하는 것이었다. 미군이 전투에 투입되면서 한 · 미 양군은 평택~제천~울진을 연하는 선에서 연합전선을 구축하였으며, 미군은 서부전선에서 한국군은 중 · 동부전선을 담당했다. 연합군은 방어력 발휘가 양호한 한반도의 동 · 서 지형의 특성을 고려한 저지선을 형성해서 북한군의 진출을 저지하는 계획이었다. 그러나 서부지역에 투입된 미군 1개 사단은 전투력 열세를 극복하지 못하고 스미스 특수임무대대가 7월 5일에 죽미령 전투에서 무너진 이후에 금강선 그리고 대전지구 전투(7월 20일) 등에서 계속하여 패배를 해서 경부축선으로 북한군 진출을 허용하였다. 이에 비하여 신속히 개전 이전의 전투력을 회복한 한국군은 중 · 동부 전선에서 미군이 담당한 서부전선과 보조를 맞춰 지연전을 수행하며 동락리 · 화령장 등에서 호기를 포착한 공세행동으로 북한군의 진출을 저지하며 선전했다. 한 · 미 연합군은 지연전 초기에 북한군의 야간전투와 전술에 적응하지 못하고 많은 피해를 입었다. 그러나 지연전을 수행하면서 우수한 화력과 기동력을 바탕으로 적을 유인하고, 전투력을 보존하면서 위기를 극복해 나가기 시작했으나 투입되는 미군의 전투력은 생각보다 미약했다. 이는 전투력이 절대적으로 부족했기 때문이며, 전투력을 축차적으로 투입했던 것이 원인이 되었다. 그 대가는 낙동강 방어선으로의 후퇴(8.1)였다.

지연전 기간 내내 북한군의 진출 속도와 미군의 증원 속도 경쟁이 치열하게 전개되었다. 미군과 한국군은 당초의 지연전 목표대로 공간을 양보하면서 미군의 증원시간을 획득하여, 지연전 기간 내에 북한군보다 우세한 전투력을 유지할 수 있었다. 한 · 미 연합군 또한 전략적인 지연전을 통하여 북한군을 최후의 보루까지 끌어들였고, 이제는 더 이상 물러설 수 없는 벼랑의 일전을 낙동강에서 준비하기 시작했다. 한강 방어선부터 낙동강 방어선이 형성되는 이때까지의 전투상황은 작전형태로는 지연전이었으며, 이때의 상황을 **'북한군의 진출속도와 미군 증원시간 간의 속도 대결'**이었다고 평가하였다.

★ 6 · 25전쟁의 사실 7 : 왜 최신예 전투기로 적 전차를 파괴했는가?

1950년 7월 4일 F-51편대가 북한군의 남하를 막기 위해 첫 출격을 감행했다. F-51 편대가 안양 상공에 이르렀을 때 편대장 이근석 대령은 안타깝게도 적 대공포에 맞았다. 이 대령은 "3번기 왼쪽 탄약차량 공격, 건투를 빈다"는 마지막 명령을 내린 뒤 북한군 전차로 돌진해 산화하였다. 당시 이 대령은 비행기가 피탄 되자 기지로 귀환하는 것이 불가능한 것으로 판단하고, 도로를 따라서 남진 해 오는 적의 선두 전차를 향해 강하하여 부딪힘으로써 장렬하게 전사하였다.

2. 유엔군의 참전과 연합전선 형성

가. 유엔군의 참전과 창설

북한군의 공격이 시작되자 미국 투르먼(Harry Shippe Truman) 대통령은 **'한국을 지키기 위하여 미국이 적극 나서야 한다.'**라고 언급하고, 유엔 안전보장이사회를 소집하도록 했다. 6월 27일 11:00(뉴욕, 26일 21:00)시에 백악관에서 열린 제2차 안보회의에서 미 해 · 공군 참전이 우선 결정되었고, 미 극동군사령관 맥아더 원수는 6월 28일에 영등포 방면의 한강 방어선을 시찰하고 지상군 투입을 건의했다.

투르먼 대통령은 6월 30일 03:00시에 맥아더 원수의 건의를 승인하였다. 한편 유엔은 6월 26일 04:00(뉴욕, 25일 14:00)시에 유엔 안전보장이사회에서 소련을 제외[14]한 영국, 프랑스, 인도 등이 참석한 가운데 미국이 제출한 **'북한군의 침략 중지 및 38도선 이북으로의 철수'**를 요구하는 결의안을 만장일치로 채택했다. 이어서 6월 28일(미국 27일)에는 제2차 유엔안전보장이사회에서 표결을 통해서 북한을 **'침략자'**로 규정하고 회원국들에게 **'남한을 지원하여 무력공격을 격퇴할 것을 권고'**하는 결의안이 채택되었다. 이와 같은 두 차례의 안전보장이사회 결정에 따라서 유엔 회원국들은 **'무력으로 침략자인 북한을 응징할 수 있고, 유엔군을 창설할 수 있는 국제법적 정당성'**을 부여받게 되었다. 그리고 7월 1일에는 미국 정부 주도하에 유엔군사령부를 창설하고 유엔 회원국이 무력지원을 하자는 **'통합군 사령부 설치에 대한 결의안'**이 영국과 프랑스에 의해서 공동으로 제출되어 7월 7일에 채택됨으로써, 역사상 최초로 **'유엔군(United Nation Command)'**이 탄생하였다. 미국은 일본에 주둔 중인 극동군사령관 맥아더 원수를 7월 10일에 유엔군 사령관으로 임명했다. 유엔에서 미 지상군 참전이 결정이 되고 한국군이 한강 방어선 전투를 하고 있던 7월 1일에 미 제24사단의 선발대가 부산에 도착하였다. 맥아더 원수는 미 제24사단 사단장 딘(William F. Dean) 소장을 주한 미군 총사령관으로, 처치 준장을 부사령관으로 임명하였다. 그렇다면 **"미국은 왜 한반도 전쟁에 신속하게 참전을 결정했을까?"** 이것은 무엇보다도 미국의 국익과 세계 패권 전략 차원에서 이해를 해야 한다.

① 한반도가 공산화 되었을 경우 일본의 안보 위협 대비
② 한국의 공산화 저지　　　③ 소련의 공산화 팽창 저지
④ 미국 주도 하의 유엔 권위 확립

첫째, 미국은 한반도가 공산화되었을 경우에 일본의 안보에 미치는 부정적 영향을 고려한 것으로 판단된다. 왜냐하면 한반도가 공산화되어 일본의 안보가 위협을 받는다면 태평양을 내해로 여기는 미국의 방어 전략에 영향을 미치기 때문이었다.

둘째, 한국이 고립무원의 상태에서 공산화된다면 인접 자유민주주의 국가들은 공산주의에 대한 대항 의지를 상실하고 도미노처럼 공산화될 것이 불을 보듯 뻔했다. 그래서 미국은 한반도에서 공산주의 국가들에게 경종을 울리고자 참전을 했다.

셋째, 소련의 팽창정책을 한반도에서 저지해서 제3차 세계대전의 고리를 차단하고자

---

14) 소련의 불참은 안전보장이사회에 '장제스의 타이완을 제외하고 마오쩌둥의 중공을 가입시키자'는 소련의 제안이 받아들여지지 않자, 미국과 유엔의 권위를 떨어트리기 위해 불참하였다는 설과 중공의 안전보장이사회 가입을 지연시키기 위해 전략적으로 불참하였다는 설 등이 있다.

하는 의도였다.

넷째, 미국의 주도 하에 움직이고 있는 유엔의 권위와 질서를 지키고자 했다. 한국은 유엔이 최초로 산파 역할을 수행하여 건국한 국가로, 한국을 보호해서 미국이 주도하는 유엔의 권위를 유지하고자 한 것이다.

나. 연합전선의 형성

맥아더 원수는 6월 30일에 미국의 지상군 투입이 승인되자 주일 미군을 우선 투입했다. 7월 1일 선발대인 스미스 특수임무부대(제24사단 21연대 1대대, Task Force Smith)가 부산공항에 전개하고 있을 때, 정일권 참모총장과 처치준장은 대전의 미 극동사령부 전방지휘소에서 회담을 갖고 있었다. 양 대표는 연합작전을 위한 작전지역 분담, 한국군의 재정비, 한국군 탄약 및 장비의 긴급 지원, 미 공군의 지원 확대, 장차작전의 구상 등에 관하여 광범위한 토의를 하면서, 전선의 서쪽에 전개한 미 지상군은 경부 축선의 서부전선을 담당하고, 동(우)측의 한국군은 동해안까지 담당하기로 했다.

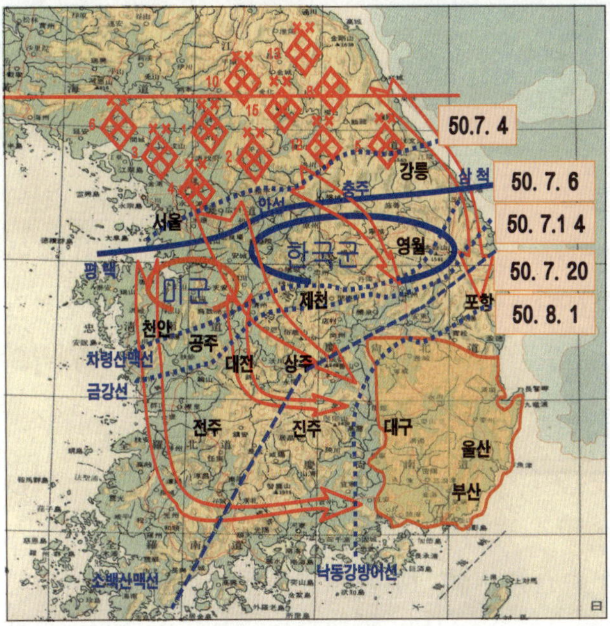

(지연전 전개 상황)

그리고 최초의 방어선은 남한에서 동서의 폭이 가장 좁은 평택~안성~충주~울진선(37도선)으로 선정하였다. 이 합의에 따라서 그간의 한국군 단독작전은 7월 4일에 스미스부대가 배치되면서 한·미 연합작전으로 전환되었으며, 한국군은 각 지역에 분산된 병력을 수습하여 전력을 재정비할 수 있게 되었다. 또한 주한 미군사령관 딘 소장은 차후 작전을 위하여 5개의 방어선을 구상하고 북한군의 남진을 저지하고자 했다.

① 평택~안성~충주~삼척을 연하는 선(7.6)
② 차령산맥을 연하는 선(7.14) ③ 금강을 연하는 선(7.16)
④ 소백산맥을 연하는 선(7.20) ⑤ 낙동강을 연하는 선(8.1)

미군은 제24사단(제19, 21, 34연대)이 도착한 이후 7월 31일까지 제25사단(제24 · 27 · 35연대)과 제1기병사단(제5 · 7 · 8연대)이 한반도에 도착하였다. 유엔군 사령부는 7월 24일 창설되었다. 지휘체계는 아래 표에서 보는 바와 같다.

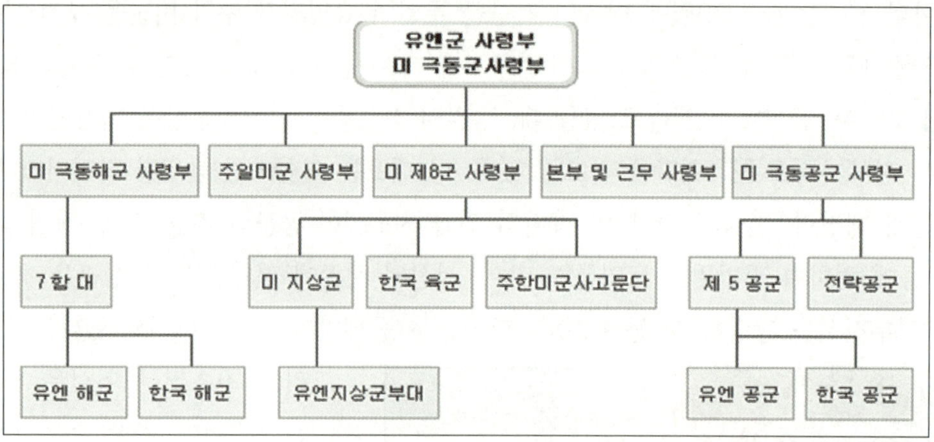

(유엔군 사령부의 지휘체계)

6 · 25전쟁이 진행되면서 영국 · 프랑스 · 터키 · 호주 · 필리핀 등 16개국에서는 전투 병력을 파병했다. 유엔군의 해군에는 미국 · 영국 · 호주 · 프랑스 · 네덜란드, 캐나다 · 뉴질랜드 등이 참가했으며, 유엔군의 공군에는 미국, 영국, 캐나다, 호주 등에서 참전하였다. 이 외에도 의료 및 시설 지원국이 6개국이었으며, 물자를 지원한 국가도 38개국으로 6 · 25전쟁은 세계 전쟁의 성격을 띠고 있었다.

다. 한국군의 재편성

한강 방어선 전투에 이어 하루 만에 수원을 피탈 당한 한국군은 7월 4일 저녁에 평택으로 철수하였다. 이때 참모총장 정일권 소장은 일선의 부대들이 초전에 와해되고, 병력을 포함한 장비와 물자가 현저하게 부족하여 전투력 발휘에 제한을 받게 되자, 전투 효율성을 제고시키기 위해서 군 조직의 통합과 개편을 결심하고 있었다.

육본은 평택으로 철수한 시흥지구전투사령부를 모체로 7월 5일부로 제1군단 사령부

(사령관, 소장 김홍일)를 창설하였다. 그 이유는 초전에 괴멸된 부대가 장비 및 물자가 부족하고 지휘통신이 제한되는 등 전투력 발휘가 제한되었기 때문이다. 창설 방법은 전투력이 미약한 연대 · 사단을 다른 사단 · 연대에 통합하는 방식으로 미군과 전선 조정을 하는 과정에서 기존의 6개 사단(수도 · 제1 · 제2 · 제3 · 제5 · 제7사단)을 통합하여 3개 사단(수도 · 제1 · 제2사단)으로 재편성하여 1개 군단, 5개 사단, 3개 연대로 개편하였다.

한편, 중동부전선의 한국군 제6 · 8사단이 전투가 진행되면서 이화령~조령 선에 배치된 부대와 간격이 멀어지자 이들 부대에 대한 통제가 어려워졌으며, 북한군 제2군단의 주력이 이 지역으로 지향함에 따라 새로운 군단 창설의 필요성이 대두되었다. 이에 따라 육본은 7월 15일에 함창에서 제2군단사령부(사령관, 준장 유재흥)을 창설하였으며, 7월 24일에 제1사단과 제8사단을 제2군단 예하부대로 편성하였다. 그리고 한국군의 작전지속지원을 위해서 7월 초순부터 미군의 보급품이 지원되어, 20일부터는 일부 전선에 보급이 되었다.

제 4 절 전쟁초기 지연작전(한강~낙동강 방어선)

1. 한강방어선 전투(1950. 6. 28~7. 3)

한강방어선 전투는 북한군 제105전차사단 및 제3 · 4사단과 이를 저지하려는 한국군 시흥지구전투사령부 예하의 혼성사단 간의 전투로 북한군을 한수 이북에서 6일 간이나 지체시킨 것은 6 · 25전쟁사에서 매우 의미가 있는 전투였다. 육본은 서울이 피탈되자 안양천과 광진교 일대에 **'시흥지구전투사령부'**를 설치하고, 김홍일 소장을 사령관으로 임명했다. 당시 부대편성은 500명 단위의 **'혼성대대'**로 편성한 후 혼성수도사단(양평리~대방동), 혼성제7사단(대방동~동작동), 혼성제2사단(동작동~신사리), 제1사단(시흥, 예비), 제3 · 5사단(수원, 낙오병 수집)으로 재편하여 한강 남쪽의 방어선에 배치하였다. 이때 배치된 병력은 총 병력 3,000여 명으로 6개 대대였다. 북한군은 29일 밤부터 정찰대를 투입해서 탐색전을 전개했다. 북한군은 제4사단을 주공으로 여의도 대안을 통하여 영등포 방면으로, 제3사단을 조공으로 용산일대에서 노량진 방향으로 도하를 시도하여 29일에 밤섬과 흑석동 차안에 중대규모가 교두보를 확보했다. 도하 5일차인 7월 3일 04:00시에 일진일퇴(一進一退)를 하다가 철로 복구를 완료한 북한군은 전차 4대를 먼저 도하 시켰다. 이후에는 열차를 이용해서 전차와 병력을 축차적으로 도하시켜서 영등포와 노량진 일대를 점령하였다. 이에 맞선 영등포 정면의 혼성제8연대는 북한군 전차가 공격을 하고, 설상가상(雪上加霜)으로 김포의 북한군 제6사단이 오류동 쪽으로 공격을 해서 전·후방에서 북한군의 공격을 받게 되자 시흥지구전투사령관 김홍일 소장은 계획된 철수명령을 하달하였고, 나머지 부대들도 분산을 시켜서 안양과 과천으로 철수를 시켰으며 도로 위주로 저지선을 형성하였다. 7월 4일에 육군본부는 평택으로 이동하였다. 한국군 부대들은 임시 편제된 상황 하에서도 사력을 다하여 6월 28일부터 전차가 도하한 7월 3일까지 저지하고자 했던 목표인 3일을 넘어 6일 간이나 한강방어선에서 저지를 하였다. 한강방어선 전투를 분석해 보면 시기적절한 미군의 항공포격과 지원으로 북한군의 한강 도하를 효과적으로 거부 및 저지를 했다. 특히, 한강방어선 전투에서 수훈갑은 탁월한 전쟁지휘 능력을 갖춘 김홍일 사령관과 한강이라는 자연장애물을 효과적으로 이용한 것이었다. 이로써 한국군은 유엔군 참전의 시간을 획득할 수 있었으며 지연작전을 통해서 전략적 후퇴를 단행할 수 있는 여건을 마련하는 전과가 있었다.

★ 6·25전쟁의 사실 8 : 한강방어선 전투에서 맥아더 원수를 감동시킨 어느 병사의 결의는 6·25전쟁에 어떠한 영향을 미쳤는가?

1950년 6월 29일 한간방어선을 시찰 중인 맥아더 원수가 진지에서 방어를 하고 있던 병사에게 "자네는 언제까지 여기에 있을 것인가?"라는 물음에 병사가 대답했다. "군인은 오직 명령에 따를 뿐입니다. 저는 상관이 철수명령을 내리지 않는 한 죽는 순간까지 이곳을 지킬 것입니다" 이에 감동한 맥아더 원수는 미국 대통령에게 미 지상군 부대의 투입을 건의하여 승인을 얻어냈다.

2. 김포반도 전투

김포반도 전투는 한강방어선 전투 일환으로 진행되었으며 춘천·홍천 축선과 더불어 6·25전쟁 초기에 전쟁 상황이 가장 극적으로 전개된 지역이었다. 북한 입장에서 김포반도는 춘천지역에서 북한군 제2군단이 수원지역으로 진출해서 한국군을 포위하고, 김포반도 지역에서는 북한군 제1군단이 안양이나 수원방향으로 진출을 할 경우에 한국군을 양익 포위를 할 수 있는 유리한 상황이 조성될 수도 있었다. 전투 경과를 보면 북한군 제6사단이 공격을 했다. 개전 첫날 옹진반도와 개성에서는 한국군 제17연대와 제1사단 12연대가 철수를 하였다. 그러나 김포반도는 서울에서 근거리에 위치하여 전략적으로 매우 중요한 지역이었으나 방어계획이 없었다. 이와 같은 상황에서 육본에서는 김포반도 방어를 위해서 26일 오전에 남산학교(정보학교)의 기간 요원을 모체로 **'김포지구전투사령부'**를 창설하고 장갑대대, 보국대대, 개성에서 철수한 제1사단 12연대 2대대, 보병학교 후보생 대대 등 4개 대대 규모의 전투력을 26일 야간까지 투입을 했다. 북한군은 6월 26일 아침에 제13 · 15연대 1개 대대와 야포 2문이 도하를 했으나 한국군의 조직적인 저항으로 약산리~도이곶을 연하는 선에서 저지되었다. 6월 27일에는 미군 항공기에 의해서 북한군의 주간 도하가 차단되었다. 그러나 27일 야간에 전차중대를 포함한 사단 본대가 도하를 했다. 6월 28일에는 여명을 기해서 대곶리 및 김포지역까지 진출을 했다. 한편 김포지구전투사령부는 6월 29일에 김포비행장을 탈환하기 위해서 역습을 해서 부천의 원미산 북쪽 고지에서 북한군 제6사단의 진출을 저지하고 있었다. 김포반도에서는 7월 2일까지 북한군 제6사단의 공격을 저지하였다. 김포반도에서 북한군 제6사단의 한강도하를 3일 간이나 지연시킨 것은 한강이라는 자연장애물의 효과적인 이용과 김포지구전투사령부 장병들의 투혼의 결과였다. 그리고 김포반도를 확보한 후에 인천~수원 방향으로 진출하고자 했던 북한군 제6사단의 진출을 저지함과 동시에 행주산성 일대에서 한강을 도하해서 철수하는 한국군 제1사단 등이 안전하게 도하를 할 수 있도록 지원을 하였다. 김포지구사령부는 한강방어선전투에서 측방의 위협이 없이 한강방어선 전투를 수행할 수 있도록 여건을 조성하였다. 특히, 개천 초기에 중부축선은 **'춘천지구전투'**에서 북한군을 효과적으로 저지하였으며 서부축선은 **'김포반도전투'**에서 북한군을 효과적으로 저지했다.

3. 한강 이남의 지연작전 간 주요 전투

한강 이남의 지연작전은 금강 · 소백산맥으로 지연전을 수행하는 것으로 중동부 전선은 조직적인 지연전을 수행하고 서부는 북한군의 압력에 의한 철수를 하는 개념이었다.

가. 서부전선 지연전(1950. 7. 5~7. 12)

서부전선의 지연전은 경부국도를 중심으로 오산 북쪽의 죽미령 고개로부터 평택~천안~조치원을 연결하는 축선으로 금강 방어선까지이다. 투입부대로는 북한군의 최정예 부대인 제105전차사단 및 제3·4사단과 이들의 공격을 저지하기 위해서 미 제24사단이 실시한 전투이다. 서부전선의 주요 지연전 상황은 다음과 같다.

일정	지역	부대	작전 경과
7. 5	죽미령	미 스미스 TF	북한군 제4사단 보전협동 공격, 미 스미스 TF 안성으로 철수
7. 6	평택·천안	미 제34연대	북한군 제4사단 보전협동, 게릴라 공격
7. 8	조치원	미 제21연대	북한군 제4사단 공격 격퇴, 북한군 제3사단 보전협동 포위공격
7. 12			금강선으로 철수

1) 죽미령 전투(1950. 7. 5)

죽미령 전투는 6·25전쟁에 최초 투입된 미 제24사단 21연대 스미스 특수임무부대(TF : Task Force)가 1950년 7월 5일 오전에 오산 북방의 죽미령에서 북한군 제4사단과 제105전차연대의 공격을 6시간 저지한 전투이다.

맥아더 원수는 일본에서 미 제24사단에게는 출동명령을, 제1기병사단에게는 상륙작전 준비명령을 하달하였다. 이에 미제8군사령관 워커 장군(중장)은 미제24사단장인 딘 소장에게 대대규모의 특수임무부대를 편성하도록 지시하였다. 딘 소장은 제21연대 1대대장에게 명령을 하달하면서, 한반도에 이미 파견된 처치 준장의 지휘를 받도록 조치하였다. 스미스 중령(Charles B. Smith)은 대대 편성을 보강해서 7월 1일에 항공기로 일본을 출발해서 14:00시 어간에 부산에 도착하였다. 그리고 7월 2일 08:00시에 열차편으로 대전에 도착했고, 7월 3일에 평택 및 안성 일대에 진지를 편성했다. 죽미령은 오산 북방 5km 지점에 위치하고 수원까지 감제 관측이 가능한 요충지였다. 도로망은 1번 국도와 경부선 철도가 통과하는 지형으로 도로망이 발달되어 전차 및 차량 기동이 가능하였다. 기상은 오전 중에 폭우로 항공 및 포병지원이 제한되었다.

(죽미령 지역 지형 상황도)

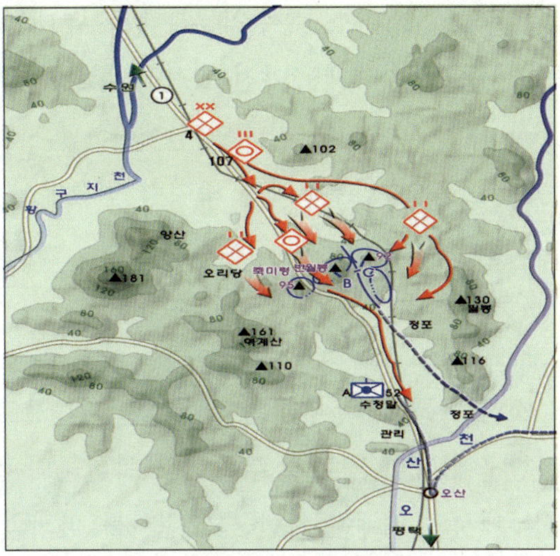

(죽미령 전투 상황도)

스미스 특수임무부대는 북한군에 대한 구체적인 정보가 없이 처치 준장으로부터 가능한 북쪽으로 이동을 해서 북한군의 공격을 저지하라는 명령을 받고, 7월 4일 15:00시 경에 죽미령에 도착을 했고, 7월 5일 03:00시 경에 오산 북방의 죽미령에서 1번 국도를 중심으로 52포병대대와 함께 진지를 편성하였다. 이는 서부지역을 담당한 미 제24사단장이 주방어선을 평택~안성선으로 선정하여 제34연대를 배치하고, 엄호 및 전초부대 임무를 수행하는 스미스 부대는 그 보다 북쪽인 오산 북방 죽미령에 배치되는 개념이었다.

그러나 스미스 특수임무부대가 죽미령에 도착하여 진지를 편성하기 전(7월 4일)에 북한군이 수원을 점령하였으며, 7월 5일 07:30분 경에 북한군 제4사단 · 105전차사단과 접촉하였다. 스미스 특수임무부대는 선두에 선 북한군 전차에 2.36″ 로켓포를 발사하였으나 파괴되지 않고 계속 전진하자, 105미리 곡사포로 직접 조준하여 두 대를 파괴시켰다. 그러나 30여 대의 북한군 전차는 계속 전진하며 스미스 특수임무부대의 지휘소와 포병진지 간에 설치된 유선을 절단시켜서 포병화력 마저도 무력화되었다. 전차가 한바탕 진지를 휘젓고 오산 방향으로 내려가자, 양 측면으로 진입한 북한군 도보부대가 방어진지를 유린하기 시작했다. 결국, 스미스 특수임무부대는 6시간 만에 붕괴되었고, 전사자와 부상자들에게 군의관과 군목만 남겨둔 채 안성으로 철수했다. 역부족이었다. 죽미령 전투는 한반도에서 미군과 북한군의 첫 전투로 스미스 특수임무부대는 부대원 440명 중 150여 명이 전사하거나 행방불명이 되었다. 제52야전 포병대대 A포대는 화포를 모두 잃었고, 131명 중 31명이 전사 내지 실종되는 참패를 당했다.

스미스 특수임무부대가 죽미령 전투에서 패배를 하게 된 요인은 다음과 같다.

① 전투준비 미흡 ② 북한군에 대한 정보 부족
③ 북한군 과소 평가

스미스 특수임무부대는 갑작스런 파병으로 전투 준비가 미흡한 상태에서 교전을 했고 북한군에 대한 정보가 부족했고 북한군의 전투력을 과소평가하여 패배를 했다. 죽미령 전투에서의 패배는 북한군의 전차를 파괴할 수 있는 대책을 강구하는 계기가 되었으며 이를 위해서 3.5인치 로켓을 반입하였다. 3.5인치 로켓포는 북한군 전차가 가장 무서워하는 무기였다. 한편, 6·25전쟁에서 한국군들은 수류탄을 들고 육탄공격으로 북한군 전차와 자주포를 파괴하고 산화했다.

2) 평택·천안 전투(1950. 7. 6~7. 8)

평택·천안전투는 미 제24사단 예하의 제34연대가 7월 6일부터 8일까지 평택에서 천안을 연결하는 경부국도 축선에서 죽미령을 돌파하고 남진하는 북한군 제105전차사단 및 제4사단을 저지한 전투이다. 미 제24사단장 딘 소장은 7월 2일에 부산에 상륙한 제34연대를 평택과 안성일대에 배치를 했다. 그러나 제 34연대 장병들은 스미스 특수임무부대를 격파하고 남진하는 북한군 전차에 공포를 느끼고 있었다. 7월 6일 북한군과 접촉을 한 평택의 제1대대 장병들은 단 한 시간 만에 진지를 무단이탈을 하여 천안으로 철수를 했다. 제3대대도 연대장 명령에 의거 천안으로 철수를 하였으며 사단장은 연대장을 교체하는 지휘조치를 했다. 7월 8일 06:00시에 북한군이 천안을 공격하자 후임 연대장 마틴(Robert. Martin)대령은 2.36″ 로켓포를 들고 전차를 직접 공격 하다가 적탄을 맞고 전사를 했다. 이에 딘 소장은 연대를 공주 방향으로 철수를 시키고 제34연대보다 하루 늦은 7월 3일에 부산에 도착한 제21연대를 조치원 방향에 투입을 했다. 그러나 제21연대도 7월 12일에 북한군에게 돌파되어 금강선으로 철수를 했다. 이와 같이 지상에서 고전을 하고 있을 때 미 공군은 7월 9일에 1번 국도를 따라 남하하는 북한군 차량 100여 대를 파괴하였고 7월 10일에도 전차 38대, 자주포 7대, 트럭 117대를 파괴하였으며 단일 전과로는 가장 큰 전과를 올렸다.

나. 중부전선 지연전(1950. 7.5~7.17)

중부전선은 한국군 제1군단 예하의 수도사단과 제1 · 2사단이 중서부 쪽의 이천 · 진천 · 청주 · 음성 일대를 담당하여 북한군의 남진을 저지하였으며 북한군 제1군단 예하의 제2사단과 제203전차연대, 제2군단 예하의 15사단이 남진을 하고 있었다. 동부 쪽에는 한국군 제6 · 8사단이 충주 · 제천 · 단양 등 중부내륙을 담당하여 북한군의 남진을 저지하고 있었으며 북한군 제2군단 예하의 제12사단과 제1사단이 남진을 하고 있었다. 지연전 단계에서 한국군의 작전개념은 서부전선의 미군과 전선의 균형을 유지하면서 적을 최대한 지연시켜서 미군의 증원시간을 확보하는 것이었다. 이와 같은 상황에서 중부전선이 서부전선보다 먼저 돌파가 된다면 서부전선에서 미군의 퇴로가 차단되는 상황이 발생이 될 수도 있었으며, 이 상황은 경부 축선 외에 대전 또는 대구에 이르는 또 하나의 통로를 열어주는 상황으로 중부전선의 전략적 가치와 차후작전에 매우 중요하였다. 중부전선의 주요 지연전 상황은 다음과 같다.

일정	지역	부대	작전 경과
7.6~13	무극리 · 음성	한국군 제6 · 1사단	한국군 제6 · 1사단 6사단 7연대, 동락리 주둔 북한군 제15사단 48연대 기습공격, 최고 전과
7.6~17	진천 · 청주	한국군 수도사단	수도사단 선전으로 지연
7.5~16	제천 · 단양	한국군 제8사단	북한군 제8사단 공격
7.7~7.9	충주	한국군 제6사단	북한군 제1 · 12사단 131연대 남진 저지
7월 중순			서부전선 붕괴로 방어선 조정 (보은~문경~영주)

1) 음성(동락리) 전투(1950. 7. 5~7. 8)

북한군은 남침 이후에 파죽지세(破竹之勢)로 남하를 해서 7월 5에는 충북 음성 일대까지 진출을 하였다. 북한군 제2군단은 중부지역으로 신속히 남하하였으며 제2사단은 진천 방면, 제15사단은 음성 방면, 제1사단은 충주 방면으로 남하하였다. 이에 한국군은 제6사단 7연대가 음성 동락리, 제17연대는 화령장지역에서 북한군과 싸워서 3개 연대를 섬멸하였다.

(동락리 전투 상황도)

음성(동락리) 전투는 1950년 7월 5일부터 7월 8일까지 한국군 제6사단 7연대 2대대가 **'동락초등학교에 북한군이 주둔해 있다'**라는 여교사의 신고를 받고 기습공격을 하여 북한군 1개 연대를 격멸한 전투이다. 당시 제7연대는 1대대가 무극일대, 2대대는 부용산, 3대대는 동락리 남쪽에 배치되었다. 당시 2대대는 부용산으로 이동 중에 북한군 제15사단 48연대가 무질서하게 휴식 중이라는 동락초등학교 여교사의 신고를 접수하고 2대대장은 연대와 통신이 불가능한 상황 하에서 독단으로 공격을 결심하고 7월 6일 17:00시에 3개 방면으로 기습공격을 하였다. 이에 북한군 제48연대는 혼비백산해서 탈출을 시도했으나 북한군 2,186명이 사망을 했고 포로 132명, 각종 포와 차량 60대 등을 노획하였다. 음성(동락리) 전투는 전쟁 초기에 패전을 거듭하던 한국군이 자신감을 회복하는 계기가 되었으며 한국군에게는 단비와 같은 승리였다. 당시 한국군 제7연대의 승리 요인은 여교사의 신고에 따른 적시 적절한 지휘관의 판단과 북한군의 휴식간 경계가 소홀한 상황에서 기습을 실시하여 열세한 전투력을 극복하고 대승을 거둘 수 있었다. 이에 이승만 대통령의 지시로 제7연대 전 장병을 1계급 특진 시켰다.

2) 진천 · 청주 전투(1950. 7. 6~7. 13)

진천 · 청주지역 전투는 7월 6일부터 13일까지 한국군 수도사단이 북한군 제1군단 예하 제2사단과 진천 및 청주 미호천 일대에서 실시한 지연전이다. 진천 · 청주 축선은 대전에 이르는 단거리 접근로이며 돌파가 될 경우에는 서부 전선의 미군작전에 지대한 영향을 줄 수 있는 지역이었다. 한국군 제1군단은 수도사단을 진천에 배치하고 제1사단을 읍성에 배치하여 북한군의 남진을 저지하고 있었으며 북한군 제2군단 예하의 제12사단과 제1사단이 남진을 하고 있었다. 지연전 단계에서 한국군의 작전개념은 **'서부전선의 미군과 전선의 균형을 유지하면서 적을 최대한 지연시켜서 미군의 증원시간을 확보하는 것'**이었다. 이를 위해서 수도사단은 북한군 제2사단의 진출을 지연시켜 전선조정에 필요한 시간을 획득하는 데 작전 중점을 두고 있었다. 수도사단의 병력배치는 제1·8·18연대와 군단 예비인 제2사단 20연대, 육본의 제17연대(-), 독립기갑연대 및 제 1포병여단 1개 포대로 진천 남단의 문안산~봉화산을 연하는 지역에 방어선을 편성하였다. 이와 같은 상황에서 북한군 제2사단이 진천·청주 방향으로 진출을 하여 7월 8일부터 진천 북단을 공격하였다. 7월 9일 아침에 북한군 제2사단은 3개 보병연대와 1개 전차연대(-)를 투입해서 보·전·포 협동 공격을 하면서 진천·청주 방면으로 공격을 해 왔다. 수도사단은 주 방어진지를 피탈 당한 후에 역습을 하여 문안산~봉화산 일대를 되찾기를 2차례나 반복하였다. 그러나 결국에는 군단 좌우측의 전선이 남하하여 청주 북방의 미호천 남안으로 철수를 준비했으며 수도사단은 유엔군 항공기(F-51)를 요청해서 진천읍과 신월리 일대에 넓은 지역을 불태울 수 있는 소이탄의 일종인 네이팜탄(Napalm bomb)을 맹폭하면서 철수를 하였다. 수도사단은 미호천 남단으로 철수를 한 이후에 북한군 제2사단이 계속 접촉을 유지하자 집결지에 포병화력을 집중해서 800여 명을 사살했다. 진천·청주 지구 전투는 북한군 제2사단이 진천·청주 축선을 따라서 남진하여 한국군과 유엔군의 전투지대를 양분하고 대전을 협공하려고 했던 기도를 분쇄하였으며 축차적인 철수와 지연전으로 한국군과 유엔군이 금강선~소백산맥을 연하는 방어선을 형성할 수 있는 시간적 여유를 확보한 전투였다.

3) 단양 전투(1950. 7. 6~7. 12)

단양지역 전투는 7월 6일부터 12일까지 7일 동안 단양일대에서 한국군 제8사단 2개 연대가 북한군 제8사단의 공격을 저지한 지연전이다. 당시 상황으로 한국군 제8사단은 옹진에서 철수한 제17연대 1개 대대의 엄호를 받으면서 동해안에서 대관령을 경유해서 제천에 집결을 하였으며 한국군 제8사단은 충주방면으로 이동한 제6사단 7연대와 임무를 교대한 후에 예하의 10연대(+)를 원주일대, 제21연대(-)를 평창, 영월일대에 위치시켜서 남하하는 북한군을 저지하였다. 그러나 7월 4일 오후에 **"제8사단은 충주로 즉시 이동하라"**는 육본 명령을 수령하였으나, 사단장(대령 이성가)은 육본 명에 의거 병력을 열차로 이동을 시키면서, **"중앙축선을 비우고 충주로 철수하라"**는 육본 명령이 전술적 상황에 맞지 않는다고 판단을 하고 대전으로 차량이동을 해서 국방부장관과 딘 소장을 만나서 **"현재 육본 명령이 전술적으로 맞지 않는다고 보고"**를 하고 충주로 이동한 사단을 다시 열차를 이용해서 7월 6일에 단양으로 이동을 시켰다. 그러나 북한군은 남한강 일대까지 진출을 하였으며 제8사단은 통신체제가 미비하여 적의 상황을 정확하게 파악을 하지 못했으며 제천을 내주고 단양에 신 방어진지를 편성하였다. 당시 전투 상황으로 북한군 제8사단(사단장, 소장 오백용)은 안동을 조기에 확보하고자 남한강을 도하해서 단양으로 이동하여 한국군 제8사단을 공격하기 위해서 준비를 하고 있었다. 이 상황에서 한국군 제8사단장은 남한강에서 하천선 방어를 하면서 단양 북방 12km지점에 위치한 북한군 제8사단 전방지휘소(매포초등학교)를 공격하기 위해서 1대대에 임무를 부여하였다. 제1대대는 7월 8일 05:00시에 남한강을 역도하해서 9일 05:00시에 북한군 제8사단 전방지휘소를 기습 공격하여 사살 100여 명, 포 10문 및 트럭 3대를 파괴하는 전과를 올렸으나 북한군의 역공격으로 퇴로가 차단되어 20여 명의 사상자가 발생했다. 그리고 7월 9일에 북한군 제8사단 제30 · 32연대가 남한강에서 하천선 방어를 하는 한국군 제8사단 21연대를 공격하였으며 한국군 제8사단장은 7월 9일 20:00시에 단양 외곽에서 연대를 교대하여 방어를 하였으나 북한군의 공격으로 결국 제8사단은 죽령으로 철수를 했다. 단양지구 전투에서 한국군 제8사단은 북한군 제8사단지휘소를 공격해서 큰 전과를 올렸으며 조직적인 하천선 방어로 북한군과 일진일퇴의 격전을 벌이면서 북한군의 진출을 지연시켜 북한군의 계획에 타격을 주는 성과가 있었다. 그러나 지휘통신망의 미비로 전투 간에 지휘통제가 제대로 이루어지지 않았으며 제천에서 단양까지 24Km의 공간을 지탱하지 못하고 북한군에게 진출을 허용하였다. 단양지구 전투에서의 패배로 중앙선 축선과 동부전선 방어에 많은 영향을 미쳤다.

4) 충주 전투(1950. 7. 7~7. 9)

충주지역 전투는 7월 7일부터 9일까지 충주와 수안보 일대에서 한국군 제6사단 2연대가 북한군 제1사단 및 제12사단 131연대의 남진을 저지하기 위해서 실시한 지연전이다. 춘천 · 홍천전투 이후에 한국군 제6사단은 북한군 제12사단의 추격을 받으면서 횡성을 경유해서 충주(7.3)에 집결을 하였으며, 육본 명령에 의거 제19연대(이천)와 제7연대(음성)를 중서부 지역의 엄호부대로 운용하였고 사단(-2)은 충주에 위치했다. 이 상황에서 7월 8일에 북한군 제12사단은 원주를 경유해서 충주로 남진을 하였고 북한군 제1사단은 전차 선도 하에 수원에서 여주를 경유해서 한국군 제6사단 2연대가 배치되어 있는 남한강을 도하해서 충주를 점령하려고 했다. 그러나 제2연대는 북한군의 공격으로 남한강의 탄금대 일대에서 하천선방어가 제한되었고, 7월 8일에 북한군에게 도하를 허용하고 10:00시에 수안보로 철수를 했다. 제2연대는 7월 9일 05:00시에 제19연대 지원 하에 충주를 회복하기 위해서 공격을 했으나 삼면이 포위가 되어 수안보 일대로 후퇴를 하였다. 그러나 7월 11일에 북한군은 전차 4대를 선두에 배치하고 수안보 일대로 진출을 하였다. 이에 한국군 제6사단은 소백산맥(이화령)으로 철수를 해서 문경 일대에서 지연전을 수행하였다. 충주전투에서 제6사단은 충주~수안보로 이어지는 지연전에서 충주~문경~함창으로 진출하려는 북한군 제12사단 31연대와 제1사단을 지연시킴으로서 소백산맥과 금강으로 이어지는 방어선을 형성하는 시간을 획득하는 성과가 있었다.

다. 금강 방어선 지연전(1950. 7. 13~7. 20)

금강 방어선 전투는 미 제24사단이 조치원에서 철수한 후 금강을 연한 공주 · 대평리 전투와 대전 전투를 포함한다. 금강은 전라북도 장수군 뜸봉샘에서 발원하여 충청도(북쪽)로 흐르다가 대전 위쪽에서 서해로 흘러가며 남한의 서부지역으로 흐르는 강이다. 금강 방어선의 특징으로 공주와 대평리는 강폭이 500~1,000m, 수심 2~5m로 천연적인 방어력을 제공해 주고 있다. 대전은 경부선과 호남선 철도가 분진하고 호남과 영남으로 이어지는 도로망이 발달하였으며 교통의 요충지이다.

금강 방어선의 주요 지연전 상황은 다음과 같다.

일정	지역	부대	작전 경과
7.13	공주	미 제24사단	북한군 제4사단, 금강 도하 측방 공격, 63FA 궤멸, 제 34 · 19연대 붕괴
7.18~20	대전	미 제24사단	북한군 제4사단, 대전 우회 포위공격으로 미 병력 30% 손실

1) 공주 · 대평리 전투(1950. 7. 14)

공주전투는 7월 14일에 미 제34연대가 북한군 제4사단과 실시한 전투이며, 대평리전투는 7월 14일에 한국에 도착한 미 제19연대가 북한군 제3사단의 남진을 저지하기 위해서 실시한 하천선 방어전투이다. 미 제24사단은 7월 12일에 금강 남쪽으로 철수를 완료하였으며 공주에 제34연대, 대평리에 제19연대를 각각 배치하고, 제21연대를 예비로 하여 병력배치, 화력계획수립, 장애물 설치, 교량파괴, 도하수단 제거 등의 거부대책을 강구하였다. 그러나 사단은 30km의 넓은 방어정면에 비해서 연대별로 2개 대대로 편성되어 방어병력이 부족한 상황이었다. 북한군 제1군단은 7월 12일 밤부터 금강변에서 공격준비를 하였으며 7월 14일부터 공격준비사격과 함께 목선 등을 이용해서 기습도하를 했다. 그리고 북한군 제1군단 예하의 제4사단은 미 제34연대가 방어하고 있는 공주방면으로 공격을 하였으며 북한군 제3사단은 미 제19연대가 방어하고 있는 대평리 부근으로 공격을 하였다. 미 제34연대는 북한군의 공격으로 후방이 차단되어 7월 14일 저녁에 공주에서 논산으로 철수를 했다. 7월 15일 아침에는 공주에서 논산·대전도로를 따라 남하하는 북한군을 지연시키기 위해서 마구평리(논산 동쪽 6km)에서 새로운 방어진지를 편성하고 전투준비를 하고 있었다. 공주지역의 제34연대가 철수한 상황에서 북한군 제3사단은 7월 16일 03:00시 경에 대평리에서 전차를 앞세우고 제19연대의 전면과 측방에서 공격을 하였다. 이에 미 제24사단은 장갑차를 이용해서 북한군의 포위망을 공격했으나 많은 인명피해를 입었으며, 100여 대의 중장비를 유기한 채 유성 방향으로 철수를 하여 금강방어선이 순식간에 무너져 버렸다.

2) 대전 전투(1950. 7. 14~7. 21)

북한군 제1군단은 공격 기세를 유지하여 제4사단은 공주 방향, 제3사단은 대평리 방향, 제2사단은 청주에서 각각 대전 방향으로 기동하는 작전계획을 수립하여 미 제24사단을 대전에서 포위 및 격멸을 하려고 하였다.

대전 전투에서 미 제24사단의 작전목적은 2일간(20일까지) 대전을 사수하는 것이었다. 이를 위해서 금강방어선이 무너진 후에 윌리암 에프 딘 소장은 대전에 위치하고 있던 제34연대에게 대전방어 임무를 부여했고, 제21연대는 대전 동측방 마달령에 배치해서 북한군의 우회공격에 대비하였으며, 전투력이 급감한 제19연대는 영동으로 이동을 시켰다. 사단 수색중대는 대전 남쪽 금산에서 적정을 수집했다. 제34연대는 대전 외곽의 갑천을 연하여 부대를 배치했으나 전투정면이 10km가 넘었다.

북한군의 작전 목적은 제105전차 사단을 포함해서 4개 사단으로 대전을 완전히 포위를 하는 계획이었다. 이를 위해서 북한군 제2사단은 진천과 청주 방면으로 공격을 하였으나 한국군 수도사단의 선전으로 포위기도가 좌절되었다. 북한군 제3사단은 주력으로 정면공격을 해서 미 제24사단을 고착했다. 북한군 제4사단은 측면 및 우회공격을 했으며 제5연대는 공주와 유성방향으로 공격을 하고 제16연대는 논산과 대전 방향을 공격을 했다. 제18연대는 논산과 금산 방향으로 공격을 했으며 북한군은 대전 정면과 측면에서 공격을 했고 논산~대전 방향으로 공격하고 있는 제4사단에서 1개 연대를 차출하여 금산 및 옥천 방향으로 침투기동을 해서 대전 후방의 도로를 차단했다. 북한군의 공격은 7월 19일 아침부터 소련제 야크기(프로펠러 추진식 전투기) 6대의 공중 포격과 함께 하루 종일 계속 공격을 했다. 그리고 북한군 전차의 위력적인 공격으로 방어선 여러 곳이 무너질 위기에 처하자 미 제24 사단장은 직접 초도 보급된 3.5″ 로켓반을 이끌고 적 전차를 파괴시켰다. 대전 후방을 차단하는 임무를 띤 북한군 제4사단 연대는 보문산 남쪽으로 기동하여 금산과 옥천으로 이어지는 대전 터널을 차단하여 전방은 북한군이 압박하고 후방이 차단되는 악순환이 반복되었다.

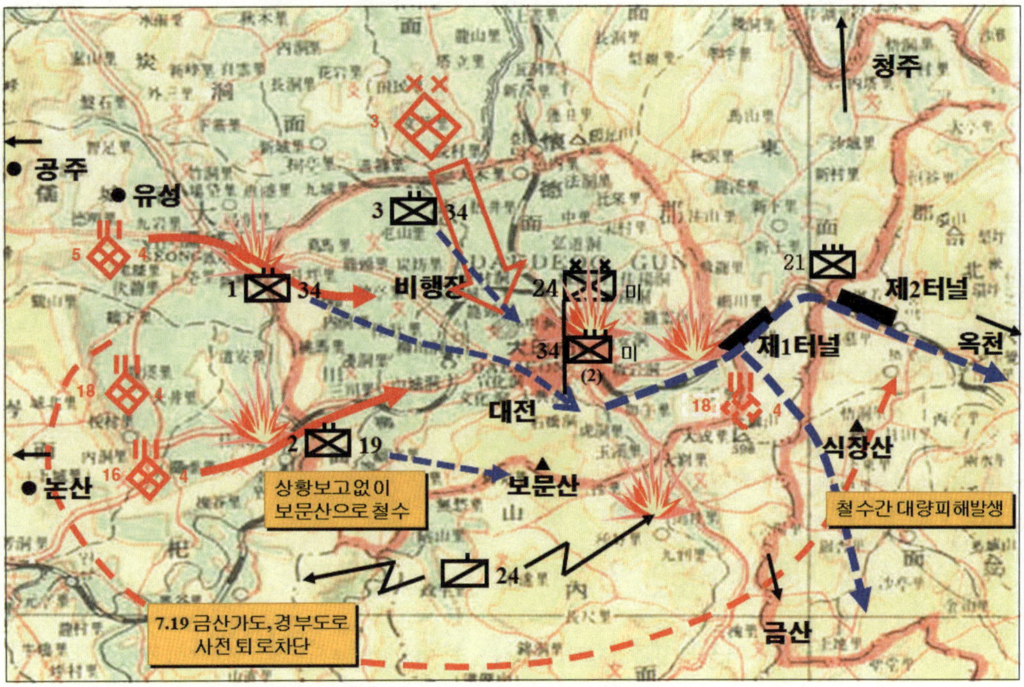

(대전지역 전투 상황도)

대전지역 전투에서 지휘통신망이 마비된 사단(-2)은 모든 중장비를 폐기하고 소부대 단위로 분산하여 산악을 이용해서 금산 및 옥천 방향으로 철수하였다. 이로 인해 중부

지역의 전략적 요충지 대전은 7월 20일 부로 북한군이 점령을 하였다.

이 전투로 미 제24사단은 2,000여 명의 병력과 65% 이상의 장비가 손실 되었다. 그리고 전투지휘를 했던 사단장 딘 소장은 본대와 단절되는 상황이 발생되었으며 한달 여 동안 본대와의 합류를 위해서 애썼으나 실종 36일 만에 전북 진안에서 주민의 밀고로 북한군의 포로가 되었다. 딘 소장은 강계 포로수용소로 이송 되었고 1953년 9월 4일에 판문점으로 귀환했다.

대전지역 전투는 전술적으로 북한군이 승리한 전투였지만 전략적으로는 유엔군이 승리한 전투였다. 대전지역 전투의 전과는 미 제24사단은 미 제8군사령관 워커 중장이 요구한 2일 이상 북한군을 지연시켜 미 제1기병 사단이 영동에 투입되어 저지진지를 편성할 수 있는 시간을 획득하였으며, 초도 보급된 신형 대전차 화기인 3.5인치 로켓포를 처음 이용하여 북한군의 탱크를 처음으로 저지하여 장병들에게 자신감을 불어 넣었다. 그러나 대전지역 전투에서 많은 문제점이 있었으며 주요 내용은 다음과 같다.

① 병력 및 장비 열세
② 상·하 인접부대 간 지휘통신 단절
③ 전투의지 결여
④ 부적절한 상황판단

대전지역 전투는 병력 및 장비가 북한군에 비해서 절대적으로 열세했고 상·하 인접부대 간 지휘통신의 제한으로 상황파악이 어려워서 통합된 작전이 이루어지지 않았다.

그리고 제34연대 1대대와 제19연대 2대대가 무단으로 진지를 이탈해서 철수를 하는 등 전투의지가 결여되어 있었다. 또한 북한군이 노획한 미 제34연대 1대대장 차량 무전기로 정상적인 방어를 하는 것처럼 위장보고를 하는 북한군의 기만통신으로 상황을 오판하는 문제가 발생했으며, 이로 인해 북한군 제4사단 18연대가 침투를 해서 미군의 퇴로를 차단하여 많은 피해가 발생하였다.

라. 소백산맥 지연전(1950. 7. 17~8. 1)

소맥산맥의 지연전은 대구방향으로 공격하는 북한군 제4사단을 저지하기 위해서 7월 중순부터 8월 초까지 화령장과 안동 일대에서 한국군 제17연대와 제1군단이 실시한 전투이다. 소백산맥에서 주요 지연전 상황은 다음과 같다.

일정	지역	부대	작전 경과
7. 14~31	안동	한국군 제1군단	낙동강 남안으로 철수, 방어진지 편성 한국군 제8사단 수도사단 제1연대 엄호하 철수, 수도사단 제1연대 3대대 통신두절로 대열 이탈
7. 17~25	화령장	한국군 제17연대	북한군의 상주 진출을 저지

1) 풍기 · 안동 전투(1950. 7. 14~7. 31)

풍기 · 안동 전투는 7월 14일부터 7월 31일까지 한국군 제8사단이 중앙선 축선으로 남진하는 북한군 제12 · 8사단과의 전투이다. 제8사단은 차량의 전조등을 켜고 왕복운행을 하면서 풍기에서 철수를 한 것으로 기만을 하여 북한군의 오판을 유도하였다. 7월 13일에 풍기 일대의 개활지에 제10연대와 제21연대를 투입해서 살상지대를 형성하고, 경찰병력을 포함하여 예천혼성대대를 편성해서 배치하였다. 북한군 제12사단은 7월 14일에 한국군 제8사단이 철수를 한 것으로 판단을 하고 차량으로 이동을 하다가 한국군의 화력으로 만들어진 그물 같은 살상지대인 탄막지대를 이동하다가 많은 피해를 입었다. 7월 15일에 북한군 제12사단은 병력 1,000여 명을 트럭 34대에 태우고 한국군 제8사단의 방어진지를 돌파했지만 많은 손실을 입었다. 이 상황에서 북한군은 제8사단을 문경 · 예천 방향으로 투입해서 한국군 제8사단을 협공하였다. 북한군은 7월 18일에 다시 공격을 했으며 한국군 제8사단은 일진일퇴(一進一退)의 공방전을 거듭하다가 영주를 거쳐서 안동방향으로 철수를 하였다. 한국군 제8사단과 수도사단은 철수이후에 7월 24일부터 25일까지 안동으로 이동을 해서 내성천에 방어진지를 구축하였다. 그러나 제8사단은 7월 30일 새벽에 북한군 제12사단의 공격으로 철수를 하고 7월 31일에는 안동외곽의 중앙선 축선을 중심으로 새로운 방어진지를 편성하여 지연전을 전개하였다. 그러나 7월 31일 06:00시부터 북한군 제12사단이 전차를 앞세우고 공격을 하였으며, 이날 저녁 19:00시 경에 북한군 2개 사단이 서남부지역으로 기동을 하는 상황을 파악하고 미 제8군사령관은 한국군 제1군단을 낙동강 방어선으로 철수를 하도록 지시를 했으나, 제1군단은 철수시기를 지체하여 8월 1일에 북한군과 접촉 하에 원거리에 위치한 제8사단이 먼저 철수를 하였다. 그러나 철수 간에 일부 부대는 안동교를 건너기 전에 교량이 폭파 되었다. 이로 인해 북한군의 추격으로 1,000여 명이 손실을 입었고 한국군 제8사단과 수도 사단은 낙동강 변의 구미동, 상아동 일대로 이동을 하였다.

2) 화령장 전투(1950. 7. 17~7. 25)

화령장은 경북 상주 일대의 산골 마을로 해발 1,000m가 넘는 지역으로 화령장 전투는 7월 17일부터 25일까지 화령장 일대에서 지연전을 실시한 전투이다. 북한군 제2군단 예하의 5개 사단은 대구를 확보하는 것을 목표로 남하하였다. 북한군 제12사단은 죽령~안동방향, 제8사단은 풍기~예천 방향, 제1사단과 제13사단은 조령~문경 방향, 제15사단은 갈령~화령장~상주 방면으로 진출을 기도하고 있었다. 북한군 제15사단은 7월 10일에 음성을 점령한 이후 괴산에서부터 미원 · 보은에 이르기까지 한국군 제1사단을 공격하는 한편, 화령장을 돌파하고 곧바로 상주를 점령해서 한국군 제6사단의 퇴로 및 병참선을 차단하고 대구 방향으로 진출을 하려고 했다. 7월 17일부터 23일까지 화령장 일대에서 한국군 제17보병연대와 북한군 제15사단 간의 전투는 주로 매복전으로 진행되었다. 당시 상황으로 육군본부에서는 제17연대를 제2군단에 배속 전환하여 상주 방면으로 진출을 시도하는 북한군 제15사단을 차단하는 임무를 부여하였다. 이때 문경 부근의 제6사단을 지원하기 위해서 상주로 이동 중이던 제17연대가 화령장 지역에 우선 투입되었다. 제17연대의 선발대인 1대대는 보은을 거쳐 충청북도와 경상북도의 경계선 부근인 상주의 화령장을 통과하는 북한군 1개 대대 규모가 상주 방향으로 남하했다는 첩보를 획득했고, 대대장은 수색정찰을 해서 북한군 통신군관을 생포하여 작전 명령서를 확보했다. 작전 명령서를 분석한 대대장은 금곡리를 경유해서 이동할 것으로 예상되는 북한군 제15사단 48연대 주력을 격멸하기로 결심을 하고 매복작전을 준비했다. 7월 17일 19:30분 경에 북한군 제48연대 주력은 선발대를 따라 남하하던 중 매복지역에서 무질서하게 휴식을 하고 있었다. 제48연대는 이미 선발대가 통과한 지역이었기 때문에 경계를 소홀히 했던 것이다.

제1대대는 북한군이 식사를 하기 위해서 집결하는 시간에 집중사격을 해서 250여 명 이상을 사살하고, 포로 30명과 트럭 2대분 이상의 장비를 노획하였다. 전투 후 제1 · 3대대는 현 위치에서 잔적소탕을, 제2대대는 상봉리 북서쪽 동비령에서 추가적인 북한군의 남하에 대비하여 매복을 실시했다.

이때 북한군 제15사단장은 45연대를 갈령을 경유해서 동비령으로 진출시켜서 괴멸 직전의 제48연대를 지원하고자 했다. 그러나 한국군 제17연대장은 북한군의 기도를 예상하고 제2대대를 동비령 고갯길 양측에 1개 중대씩 배치한 후 북한군을 기다

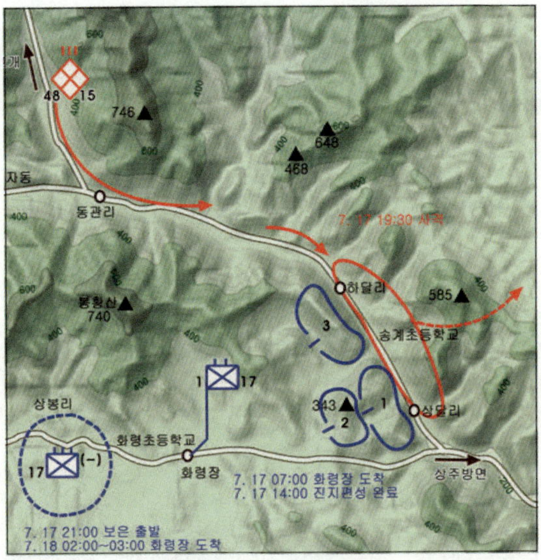

(화령장 전투 상황도)

렸다. 매복부대는 7월 19일 11:00시 경에 동비령 도로를 따라 내려오는 탄약 추진부대를 전멸시켰을 뿐만 아니라 다음날 새벽에도 밀집종대 대형으로 행군해서 내려오는 북한군 제45연대 1대대를 기습해서 전멸시켰다.

금곡리와 동비령 전투에서 한국군 제17연대는 병력과 장비의 열세에도 불구하고 지형을 활용한 과감한 기습과 매복 작전으로 북한군 제15사단을 궤멸시켰으며, 상주를 점령하고자 했던 기도가 실패하도록 했다. 이 전투의 후유증으로 북한군 제15사단은 낙동강 전선에서 전투력을 제대로 발휘할 수가 없었다.

그리고 화령장 전투에서 북한군의 패배는 상주를 경유하여 대구로 진출하고자 했던 작전계획이 실패로 돌아가는 원인이 되었다. 반면에 한국군은 화령장 전투에서의 승리로 상주가 조기에 피탈되는 것을 방지하였고 낙동강 방어선에서 한국군과 유엔군의 재편성과 6일 간의 방어준비 시간을 확보할 수 있었다. 화령장 전투에서 승리 요인은 다음과 같다.

① 지속적인 정보수집 및 민관군 협조	② 지휘관의 철저한 지휘통제 및 적절한 지휘조치
③ 전장군기 유지 및 기습공격	④ 장병들의 사명감

화령장 전투에서 승리를 할 수 있었던 요인은 첫째, 북한군의 상황에 대한 지속적인 정보를 수집하고 주민신고와 민관군의 긴밀한 협조가 잘 이루어졌다. 둘째, 지휘관의 철저한 지휘통제와 적시 적절한 지휘 조치를 했다. 셋째, 전장군기를 잘 유지하고 지형을 이용한 기습공격을 효과적으로 했다. 넷째, 장병들의 투철한 사명감과 전투에 대한 자신감이 승리의 원동력이 되었다. 이에 이승만 대통령의 지시로 제17연대 전 장병을 1계급 특진을 시켰다.

마. 동해안 지역 지연전(1950. 7. 1~8. 2)

동해안 지역의 지연전은 7월 1일부터 8월 2일까지 한 달 동안 한국군 제3사단 23연대를 주축으로 북한군 제5사단의 남진을 저지한 공방전으로 유엔군의 해·공군의 지원을 받으며 내륙의 전투와는 별개의 작전으로 진행되었다. 동해안 지역의 지연전 상황은 다음과 같다.

일정	지역	부대	작전 경과
7.1~8.2	영덕	한국군 제3사단	북한군 포항으로 진출 지연

북한군 제5사단은 제945육전대와 연결 후에 남하해서 한국군 제23연대와 죽변 일대에서 조우하였으며 북한군 제5사단 제10연대는 해안도로로 공격하고 제12연대는 산악을 이용해서 병진공격을 했다. 한국군 제23연대는 상대적으로 전투력이 약했지만 미 해군의 함포사격 지원으로 북한군 제5사단의 진출을 저지하였다. 그러나 결국 7월 13일에 북한군의 압박으로 평해를 거쳐 영해로 철수를 했다. 그러나 영해에서 한국군 제3사단과 접촉을 한 북한군 제5사단은 7월 17일 여명에 제10연대를 진보~청송방향으로 우회를 시켰으며 2개연대로 영해 남쪽의 진지를 공격하였고, 766부대는 청송 방면으로 진출을 하였다. 이에 한국군 제23연대는 유엔군의 함포지원 사격 하에 지연전을 전개하다가 7월 17일에 사단장 명에 의거 영덕으로 철수를 했으며, 7월 18일에 영덕으로 남진하던 북한군 제5사단은 유엔군의 함대와 항공기 폭격으로 많은 피해를 입고 영덕 북방으로 퇴각을 했다. 이에 한국군 제3사단은 영덕을 회복하였으나 7월 19일에 북한군의 역습으로 북한군에게 또 다시 영덕을 피탈 당했다. 이와 같은 상황에서 미 제8군사령관 워커 장군과 제5공군사령관은 전선을 시찰 후에 전투비행대대와 함대를 증강해서 제3사단의 영덕 전투를 지원하였다. 7월 24일에는 내륙에서 작전 중이던 제22연대가 재편성을 마쳤으며 모체 부대인 제3사단이 위치한 강구에 도착을 했고, 해군에서 조직해서 지상전을 수행한 육전대(육상전투부대)를 포항경비부에 편성해서 강구에 도착하여 전투력이 향상되었다. 그리고 6·25전쟁에서 해군 육전대는 옥계전투에서 첫 육상전투를 했으며 이 전투에서 한국군의 해군은 첫 승리를 거두었다. 7월 25일 저녁에 한국군 제3사단장은 제22연대에 공격명령을 하달하였으며 제22연대는 유엔의 해·공군 지원하에 공격을 개시해서 8월 2일 18:00시에 영덕 전방의 목표를 탈환하고 제23연대가 초

월공격을 하였다. 이 전투에서 북한군 제5사단은 전투력의 40% 이상 피해를 입고 영덕 북방으로 후퇴를 하였다. 그러나 한국군 독립기갑연대는 진보를 경유해서 영덕으로 우회기동을 하는 북한군 제766부대와 제10연대를 경찰과 함께 저지했다. 이 전투로 북한군 제766부대의 침투와 제5사단 10연대가 영덕을 우회기동을 하는 것으로 계획을 했으나 좌절되었고 한국군의 전선을 절단하고자 했던 적의 기도가 차단되었다. 만약에 한국군 제3사단이 동해안 지역의 지연전에서 실패를 했다면 당시 남한의 제2항구인 포항과 대부분의 전술비행기가 운용되었던 영일 비행장에 많은 영향을 미쳤을 것으로 판단이 되고 동해안 축선 돌파 시에 낙동강 방어선의 측방에 큰 위협이 되었을 것이다.

바. 서남부지역 지연전(1950. 7. 20~7. 31)

당시 유엔군은 대전지역에서 방어선이 붕괴되었고 영동, 상주 일대에서 고전 중이었기 때문에 서남부 방향(진주~거창~김천을 연하는 선)에 대한 대비책을 강구할 수 있는 여력이 없었다. 서남부지역 작전은 호남지역으로 우회한 북한군 제6사단을 차단하기 위해서 한반도의 서남부지역에서 한국군 그리고 미 제24사단을 비롯한 증원군이 7월 20일부터 31일까지 실시한 전투이다.

북한군 제1군단은 남진하면서 **'후방으로 우회하여 주력을 포위섬멸 한다.'**는 전략에 따라 예하의 제3·4사단을 대전 방향에 투입하고 후속하던 제6사단과 제603 모터 싸이클 연대는 천안에서부터 방향을 전환해서 호남지역으로 우회기동을 시켰다.

북한군 제6사단은 2개 제대로 구분(13·15연대는 주공으로 익산~김제~목포 방향으로, 제1연대는 조공으로 익산~전주~구례~순천 방향으로)해서 계속 남진하여 전주(7월 20일), 광주(7월 23일), 순천(7월 25일)을 거쳐서 하동방향으로 진출했다.

이때 미 제8군은 대전이 붕괴가 된 이후에 소백산맥 선에서 전투를 한창 진행하고 있었기 때문에 서남방에 대해서 대비를 할 수 있는 여력이 없었으며 무방비 상태였다. 따라서 북한군 제6사단의 우회기동을 전혀 파악하지 못했고, 다만 북한군 제4사단이 기동하는 방향만 주시하고 있었다. 그러나 한 가지 다행이었던 것은 북한군 제6사단이 군산·목포·여수 등의 항구를 우회해서 병참을 해결해야 했기 때문에 속도가 지연되었다. 미 제8군은 7월 23일에 군산에서 항공정찰을 통해서 우회기동 중인 북한군 제6사단을 식별하였다. 그러나 이를 북한군 제4사단의 일부 부대로 판단을 하는 실수가 있었다.

미군은 뒤늦게 서남부 지역의 위기를 인식하고 미 제24사단을 진주~거창~함양 선에 배치하기로 했다. 또한, 7월 25일에 예비부대로 재편성 중에 있는 제19연대를 진주방면, 제29연대는 제1대대를 안의방면, 제3대대를 하동방면, 제34연대를 거창방면에 각각 진출시켜야 할 만큼 위기가 심각하였다. 전투는 7월 26일에 하동에서 시작되었다. 미 제 29연대의 3대대가 이동 중에 북한군의 기습을 받았다. 이어 27일에는 제29연대(-)와 제34연대가 함양 · 거창지역에서 전투를 하였다. 북한군의 **'진주'** 총공세가 이루어지자 7월 30일에 미 제8군 제27연대를 투입했고 7월 31일에는 제5연대 전투단을 투입했으나 7월 31일에 진주까지 피탈을 당했다. 이 과정에서 미 제8군은 북한군 제6사단이 우회기동을 해서 한반도 서남방으로 은밀하게 진출한 것을 북한군의 통신감청과 포로 심문을 통해서 뒤늦게 확인하였다.

당시에 미 제8군은 서남방의 위기에 대응할 수 있는 여력이 없었기 때문에 특단의 조치를 해야만 했다. 결국, 미 제8군은 우회한 북한군 제6사단의 압력 해소를 위하여 전부대를 낙동강 방어선 상으로 철수시키면서 1개 사단을 절약하여 마산의 북한군 제6사단을 대비하기로 했다. 7월 31일에 미 제8군 사령관은 전 미군 및 한국군 지상군 부대에게 낙동강 방어선으로 철수를 하도록 명령을 하달하였다.

제 5 절 지연작전 분석 및 교훈

한국군은 한강방어선에서 와해된 부대를 수습하여 북한군의 도강을 6일 간 저지를 했다. 이는 한국군 재편성과 미군의 투입 시간을 확보하는 매우 중요한 전투였다. 한강방어선에서 한국군은 북한군 전차가 도강함에 따라 7월 4일에는 수원까지 후퇴를 하였다. 그러나 미군이 전선에 투입되어 한 · 미 연합전선을 형성할 수 있었다. 이 시기의 작전 목적은 오직 북한군의 남진을 지연하면서, 미군과 유엔군의 증원시간을 확보하는 것이었다. 북한군은 초전에 전술적 승리를 한 이후에 남쪽으로 추격전을 전개하며 전과확대를 하려고 했으며, 전선에서는 정면공격과 더불어 기동공간을 이용한 침투와 일점양면 전술의 포위전술을 사용하였고, 화력과 기동력이 우세한 미군이 투입된 이후에는 야간 전투 위주로 작전을 전개했다. 이때 북한군이 적용한 우회기동은 소수의 부대로 지연전을 수행하는 한 · 미연합군에게는 매우 위협적이었으며, 전방을 잘 방어해도 후방으로 침투한 부대에 의해서 포위가 되는 상황이 자주 발생하였다. 7월 14일에는 한국군의 작전권을 미군에 이양하였으며, 한·미 연합군은 지연전 초기에 북한군의 야간전투와 전술에 적응하지 못하고 많은 피해를 입었다. 그러나 지연전을 수행하면서 우수한 화력과 기동력을 바탕으로 적을 유인하고, 전투력을 보존하면서 위기를 극복해 나가면서 효율적인 지연전을 실시했다. 또한 북한군은 제공권과 제해권을 상실하고, 남으로 내려가면 내려갈수록 병참선이 신장되는 취약점이 가중되었다. 그리고 북한군은 미 공군에 의해서 피해가 급증하여 전투력의 저하와 공격속도가 둔화되면서 야간작전으로 전환하였다. 이와 같은 상황에 직면하자 북한군의 전쟁지도부는 단기결전의 전쟁계획에 의거해서 부산으로의 진출을 독려했다. 그러나 전선뿐만이 아니라 후방의 병참계통 또한 피해가 커져갔다. 그리고 시간이 흐르면 흐를수록 북한군과 한·미연합군과의 전투력 격차는 오히려 반비례로 역전이 되어 갔다. 한국군은 초전의 실패에도 불구하고 한강방어선 전투 이후 전열의 정비와 미군의 투입으로 전투력을 재정비하면서 축차진지 상에서 지연전을 수행할 수 있었다. 그러나 투입되는 미군의 전투력은 생각보다 미약했다. 이는 북한군의 전투력을 과소평가하고 전투력을 축차적으로 투입했다. 그 결과는 낙동강 방어선으로의 후퇴였다. 지연전 기간 내내 북한군의 진출 속도와 미군의 증원 속도 경쟁이 치열하게 전개되었다. 미군과 한국군은 당초의 지연전 목표대로 공간을 양보하면서 미군의 증원 시간을 획득하여, 지연전 기간 내에 북한군보다 우세한 전투력을 유지할 수 있었다. 그리고 한·미 연합군의 협조된 지연전을 통해서 유엔군이 낙동강 방어선을 형성할 수 있었으며 북한군의 8·9월 공세를 극복할 수 있는 힘의 원천을 확보하였다. 그러나 북한군은 한국군과 미군을 낙동강까지 밀어내며 대륙(중국)에서나 구사할 만한 우회기동을 시도해서 한반도 서남부지역에서 북한군 제6사단이 공격 기세를 유지할 수 있었다. 한·미 연합군 또한 전략적인 지연전을 수행하면서 낙동강 방어선으로 철수를 했으며 전투력 열세를 극복하기 위해서 전투력을 복원하고 더 이상 물러설 수 없는 일전을 낙동강 방어선에서 준비하기 시작했다.

> **북한군이 먼저 부산을 점령하느냐 아니면 우리의 증원군이 먼저 오느냐 하는 시간과의 싸움이다. 각자는 맡은바 진지를 사수하라! 후퇴는 죽음을 의미한다.**
>
> \- 워 커

제3장

낙동강 방어선 전투

"지(地)는 멀고 가까움, 지세의 험하고 평탄함, 지형의 넓고 좁음, 위태롭고 안전한 지형을 말한다.

- 손자병법 : 시계(始計)

제 1 절 주요 상황

낙동강 방어선 전투는 낙동강 방어선 형성부터 북한군의 9월 공세가 종료되기까지 6주간에 걸쳐서 치열한 전투가 이루어졌으며 주요 상황은 다음과 같다.

순서	일정	내용	순서	일정	내용
1	'50.8.1	낙동강 방어선 형성	6	'50.8.13	왜관 전투(~20)
2	'50.8.3	마산 전투(~13)	7	'50.8.16	포항 전투(~18) 다부동 837고지 전투(~21)
3	'50.8.5	북한군 8월 공세	8	'50.8.30	팔공산 전투(~9.22)
4	'50.8.7	보현산 전투(~9.4)	9	'50.8.31	북한군 9월 공세(~9.15)
5	'50.8.10	안강 전투(~9.20) 기계 전투(~9.20)	10	'50.9.5	영천 전투(~13)

제 2 절 낙동강 방어선 형성과 방어편성

1. 낙동강 방어선 형성

한·미 양군은 7월 말에 전 전선에서 북한군의 압력으로 위기를 맞이했다. 중부전선에서는 북한군이 소백산맥을 넘어서 제1·13·15사단은 문경과 함창·상주 방면으로 진출을 하고 있었다. 제8·12사단은 풍기·영주를 거쳐서 안동 방향으로, 제2·3사단은 추풍령을 넘어서 김천 외곽에 도달했다. 동해안에서는 제5사단이 영덕을 위협했다. 서남부지역에서는 제4사단이 금산~진안을 경유해서 고령까지 진출을 했고, 제6사단이 갑자기 진주에 나타났다.

7월 25일 경에 북한군의 진출선은 순천~거창~상주~영덕을 연하는 선으로 한·미 연합군은 총체적 위기를 맞았다. 따라서 미 제8군은 7월 24일 김천·군위·의성 등에서 전투력 복원 중이던 미 제24사단에 같은 날 부산에 상륙한 미 제29연대를 배속해서 위협이 증가되고 있는 진주~김천 간을 점령하도록 하였다. 하지만 북한군은 7월 29일에 미 제29연대가 방어하는 진주를 공격했다. 미군은 7월 30일에 미 제8군 예비인 제27연대와 7월 31일에 상륙 예정인 미 제5연대 전투단을 마산 정면에 증원하기로 하였다. 그러나 7월 31일 06시에 진주가 먼저 피탈되었다. 이에 미 제8군사령부는 **'마산 방어가 운명을 좌우한다'**라고 판단하고 마산 축선의 사태를 수습하고자 했다.

이에 따라서 미 제8군사령관 워커 장군은 8월 1일에 모든 부대를 낙동강 차안과 그 연결선으로 철수하도록 명했다. 그렇다고 해서 낙동강 방어선은 북한군의 거센 압박이나 서남방의 마산 위기를 타개하기 위해서 졸속(拙速)으로 형성된 방어선은 아니었다. 낙동강 방어선은 한국 정부의 협조 하에 7월 하순부터 곳곳에 전투시설을 구축하고 있었으며, **'부산 교두보(Pusan Perimeter)'** 또는 워커장군이 선정하여 **'워커라인(Walker Line)'**이라 부르기도 했다.

8월 1일에 소백산맥 일대의 미군과 한국군은 미 제8군의 명에 의거하여 단계적으로 이동을 개시하였으며, 8월 2일 07:30분부터 8월 3일 19:30분까지 36시간 만에 240km를 이동하였고 8월 4일까지 최초로 점령한 방어선을 'X'선이라고 한다.

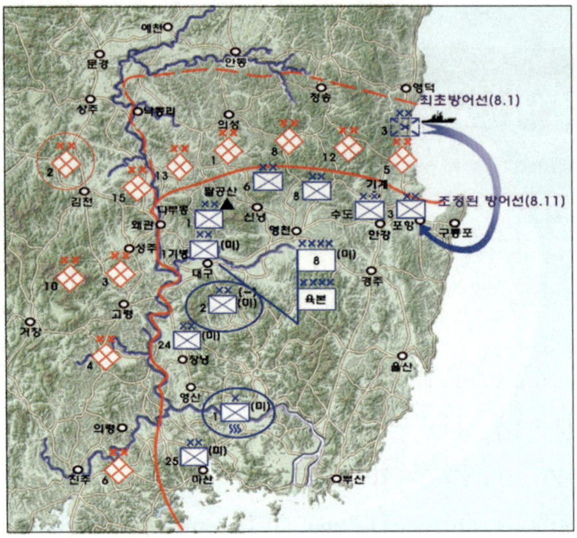

(낙동강 방어선 편성과 피·아 배치)

낙동강 방어선은 '마산-남지-왜관-영덕'을 연결하는 선으로 동·서 80km, 남·북 160km로 총 길이 240km에 이르는 방어선이었다. 이 때 낙동리로부터 동해안 영덕까지 120km를 한국군이 담당하였으나 낙동강 방어선에서 방어병력을 절약하고 예비대 확보를 위해서 방어선을 조정했으며 이 방어선이 **'Y선'**[15]으로 한국군 담당구역

15) 'Y'선이란 낙동강 방어선 남쪽 60km인 다부동(제1사단)~의흥(제6사단)~보현산(제8사단)~기계(수도사단)~포항(제3사단)을 연하는 선이다. 당시에 군단작전 명령에 명시된 제1사단이 담당하는 'Y'선은 제1사단의 좌측으로 제13연대가 고수하고 있는 왜관 북쪽 6.5km를 기점으로 하여 제11, 12연대를 5~10km 정도 후퇴를 시켜 좌로부터 369고지~수악산~족계산~신주막을 연결하는 작전지역을 말한다.

이 80km로 축소되었다. 이로서 낙동강 방어선은 총 200km가 되었다.

낙동강의 지리적 환경은 서쪽 방면은 천연적인 방어력을 제공해 주고 있었고(마산에서 남지 간 80km 산악), 방어선 북쪽 방면은 횡격실의 산악지대로 형성되어 방어에 유리한 지형이었다. 특히, 낙동강 방어선 내부로는 철로를 포함해서 종적 · 횡적 도로망이 방사형으로 잘 발달되어 있어 **'내선작전'**[16]수행에 유리한 조건이었다. 만약에 낙동강 방어선에서 북한군의 공격을 저지하지 못했다면 한국군과 유엔군은 부산까지 후퇴하는 상황도 발생할 수 있었을 것이다. 그러나 한국군과 유엔군이 낙동강 방어선에서 북한군의 공격을 저지 및 격퇴했기 때문에 전장의 주도권을 북한군에서 한국군과 유엔군으로 전환을 할 수 있었고 반격작전의 여건도 조성을 할 수 있었다.

북한군과 한국군 입장에서 낙동강 방어선의 **'지리적 측면'**을 분석해 보면, 북한군 입장에서는 낙동강을 도하하는데 장애물이 되었고 전방부대를 지원하는 데도 많은 어려움이 있었다. 반면에 한국군과 유엔군 입장에서 낙동강 방어선은 횡으로 연결되어 있는 고지와 낙동강 차안지역에 방사선으로 형성된 도로망 등의 지형조건은 방어에 유리했다. 북한군의 입장에서 낙동강 방어선의 **'전략적 측면'**을 분석해 보면 다음과 같다.

첫째, 한반도 무력적화 통일을 달성하고자 했던 북한군의 전쟁 목표를 달성하기 위해서 반드시 확보를 해야 하는 지역이었다. 둘째, 6 · 25전쟁을 종결하기 위한 명분과 부산을 탈취하기 위해서 반드시 확보를 해야 하는 지역이었다.

반면에 한국군과 유엔군 입장에서는 첫째, 북한군의 진출을 더 이상 허용할 수 없었던 최후의 저지선으로 북한군의 공격을 저지 및 격퇴하는 데 유리한 방어선이었다. 둘째, 한국군과 유엔군의 반격작전을 위해서는 반드시 확보를 해야 했던 중요한 지역이었다. 셋째, 한국군과 유엔군의 반격작전에 필요한 시간적 · 공간적 여건을 제공할 수 있는 방어선이었다.

2. 한국군과 유엔군의 방어편성

미 제8군 지휘부는 강력한 기동력과 화력을 보유한 미군을 한반도의 서부지역에 배치하여 평지인 마산~낙동리 간은 미군 3개 사단(남으로부터 미 제25 · 24사단 · 제1기병사단 순)을 투입했고, 산악지역인 동북쪽의 낙동리~청송~영덕 간은 한국군 5개 사단

16) 외부에서 포위, 협공 따위의 형태로 공격하는 둘 이상의 적에 대하여 중앙에 위치하여 상대하는 작전.

(동으로부터 제1 · 제6 · 제8, 수도 · 제3사단 순)을 배치하였으며 부대별 방어 책임구역은 아래와 같다.

한국군(북측) : 왜관~영덕		유엔군(서측) : 왜관~남지~진해만	
1군단(8, 수도사단)	중동부 지역	미1기병사단	왜관~현풍
2군단(1, 6사단)	대구 북방	미24사단	거창~창녕
3사단	동해안	미25사단	상주~마산

낙동강 방어선의 방어개념은 낙동강 방어선을 최후의 방어선으로 활용하는 것 이었다. 미 제8군사령관 워커 장군의 작전개념은 전형적인 **'기동과 역습'**이었다. 적의 압력이 약한 지역의 전투력을 절약하여 적절한 예비대를 보유하였다가 돌파된 지역에 포병화력과 항공기로 북한군을 무력화하면서, 발달된 기동로에 예비대를 즉각 투입해서 국부적인 전투력 우세를 달성하여 실지를 회복하는 것이었다. 한 · 미 연합군이 낙동강 방어선으로 철수함에 따라 전선이 축소되었다. 그러나 지역 할당 간 기동력과 화력이 미약한 한국군에게 산악지역으로 형성된 넓은 책임지역을 부여한 것은 문제가 있었다. 이에 따라 제8군사령부는 8월 11일부로 한국군 5개 사단의 책임지역을 왜관~다부동~신령~기계~포항을 연하는 선(Y선)으로 축소 조정, 전체적으로 방어선을 축소하였다. 이때 한 · 미 연합군은 미 제5전투여단(7월 31일), 제1해병 임시여단(8월 2일)과 미 제2사단 제9연대와 23연대(7월 31일에서 8월 5일) 등이 미 본토와 하와이로부터 도착하여 총 9개 사단(미군 4, 한국군 5)과 1개 여단 14만여 명의 병력, 300여 대의 전차(최초로 제89전차대대 M4A3 50대 한국 도착, 제 25사단 배속), 약 430문의 야포를 보유하게 되었다. 이에 따라 8월 3일에 정일권 총참모총장은 북한군보다 미군과 한국군의 전력이 우위에 있음을 발표하고 장병들의 사기를 진작시켰다. 이때 육군본부와 미 제8군사령부는 대구에서 부대를 지휘하고 있었다.

3. 낙동강 방어선 전투 분석

6 · 25전쟁에서 낙동강 방어선은 한국군과 북한군 모두에게 전략적으로 중요했으며, 낙동강 방어선에서 승리는 한국군과 유엔군이 방어작전 준칙을 적용하는 전술적 조치가 있었기 때문에 가능했다고 평가할 수 있으며 그 과정을 분석해 보면 다음과 같다.

① 방어의 이점 이용	② 전투력 집중 운용
③ 방어수단의 통합 및 협조	④ 적극적인 공세행동
⑤ 방어작전의 융통성	

첫째, 방어의 이점 측면에서 보면, 낙동강 방어선은 지형적인 측면에서 방어부대에게 유리했으며, 한국군과 유엔군은 낙동강 방어선에서 지형의 이점을 최대한 이용하여 병력이 부족한 상황을 해결할 수 있었다. 그리고 한국군과 유엔군은 강과 산악지대를 따라서 구축된 낙동강 방어선에서 방어정면의 4분의 3에 해당하는 낙동강이라는 자연 장애물을 이용하여 방어선을 연결했기 때문에 북한군이 6·25전쟁 초기부터 구사해온 침투와 우회, 정면공격을 하는 전·후방 동시 공격전술이 불가능하였다. 이로 인해 한국군과 유엔군은 6·25전쟁 발발 이후 최초로 횡으로 연결되어 있는 고지와 낙동강 차안지역에 형성되어 있는 방사선 도로망 등의 지형이점을 이용해서 **'전방에 적, 측방과 후방에 아군'**을 배치하는 방어선을 편성할 수 있었다.

둘째, 전투력 집중 운용 측면에서 보면, 낙동강 방어선에서 한국군과 유엔군은 전투력이 부족한 취약점을 극복하기 위해서 북한군의 공격상황에 따라서 가용 전투력을 집중 운용 하였다. 그리고 한국군과 유엔군은 결정적인 시간과 장소에 전투력의 집중과 절약으로 상대적으로 전투력의 우세를 달성하기 위해서 북한군의 주력이 지향되는 산악지역에 병력을 집중 배치하고 낙동강 방어선을 연결하는 개활지에는 최소한의 병력을 배치하여 북한군의 진출을 저지할 수 있었다.

셋째, 방어수단의 통합 및 협조 측면에서 보면, 한국군과 유엔군은 동에서 남으로 강과 산악지대를 연결하는 넓은 정면의 낙동강 방어선에서 방어수단의 통합 운용과 원활한 협조를 통해서 북한군보다 상대적으로 전투력의 우위를 달성하고자 했다. 따라서 북한군의 주력이 지향했던 산악지역에는 유엔군의 공중 및 포병화력 지원 하에 한국군을 배치하였으며, 낙동강을 연하는 개활한 지역에는 기동력이 있는 미군을 배치하고 미군의 공군화력과 포병화력을 집중운용 하였다. 그 결과 한국군과 유엔군에 방어수단의 통합운용과 협조가 효과적으로 이루어졌고 유엔군 작전통제 하에 지휘체계를 단일화했기 때문에 연합작전의 성과를 극대화 수 있었다.

넷째, 적극적인 공세행동 측면에서 보면, 낙동강 방어선은 대구와 부산을 중심으로 의성, 영덕까지 양호한 종·횡 도로망이 형성되어 있었다. 따라서 낙동강 방어선에서 미군은 발달된 도로망을 이용해서 예비대를 적시적소에 투입하기 위해서 미 제24사단을 대구 남쪽의 경산일대에 기동 예비대로 배치하였으며, 미 제1해병여단을 마산일대에 예비대로 배치하여 운용하였다. 이와 같은 예비대 운용은 북한군보다 열세한 전투력을 우세한 기동력으로 공세행동을 실시해서 병력을 절약하고 전투력을 집중하는 방법으로 우발상황 하에서 예비대를 효과적으로 운용하였다. 다섯째, 융통성 측면에서 보면, 동부 축선, 중동부 축선, 서부축선, 서남부 축선으로 방어작전 지역을 편성해서 북한군의 진출상황과 한국군과 유엔군의 전투력 열세 등의 상황에 따라서 공군 및 포병화력 전환운용, 전투지경선 · 전투력 조정, 예비대 투입 등의 융통성 있는 작전으로 특정지역이 돌파되는 위협을 극복할 수 있었다. 그리고 낙동강 방어선에서 방어가 불가능한 우발상황에 대비해서 부산 전방으로 후퇴를 해서 데이비드 선에서 방어를 하는 우발계획을 수립하고 있었다.

낙동강 방어선은 한 · 미 연합작전을 구축하고 천연적인 방어지대로 내선작전과 병력이동 및 보급에 유리했다. 이를 효과적으로 활용하는 전략과 방어작전 준칙을 효과적으로 적용한 전술적 조치는 한국군과 유엔군이 북한군의 공격을 저지 및 격퇴하여 반격작전을 할 수 있었던 동인이 되었다.

제 3 절 북한군의 공격기세와 대응

1. 북한군 공격기세

한국군과 미군을 추격한 북한군 전선사령부(사령관, 김책)는 8월 1일에 수안보, 제1군단 사령부(군단장 김웅)는 김천, 제2군단 사령부(군단장, 김무정)는 안동에 위치하고 있었다. 전방 부대는 진주~김천~안동~영덕을 연결하는 선으로 진출하고 있었다. 북한군 지휘부는 낙동강 방어선 외곽선에 1개 전차사단으로 증강된 10개 사단을 집결시키는 한편, 예비 사단인 제10사단을 남진시키면서 제7 · 9사단도 서울에 집결시켜 남하를 독려하고 있었다. 북한군의 작전 목표는 부산을 신속하게 점령하는 것이었다. 작전개념은 5개 사단을 대구 축선에 집중하여 공격을 하고 기타부대는 부대별로 가용한 접근로를 이용해서 동시공격을 하고 돌파되는 지역에서 전과확대를 하는 것이었다.

북한군은 한국군과 유엔군을 추격하여 지리적으로는 한반도의 약 90%선을 점령하였지만, 제공권과 제해권을 완전히 상실하였으며 병참선이 과도하게 신장되어 있었다. 당시 북한군은 약 7만여 명으로 유엔군의 전투력에 비해서 숫자가 적은 상태였다. 장비도 전차, 야포 및 박격포 대부분이 파괴되었다. 따라서 북한군의 전투력은 50~60%선으로 저하되어 있었다.

이와 같은 상황에서 북한군은 최종 목표인 부산을 점령하고자 8월과 9월에 낙동강 상에서 두 차례의 총 공세를 단행하였다. 8월 공세 간 북한군의 의도는 신속한 작전을 전개하기 위해서 **'4개의 공격방향'**을 선정했으며, 대구방면으로 주공을 지향해서 어느 방향이든지 돌파구가 형성되면 이를 확대하여 돌파하는 것이었다.

공격방향은 4개 방향으로 다음과 같이 계획을 했다.

① 경부도로를 따라 대구로 공격
② 동해안 도로를 따라 포항~경주방향으로 공격
③ 유엔군의 병참선을 차단하기 위해 창녕 서쪽의 낙동강 돌출부 공격
④ 남해안을 따라 마산~부산방면으로 공격

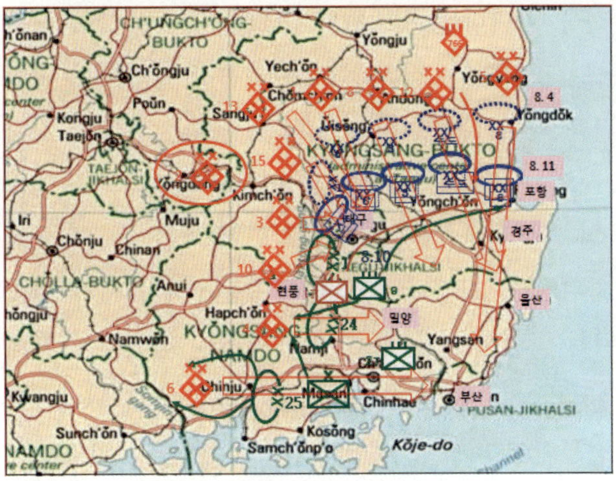

(낙동강 방어선 북한군 공격 방향)

북한군은 8월 4일부터 공격기세를 강화하기 시작했다. 전선에서는 낙동강 전선의 북동쪽에 위치한 제2군단의 제15사단(상주 위치, 선산으로 도하 다부동~대구 방향 공격)과 제13사단(함창 위치, 낙동리로 도하 다부동~대구 방향 공격), 제1사단(함창 위치, 군위 점령 후 대구~경주 방향 공격), 제8사단(예천 위치, 제8사단 정면에서 영천 점령 후 경주 방향으로 공격), 제12사단(안동 위치, 수도사단 정면에서 포항을 점령 후에 경주~부산 방향 공격)이 공격을 준비를 하는 한편, 제105전차사단(40대)도 왜관 북방 한국군 제1사단 정면에서 도하준비를

했고, 동해안(영덕~포항 축선)에서 북한군 제5사단과 766부대는 부산으로 진격 태세를 갖추었다. 낙동강 전선의 서북쪽에서는 북한군 제1군단 예하의 제3사단(김천위치, 제1기병사단 정면에서 왜관으로 도하 대구 공략), 제10사단(고령 위치, 현풍으로 도하 대구 공략), 제4사단(합천 위치, 낙동강 돌출부 영산~밀양 탈취 후 부산 방향 진격), 제6사단과 모터싸이클 연대(마산 서부 위치 미 제25사단 및 제5전투여단 정면에서 마산~부산 방향 공격) 등이 공격준비를 했다.

이 시기에 북한군의 주 공격 목표 지역은 대구였고 부대는 한국군이었다. 북한군은 대구 공격에 5개 사단(다부동~대구 축선의 제15 · 13사단, 기타 지역에서 제10 · 3 · 1사단), 한국군 지역에 총 7개 사단(제5 · 12 · 8 · 1 · 13 · 15 · 3사단)을 집중시켰다. 그러나 북한군은 대구를 공격하면서 제1 · 2군단이 상호협조가 되지 않아서 전투력 집중이 효율적으로 발휘되지 못했다.

2. 북한군의 8월 공세와 대응(1950. 8. 5~8. 25)

북한군의 8월 공세는 8월 5일부터 8월 25일까지 진행되었으며 제1군단은 미군 정면으로 공격하고 제2군단은 한국군 정면으로 공격하였다. 북한군의 주공은 대구를 지향하고 영산 · 밀양 방면을 돌파해서 경부선을 차단하는 것이었다. 8월 공세에서 유엔군의 전략지침은 **'전쟁 이전 상태로 회복'**하는 것이었다. 작전 목표는 낙동강선 방어로 반격작전의 여건을 조성하고 작전의 주도권을 확보하는 것이었다. 작전 개념은 유리한 지형에서 협조된 방어선을 형성하고 돌파 시에는 역습을 통해서 낙동강 방어선을 유지하는 것이었다. 이를 위해서 미군은 북한군의 공격을 낙동강이라는 자연 장애물을 활용하여 화력과 기동력을 이용해서 역습으로 저지했다. 그러나 한국군은 북한군의 공세가 시작되자 곳곳에서 방어선이 돌파되면서 위기 국면이 조성되었다. 그 이유는 방어지역 자체가 산악지형이었고 광정면 이었으며 한국군 보다 2개 사단이 많은 북한군 7개 사단이 한국군 지역에 투입되어 상대적으로 전투력이 약해서 방어에 많은 어려움이 있었다. 특히, 북한군의 공격을 저지할 수 있는 현저한 자연 장애물이 없는 지역에 120km(한국군 사단 평균 30km, 미군 사단 평균 45km)에 가까운 책임지역을 한국군에게 할당하는 것 자체가 무리였다.

미군 정면의 서남 방향에서는 북한군 제1군단(4개 사단 : 제6 · 4 · 10 · 3사단)이 투

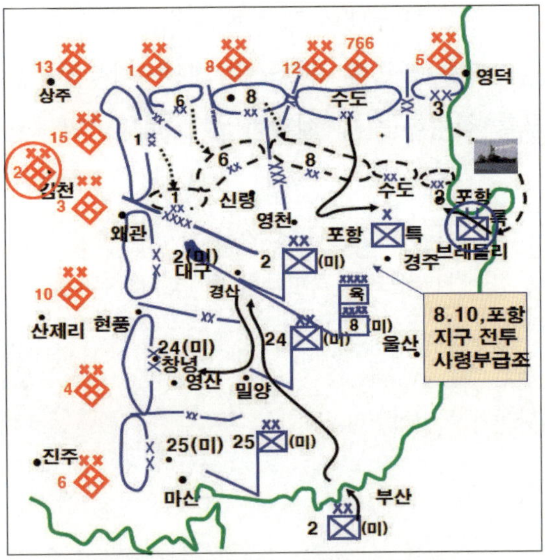

(낙동강 방어선 상황도 : 북한군 8월 공세)

입되어 대규모 도하작전을 개시하였으며 북한군 제4사단은 영산까지 진출하였으나 미 제1해병 임시여단이 역습을 해서 격퇴하였다. 북한군 제3 · 10사단은 현풍, 대구로 공격을 해서 대구를 고립시키고자 했으나 한국군 제17연대와 미 제24사단에 의해서 저지되었다. 북한군 제6사단은 마산 서부로 진출을 하였으며 미 제8군사령부는 마산 지역에 투입된 미 제25사단을 주축으로 킨 특수임무부대를 편성하였다. 킨 TF (Kean TF)는 북한군 제6사단을 역공격하여 진주~사천 일대까지 방어선을 확장하고자 했으나 실패하였고, 대구 축선의 위기가 고조되면서 해체되었다. 영산 정면에서는 북한군 제4사단이 낙동강에 수중보를 설치하여 미 제24사단 책임지역인 영산 일대를 장악했고 이로 인해 밀양 일대까지 위협을 받았다. 그러나 이 지역은 미 제8군의 예비대가 곧 바로 투입되어 위기를 해결하였다. 왜관의 미 제1기병사단 지역으로는 북한군 제3사단이 공격을 하였으나 이를 격퇴시켰다. 북한군 제3사단은 이후에 한국군 제1사단이 위치한 다부동 지역으로 공격을 전환하였다.

한국군 정면으로는 북한군 6개 사단이 투입되어 공격을 했다. 8월 5일에 수도사단은 북한군의 기습으로 의성 방향으로 철수를 하자, 정면의 북한군 제12사단이 비학산을 경유해서 기계 북쪽으로 진출을 해서 한국군 수도사단과 제3사단의 측방을 위협하면서 부산 방향으로 진출하여 유엔군과 한국군의 방어선이 2개로 분리되는 형세가 되었다. 또한, 한국군 제3사단은 장사동에 고립되어 해상철수를 단행했으며 포항이 피탈되었다. 육본은 제17연대를 포항으로 이동시키고, 신편된 제25연대와 **'포항지구전투사령부'**를 창설하여 북한군의 첨단을 저지하고 수도사단을 투입시켜(제18연대, 기갑연대) 역공격을 했다. 북한군의 8월 공세에서 8월 7일부터 13일까지 마산일대에서 있었던 KEAN TF 작전은 미 제25사단 TF(특수임무부대)가 북한군 제6사단의 공격을 공세행동으로 격퇴하여 마산 정면의 위협을 제거하여 대구 정면의 압력을 분산시켰다. 낙동강 돌출부 작전은 8월 5일부터 19일까지 미 제2사단 9연대 Hill TF가 북한군 제4사단 공격을 하는 상황에서 역습에 실패하였으나, 미 제5·9·34·19연대의 협조된 공격으로 최초 방어선을 회복하였다. 8월 20일에는 한국군 정면으로 공격한 북한군은 왜관~다부동~신령~기계~포항선까지 진출을 하였으나 대구를 점령하는 데 실패하였다. 북한군의 8월 공세의 특징 및 결과는 다음과 같다.

① 유엔군이 전 방어 전선을 연결하는 협조된 방어로 일점양면전술 사용이 제한되었다.
② 미군의 3.5인치 로켓과 공군의 네이팜탄 등의 신무기 등장으로 북한군의 핵심인 전차의 위력이 발휘되지 못했다.
③ 북한군은 제공권 상실과 융단폭격 위협으로 병력집중이 제한되었다.
④ 북한군은 병참 능력의 한계로 대규모 병력지원이 제한되었다.
⑤ 북한군이 돌파 시에 유엔군의 역습으로 전과확대가 불가하였다.

3. 유엔군과 한국군의 대응

가. 다부동 전투(1950. 8. 15~9. 22)

다부동 전투는 경북 칠곡군 일대에서 있었던 전투로 6·25전쟁에서 가장 치열했던 전투이며 유엔군이 낙동강 방어선을 형성한 직후부터 반격으로 전환되기 이전까지 한국군 제1사단(사단장 백선엽[17])이 미 제27연대 등과 함께 대구 북방 칠곡의 다부동 일대에서 북한군 제2군단(제3·13·15사단)의 8월 공세를 저지하고, 진지를 인계받은 미 제1기병사단이 다부동과 자천, 도덕산 일대에서 23일 동안 북한군(제13·3사단)의 9월 공세를 저지하며 대구를 사수한 전투이다. 다부동은 대구 북방 22km지점에 위치하고 고지군은 횡격실 능선으로 가산(902고지)·팔공산(1,192고지) 등의 고지군 들로 둘러싸여 방어에 유리한 지역으로 도로망은 907·25·908번 도로 등이 발달되어 있으며 대구의 북쪽 관문이었다.

---

17) 백선엽 장군이 지휘한 제1사단은 북진작전 간에 가장 먼저 평양을 입성했으며, 평북 운산까지 북진을 했으나 중공군의 공세로 38선 이남으로 후퇴를 했다. 1951년 11월에는 야전전투사령관으로 지리산 빨치산 소탕작전에서 공을 세웠다. 1952년에는 만 31세의 나이로 한국군 사상 최연소 육군참모총장이 되었으며 33세에는 한국군 최초 대장이 되었다. 1954년에는 제1야전군을 창설하고 사령관에 임명되어 야전군의 기틀을 잡았고 1957년에는 두 번째로 육군참모총장이 되었다.

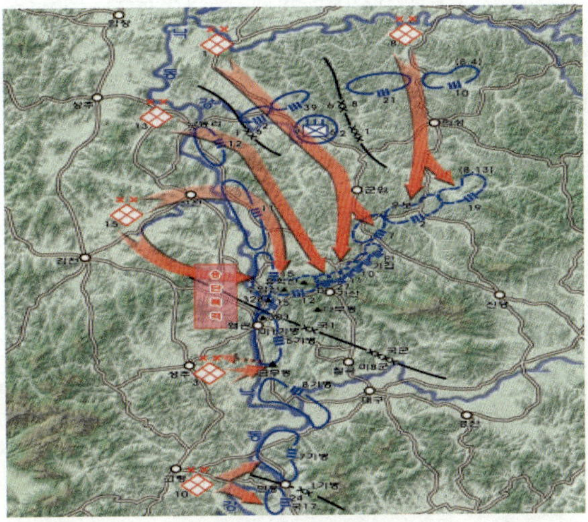

(다부동 전투 상황도)

당시 북한군 제12사단이 우회 침투 기동을 해서 수도 사단이 철수를 하고 한국군이 Y선으로 진지를 조정하는 상황이었다. 이와 같은 상황에서 한국군 제1사단이 Y선으로 철수를 하기 위해서 도로를 따라 이동 중에 북한군 제15사단 일부가 먼저 산악을 이용해서 Y선을 점령하여 대구가 위기에 직면하는 상황이 발생되었다. 그러나 한국군 제1사단은 미 제27·23연대, 한국군 제8사단 제10연대 등을 증원받아서 최초로 한·미 연합작전을 수행해서 북한군 제13·15사단을 격퇴하고 Y선을 확보했다. 당시 한국군의 상황은 제1사단이 8월 5일부터 왜관~낙동리를 연하는 선에서, 낙동강을 도하하여 공격하는 북한군 3개 사단(제3·13·15사단)의 공세를 저지하고 있었다.

그러나 제1사단 우측의 동부전선에 배치된 한국군 4개 사단이 북한군의 압력에 밀려서(북한군 제12사단이 한국군 수도 사단을 돌파하여 기계 일대로 진출, 포항 피탈 및 제3사단 장사동 일대 고립 등 동부전선의 붕괴로 전선이 49km 남하) 앞에서 언급했던 Y선으로 철수를 했다. 이때 제1사단은 왜관 북방의 328고지로 부터 270고지~수암산~유학산~신주막을 연하는 20km를 연하는 방어선을 부여받았으며 이 선은 백선엽 사단장이 정찰을 통해서 결정하였다.

그러나 북한군은 한국군 제1사단이 전방에서 철수하여 배치선에 도착하기도 전에 Y선인 328고지와 유학산, 674고지 등을 미리 점령하였다. 8월 14일에는 북한군 제3사단이 낙동강을 도하하여 제1사단 서측의 제15연대가 위치한 328고지 일대를 공격하여 14:00시 경에 피탈되었고(당일 16:00시에는 연대 역습으로 확보했으나, 15일에 다시 피탈되었다. 8월 16일에는 미 제5기병연대가 반격을 개시하여 재탈환), 중앙의 제12연대 지역은 북한군 제15사단이 이미 선점한 상태였으며(다부동에서 재편성 후 수암산과 517고지, 유학산에 배치를 하려고 하였으나 북한군이 이미 선점하였다), 북한군 제13사단이 다부동의 신주막 674고지를 선점하여 다부동이 피탈될 수 있는 위기에 직면하였다.

북한군은 8월 14일에 전술적으로 유리한 호기를 포착하자, 왜관 북방에서 4개 사단이 집결하여 도하준비를 서둘렀다. 이에 미 제8군사령부에서는 유엔군 사령부에 다부동의 압박을 해소하기 위해서 융단폭격[18]을 요청했다. 그러나 융단폭격에도 불구하고 당일 가산으로 침투하려던 북한군이 741고지에서 다부동 서측의 466고지를 공격해서 한국군 제1사단은 **'피탈이냐, 사수냐?'**의 갈림길에 봉착했다. 이때 미 제8군사령부는 17일에 미 제8군의 예비인 미 제25사단 27연대를 투입했다. 그럼에도 불구하고 8월 18일 새벽에는 가산에 침투한 북한군의 박격포탄이 대구에 떨어져서 정부가 긴급히 부산으로 이동을 하는 등 대구 피탈의 위기감이 고조되었다.

미 제8군사령부는 북한군의 압력이 거세지자 미 제2사단의 23연대와 한국군 제8사단 제10연대를 다부동 지역에 추가로 투입을 해서 한국군 제1사단의 종심과 우측면을 보강하였다. 이와 같이 대규모의 병력 투입으로 전황은 점차 호전되어 갔다. 그러나 북한군 제2군단은 8월 21일 저녁에 방어선 돌파를 위해서 전차와 자주포를 앞세워 미 제27연대가 방어하는 다부동 계곡으로 대규모 집중공세를 해왔다. 당시에 다부동 고지에서는 한국군 제1사단이 북한군 보병과 싸우고, 계곡에서는 미 제27보병연대가 북한군 전차와 5시간이나 대(對)전차전을 전개하여 북한군 전차 9대와 자주포 4문을 파괴하는 전과를 올렸다. 이때의 전차전을 가리켜 **'볼링장(Bowling Alley) 전투'**라고 한다.

8월 23일에 한국군 제1사단은 혁혁한 전과를 올렸다. 제12연대가 그동안 9차례의 공격 끝에 최초의 야간 기습공격으로 다부동의 주저항선인 유학산을 탈환했다. 제1사단은 북한군 제1사단 1연대가 제8사단 10연대가 방어하고 있는 741고지를 점령하고 가산으로 침투하여 제11연대 지휘소와 미군 포병진지를 공격하자 미 제27연대와 연합으로 신주막을 점령하고, 가산일대로 침투한 북한군을 격퇴하고 741고지를 탈환하였다. 이는 미군이 투입된 이후에 최초의 한·미 연합작전으로 그 의미가 컸으며, 이후 전선은 안정을 되찾았고, 곧이어 미 제27연대는 증원임무가 해제되어 마산으로 원대복귀를 했다. 다부동 전투에서 승리를 거둔 제1사단은 8월 말에 다부동 지역을 미 제1기병사단에게 인계하고 팔공산 북쪽으로 이동하였다. 그러나 이 지역을 담당하게 된 미 제1기병사단은 9월에 북한군의 공격을 받아 또 한 차례의 불꽃 튀는 공방전을 전개했다.

다부동 전투는 한국군 제1사단이 미 제27연대를 지원 받아서 북한군 3개 사단의 공

---

18) B-29 폭격기 98대가 참가했으며, 5.6km×12km지역에 960t의 폭탄을 투하했다. 연기가 2시간 이상 피어올라 BDA(폭격피해판정)는 확인하지 못했고, 지상 관측도 실패하여 확인이 불가하였다. 포로의 증언에 의하면 북한군 제3사단 및 제15사단의 포병, 전차, 탄약부대 등에 막대한 피해를 준 것으로 알려졌고, 제2군단장 김무정은 이때 '승리에 대한 확신을 잃었다'고 하였다.

격을 저지한 연합작전으로 북한군의 공격의도를 좌절시키고 대구를 방어하는 데 성공한 전투로 방어작전 준칙[19]을 효과적으로 적용한 전투였다. 작전의 과오측면은 다음과 같다. 첫째, 철수과정에 많은 문제점이 있었다. 한국군 제1사단이 다부동으로 철수한 것은 8월 12일 20:00시인데 사단은 26시간 전에 철수명령을 하달 받았다. 둘째, 철수로 선정에 있어서 곧바로 점령하면 될 것을 Y선 후방으로 돌아 들어가 다부동을 경유하여 다시 Y선을 점령하는 역행군로를 선정하여 하달했다. 그리고 철수 시에도 적과 접촉을 유지하면서 철수하는 것이 전술의 기본임에도 불구하고, 1개 대대만을 사단의 엄호부대로 운용하는 등 철수작전의 제 준칙을 준수하지 않아서 북한군에게 방어진지를 쉽게 선점당했다.

셋째, 군단은 부대별 방어 책임지역을 명확하게 부여하지 않아서 담당부대가 없는 가운데 가산 지역으로 북한군 1개 연대 규모가 침투했다. 방어 간 국지경계부대(전투전초, 일반전초, 보초, 청음초 등) 운용에 소홀하여 북한군의 기습을 조기 경고하지 못했다. 또한 사단의 측·후방 경계를 미실시하여 북한군의 침투부대가 많았다(사단 지휘소 피습 3회). 넷째, 방어준비에 소홀했으며 북한군의 공격을 받는 상황에서도 아직 주진지조차도 구축하지 않았고, 공격에 대비한 예비진지도 구축하지 않았다. 다섯째, 야간 전투에서는 북한군에게 매번 패배를 하였다. 그러나 다부동 전투에서 많은 실패와 문제점이 있었음에도 불구하고 한국군 제1사단이 다부동을 사수함으로써 낙동강 방어선의 최대 위기를 극복하였으며, 전략적으로 중요한 다부동 전투에서 한국군 제1사단이 승리를 할 수 있었던 요인은 다음과 같다.

① 전 간부의 솔선수범과 리더십 발휘　　② 성공적인 연합작전 수행
③ 미군의 신형 대전차 무기 지급

첫째, 다부동 전투에서 한국군 2,300명과 북한군 5,690명이 전사를 한 처절한 전투였으나 사단장을 포함한 전 간부의 솔선수범과 리더십의 발휘로 전투에서 승리를 할수 있었다. 둘째, 한국군 사단에 미군 연대의 지원과 미군의 화력을 효과적으로 운용해서 연합작전을 성공적으로 수행하였다. 셋째, 미군의 신형 대전차 무기(3.5인치 로켓포)를 지급하여 승리에 큰 기여를 하였다. 만약에 다부동이 피탈 시에는 낙동강 방어선이 붕

19) 방어준칙 : 전장관찰, 전투력 집중, 방어수단의 통합 및 협조, 방자의 이점 최대 활용, 공세 행동의 최대이용 등이 있다.

괴되고 대구가 피탈될 수 있는 위협에 직면할 수 있었다. 그러나 다부동 전투는 북한군이 의도했던 부산점령 계획을 포기하도록 만드는 계기가 되었다.

이 전투에서 북한군의 공세를 저지했기 때문에 북한군이 낙동강 전선을 돌파하는데 실패하였고 결과적으로 북한군의 공격의도를 좌절시킬 수 있었다. 그리고 북한군은 이 전투에서 전력을 상당히 소진하였고 이후 전투에 적지 않은 영향을 끼치게 되었다. 그리고 한국군과 유엔군이 다부동 전투에서 패배했다면 최후의 낙동강 방어선은 돌파되었을 것이고, 북한군이 대구와 부산을 점령했다면 남한이 적화되는 상황에 직면했을 것이다. 그러나 백선엽 사단장이 지휘하는 한국군 제1사단과 미군 2개 연대가 고군분투를 해서 다부동 전투에서 승리를 했기 때문에 낙동강 방어선을 고수할 수 있었으며 한국군과 유엔군에게 자신감을 부여해준 결정적인 전투가 되었다.

★ 6·25전쟁의 사실 9 : 백선엽 장군은 6·25전쟁의 영웅인가?

백선엽 장군은 제1보병사단장으로 다부동 전투를 승리로 이끌었고, 평양을 최초 입성한 사단장이었으며, 1951년에는 백야전 사령부 사령관으로 공비토벌에 큰 기여를 했다. 다부동 전투에서는 사단 병력이 후퇴를 하고 있는 상황에서 부하들을 막으며 "지금 국가의 운명은 낙동강 방어선에 달려 있다. 이제부터 사단장이 직접 선두에 서서 나갈 터이니 귀관들은 나의 뒤를 따르라. 만일 내가 선두에서 물러선다면 나를 쏴도 좋다!"라고 훈시했다. 결국 사단장이 선두에 서서 돌격하여 장병들의 전투의지를 고양시켰고 공격개시 30분 만에 목표를 탈취하는데 성공했다.

나. 창녕 · 영산지역 전투(1950. 8. 6~8. 19)

낙동강 돌출부라고 불리는 이 지역은 거창-합천에서 영산을 경유하여 밀양-부산에 이르는 접근로이며 낙동강이 휘어져 흐르면서 도하 가능한 도섭지가 형성되어 있어 군사적인 측면에서 매우 중요한 만곡부 지역이다. 낙동강 돌출부 일대의 강폭은 300~1,000m이며 수심은 2~4m로 도하가 어려운 지역이나 만곡부 일대에 몇 곳의 나루터가 있었고 일부 지역은 수심이 얕아 도섭이 가능하였다. 만곡부 남쪽으로 내려가면 낙동강과 남강의 분기점이 형성되어 있고 분기점 우측에 창녕이 위치하고 있다. 낙동강 돌출부 동쪽으로 10㎞ 정도 가면 영산이 위치하고 있으며 영산은 밀양 쪽으로 넘어가는 길목으로 밀양은 대구와 부산의 중간지점으로 만일 이곳이 북한군의 수중에 넘어가면 부산교두보의 유지가 불가능하게 되는 중요지점이다.

(낙동강 방어선 상황도 : 북한군 8월 공세)

북한군 제4보병사단은 낙동강 돌출부로 접근해왔다. 북한군 제4보병사단은 38도선 돌파시 의정부 축선에 투입되었던 북한군 최정예부대로 서울에 가장 먼저 입성했고 **'서울사단'**이라는 칭호를 받은 사단이었다. 서울 점령 후에도 항상 북한군의 최선봉에서 경부국도를 따라 남진했고 대전에서는 미 제24보병사단을 격멸하고 금산-무주-진안을 거쳐 안의-거창 방향으로 낙동강 방어선에 접근하였다. 8월 4일에는 합천 주변에 집결하여 낙동강을 도하하기 위해 준비를 하고 있었다. 당시 북한군 제4보병사단의 전투력은 개전 초기에 비하여 50~60% 수준으로 감소되어 있었고 신장된 병참선으로 병력과 장비·물자의 보급이 어려웠다. 특히 제공권과 제해권을 상실한 상태에서 보급품 수송과 주간의 모든 부대행동에 많은 제약을 받게 되었다. 북한군 제4보병사단과 대치한 유엔군은 미 제24보병사단의 병력이었다. 창녕 정면은 도섭이 가능한 지점이 많아 공격하기에 유리한 지형이나 방어하는 부대는 도로가 부족하기 때문에 기갑부대에 의한 반격이나 증원이 불리하였다. 이러한 관점에서 처어치 장군은 북한군이 창녕 정면으로 주공을 지향할 것으로 판단하였다. 그러나 북한군은 도하장비가 부족했기 때문에 빠른 시간 내에 도하공격을 해오지 못할 것으로 판단했다. 당시 미 제24보병사단의 병력은 크게 감소되어 있었고 보병연대는 2개 대대편성으로 보병대대 병력도 500여 명 미만이었다. 또한 전차도 없었고 포병도 105미리 17문, 155미리 12문에 불과했다. 사단의 전력은 편제의 약 40%로 감소되어 있었다. 이에 따라 미 제24보병사단은 방어정면과 가용부대, 제공권, 기동력, 도로망 등을 감안하여 기동방어 형태로 부대를 배치했으며 방어편성은 북한군의 주공방향으로 판단되는 창녕 정면에 미 제21연대, 현풍 정면에 한국군 제17연대, 영산 정면에 미 제34연대를 배치하고, 기동예비로 미 제19연대와 사단수색중대를 창녕에 집결 보유하였다.

8월 6일 00:00시에 북한군 제4보병사단은 낙동강 돌출부 지역에서 공격을 개시하였다. 북한군 제16연대는 주공을 영산 정면의 오항 나루터로 투입하였고, 일부를 창녕 정면의 부곡리 쪽으로 투입하였으며 오항나루터에서 도하에 성공한 제16연대 제3대대는 도하 후 미군의 전방진지를 우회하여 남하하다가 미 제34연대 제3대대 본부와 4.2" 박격포 소대를 습격하였다.

8월 6일 02:00시경에 제3대대장 퍼레즈 중령으로부터 피습상황을 보고받은 미 제34연대장은 추가적인 전방상황을 확인하기 위하여 제1선 중대장들에게 확인하는 과정에서 돌출부 첨단을 점령하고 있던 중대장으로부터 "중대의 좌측방이 적의 공격을 받아 그 일부가 격퇴 당했다"라는 보고를 받은 연대장은 북한군이 박진나루로 도하를 한 것으로 판단하고 날이 밝으면 연대 역습을 실시하기로 하고 당시 강리에 집결하고 있는 제1대대장에게 역습명령을 하달했다. 미 제34연대 제1대대장 아이레스 중령은 05시 20분에 1개 중대로 역습을 하였으나 실패하고, 다시 대대병력을 투입하여 클로버고지(165) 일부를 확보하였다. 결국 연대 역습은 큰 성과를 얻지 못했다. 8월 7일 미 제24보병사단장은 북한군이 박진나루터에서 도하하여 영산 방면으로 진출을 기도하고 있다고 판단하고, 사단 예비인 미 제19연대를 투입하여 사단역습을 실시하기로 했다. 그러나 역습이 시작된 후 북한군의 도하지점이 오향나루터인 것을 알게 되었으며 역습 도중에 목표가 변경되어 사단 역습도 성공을 거두지 못하고 말았다.

북한군이 낙동강 돌출부의 요지인 클로버 고지와 오봉리 능선을 점령하고, 영산지역으로 진출을 시도함으로써 낙동강 돌출부 방어선이 위기에 직면하였다. 이러한 상황에서 제8군 사령관은 예비로 있던 미 제2사단 제9연대를 즉시 이곳에 투입하였다. 8월 8일에 도착한 미 제9연대장은 8월 9일 오후 4시에 사단 포병 지원 하에 제1대대를 클로버 고지, 제2대대를 오봉리 능선을 목표로 반격을 하게 했다. 그러나 야간행군으로 피로와 적정 및 지형의 미숙, 전투경험의 부족 등으로 많은 손실을 입고 역습에 실패하였다.

이 상황에서 미 제9연대는 역습을 반복하였으나 손실만 증가되었고 성과를 얻지 못했다. 이에 사단장은 5일간에 걸친 역습실패의 원인이 역습부대의 지휘체계가 확립되지 못했기 때문이라고 판단하고 미 제9연대장에게 돌출부 내에 위치한 모든 부대의 지휘권을 부여하였다. 이에 따라 8월 11일 아침 제9연대장의 이름을 따서 힐(Hill) 특수임무부대로 편성하였으며 8월 11일 아침에 공격을 개시하기로 하였다. 그러나 북한군 제4보병사단은 대규모의 병력과 각종 야포 14문과 전차 5~6대를 비롯한 중화기와 주력무기를 도하시켜 돌출부 내에 전투력을 증강시키고 8월 11일 아침에 공격 태세를 갖추고 있었다. 힐 특수임무부대는 이러한 사실도 모르고 계획된 대로 역습을 위해 공격개시선에 대기하고 있었으나 북한군 제4보병사단이 힐 특수임무부대를 먼저 공격하였다. 북한군의 기습공격에 미 제21연대 제1대대는 집결지에서 와해되는 등 힐(Hill) 특수임무부대는 혼란에 빠졌다. 힐(Hill) 특수임무부대의 공격계획이 무산되자 미 제24사단장은 방어로 전환하여 진지를 확보하도록 명령하였다. 즉 북한군의 선제공격에 미군이 당한 것이다. 또한 북한군은 미 제24보병사단을 압박하면서 제18연대를 영산방향으로 진출시켜 공격하였다. 영산에 북한군이 진출하자 미 제24보병사단장은 미 제14공병대대를 영산으로 투입하였고 8월 12일에는 힐 대령에게 미 제19연대 1개 중대와 박격포 소대를 투입하여 영산에 이르는 보급로를 차단하고 있던 북한군을 공격하도록 하였으나 오히려 역습을 받아 실패하였다. 이때 미 제8군 사령관은 상황이 위태롭게 된 것을 확인하고 당시 마산에 위치하고 있던 군 예비인 미 제27연대를 투입하기로 결심하였다.

8월 13일 아침에 미 제27연대가 역습에 성공하였고 오후 3시경에는 영산 동쪽 고지를 탈환하였으며 미 제8군에서 증원된 미 제23연대 제1대대 및 사단 공병대대와 협조된 공격으로 전과를 확대하여 영산 일대의 위기는 극복되었다. 이에 따라 다음날 미 제27연대는 다시 군 예비로 복귀하여 경산으로 이동하였다.

미 제24보병사단장은 영산 주변의 북한군을 완전히 소탕하자 8월 14일 아침에 돌출부지역의 북한군 병력을 격멸하기 위해서 힐 부대에게 총공격 명령을 하달하였다. 그러나 기상악화로 최초 계획된 전투기 100여 대의 항공지원이 취소되었고 가용한 전투병력도 1,600여 명으로 감소되어 공격이 진척되지 않았다. 8월 15일에는 클로버 고지와 오봉리 능선에서 치열한 백병전이 반복되었으나 힐(Hill) 특수임무부대는 근접전에서 너무 많은 피해를 입어 전투를 중지할 수밖에 없었다.

미 제24보병사단 처어치 장군은 전투력이 회복될 때까지 방어로 전환하고자 했지만 워커 장군의 생각은 달랐다. 워커 장군은 낙동강 돌출부 지역을 장악하여 대구 후방의 위협을 제거하고 대구와 부산을 연결하는 병참선을 안전하게 유지하는 것이 무엇보다도 중요하다고 판단하였다. 이 상황에서 돌출부 내의 북한군은 보급의 부진과 피해의 증가로 사기가 저하되어 투항하는 병사들이 생기기 시작하였다. 미 제8군 사령관은 마산에서 킨 특수임무부대 작전을 마치고 밀양으로 이동 중인 미 해병 제1여단을 8월 15일부로 미 제24보병사단에 배속하고 낙동강 돌출부 내에 진출한 북한군을 완전히 격퇴하도록 지시하였다. 8월 17일에 미 해병 제5연대, 미 제9연대, 미 제34연대, 미 제19연대의 4개 연대가 공격을 개시하여 북한군 제4보병사단의 저항을 격퇴하고 클로버 고지와 오봉리 능선의 일부를 탈환했다.

8월 17일 밤에는 산발적으로 공격해 오는 북한군을 격퇴한 후에 8월 18일에 전과확대를 실시하여 8월 19일 아침에 돌출부 내의 잔적을 완전히 소탕하였다. 이로써 13일간에 걸친 치열한 전투는 종료되었다. 북한군 제4보병사단은 이 전투에서 병력이 3,500명 이하로 감소하였고, 야포·전차를 비롯한 중화기의 대부분을 잃고 말았다. 북한군 부대 중에 가장 정예부대로 명성을 떨치던 북한군 제4보병사단은 이 전투로 재기불능의 타격을 받아 다시는 낙동강선 전투에 참가하지 못하였다.

미 제8군의 낙동강 전선 서남부 돌출부 지역 전투를 평가하는데 무엇보다 중요한 것은 미 제8군사령관 워커 장군과 미 제24보병사단장, 그리고 예하 지휘관들의 작전지도에 대한 성공적인 부분에 대한 평가이다.

첫째, 미 제8군 사령관의 작전지도에 대한 평가다. 낙동강 돌출부의 북한군 제4사단의 집요한 공격에 워커 장군은 미 제24보병사단의 사단역습이 실패하고 영산 방면의 상황이 위급해지자 지체 없이 마산에 있던 군 예비인 미 제27연대를 투입하였다. 이어서 마산에서 킨 특수임무부대 작전을 마치고 밀양으로 이동 중이던 미 해병 제1여단마저 투입하여 전과확대를 실시하여 낙동강 돌출부에서 북한군을 완전히 격퇴하였다. 워커 장군의 공세적 부대 운용은 낙동강 방어선의 서측방을 안정시키고 부산교두보 확보를 가능하게 했던 것이다.

둘째, 미 제24보병사단장 처어치 장군의 작전지도에 대한 평가다. 미 제24보병사단장이 창녕·영산지역의 낙동강 돌출부 작전을 수행하면서 사전에 작전지대 내 민간인들을 밀양 · 삼양진 등 사단 작전지역 밖으로 소개시킨 것은 민간인 통제면에서 적절한 조치였다. 또한 낙동강 돌출부 작전에서 영산방면으로 공격해오는 북한군 제4보병사단을 저지하기 위해 공세적인 부대 운용으로 끝까지 최선을 다해 싸웠다. 그리고 수차에 걸친 군 역습이 성과가 미흡하자 방어지대 내 모든 작전제대의 지휘통일을 위해 힐 특수임무부대를 편성하여 힐(Hill) 대령이 통합 지휘를 할 수 있도록 조치한 것은 적절한 조치였다고 볼 수 있다.

셋째, 미 제24보병사단 예하 연대 및 대대급 이하 지휘관의 작전지도에 대한 평가다. 낙동강 돌출부 작전 시 전방지역 방어를 담당했던 미 제34연대는 제3대대를 강안지역, 제1대대를 예비로 강안 후방, 연대본부는 영산에 배치하였다. 이러한 배치는 기동방어를 통해서 지대 내 유입되는 북한군을 격멸하겠다는 의도였다. 그러나 가용부대가 제한되었지만 넓은 방어정면을 1개 대대에게 담당하여 전방중대가 도섭가능지점에서의 북한군의 도하를 탐지도 못할 정도의 방어정면을 부여한 것은 문제가 되었다. 그러한 경우에는 대대(+) 규모로 증강시켜 북한군의 예상되는 도하지점에 대한 감시체제를 강화했어야 했던 것이다. 낙동강 돌출부 작전에서 오항나루터로 기습 도하하는 북한군을 탐지하지 못하여 초기방어 작전에 많은 혼란을 초래하였다. 그리고 연대 역습과 사단 역습에서 역습방향을 잘못 선정하여 역습에 실패를 했던 것이다. 이것은 연대장의 책임이기도 하고 동시에 전방 대대장·중대장의 책임이다. 이러한 실책이 결국 낙동강 돌출부 전투 초기에 북한군의 공격으로 낙동강 돌출부가 돌파될 수 있는 위기까지 직면했던 것이다.

다. 해병대 통영상륙작전(1950. 8. 17~8. 19)

해병대의 통영상륙작전은 1950년 8월 17일부터 19일까지 경남 통영시 용남면 장평리 원문고개에서 진행되었다. 당시 상황은 북한군 제7사단 51연대와 104연대의 650여 명이 통영시를 점령하였으며 통영에서 마산·부산 등으로 진출하여 낙동강 방어선에서 유리한 국면을 조성하여 전쟁을 조기에 끝내려고 시도하고 있었다. 한국군은 해군이 통영 남쪽 바다에서 함포사격으로 지원하는 기만작전으로 적의 주의를 남쪽 해안 방면으로 유도하였다. 한국군 해병은 김성은 대대가 동쪽의 원문고개 방향으로 상륙해서 서쪽 방면으로 공격하여 북한군을 격멸하였다.

(통영상륙작전 상황도)

북한군 제7보병사단은 8월 17일 오전 01시에 통영반도로 진입하는 관문인 원문고개를 경유해서 통영에 진입하였다. 이때 북한군을 저지하고자 통영에 상륙한 부대가 해병대 김성은 부대이다. 김성은 부대는 북한군을 격퇴하기 위해 8월 17일 오전 03시에 통영반도 동북방 지도(紙島)에 상륙하였다. 부대장 김성은 대령은 통영반도에 상륙하여 북한군의 후속부대를 저지하고 침입한 적을 격멸하기 위해서 8월 17일 오후 6시에 제2중대가 상륙을 개시하였다. 8월 17일 오후 7시에는 제3 · 7 · 중화기중대·본부중대 순으로 통영에 상륙하였으며, 8월 17일 밤을 새우고 8월 18일 오전 05시 30분에 공격을 개시하였다. 제2중대는 원문고개에 방어진지를 구축하였으며, 제3중대와 제7중대는 망일봉 북방 1km 지점인 동대리 부근에 본부를 설치하였다. 8월 18일 12시 20분에 해군 703, 307·302 정장은 남망산 및 시내 일대를 포격하였다. 이에 북한군의 퇴로는 완전히 차단되었으며 대부분의 지휘관들이 사살되어 지휘통솔이 혼란했고 부대 수습이 어려운 상황이었다. 해병부대는 원문고개에 방어선을 구축하고 망일봉에는 본부를 설치하였다. 또한 전술상의 요지인 매일봉을 선점하여 산정상을 오르는 북한군에게 사격을 해서 전진을 저지하였다. 해병부대는 18일 해군함정의 지원사격을 받으며 매일봉을 완전히

점령하였다. 8월 19일에는 통영 시내 소탕작전을 실시하여 통영시가지를 완전히 탈환하였다.[20]

해병부대는 8월 19일 오전 02시 20분경에 공격을 재개하였다. 제2중대는 원문고개에서 적 증원부대의 남하를 저지하고 통영시내의 적을 소탕하였다. 제3중대는 오전 03시 30분에 전략적 요충지인 178고지를 점령하여 통영상륙작전을 성공적으로 마무리하였다.

통영상륙작전에서 한국군은 북한군 469명을 사살하였으며 83명을 생포하고 다수의 무기를 노획하였다. 한국군의 피해는 전사 15명에 부상 47명이었다. 통영상륙작전은 한국군 최초의 단독 상륙작전이었다는 점에서 의의가 있다. 또한 낙동강 방어선 철수작전에서 방어를 위한 유일한 공격전이었다. 그리고 낙동강 방어선전투에서 군사적 요충지인 진해·마산 등이 적에게 돌파를 당하지 않았던 것은 통영상륙작전의 성공으로 인한 것이었다. 그리고 통영상륙작전은 인천상륙작전의 발판이 되기도 했으며 당시 미 뉴욕 헤럴드 트리뷴지 취재기자 이던 **여기자 '마가레트 히긴스'가 "그들(한국 해병)은 귀신이라도 잡을 수 있을 것이다! They(Korean Marines) might capture even devil!"라고 보도함으로써 이후로 한국 해병대는 "귀신 잡는 해병[21]"**의 칭호를 받게 된 것이다.

라. 마산지구 전투(1950. 7. 31~9. 18)

낙동강 방어선 서남쪽 끝의 마산 외곽지역에서 두 달 가까이 벌어진 마산방어전투는 6·25전쟁의 전사에서 중요한 역할을 한 전투였다. 최후 교두보이자 임시수도인 부산까지 직선거리로 40~50㎞, 북한 인민군 제6사단장 방호산은 **"마산을 점령하면 적의 숨통을 끊는 것"**이라고 하였다. 만약 그렇게 되었다면 인천상륙작전은 불가능했을 것이다. 만약에 마산방어전투가 실패했다면 6·25전쟁은 김일성의 계획대로 부산을 점령하는 계획이 실현될 수도 있었을 것이다. 그럼에도 불구하고 마산방어전투는 다부동 전투, 영천

---

20) 당시 해군함정의 지원뿐만 아니라 공군의 지원도 받았다. 8월 17일 신유협 소령은 T-6로 공중 시찰을 하였고 고성에서 통영으로 남진하는 적의 포병부대를 발견하여 이를 보고했으며 F-51 전폭기가 출격하여 통영상륙작전에 지원을 한 기록이 남아있다.

21) 통영상륙작전을 보도한 종군기자 마거릿 히긴스가 집필한 기사가 뉴욕해럴드트리뷴(New York Herald Turibune)에서 보도되었고 실제로 그녀는 "They might capture even the devil."이라고 신문에 실었으나, 그것을 번역하여 보도하는 국내 신문에 의하여 "Ghost-Cathcing Marines" 즉 "귀신잡는 해병대"라는 의미로 알려지게 되었다.

전투 등의 전투에 비해 상대적으로 과소평가 되었다.

1950년 7월 31일 진주를 점령한 북한군 제6보병사단(7,500여 명)이 마산 방향으로 진격해 왔으나 아군의 방어태세와 병력 배치가 미흡한 상황이었다.

당시 한국군과 미군의 주력은 대구 북쪽의 낙동강 지역에 있었고 마산지역의 병력 배치는 한국군 대대급과 해병대 등 소규모였으며 예상하지 못한 방향에서 나타난 북한군 제6보병사단의 공격에 놀란 워커 장군은 경북 상주에 있던 미 제25보병사단을 마산으로 이동시켰으며 북한군 제6보병사단과 미 제25보병사단의 치열한 전투가 50여 일간 진행되었다.

북한군 제6보병사단은 조선인 장병으로 편성되었으며 중국 공산당의 제4야전군 제166보병사단이 북한군으로 재편된 부대로 국공내전과 항일전쟁 등 풍부한 전투 경험을 갖춘 북한군 최정예 사단이었다. 김일성이 남침 준비를 위해서 1949년 7월 중국을 방문해서 가장 먼저 요청한 부대이다. 김일성은 신출귀몰의 전법을 구사하는 것으로 유명한 방호산이 미군 방어선을 뚫고 8 · 15행사를 부산에서 치를 수 있을 것이라고 믿었다.

마산전투의 주전장은 현재의 행정구역상 창원시 마산합포구 진동면·진전면 일대와 함안군 여항면 등 마산 서부 외곽지역이었다. 해발 740m의 서북산은 19차례나 뺏고 빼앗기는 혈전을 치르는 동안 피아의 포탄과 미 공군의 네이팜탄으로 나무 한 그루 살아남지 못하였고 갓을 씌운 듯한 모양 때문에 '갓더미산'이라고 불리었다. 당시 이 산을 오르던 미군들은 **'갓댐잇(God Damm It, 젠장…)'**을 연발했고, 그래서 산의 별명은 **'갓데미산'**으로 바뀌었다.

낙동강 방어선 전투에서 마산지구 방어는 50일간 하루도 쉬지 않고 전투가 진행되었으며 가장 길고 가장 많은 희생자를 낸 전투였다. 피아 피해는 북한군 전사자 4,000여 명, 포로 3,000여 명, 미군·한국군 전사자 1,000여 명, 부상자 5,000여 명이 발생하였으며 인천상륙작전으로 공수가 전환되면서 막을 내렸다. 미 제25사단은 9월 18일 북한군의 최후 공세를 격퇴했으며 9월 26일에 진주를 수복하였다. 끝까지 북한의 공세를 저지한 건 미 제25보병사단이었으나 초기에 주둔했던 김성은 대령의 한국군 해병대도 혁혁한 전공을 세웠다.

마산지구 방어 전투에서 로버트 티몬스 대위는 1950년 8월 23일 서북산에서 중대원과 함께 전사하였다. 당시 7살이었던 아들 로버트가 훗날 아버지의 뒤를 이어 군인이 되었는데 그가 바로 1994년부터 3년간 주한 미 제8군 사령관으로 근무한 리처드 티몬스 중장이다. 그는 부친이 전사한 서북산을 방문해 전적비를 세웠다. 그의 아들, 즉 로버트의 손자도 군인의 길을 걸었는데 역시 대위 시절에 한국 근무를 자원하여 미 제2보병사단 최전방에 근무하였다. 티몬스 대위의 3대에 걸친 한국 근무 경력과 사연은 한미동맹의 굳건함을 보여주는 상징적 사례이다.

4. 북한군의 9월 공세와 대응(1950. 8. 31~9. 15)

북한군의 9월 공세는 8월 31일부터 9월 15일까지 진행되었다. 북한군은 8월 공세 실패 후에 가용한 모든 전력을 전선에 투입해서 8월 31일부터 공격을 했다. 북한군의 9월 공세는 부산 점령을 위한 마지막 공격이었다. 북한군의 9월 공세작전의 개념은 **"어느 한 정면에 전투력을 집중하지 않고 이용 가능한 모든 접근로에서 공격하여 어떤 지역이든 간에 한 곳이라도 돌파가 되면 그 지역에 전투력을 집중하여 전과확대"**를 하는 것이었으며, 작전 방침은 두 개의 타격집단으로 구분하여 **"낙동강에 집결된 한국군과 유엔군을 대구 및 영천일대에서 포위소멸을 하고, 최종 목표인 부산을 점령하는 것"**이었다.

북한군은 한국군과 유엔군이 낙동강 방어선을 구축하고 전투에 돌입할 때부터 전력이 급감하고 있었다. 하지만 북한군 전선 사령부는 새로운 작전준비 기간을 설정하고 최후 공세인 9월 공세를 준비했다. 북한군은 총력전을 각오하고 예비인 제7 · 9(-) · 10사단 등 3개 사단을 새로 투입하면서, 소련으로부터 지원된 전차로 신편한 제16 · 17기갑여단(T-34)을 야간열차를 이용하여 전선에 투입시켰다.

북한군 제1군단은 6개 사단, 제2군단은 7개 사단으로 편성하고, 이들을 다시 5개 공격집단으로 편성해서 대구 · 영천 · 경주 · 창녕, 마산 정면에서 동시다발적인 돌파를 시도했다. 이와 같이 북한군은 일정 지역에 한정하여 돌파를 시도하지 않고, 전 전선에서 돌파를 시도한 것은 당시 전장 상황을 반영한 궁여지책(窮餘之策)이었다.

낙동강 방어선에서 유엔군과 한국군의 방어형태는 협조된 지역방어로 북한군 입장에서는 지연전에서와 같이 포위를 할 수 없었다. 따라서 정면 돌파를 해야 하나 이전과 같

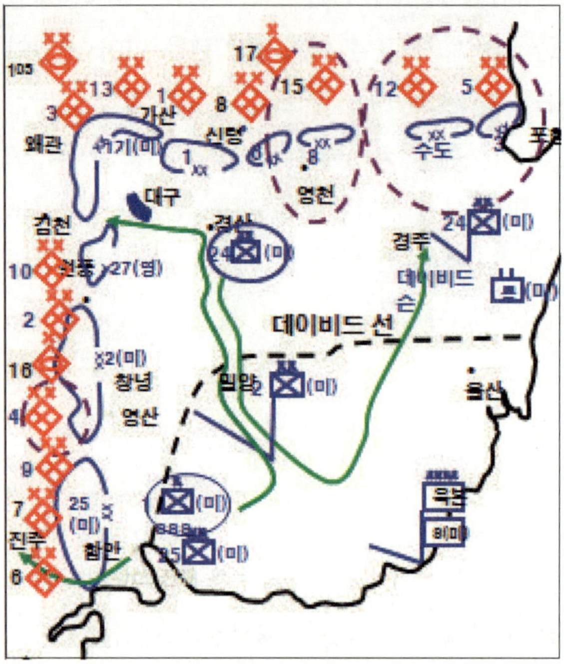

(낙동강 방어선 상황도 : 북한군 9월 공세)

이 전차가 충격력을 발휘할 수가 없었다. 또한, 일부지역을 돌파해도 유엔군이 예비대를 활용하여 국부적인 전투력의 우세를 달성하면서 즉각 역습을 시도하면 노력이 허사가 되고, 돌파를 위해서 병력을 집중하면 공중포격이 기다리고 있었다.

9월 공세 전 쌍방의 전투력을 비교해 보면 미군은 8월 16일 당시에 전차부대는 6개 대대 500여대로 북한군에 비해 5:1의 비율로 우세했고, 병력은 한국군 및 유엔군 176,000명대 북한군 98,000명으로 2:1의 비율로 우세했다. 그리고 유엔군은 제공권과 제해권을 확보하여 월등한 전투력을 유지하고 있었다. 따라서 한국군 제1사단으로부터 다부동을 미 제1기병사단이 인계받을 수 있는 여력이 있었던 것이다. 하지만 이때까지만 해도 전장의 주도권은 여전히 공자에게 있었다.

북한군은 작전목표를 달성하기 위해서 임시 공격집단을 편성해서 다정면 동시돌파를 하여 전과확대를 하는 작전개념이었다. 이를 구현하기 위해서 서남부지역의 제1군단이 8월 31일 23:00시에 먼저 공격하며, 동북부지역의 제2군단은 제105전차여단(-), 제17기갑여단(전차 34대)을 배속해서 이보다 늦은 9월 2일 18:00시에 공격하는 기만전술을 수립했다. 이는 선 공격을 통해서 유엔군의 예비대를 미리 서남부 지역으로 끌어들인 뒤 동북부 지역에서 전투력을 집중하여 강력한 돌파를 시도하겠다는 의도였다. 북한군이 5개 공격집단으로 편성해서 공격을 한 과정을 보면 공세 첫날인 8월 31일 23:00시에 주공방향을 기만해서 예비대를 서남부방향으로 전환시키고자 미군이 방어하고 있는 서부 및 남부 지역으로 제1공격집단군이 공격을 하였으며, 마산 정면에서 공격을 개시한 북한군 제1공격집단(제6, 7사단)은 미 제25사단을 돌파하여 함안까지 진출을 했고, 영산 및 창녕 일대를 공격한 북한군 제1 · 2공격집단(제2 · 4 · 9사단)은 미 제2사단을 창녕과 영산 지역으로 양분시켰다.

8월 31일에 미 제25사단 지역에서는 함안이 피탈되었고, 위협이 증가하자 워커 장군은 9월 1일에 군 예비대인 미 제27연대를 함안 지역으로 우선 투입을 했으며 함안 정면의 북한군은 미 제27연대 1대대의 역습으로 격퇴되었다. 제2공격집단의 제4 · 9사단은 낙동강 돌출부를 공격해서 영산 정면으로 공격을 했다. 9월 2일 북한군의 공격으로 영산정면이 계속 돌파가 되자 9월 3일에 미 제1해병 임시여단을 영산에 투입해서 9월 5일에 역습에 성공하여 영산정면의 위협을 제거했다. 북한군 전선사령부는 9월 2일부터 북한군 제2군단을 왜관~다부동 지역과 신령~영천지역, 안강~포항 지역으로 투입하여 집중적인 공격을 감행하였다. 대구 정면에는 북한군 제3공격집단군이 9월 2일 18:00시에 전투력을 집중해서 한국군이 방어를 하고 있는 낙동강 방어선 중동부 지역을 돌파하고자 공격을 하였으며 이 시기가 낙동강 방어선 전투에서 최대의 위기였다.

그러나 대구 북방의 다부동에 투입된 미 제1기병사단은 북한군 제3공격집단(제3, 13, 1사단)의 공격으로 불과 3일 만에 다부동을 내어 주고 4km 후방으로 철수했다. 미 제8군사령부는 한때 부산 북쪽의 **'데이비드 선'**[22]으로 철수를 검토했으나 인천상륙작전을 위해서 더 이상의 철수는 용납이 될 수 없었다. 결국 9월 12일에 북한군의 공세능력은 한계에 다다랐고, 미 제1기병사단은 대구 10km 전방에서 북한군의 공격을 격퇴시켰다. 동해안 지역의 전투는 9월 4일부터 13일까지 진행되었으며 북한군 5공격집단(5 · 12사단)은 안강 · 포항을 돌파하고 경주와 부산으로 돌파를 시도했으나 한국군 수도사단과 3사단이 저지를 하였으며 기동예비대인 미 제24사단을 투입해서 경주방향으로 진출하고자 했던 북한군을 차단했다.

북한군 제4공격집단(제8 · 15사단)은 신령 · 안강 · 영천지역으로 공격을 개시하여 영천을 점령했으며 대구가 3면에서 고립될 수 있는 상황으로 전개되어 동북부의 낙동강 방어선이 다시 한 번 위기가 고조되었다. 특히, 북한군 제15사단은 한국군 제1군단과 제2군단의 간격을 이용해서 후방으로 침투하여 영천을 점령하여, 한국군의 중 · 동부 전선이 순식간에 양분될 위기에 처했다. 그러나 제15사단을 측면에서 지원하는 북한군 제8사단이 한국군에게 격퇴당하며, 북한군 제15사단이 한국군에 의해 역 포위되는 상황으로 반전되었다. 한국군은 9월 8일에 영천을 탈환함과 동시에 북한군 제15사단을 9월 10일에 완전 섬멸하고 북한군의 9월 공세를 종결 지었다. 북한군 제5공격집단군(제5 ·

22) 낙동강 방어선이 붕괴될 경우를 대비해서 데이비드 슨 준장이 지형정찰을 해서 울산 동북쪽 17km의 저동리~밀양~북측 유산과 서측 무안리 능선~마산까지 약 90km 방어선을 선정하였으나 영천을 회복하고 낙동강 방어선에서 반격작전의 여건이 조성되어 점령하지 않았다.

12사단)은 동해안 지역으로 공격을 했으며 9월 4일부터 13일까지 진행되었으며, 안강·포항을 돌파하고 경주 북동쪽에 일부 병력이 점령을 하고 경주와 부산으로 돌파를 시도했으나 한국군 수도사단과 3사단이 저지를 했고 북한군의 위협이 증가하자 기동 예비인 미 제24사단을 투입해서 경주방향으로 진출하고자 했던 북한군을 차단했다.

낙동강 방어선 전투의 북한군 9월 공세 기간 중에 한 가지 주목할 점은 학도의용군의 지원이 대폭 증가하였으며, 포항지구에서는 8월 중에 제3사단에 지원하여 전투에 참여했고, 9월 초에는 153명의 학도의용군이 중화기 중대 요원으로 영일 비행장 경계임무를 수행하기도 하였다. 그리고 일본에서 온 재일교포 학도병 54명이 미 제1기병사단에 편입되어 참전했으며, 9월 13일부터 641명의 지원자가 참전하였다. 8월 15일부터는 카투사 제도가 시행되었다.

북한군은 8월 초에 보급사단인 제36사단을 창설하고 현지에서 주민 30만 여 명을 강제로 동원을 해서 1인당 1당야에 20kg의 보급품을 20~30km씩 운반하게 하는 릴레이식 수송으로 총 400톤을 보급했고, 각 전투에서 사단 당 일일 평균 15톤 정도의 최소한의 보급으로 전투에 임했다.

낙동강 방어선 상에서 쌍방은 8월과 9월 두 달 동안 창과 방패의 치열한 싸움을 전개했다. 한국군과 유엔군의 낙동강 방어선 전투는 여러 가지 측면에서 시사하는 바가 컸다. 6·25전쟁 초기에 38도선에서 북한군의 기습공격으로 전장의 주도권을 잡고 공격일변도의 작전을 수행한 북한군은 한국군 및 유엔군을 추격하여 왔다. 북한군은 낙동강 방어선에 이르러서도 **'외선작전'**[23]의 이점을 이용해서 부산 교두보를 위협했다. 그러나 북한군의 9월 공세는 전투력이 열세하면 전장에서 주도권을 장악할 수 없다는 것을 증명했다. 특히 유엔군은 제공·제해권 장악, 병력과 물자의 신속한 증원, 워커 장군의 지휘 통솔, 내선 작전의 이점을 이용한 예비대의 효과적인 운용 등으로 낙동강 방어선 전투에서 승리를 할 수 있었다. 반면에 북한군은 병참선의 신장과 해·공군의 취약점은 전투력을 **'공세종말점'**[24]에 이르게 했다. 낙동강 방어선에서 북한군의 공격을 저지하지 못했다면 한국군과 유엔군은 부산까지 후퇴를 하는 상황도 발생할 수 있었을 것이다.

23) 내부에서 외부를 향해 작전하는 적에 대해서 후방 병참선을 외부에 유지하면서 여러 방향으로부터 구심적으로 이루어지는 작전으로 광범위한 포위로 언제든지 공세를 취할 수 있는 작전.

24) 공세종말점은 군사 전략에서 군대가 더 이상 작전을 수행할 능력을 상실하게 되는 시점이다. 공자의 종말점은 보급 문제, 방자의 완강한 저항, 휴식의 필요 등으로 인해 더 이상 진격을 하지 못할 때 발생하며, 이를 특히 공세종말점이라고 한다.

그러나 한국군과 유엔군이 낙동강 방어선에서 북한군의 공격을 효과적으로 저지 및 격퇴를 했기 때문에 전장의 주도권을 북한군에서 한국군과 유엔군으로 전환을 할 수 있었고 반격작전의 여건을 조성할 수 있었다. 그리고 낙동강 방어선은 한반도의 마지막 보루로 역할을 하였고 인천상륙작전을 성공하는 디딤돌이 되었다.

5. 영천지구 전투(1950. 9. 5~9. 13)

영천지구 전투는 북한군의 제4공격집단인 제2군단 예하의 제8 · 15사단과 한국군 제1군단 예하 제6사단 및 제2군단 제8사단 간의 전투로 9월 5일부터 13일까지 진행되었다. 낙동강 방어선에서 영천은 대구와 포항을 연결하는 중간지점으로 교통의 중심지였으며, 대구에서 34km, 포항에서 40km, 경주에서 33km 지점에 위치하고 있으며 육로 및 철도 교통의 요충지였다. 육로는 경주~영천~대구를 연결하는 4번 도로, 포항~영천~신령을 연결하는 28번 도로, 영천~구산동~의성에 이르는 917번 도로, 단포동에서 자양~청송에 이르는 도로가 있었다. 철도는 경주~영천~안동을 통과하는 중앙선과 영천에서 대구에 이르는 대구선이 연결되어 있는 전략적 요충지였다.

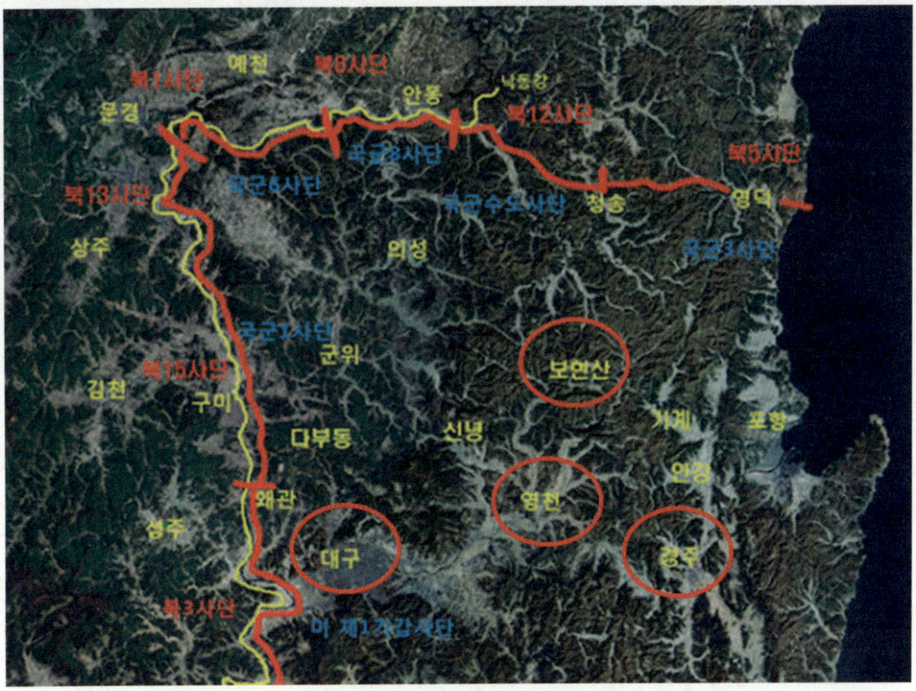

(영천지역 지형 상황도)

주요 고지군은 북쪽에는 보현산(1,124)을 중심으로 기룡산(950), 운주산(807), 도덕산(702), 천장산(695) 등이 있고, 남쪽에는 구룡산(675), 사룡산(685), 채약산(498) 등이 위치하고 있다. 영천은 동서로 철도가 통과하고 있는 지역으로 피탈된다면 한국군의 병참선이 동서로 차단되고, 한국군 제1군단과 제2군단이 양분될 수 있는 전략적 요충지였다. 그리고 고지군은 서부지역과 동부지역을 감시 및 통제할 수 있는 군사적 정상으로 방어에 유리한 지형이었다. 이와 같은 작전지역의 특징을 갖고 있는 영천 지역은 군사적으로 중요한 전략적 요충지였다.

① 서부축선과 동부축선의 중앙에 위치
② 동 · 서, 남 · 북으로 연결된 기동로 형성
③ 북한군이 영천을 점령 시 한국군 제1군단과 제2군단이 분리되어 전선 와해
④ 대구~안강~포항으로 연결되는 한국군의 유일한 횡적 병참선 차단
⑤ 북한군이 영천에서 대구 방향으로 진출 시에 왜관~다부동 일대의 한미 연합군 후방 차단으로 낙동강 방어선의 붕괴 위험 초래
⑥ 북한군이 경주로 진출 시에 부산에 이르는 동해안 통로 개방으로 부산 위협

첫째, 서부축선과 동부축선의 중앙에 위치하여 서부축선과 동부축선의 측후방의 위협을 제거할 수 있었다. 둘째, 낙동강 방어선에서 영천지역은 동 · 서, 남 · 북으로 연결된 기동로가 형성되어 있었다. 이와 같은 지형여건은 부산지역에서 대구지역으로 작전지속지원 보장, 대구 경산지역에서 중동부 축선과 동부지역으로 예비대 투입 등에 유리하였다. 셋째, 북한군이 영천을 점령시에 한국군 제1군단과 제2군단이 분리되어 상호지원과 협조된 작전이 제한되고 전선이 와해될 수 있었다. 넷째, 대구~안강~포항으로 연결되는 한국군의 유일한 횡적 병참선이 차단될 경우 대구 방향으로 병참지원이 어려운 상황이 될 수 있었다. 다섯째, 북한군이 영천에서 대구 방향으로 진출 시에 왜관~다부동 일대의 한미 연합군 후방 차단으로 낙동강 방어선이 붕괴되는 위험한 상황이 초래될 수 있었다. 여섯째, 북한군이 경주로 진출 시에 부산에 이르는 동해안 통로 개방으로 부산이 위협을 받는 상황이 발생할 수 있었다. 결론적으로 낙동강 방어선에서 영천지역은 군사적으로 중요한 전략적 요충지였다고 평가 할 수 있다. 당시 한국군 제8사단은 운주산에 배치된 수도사단과 협조된 방어를 하고 있었다. 그러나 9월 3일 북한군 제12사단이 운주산 지역을 공격하자 수도사단이 철수를 해서 제8사단 우측에서 방어하는 수도사단과 약 14km의 간격이 발생했다.

북한군의 9월 공세작전 계획에 의거 영천지역에는 북한군 제2군단 제4공격집단군이

신령과 영천을 공격하였으며, 영천지역에는 북한군 제8사단과 15사단이 투입되었다. 북한군은 9월 공세작전에서 전략적으로 중요한 영천지역에 가용 전투력을 집중에서 영천을 확보한 후에 포항 또는 대구 방향으로 진출하려고 했다. 결국 제15사단은 9월 5일 01:00시에 한국군이 배치되지 않은 간격을 이용한 침투식 기습공격으로 영천을 탈취했다. 영천의 피탈로 낙동강 방어선에서 최대의 균열이 발생하자 한국군 각 제대의 지휘부는 결단을 내려야만 했다. 육본은 제1군단과 제2군단의 전투지경선상에서 북한군의 공격으로 돌파가 되자 한국군 제1군단 소속의 제8사단을 제2군단으로 지휘체계를 전환했다. 제2군단장은 전방 상황이 위급하였으나 제1사단 11연대와 제6사단 19연대를 영천지역으로 전환을 했다.

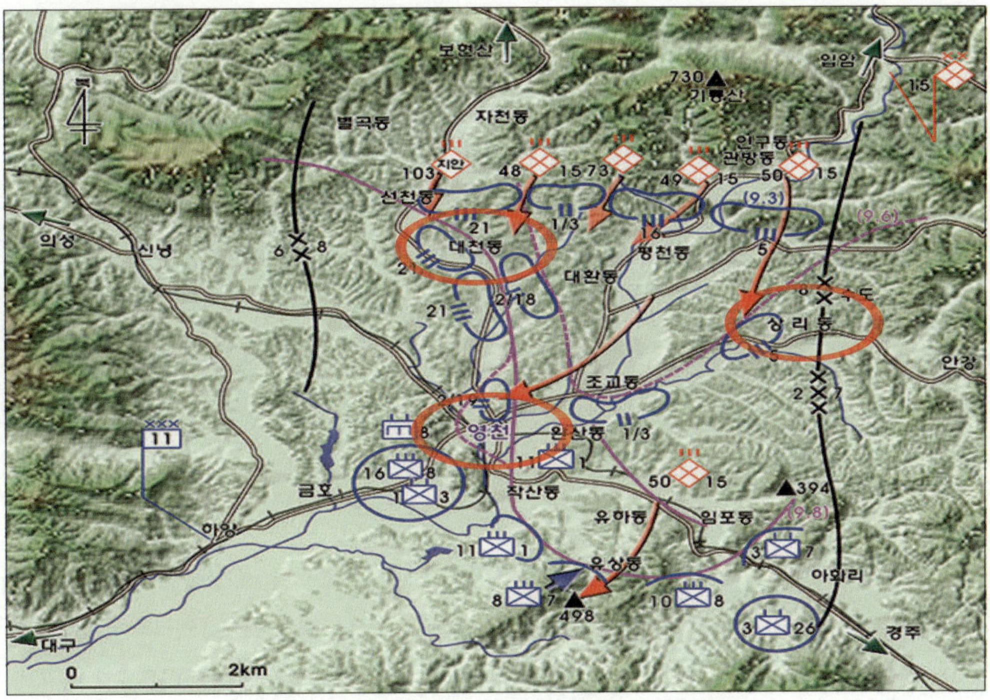

(북한군의 영천공격, 한국군 영천방어 상황도)

그러자 북한군은 경주방면으로 방향을 전환했다. 한편 북한군 후방에 고립되어 있던 한국군 제8사단 21연대는 영천 북방에서 견부를 확보하고 돌파구 확장을 저지하고 있었다. 제8사단 좌측에서 방어 중인 제6사단도 북한군 제8사단의 집요한 공격을 효과적으로 저지하고 있었다. 이와 같이 상황이 변화하자 북한군 제2군단장은 **"영천을 점령한 북한군 제15사단의 우측이 노출되고 있는 것은 북한군 제8사단의 신령 돌파가 늦어지**

는 데 원인이 있다"라고 하면서 북한군 제8사단의 신령 돌파를 독려하였다. 그러나 한국군 제6사단은 북한군 제8사단의 공격을 끝까지 잘 막아냈으며, 북한군 제15사단은 영천 깊숙이 들어와서 포위가 되었다. 이에 한국군은 제8사단과 신편 된 제7사단을 투입하여, 9월 8일 오후에 영천을 탈환하였다. 그리고 이틀 후인 9월 10일에는 후퇴하는 북한군 제15사단을 추격하여 포위·섬멸하고 돌파구를 완전히 회복하였다. 영천 전투에서 제2군단이 승리를 할 수 있었던 요인은 다음과 같다.

① 군단 전투지경선 및 지휘관계 조정	② 전투력 절약과 집중 운용
③ 적절한 지휘결심과 증원부대 투입	④ 돌파구 측방 견부 확보
⑤ 북한군의 측방 강타와 병참선 차단	⑥ 돌파구 확장 저지

첫째, 군단 전투지경선 및 지휘관계 조정(제1군단 8사단→제2군단)과 제2군단 예비전환(제1사단 11연대→제6사단 19연대) 등 지휘관의 신속한 상황판단과 지휘결심을 효과적으로 했다. 둘째, 동해안 부대를 원복(8사단 10연대)시켜 전투력을 절약하고 집중운용 하였다. 셋째, 지휘관의 적시 적절한 지휘결심으로 증원부대를 투입(5개 연대)하였다. 넷째, 북한군의 돌파구 측방의 견부확보와 돌파구 첨단을 저지(고지대 확보가 승리의 원동력 : 영천 북방 제8사단 21연대, 제8사단 우측 6사단)하였다. 다섯째, 북한군의 측방강타와 병참선 차단(제8사단, 신편 제7사단) 등 북한군이 돌파구를 확대해 나가는 상황에서 더 이상의 돌파구가 확대되지 못하도록 한 것 등이 영천전투에서 승리를 할 수 있는 요인이 되었다. 영천지구 전투에서 주요 전과는 사살 3,799명, 포로 209명, 전차 3대, 박격포 34문, 차량 85대 등을 노획하는 전과가 있었다. 결과적으로 한국군은 영천 전투에서 북한군 제15사단을 궤멸시키면서 북한군의 9월 공세를 저지하여 수세에서 공세로 주도권을 전환하는 계기가 되었다. 김일성은 **'별오리 회의'**[25]에서 **"우리가 영천을 점령했을 때 승리할 수 있었고, 영천을 상실함으로써 패배했다"**라고 분석하였다. 영천지구 전투는 낙동강 방어선 전투에서 한국군과 유엔군이 형성한 낙동강 방어선에서 북한군의 진출을 저지하는 데 결정적으로 기여하였다. 그리고 영천을 확보함으로써 대구~영천~포항을 연결하는 횡적 병참선을 확보하여 한국군과 유엔군의 작전지속능력을 지속적으로 유지할 수 있었다. 영천지구 전투는 북한군이 작전한계점에 도달하도록 강요함으로써 낙동강 방어선이 유지되는 데 결정적으로 기여하였으며 반격작전의

25) 별오리 회의는 1950년 12월 21일부터 23일까지 자강도 만포시 별오리에서 진행된 조선로동당 중앙위원회(제2기) 제3차 전원 회의로 주요 내용은 전쟁의 현황과 결과에 대한 평가였다.

발판을 마련하였으며, 지휘관의 신속한 상황판단과 적시 적절한 증원부대 투입으로 영천을 탈환해서 주도권을 확보하는 계기가 되었다. 이와 같이 전략적으로 중요한 영천지구 전투는 6·25전쟁에서 한국군 단독으로 전개한 최초의 군단 반격작전으로 총반격작전과 인천상륙작전을 성공적으로 수행하는 데 중요한 여건을 조성하는 계기가 되었다고 평가할 수 있다.

★ 6·25전쟁의 사실 10 : 영천전투 위기상황과 'New Korea' 계획의 관계는?

영천전투 위기 상황하에서 육군본부 및 미 제8군사령부가 대구에서 부산으로 이동을 하였고, 유엔군 및 미 제8군사령부에서는 부대를 데이비드선(밀양~마산)으로 철수하는 것으로 검토하였다. 그리고 미 합참은 영천이 피탈 당했을 때 대한민국 정부와 군대를 포함 62만 명을 미국령 사모아 제도에 재배치하여 새로이 창설하는 계획을 수립하였으며 이는 미국이 6·25전쟁을 포기하겠다는 계획으로 'New Korea' 계획이다.

6. 학도의용군의 포항지구 전투(1950. 8. 11~8. 12)

6·25전쟁의 포항지구 전투에서 학도의용군은 학생 신분으로 자발적으로 전투에 참여하였으며 18세 미만의 소년병들로 군번이 없는 군인이었다. 당시 18세 이상만 군 입대가 가능했으나 병력 부족으로 학도의용군 입대가 허용되었고 약 27,700여 명의 학도들이 참전하였고 학도의용군 전사자는 1,394명으로 파악되었다. 당시에 학생신분으로 조국이 위기에 처하자 펜 대신에 총을 들고 조국 수호의 대열에 앞장을 선 학도의용군의 전투 중에 **'포항지구 전투'**를 보면 다음과 같다. 1950년 8~9월에 한국군과 유엔군은 낙동강 방어선으로 전개하였으며 북한군 제5사단은 8월 2일에 영덕·포항 방면으로 공격을 하였다. 한국군 제3사단은 전투력이 저하되어 포항으로 철수를 준비하고 있었다. 8월 11일에는 북한군 제766유격부대가 포항시내로 진입을 해서 공격준비를 하고 있는 상황에서 학도의용군(71명) 2개 소대가 개인별로 M-1소총과 실탄을 지급받고 사단 후방지휘소(포항여중)를 경계하는 임무를 수행하고 있는 상황에서 8월 11일 04:00시에 북한군 제766유격대 선발대가 포항여중 앞에 나타났으나 학도의용군의 기습사격으로 격퇴를 하였다.

(포항시내로 이동 중인 학도의용군)

(병기를 지급받고 있는 학도의용군)

그러나 북한군 766유격대는 포항여중을 삼면으로 포위를 하고 학도의용군에게 항복을 권유하였으나 학도의용군은 12시간 동안 진지를 사수하였다. 이 과정에서 북한군은 3차례의 공격을 실패하고 4차 공격에 성공을 하였으며 학도의용군은 최후까지 임무를 수행하다가 전원 전·사상 및 포로가 되었다.

다음은 학도의용군 전투 중에 **'기계·안강전투'**과정으로 1950년 8월 9일에 북한군 12사단은 기계를 점령하고 포항방면으로 진출을 하였다. 이에 육군본부에서는 **'포항지구전투사령부'**에 북한군을 저지하는 임무를 부여 하였으며 제25연대가 소년병 위주로 편성되어 임무를 수행하였다. 그러나 북한군 제12사단은 8월 12일에 안강으로 진출을 시도하였다. 이 상황에서 한국군 제25연대는 1개 중대 규모의 소년병 특공대를 편성해서 2개 대대와 함께 안강 북쪽 지역에서 공격 정면에 공격제대를 연속적으로 투입하여 공격하는 북한군의 제파식 공격을 백병전으로 저지하였다. 6·25전쟁에서 학도의용군과 소년병들의 자원 입대로 부족한 병력을 보충할 수 있었으며, 이로 인해 전 국민의 애국심을 고취하고 전 국민이 전쟁에 동참을 하는 계기가 되었다. 현재 우리가 누리고 있는 자유와 평화는 당시 학도의용군들의 희생과 땀의 결실임을 인식해야 한다.

★ 6 · 25전쟁의 사실 11 : '재일(在日) 거주 학도의용군'도 전쟁에 참전했다?

1950년 8월 5일, 민단 총본부 내에 '자원병 지도본부'를 설치하여 일본 전역에서 지원한 1,000여 명의 인원 중에서 학도 의용군으로 653명을 선발하였다. 6 · 25전쟁 참전은 제1 · 2 · 3진이 1950년 9월 15일에 인천 상륙작전에 참전하였고, 제4진이 1950년 11월 12일에 원산에 상륙하여 전투에 참가하였다. 제5진은 1950년 12월에 부산에 상륙하여 제2훈련소에 입소하여 훈련을 받고 후방작전 활동을 지원하였다.

7. 낙동강 방어선 전투에서 유엔군 항공작전

낙동강 방어선을 사수하기 위해서는 유엔군 항공 전력의 지원이 필수적이었다. 유엔군은 항공 전력의 지원이 없이는 어떠한 공격이나 방어도 실시할 수 없었다. 그 예로 유엔군의 지상군이 낙동강을 건너 철수한 직후부터 반격작전을 시작할 때까지 공군·해군·해병대 항공 전력의 지원을 충분히 받았다. 낙동강 방어선 전투에서 가장 주목할 만한 항공 전력의 지원은 낙동강 방어선 서남단인 마산 서부지역의 지상군 반격작전에서 이루어졌다.

가. 항공차단작전

항공차단작전은 항공 전력을 이용하여 지상전이 벌어지고 있는 전선으로 적의 병력과 물자들이 이동하는 것을 저지·지연·격파하는 모든 활동을 지칭한다. 즉 항공차단작전은 적의 후방에서 전선으로 이어지는 주요 교통망 등을 공중에서 공격하여 차단하여 전선에서 소모되는 적 지상군의 병력과 물자를 보충할 수 없게 만드는 것이다.

낙동강 방어선 전투에서 미 제5공군을 중심으로 항공차단작전을 전개하여 전투력의 상대적 우위를 달성하여 낙동강 방어선에서 북한군의 공격을 저지하여 반격작전을 할 수 있었다. 당시 북한군은 진주에서 마산을 거쳐 부산을 점령한다는 계획 하에 마산에 화력을 집중하고 있었다.

워커 장군은 미 제5공군사령관에게 8월 5일부터 이틀 동안 항공 전력을 이 전선에 집중해 줄 것을 요청했다. 이에 미 제5공군사령부에서는 8월 초에 약 열흘에 걸쳐 하루 평균 175소티의 근접항공지원작전을 전개했다. 이 작전에서 항공 전력은 지상군이 선정한 표적을 타격하고 전선을 돌파해서 진격해 오는 북한군 전차를 격파하는 등 지상군의 부족한 포병전력을 강력한 항공화력으로 보완할 수 있었다. 8월 7일 오전에는 워커 장군이 편성한 킨(Kean) 특수임무부대가 반격을 개시하여 8월 11일에 진주 동쪽의 고지를 점령할 수 있었다. 이로써 유엔군 지상군은 낙동강 전선 서남단에서 부산으로 진출하고자 했던 북한군을 저지할 수 있었다. 이 전선에서 미 제5공군의 활약은 워커 장군의 말대로 **"우리 군에게 엄청난 가치가 있었으며 많은 보병들의 생명을 구할"** 수 있었다.

항공차단작전은 7월에도 산발적으로 이루어졌다. 당시 북한군은 주로 철도를 이용하여 먼 거리를 이동하여 전선 가까이에 물자와 병력을 수송하는 능력을 보유하고 있었다. 유엔군의 항공차단작전은 북한의 이러한 후속 보급 능력의 중요성을 인지하고 이에 치명적인 제한을 가하고자 노력했다.

미 극동공군 지휘부는 미 극동 공군 포격사령부의 2개 중형폭격기 비행전대를 투입하여 38도선 이북지역을 대상으로 항공차단작전을 전개해야 한다고 주장하였다. 이에 맥아더는 7월 말에 수원-강릉선 이북에 있는 북한군의 주요 병참본부, 철도, 교량, 보급창 등을 폭격하라는 명령을 내렸다. 그리고 후방과 전선을 연결하는 철도를 차단하기 위해 평양·함흥·원산·서울 등을 주요 차단 지점으로 선정하여 교통 요충지를 연결하는 주요 도로의 교량을 파괴하여 차량 수송을 저지하려고 했다. 8월 초에는 미 제5공군이 북위 37도선과 38도선 사이에 있는 주요 교통망과 교통시설을 차단하는 임무를 부여받았고 해군의 항공 전력도 지원하기로 했다. 그러나 맥아더 장군 예하의 지상군 참모진은 유엔군 항공전력의 포괄적 항공차단작전에 대해 미온적 입장을 취하고 있었다. 하지만 전선에서 직접 적과 맞서고 있던 미 제8군사령관 워커 장군이 **"3편의 열차가 서울을 향해 떠났고, 다수의 북한군 호송대가 서울로부터 전선으로 내려오는 것을 관측했다"**라는 보고를 했다. 맥아더 장군은 "서울 이북에서 남쪽으로 내려오는 모든 병참선을 차단해야 한다"라고 강조하였다. 이에 미 극동공군이 수립한 포괄적 항공차단계획은 전략폭격기, 전술항공기, 해군항공기 등으로 북한군의 교통망에 협공을 하는 작전이었다.

8월 2일, 미 극동공군 폭격사령부는 B-29 폭격기를 투입하여 북한의 교통망을 체계적으로 무력화하였다. 첫 번째 항공차단작전은 수송 열차와 보급품 등이 모여 있는 서울 조차장을 폭격하여 서울의 교통망을 오랜 기간 동안 사용할 수 없게 만들었다. 이어서 미 극동공군은 8월 7일에 평양의 조차장과 군수공장을, 8월 10일에는 원산의 조차장과 정유소 등을 폭격했다.

8월 초순에 북한의 주요 교통 요충지를 공격하여 대규모로 집적되어 있던 물자들을 사용하지 못하게 파괴한 미 극동공군은 8월 12일부터 20일에 이르는 기간 동안 주요 교량을 표적으로 공격했다. 8월에 진행된 항공차단작전의 성과는 표적으로 선정했던 44개 교량 중에 7개를 제외한 모든 교량이 파괴하였으며 남아 있는 교량 역시 북한군이 사용할 수 없을 정도로 큰 피해를 입은 것으로 확인되었다.

미 극동공군의 항공차단작전에서 미 제5공군은 38도선 이남과 서울 이남에서 북한군이 이동하지 못하도록 저지하는 것이었다. 미 극동공군 폭격사령부가 주로 서울 이북지역에 산개된 표적을 대상으로 항공차단 임무를 수행한 것과 비교하면, 미 제5공군의 항공차단작전은 미 제8군이 낙동강 방어선을 안정적으로 구축하고 있다는 점을 고려하여 항공 전력의 약 1/3을 항공차단작전에 투입하고자 했다. 따라서 미 제5공군은 유엔지상군의 항공근접지원작전 요구를 충족시키는 것을 최우선 고려하면서 항공차단작전 등에 탄력적으로 공군전력을 할당하여 운영했다. 미 제5공군이 항공차단작전에서 주요 표적으로 선정한 것은 전투지역으로 진입하는 도로와 철도 · 철교였다. 이들은 경폭격기와 전투폭격기를 활용하여 서울 이남의 철도를 지속적으로 공습하여 8월 중에는 주요 철도의 47개 지점을 절단하였다. 이러한 항공차단작전은 서울 이남의 철도·도로·교량 등을 파괴하여 북한군이 전투 중에 소모한 전차나 야포 등을 보충하는 데 큰 차질을 빚게 했다. 또한 북한군은 요충지의 교량이 파괴되면 이를 복구하는 데 많은 노력을 들여야만 했다. 그뿐 아니라 북한군은 끊어진 철교나 철도를 만나면 수송물자를 열차에서 내려서 파괴된 구간을 건넌 다음에 다른 열차에 옮겨 싣고 이동을 할 수밖에 없었다. 유엔군 항공 전력의 항공차단작전으로 북한군은 서울과 전선 사이에서 보급물자를 수송하는데 많은 어려움이 있었다.

미 제5공군은 북한군이 교통로 복구 등으로 전선에 보급을 계속하는 상황을 인지하고, 무장정찰 공격에 중점을 둔 작전을 펼치기도 했다. 폭격이나 정찰 임무를 수행하기 위해 출격한 조종사들이 지상의 적이 움직이는 것을 발견하면, 이 표적을 무장정찰 편대에 바로 보고하여 공격하는 방식이었다. 8월 25일 북한군의 비행장을 공격하고 복귀하던 전투기 편대가 터널로 피신하는 열차 한대를 발견하였다. 이 편대의 전투기 한 대는 남아 있던 무장으로 터널 입구를 공격하는 동시에 무장정찰 편대를 호출하여 표적을 공격해서 기관차 2대와 지붕이 있는 유개화차 13대 등을 격파할 수 있었다.

미 제5공군의 항공차단작전과 무장정찰 공격은 북한군이 병력과 물자를 야간에만 전장으로 수송할 수밖에 없도록 압박을 했다. 낙동강 방어선의 중요성을 감안했을 때 미 극동공군과 미 제5공군의 지휘부는 북한군이 야간을 이용하여 전선에 재보급을 지속하는 상황 역시 좌시할 수 없었다. 당시 미 공군은 야간에 항공 전력을 이용하여 공격을 할 수 있는 조직을 보유하고 있지 않았다. 그래서 미 제5공군은 7월에 제68전천후 전투비행대대의 F-82 1개 편대(3대 편성)를 야간공격 임무에 투입했다. 8월 초에는 해병대의 비행대대도 야간공격을 일부 수행했지만 큰 효과를 얻지는 못했다. 그 이유는 비행속도가 빨라 야간에 지상에서 이동하는 북한군의 대열을 식별하여 바로 공격하는 것이 불가능했기 때문이다. F-51 역시 표적을 발견할 수는 있었으나 로켓탄이나 기관총을 발사할 때 생기는 화염에 조종사들이 일시적으로 시력을 잃는 문제점이 있었다.

야간 항공차단작전에서 소기의 성과를 거둔 것은 제2차 세계대전 중에 이탈리아 상공에서 야간공격 임무를 수행했던 경험이 있는 일부 조종사들이었으며 이들은 제3폭격비행전대에 배치되어 B-26으로 야간공격을 실시하는 과정에서 북한군 차량의 불빛을 확인하여 공격을 했으며 북한군이 불을 끄고 은폐를 하더라도 그 위치를 기억하고 정확히 공격할 수 있었다. 당시 계속되는 야간 항공차단작전하에서도 북한군이 야간 수송으로 보급품을 전선으로 보내고 있다는 보고를 받은 미 극동공군 지휘부는 8월 8일에 미 제5공군에 하루에 야간공격을 50소티까지 점차 늘리라는 지시("B-26, F-51, F-80을 포함한 모든 종류의 항공기들을 야간 출격이 가능하도록 준비하기 바람. 야간 비행이 하루 50회에 도달하게 되면 내게 직통 전문을 보내 알려주기 바람.")를 했다. 이에 미 제5공군은 가용전력 중 제3폭격비행전대 전력의 절반을 야간작전에 할당하였고 그 예하에 있는 2개 비행대대를 교대로 야간 작전에 투입하였다. 그 결과 미 제5공군은 8월 한 달 동안 하루 평균 35소티의 야간공격 임무를 수행하였다. 이에 따라 북한군은 8월 들어 지상에서 전조등을 켠 채로 주행하는 차량이 점차 줄어들고 이동속도도 현저히 느려진 것으로 확인 되었으며 이는 북한군의 야간 이동과 재보급에 큰 타격을 준 것으로 평가할 수 있다.

나. 근접항공지원(CAS)

낙동강 방어선전투에서 미 제8군은 보유 전력을 균등하게 분산하여 투입해야 했던 만큼 예하 부대들이 광정면의 방어전선을 담당해야 했으며 한국군 사단이 할 방어지역은 19~32㎞였으며 미군 사단이 담당하는 방어전선은 더 길었다. 그 결과 낙동강 방어선의 최전방은 넓은 간격과 종심 깊은 방어진지를 구축 할수 없었고 후방에 예비대를 준비해 둘 상황도 아니었다. 그러나 미 제8군은 미 제5공군의 지원을 많이 받을 수 있었다. 북한의 기갑부대는 미 제5공군의 공격으로 큰 손실이 발생했으며 기동에도 많은 제한을 받고 있었다. 따라서 북한군은 기갑전력을 소부대로 나누어 투입을 할 수밖에 없었다. 또한 미 제5공군의 공중공격으로 북한군은 야간에만 제한적으로 기동하였으며 북한군 사단들이 병력을 집중하여 결정적인 공세를 전개하는 것도 어려워졌다. 이에 반해 미 제8군은 공중우세 속에서 북한군의 공중공격을 걱정할 필요가 없었다. 즉 미 제8군은 엄폐와 은닉 등에 시간을 낭비할 필요가 없었고 전선 후방 인근의 병참선을 통해서 지상군 전력을 신속하게 이동시킬 수 있었다.

미 극동공군은 사상 최대 규모의 근접항공지원을 미 제8군에 제공하였다. 미 극동공군이 8월 한 달 동안 출격한 근접항공지원은 총 7,397회였으며 하루 평균 238회였다. 특히 미 제5공군은 유엔군 지상 전력이 약하거나 방어할 수 없는 지점을 북한군이 돌파하면 지상군의 요청에 따라 미 제5공군의 항공 전력이 즉시 공격하였다. 이로써 전선을 돌파한 북한군의 진격을 저지하고 소강상태에 있는 전선의 지상군 예비전력이 투입할 때까지 시간을 확보할 수 있었다. 스트레이트마이어(George E. Stratemeyer) 장군은 낙동강 전선에서 보여준 이러한 근접항공지원이 **"지상전의 상황과 필요에 따라 전력을 적절하게 할당할 수 있는 공군전력의 유연성을 보여주는 사례"**라고 평가하였다.

8월 초에 마산 서부에서 미 제5공군이 근접항공지원 후에 킨(Kean) 특수임무부대가 반격을 개시하자 북한군은 진주 정면에서 교착상태가 되었다. 이에 북한군 지휘부는 유엔군의 방어선이 꺾이는 대구 일대에서 대공세를 준비하고 있었다. 특히 대구 서북쪽의 왜관 인근에서 북한군의 활동이 활발했으며 이곳은 주요 도로와 철도가 낙동강을 가로지르는 요충지였다. 북한군은 유엔군의 방어선을 돌파할 선봉에 3개 사단을 배치하고 전과확대를 위해서 후방에 2개 사단을 증강하고 있었으며 수중 교량과 교두보 등을 만들어 전차를 투입해서 공격을 전개하는 계획이었다.

미 제5공군은 B-26 폭격기로 북한군의 교두보를 공격하여 중장비를 도하시키려는 기도를 저지하고자 했다. 북한군이 총공격을 할 것으로 예측했던 8월 15일에 미 제5공군은 미 제1기병사단을 지원하기 위해서 전투폭격기를 투입하여 새벽 무렵에 로켓탄 사격으로 왜관 인근에서 진격하던 전차 2대를 격파했으며 기총 사격으로 북한군 300여 명을 사살하였다. 또한 다른 전투폭격기들은 대구 북쪽 28㎞ 지점에서 한국군 제1보병사단을 지원하여 전차를 앞세워 진격하는 북한군을 공격하였다. 이날 미 제5공군의 공중공격은 북한군의 기세를 꺾어 공세를 확대하지 못하도록 하였다.

8월 말, 북한군은 부산과 대구를 점령하지 못한 채 공세는 한계에 이르고 있었다. 이러한 상황에서 북한군에 필요한 것은 속전속결이었다. 북한군은 8월 21일에서 8월 30일까지 새로운 작전을 준비하는 기간으로 설정하고 부산을 점령하기 위해서 최후의 총공세 즉 9월 공세를 준비하고 있었다. 북한군은 **"낙동강에 압축된 적을 두 개의 강력한 타격집단으로 서쪽과 북쪽으로부터 타격하여 대구·영천 일대에서 한국군과 미군을 포위 소멸하고 부산을 최종적으로 소탕한다"**는 작전지침을 수립했다.

북한군은 8월 31일 오후 11시를 전후하여 낙동강방어선 서남단 일대에서 5개 사단의 소부대를 동원해서 미 제25보병사단과 제2보병사단을 공격했다. 왜관-마산을 담당하는 북한군 제1군단은 제6·7보병사단과 제104치안연대를 제1공격집단으로 편성하여 마산 정면을 방어하고 있는 미 제25보병사단을 돌파, 김해-부산으로 공격하는 계획이었다. 미 제5공군은 9월 1일 하루 동안에 미 제2·25보병사단이 방어하고 있는 전선 64㎞ 지역에 근접항공지원 167소티를 지원했다. 미 제25보병사단은 진주와 마산 사이의 남강 남부에서 미 제5공군의 근접항공지원 108소티를 지원 받으면서 북한군의 맹공을 견딜 수 있었다. 미 제25보병사단장 윌리엄 B. 킨 소장은 **"미 제5공군이 실시한 근접항공지원 공격은 이번에도 우리 사단을 구해냈다"**고 찬사를 보냈다. 탄약이 부족했던 중대의 요청에 따라 수송기가 항공보급으로 탄약을 공급하기도 했다. 한편 미 제5공군은 미 제2보병사단을 지원하기 위해서 근접항공지원 59소티와 해군의 항공전력을 지원했다. 이날 미 해군 77기동함대는 오후에만 85소티를 투입했다.

9월 2일에도 북한군은 낙동강 방어선 전체에 걸쳐 압박을 했다. 미 제25보병사단은 항공전력의 지원을 받으면서 담당하고 있던 방어선에서 북한군의 공격을 격퇴하고 반격작전을 실시해서 북한군을 원래의 위치보다 훨씬 뒤로 격퇴할 수 있었다. 그러나 미 제2보병사단이 담당하고 있던 지역에서는 북한군이 낙동강을 건너 영산을 점령하고자 기회를 노리고 있었다. 미 제5공군은 일본 방공 임무에서 해제된 비행대대와 해병대 비행대대를 운용하여 근접항공지원 201소티를 지원했다. 또한 제307 폭격비행전대는 B-29 25대를 투입해 김천·고창·진주 등에 있던 북한군 보급품을 표적으로 선정해서 폭탄

863발을 투하했다. 해군 역시 항공모함 함재기 전력을 지원했으며 이날 77기동함대는 근접항공지원 127소티를 지원했다. 이날 미 제2보병사단과 제25보병사단에 제공할 수 있는 근접항공지원 전력은 전부 투입되었는데 약 300소티 정도 되었다.

9월 3일 한반도 상공의 기상이 호전되자 미 극동공군은 더욱 강력하게 북한군을 공격했다. 미 제5공군은 근접항공지원 249소티, 항공차단 89소티를 지원했으며 B-29 35대는 전선 바로 뒤에 북한군의 병력과 장비가 집결되어 있는 지점을 포격하였다. 이날 오전 미 제5공군은 보유한 전투폭격기 중 상당한 전력을 동원해서 미 제2보병사단과 미 제1임시해병여단을 지원하였다. 한편, 북한군은 이날 포항 인근의 기계를 수차례 공격하기 시작했다. 이는 북한군이 대구에서 부산으로 이어지는 철도와 고속도로를 목표로 새로운 공세를 개시했다는 의미였으며 유엔군이 이 위협에 맞서기 위해서는 미 제5공군의 전투폭격기를 투입하는 것 말고는 대안이 없었다.

낙동강방어선의 서쪽에서는 북한군이 낙동강의 여러 지점을 넘어 영산을 위협했다. 9월 4일 해병대의 F4U 항공기와 미 제5공군의 전투폭격기들은 악 기상에도 미 제2보병사단을 지원하기 위해 43소티의 근접항공지원을 전개하였다. 이 공격으로 영산을 선두에서 공격하던 북한군 전차 11대를 파괴했으며 이를 계기로 북한군의 공격은 약화되었다. 9월 3일부터 영산 정면에서 역습을 이어가던 미 제1임시해병여단은 전진을 계속하여 영산 서쪽의 오봉리 능선을 점령하였다. 워커 장군은 9월 5일부로 제1임시해병대여단의 배속을 미 제2보병사단에서 해제하여 인천상륙작전을 준비하도록 한 것을 보면 전황이 호전되었다고 볼 수 있다. 9월 5일부터 창녕-영산 전선에서 북한군의 공격은 대체로 중단되었다. 9월 8일 새벽에 북한군 제2보병사단이 창녕 정면으로 마지막 공격을 재개했으나 미 제23연대가 항공 전력의 지원을 받아 저지했다.

낙동강 전선 서남쪽에서는 이렇게 북한군의 공격이 좌절되었다. 하지만 북한군은 미 제8군이 구축한 방어선의 북쪽에 공세를 강화하고 있었다. 대구 근처에서는 북한군 제3·13·1보병사단이 맞서고 있었지만 대구 북쪽 약 11㎞ 근방까지 밀려 내려왔다. 그 동쪽에서도 한국군은 영천과 경주 바로 앞까지 밀려났다. 동해안에서는 포항항이 점령되었다. 9월 4일 워커 장군과 패트리지 장군은 경주와 영천으로 진격하는 북한군이 대구에 가장 큰 위협이라고 판단했다.

이에 패트리지 장군은 항공 전력의 융통성과 화력을 살려 가장 필요한 곳에 집중적으로 투입하고자 했다. 목적은 북한군의 공격을 둔화시키고 워커 장군이 증원 병력을 투입할 수 있는 시간을 버는 것이었다. 미 제5공군은 대구 동쪽의 한국군 제6·8보병사단의 전투를 지원하기 위해서 9월 4일에 160소티, 9월 5일에 51소티, 9월 6일에 183소티를 지원했다. 이에 사기가 오른 한국군 사단들은 반격을 시작했고 후방에 있던 미 제24보병사단도 경주와 영천을 확보하기 위해서 북쪽으로 진격했다. 미 제24보병사단이 병참선을 확보하고 측면 공격을 하는 한국군이 낙동강 방어선을 돌파한 북한군을 포위하여 격멸하는데 큰 역할을 하였다.

제 4 절 낙동강 방어선 전투 분석 및 교훈

낙동강 방어선에서의 승리는 북한군의 8~9월 공세를 효과적으로 저지했기 때문에 가능했으며 한국군과 유엔군에게는 승리의 요인이 되었으나 반면에 북한군에게는 취약점이 되었으며 그 요인을 보면 다음과 같다.

① 한국군과 유엔군의 방어선이 좌우로 연결되어 측·후방 침투·포위전술 사용 곤란
② 북한군 전차 전력의 상실로 북한군의 공격기세 둔화
③ 유엔군 및 한국군에 비해 북한군의 화력 및 기동력 부족
④ 유엔군의 공중 우세로 북한군은 공중폭격의 위협에 항상 노출되어 활동 제한
⑤ 북한군의 병참선 신장과 병참 조달의 문제로 대규모 병력 운용과 집중 곤란
⑥ 한국군과 유엔군의 신속한 역습으로 상대적 전투력 우세 달성
⑦ 북한군의 증원과 군수지원 차단
⑧ 미 제8군사령관 워커장군의 뛰어난 전술식견
⑨ 강인한 정신력과 신념

한국군과 유엔군의 방어선이 좌우로 연결되어 측·후방 침투·포위전술 사용이 곤란하였다. 둘째, 북한군의 공격에서 충격력의 핵심인 전차 전력의 손실로 북한군의 공격기세가 둔화되었다. 셋째, 유엔군 및 한국군에 비해서 화력 및 기동력이 부족했다. 넷째, 유엔군의 공중 우세로 북한군은 공중폭격의 위협에 항상 노출되어 활동이 제한되었다. 다섯째, 북한군의 병참선 신장과 병참 조달의 문제로 대규모 병력의 운용과 집중이 곤

란하였다. 여섯째, 북한군이 일개 지점에 돌파를 시도해서 최초 돌파를 성공해도 돌파지역에 유엔군의 예비대를 신속하게 투입하는 역습으로 상대적 전투력 우세를 달성했다. 일곱째, 유엔군의 우세한 해·공군력의 제공권과 제해권을 이용해서 북한군의 증원과 군수지원을 차단하여 승리를 보장하였다. 특히, 공군은 지속적으로 폭격을 가했고, 해군은 함포지원 외에도 보급수송과 측익 보호, 해상 철수작전, 북한군 해상보급 차단 등 다양한 임무를 수행하였다. 여덟째, 또 다른 승리의 요인은 **'미 제8군사령관 워커장군'**[26]의 뛰어난 전술식견이었다. 그의 공세적인 기질은 낙동강이라는 천연장애물을 내선작전의 이점과 결합시켜서 기동예비대를 효율적으로 운용하여 **'기동과 역습'**이라는 전략으로 전사에 길이 남을 명장면들을 낙동강 상에서 연출해 내었던 것이다. 아홉째, 여기서 밀리면 끝이라는 강인한 정신력과 낙동강 방어선을 저지하기 위한 신념이 승리의 원인이 되었다.

★ 6·25전쟁의 사실 12 : 워커 장군이 왜 낙동강 전투의 영웅인가?

1950년 7월 13일 초대 미 제8군단장으로 취임한 워커 중장은 1950년 8월 1일, 한국군과 유엔군이 낙동강 남안으로 이동하여 방어선을 형성하자 전 부대원들에게 낙동강 방어선 사수명령을 내렸다. "죽음으로 지켜라(Stand or Die)", 지금부터는 더 이상의 철수나 후퇴는 있을 수 없으며, 더 이상 물러설 곳도 없다. 부산까지 후퇴한다는 것은 사상 최대의 살육을 의미하는 것으로 우리는 끝까지 싸워야 한다. 적에게 한 치의 땅이라도 빼앗기지 않는 것이 수천 명에 달하는 전우의 죽음에 대해 보답하는 길이다" 예하부대에 결사의 전투의지를 강조하였다. 이로 인해 낙동강 방어선 전투에서 승리를 할 수 있었다.

낙동강 방어선 전투는 전쟁의 원칙 중에 공세의 원칙을 적용해서 낙동강 방어선에서 북한군의 지속적인 공격을 효과적으로 저지한 사례이다. 그리고 낙동강 방어선에서 북한군의 공격을 저지하여 수세에서 공세로 전환해서 반격작전의 기반을 마련하였으며 북한군이 **'작전한계점'**[27]에 조기에 도달하도록 강요하였다. 그리고 전장의 주도권 확보

26) 월턴 워커(Walton H. Walker)는 1950년 6.25전쟁에서 미 제8군 사령관으로 참전해서 인천상륙작전과 낙동강 방어선 전투 등을 지휘하였으며 낙동강 방어선전투에서 "지키느냐 아니면 죽느냐(stand or die)는 유명한 명령을 남겼다. 그러나 1950년 12월 아들 샘워커 대위의 은성 무공훈장 수상을 축하하기 위해서 의정부로 가던 중 서울 도봉역근처에서 불의의 교통사고로 사망을 했다.

27) 공격 또는 방어작전 부대가 전투력의 저하, 전투원의 피로, 긴요 물자의 결핍 등으로 인해 더 이상 작전을 지속하기 어려운 상태 및 그 시기를 말하며 공격한계점과 방어한계점이 있다.

여건을 조성해서 전승의 자신감을 고취시켰다.

한편, 6·25전쟁 과정에서 70%가 산악지역인 한반도의 지형특성 상 차량으로 보급이 제한되는 고지정상까지 전쟁 물자를 보급했던 미 제8군 한국노무단(Korea Service Corps, KSC)소속의 **'지게부대'**가 큰 역할을 했으며 특히, 낙동강 방어선 전투에서 지게부대가 전쟁물자 보급에 큰 기여를 했다.

당시 지게부대원들은 40kg의 탄약과 전투식량 등을 지고 험한 산길을 올라갔고, 내려올 때는 부상자와 전사자를 지고 내려 왔으며 20만 여 명의 지게 부대원 중에 2,064명이 전사를 했으며 2,448 명이 실종을 했고 4,282명의 부상자가 발생했다. 미 제8군 사령관이었던 밴 플리트 장군은 **"지게부대가 없었다면 최소한 10만 명 정도의 미군 병력을 추가로 파병을 했어야 했을 것"**이라고 회고를 했다.

> 적의 강·약점은 드러나게 하고 나의 강·약점은 숨기며, 나는 집중하고 적은 분산시켜야 한다.
>
> \- 손자병법 : 허실(虛實)

제4장 반격작전

"적의 대비가 없는 곳을 공격하고,
적이 뜻하지 않는 곳으로 진격해야 한다.

- 손자병법 : 시계(始計)

제 1 절 주요 상황

유엔군의 반격작전은 인천상륙작전이 시작된 9월 15일부터 서울을 수복하고 환도식이 있었던 9월 29일까지이다. 낙동강 전선에서 북한군의 공격을 막아내고 공세이전의 기회를 잡은 유엔군은 9월 15일에 인천상륙작전을 하였고, 16일에는 낙동강 방어선에서도 반격작전을 개시하였다. 유엔군은 상륙작전 이후에 수도 서울을 탈환하고(9.18), 중앙청에서 서울 수복을 기념하는 환도식(9.29)이 거행되었으며 반격작전에서의 주요 상황은 다음과 같다.

순서	일정	내용	순서	일정	내용
1	'50.9.12	미·영 특공대 군산지역 위력수색	6	'50.9.16	미 제1해병사단 한강으로 진출
2	'50.9.13	삼척·원산 일대 함포사격(~15)	7	'50.9.16	낙동강 선 반격작전 개시
3	'50.9.14	군산지역 항공 폭격	8	'50.9.18	낙동강 방어선 돌파,
4	'50.9.14	영덕 장사 일대 양동상륙작전(~15)	9	'50.9.18	추격 및 수도서울 탈환작전(~28)
5	'50.9.15	인천상륙작전(~16)	10	'50.9.28	서울수복, 환도식(29)

제 2 절 인천상륙작전 계획

맥아더 원수는 한강방어선 시찰 시에 **"상륙작전으로 측방에서 병참선을 타격하여 전세를 역전시킬 곳은 바로 인천이다"**라고 생각하고 계획을 수립했으며, 최초의 인천상륙작전 계획은 **'블루하트(Blue Heart)'** 계획이었다. 그러나 지연전을 수행하면서 북한군의 공격을 효과적으로 저지하지 못해, 때를 기다리던 상륙작전은 드디어 낙동강 방어선에서 북한군이 저지되자 7월 초에 맥아더 원수는 다시 상륙작전을 추진했다. 제1안은 **'인천상륙(100-B 계획)'**, 제2안은 **'군산상륙(100-C 계획)'**, 제3안은 **'주문진상륙(100-D 계획)'**으로 기획의 핵심은 **'Where(어느 지역으로 상륙하느냐?)'**였다. 맥아더 원수는 결국 그의 최초 구상처럼 인천으로 상륙하는 100-B안을 추진하였고, 7월 23일에 **'크로마이트(Chromite) 계획'**으로 구체화하였다. 그러나 상륙작전계획 수립 시 많은 제한사항이 있었으며 주요 내용은 다음과 같다.

① 상륙작전 준비기간이 부족했다.(22일)
② 상륙작전 전투력이 부족했다.(추가전투력 요구)
③ 수송선의 집결과 개조에 어려움이 있었다.
④ 기도 비닉 유지가 제한되었다.
⑤ 기뢰 제거에 많은 시간이 소요되었다.
⑥ 월미도에 대한 선 공격이 필요했다.
⑦ 상륙지역이 바위지역으로 상륙에 많은 제한이 있었다.
⑧ 상륙부대에 대한 보급이 제한되었다.

그리고 미 해군 측과 미 합참은 맥아더 원수의 인천상륙작전 계획을 반대했으며 그 이유는 다음과 같다.

① 인천은 부산으로부터 240km나 이격되어 상륙군과 낙동강 방어선이 각개격파가 될 우려가 있다.
② 인천 앞바다는 조수 간만의 차가 9m나 되어 함정이 갯벌에 노출될 위험이 상존하고 있다.
③ 낙동강방어선에서 해병여단을 차출 시에 방어선 유지가 어려우며 제7사단을 차출 시 일본 방어에 공백이 발생될 것이다.
④ 인천항은 지리적인 장애물이 산적한 지역이다.
⑤ 상륙 간 화력지원을 위한 함정 정박 장소가 협소하고 하역능력이 부족하다
⑥ 항구에 이르는 접근로가 협소하다.
⑦ 상륙용 선박이 부족하다.

그러나 맥아더 원수는 인천은 군사적 가치는 물론 정치적 의미에서도 가장 중요한 지역으로 기습을 달성할 수 있다고 주장하였으며 맥아더 장군이 주장한 인천상륙작전의 타당성에 대한 내용은 다음과 같다.

① 북한군의 상륙지역 오판으로 기습 달성이 가능하다.
② 수도서울 탈환 시에 한국군의 사기가 앙양되고 북한군에게 심리적·물리적으로 타격을 줄 수 있다.
③ 주도권 장악으로 북한군의 주요 병참선 차단이 가능하다.
④ 낙동강에서 반격하는 방법보다 10만 명의 병력을 절약 할 수 있다.
⑤ 군산 상륙 시 북한군 차단 및 섬멸이 불가능하다.

상륙작전의 D-day는 9월 15일로 확정되었으며 상륙작전 부대는 극동군 제7함대를 주축으로 한 제7합동기동함대를 편성하였으며, 제7합동기동함대 사령관은 스트러블(Arthur D. Struble) 해군 중장으로 임명하고, 미 제10군단을 상륙군으로 신편하여 극동군사령부 참모장 알몬드(Edward M. Almond) 육군 소장을 군단장으로 임명하였다.

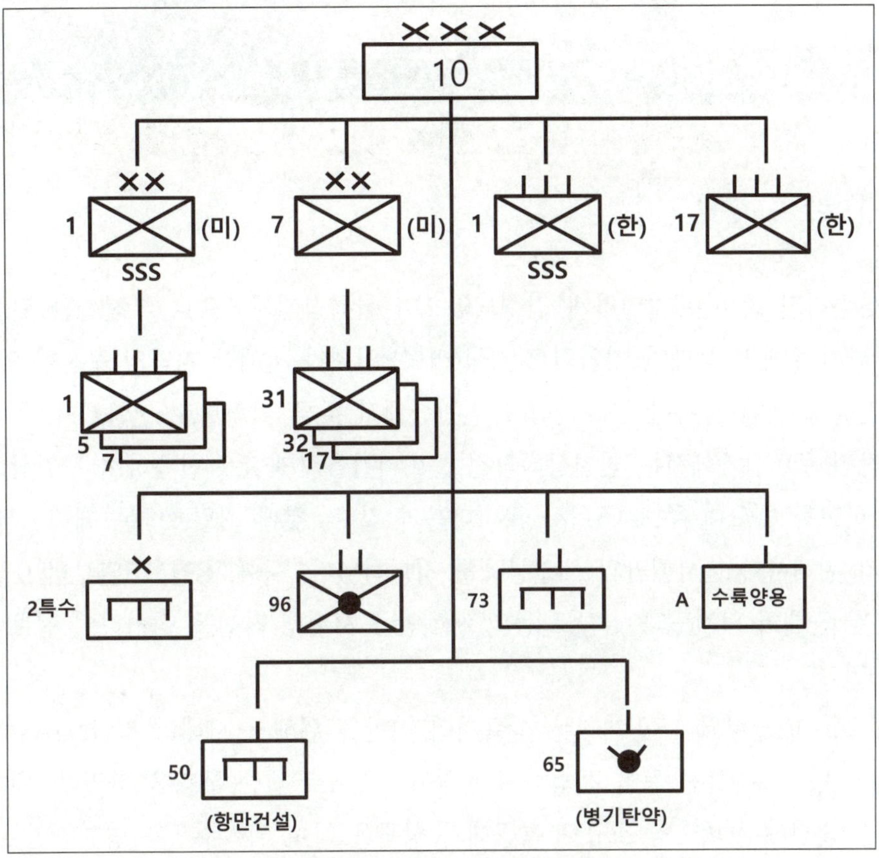

(상륙군(미 제10군단) 전투편성표)

신편된 미 제10군단 예하에는 미 제1해병사단(사단장, 소장 Oliver p.Smith)과 한국군 제1해병연대(연대장, 대령 신현준), 미 제7보병사단(사단장, 소장 David G. Barr)과 **'한국군 제17연대(연대장, 대령 백인엽)'**[28]였으며 상륙에 동원된 인원은 미 제2특수공병여단 등을 포함하여 총 7만 5천명이었고 함정은 261척이었다. 한국군 해병연대 중

28) 인천상륙작전의 영웅 '백인엽 대령'은 당시 수도사단장이었으나 이승만대통령의 권유로 17보병연대장 직위를 수행하여 인천상륙작전을 성공하는 데 많은 기여를 하였다.

제3대대는 상륙돌격부대인 미 제5해병연대 예비대대, 한국군 해병연대(-1)는 미 해병사단의 예비 부대가 되었으며, 제17보병연대는 미 제7사단에 배속 되었다.

제 3 절 인천상륙작전 경과

1. 준비 공격

인천상륙작전 준비는 치밀하게 진행되었으며 상륙작전지역으로 부적합한 인천 지역을 기만하기 위해서 동해안 지역의 장사항(영덕) 일대와 서해안 지역의 군산항 일대에서 기만작전을 전개해서 북한군의 관심을 인천항에서 다른 지역으로 전환했다.

상륙작전 준비단계에서는 인천상륙작전 준비기간을 1개월로 단축하여 시간상의 기습을 달성하고자 했으며 주요 조치사항은 다음과 같다. 첫째, 8월초에는 제해 · 제공권을 장악하기 위해서 동 · 서해안의 해안봉쇄를 강화하였다. 둘째, 8월 18일부터 9월 10일까지 인천 근해의 덕적도와 영흥도 등의 서해안 도서점령 작전을 실시하여 첩보수집 활동을 하였다.

셋째, 9월 12일부터 15일까지는 상륙지역 기만을 위해서 서해의 평양으로부터 군산과 동해의 영덕 · 주문진 등을 선정하여 항공기 · 함포로 집중 폭격을 하였다. 넷째, 9월 12일에는 군산에서 미 · 영 소규모 특공대가 상륙을 하여 위력수색을 병행하였으며 9월 14일에는 반경 50km지역에 항공폭격을 하였다. 다섯째, 9월 14일부터 15일까지 영덕 장사 일대에서 실제로 상륙부대가 상륙하는 **'양동상륙작전'**[29]을 전개하였다. 특히, 군산에서는 **'민간인은 내륙으로 피신하라'**는 내용의 삐라를 뿌려 고도의 심리전을 병행하였고, 평양 앞바다인 남포일대에 미 항공모함으로 양동작전을 실시했다. 여섯째, 9월 13일부터 15일까지는 진남포 · 삼척 · 원산 일대에 함포사격을 하였다.

---

29) 장사상륙작전은 작전명 174고지라고 한다. 9월 14일에 부산항을 출발해서 9월 15일 06:00시에 상륙작전이 개시되었다. 장사상륙작전은 학도병 772명으로 구성되었으며 문산호를 타고 장사에 상륙해서 국도 제 7호선을 봉쇄하고 북한군의 보급로를 차단하였으며 인천상륙작전의 양동작전으로 성공하였다, 그러나 139명이 전사하고 92명이 부상을 입었으며 사망한 학도병을 제외하고 모두 행방불명 되었다.

일곱째, 상륙지역에 대한 정보수집 활동도 실시했다. 이는 상륙군에게 북한군 부대배치와 상륙 지형에 대한 정확한 정보를 제공하기 위한 것으로, 클라크(Eugene F. Clark) 대위가 지휘하는 정찰대가 9월 1일부로 인천항 부근의 영흥도에서 북한군의 부대 배치 및 기뢰 부설 여부, 상륙지역의 지형 등의 정보를 수집하였다. 그리고 상륙 당일에는 팔미도 등대를 점화하여 상륙군을 인도했다.

여덟째, 9월 13일부터는 항공기와 함포를 동원하여 인천항으로 향하는 철도와 주요 도로는 물론 인천항을 중심으로 반경 50km이내의 교량, 터널 등 적의 기동을 저지할 수 있는 대기동 표적에 대한 포격을 실시하였으며, 해상지원은 3개의 화력구역으로 구분해서 포격을 하였고 북한군이 상륙작전을 인지하더라도 대응을 할 수 없도록 하였다.

2. 해상기동 및 해두보 확보(1950. 9.11~9.17)

인천상륙작전 당시 인천지역에는 월미도에 북한군 제226독립육전연대 제33대대의 400여 명이 제918해안포연대 예하부대와 경계 중이었고, 북한군 제9사단 87연대가 8월 12일부터 인천지역 방어임무를 수행하고 있었으며 거의 무방비로 기습을 당했다.

(상륙군 해상기동 계획)

상륙군이 탑승한 261척의 수송선단은 일본과 부산에서 각각 출발했다. 한국군 제1해병연대와 제17연대, 미 제5해병연대는 부산에서, 미 제1해병사단(-)은 고베에서, 미 제7사단은 요코하마에서(각각 9월 11일), 수송선단과 화력지원함은 사세보, 그리고 지휘함은 요코하마에서 각각 출발하여 9월 14일 서해의 덕적도(Point California)에 집결한 후 인천으로 기동했다.

지상군 상륙작전간 상륙해안은 RED, BLUE, GREEN BEACH로 구분하였으며 상륙작전은 인천지역의 지형적 특성에 따라 2단계로 구분하였다. 1단계 작전은 인천항 바로 앞에 있는 월미도를 점령하는 단계이며, 2단계 작전은 월미도로부터 해두보(海頭堡)로 선정된 인천 시가지를 확보하는 단계였다. 9월 15일 02:00시에 상륙작전 명령이 하달

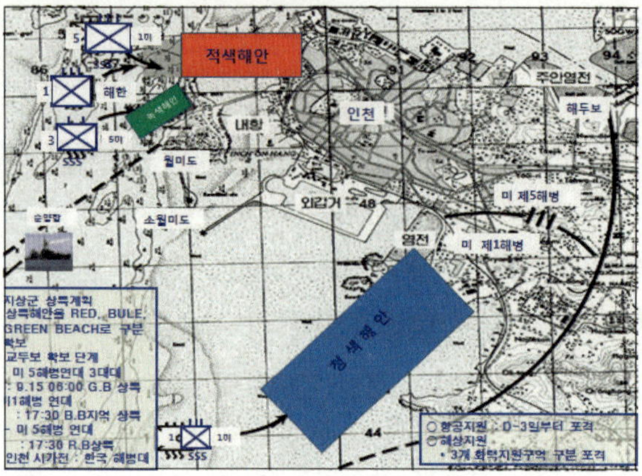

(인천상륙작전 해안지역)

되자 선두 함정이 비어수로를 따라 인천항으로 돌진을 하고, 클라크 대위에 의해 밝혀진 월미도의 등대가 함대를 유도했다. 05:00시에는 상륙작전에 참가한 항공기 폭격 및 함정들이 월미도를 포위하고, 함재기 및 순양함과 구축함에서 월미도를 포격하기 시작했다. 06:33분에는 미 제1해병사단 5연대 3대대가 탑승한 17척의 함정(LSVP)과 전차를 적재한 함정(LSV)이 월미도에 도착하여 진격을 하였다. 이로 인해 북한군의 해안포는 기능을 상실했고 저항을 하는 약 400여 명의 북한군을 근접전투로 제압을 하고 상륙돌격부대는 08:00시에 월미도를 점령했다. 이와 같이 1단계 작전은 완료되었으나, 간조(썰물)가 시작되면서 함정들은 외해로 물러났다. 월미도의 상륙 부대는 고립이 되었고, 이때 북한군이 지원된다면 자칫 상륙작전 자체가 위험에 빠질 수가 있었다. 따라서 함재기들이 북한군의 증원을 차단했다.

2단계 작전은 16:45분에 시작된 만조(밀물)와 함께 다시 개시하여 다음날 새벽까지 진행되었다. 상륙 엄호포격과 함께 해두보를 확보하기 위해서 주 상륙군이 월미도를 뒤로하고 인천항을 향하여 돌격했다. 미 제5해병연대는 적색해안, 제1해병연대는 청색해안에 17:30분을 넘어서 상륙했다. 이들은 곧바로 해두보 선으로 진격하여 돌격부대 상륙 24시간 만인 9월 16일 18:00시부로 상륙 목표인 해두보를 확보했다. 한국군의 해병연대는 제3대대가 미 제5해병연대에 배속되어 돌격 상륙부대를 후속해서 적색해안으로 상륙을 했고, 연대(-1)는 저녁 무렵에 적색해안으로 상륙을 했다. 특히 인천시내 시가지 작전 간 잔적소탕은 각 연대에 배속된 한국군 해병 제1 · 3대대가 임무를 수행하였고 한국군 해병대사령관 지휘로 181명의 포로를 획득했다. 9월 17일에는 미 제7보병사단과 한국군 제17보병연대가 상륙을 하였다.

3. 상륙작전 성공요인의 의의

'세기의 도박'이라고 불리는 인천상륙작전은 전 방위 개념의 군사작전으로 전쟁의 원칙 중에 목표, 집중, 기동, 기습의 원칙을 적용한 완벽한 작전이었다. 인천상륙작전은 성공확률 1/5,000의 도박이었지만 과학으로 승화될 수 있었던 몇 가지 이유가 있었다. 인천상륙작전은 전쟁의 원칙 중에서 **"최소의 손실로 적의 전투력 및 전의를 말살"**시키는 **'목표의 원칙'**을 적용하여 적의 심리적 마비와 공황을 유도하여 대승을 거둘 수 있었으며 승리의 요인은 다음과 같다.

① 완벽한 기습작전	② 지리적인 불리함을 역이용
③ 다양한 기만대책	④ 제해 · 제공권 확보와 전투력의 집중

첫째, 완벽한 기습이었다. 무엇보다도 북한군의 의표(意表)를 찔렀다. 둘째, 최악의 상륙작전 조건을 성공의 기회로 이용했고 다양한 정보수집과 분석을 통해서 지리적인 불리함을 역이용했다. 셋째, 다양한 기만대책으로 북한군의 오판을 유도한 것이 주효했다. 더구나 북한군은 상륙지역이 인천은 아닌 것으로 판단하고 인천상륙작전의 위험성과 실현 가능성을 간과했으며 상륙작전의 사실을 알고도 사실을 은폐하고 무리한 독전을 강요하면서 피해가 급증하였다. 넷째, 유엔군은 상륙작전의 필수요소인 완벽한 제해 · 제공권 확보와 전투력의 집중 그리고 낙동강 방어선에서 절약한 전투력으로 인천에서 정예 병력을 집중할 수 있었고 상륙지역에서 북한군보다 상대적으로 우세한 전투력을 발휘할 수 있었다.

상륙작전의 파급효과는 매우 컸다. 낙동강 방어선의 북한군은 기습을 허용해서 병참선뿐만이 아니라 퇴로마저 차단되어, 그야말로 **'죽느냐, 도주하느냐'**의 상황으로 전투의지는 완전히 말살되었다. 결과적으로 인천상륙작전은 그간의 수세 위주의 전쟁 분위기를 180도 전환하여 이제 유엔군이 전장의 주도권을 잡고 공세로 전환할 수 있게 되었다. 북한군은 전쟁 의지와 전투력이 완전히 붕괴되어 외부의 도움이 없이는 재기할 수 없는 상황이 되었다. 인천상륙작전의 가치는 또 다른 데 있었다. 만약 유엔군이 낙동강 방어선에서 반격작전으로 북진을 했다면 북한군은 한 · 미연합군이 남으로 후퇴를 하면서 지연전을 수행했던 것처럼 지형지물을 이용한 지연전을 전개하면서 북으로 철수를 했을 것이다. 그렇다면 유엔군과 한국군은 서울까지 오랜 기간 전투를 하면서 도달을 해야 했으며 많은 인명손실이 발생했을 것이다. 이 과정에서 무엇보다도 국민들이 피해를 입을 수 있었다. 그러나 인천상륙작전으로 신속하게 북한군의 후방을 차단함으로써, 낙동강 방어선에서 총반격을 하여 38도선으로 진격하는 방안에 비해서 병력 10만 명 이상과 민간인 200만여 명의 인명손실을 예방할 수 있었다.

★ 6·25전쟁의 사실 13 : 인천상륙일이 왜 9월 15일이었는가?

만조 시 수심을 고려하여 9월 15일, 10월 11일, 11월 2일 3개 안을 선정하였다. 만약에 인천상륙작전이 지연될 경우에 낙동강 방어선 유지가 곤란하고, 북한군이 인천 지역의 방어력을 강화할 수 있을 것으로 판단하고 10월 이전에 북한군을 격멸하지 못할 경우에는 남한 내 평야지역의 식량을 탈취당할 수 있을 것으로 판단하여 3개 안 중에 9월 15일을 상륙일로 결정하여 전세를 뒤집는 대승을 달성하였다.

적이 예상하지 못한 지점을 공격해야 한다.

- 구데리안

제 4 절 수도서울 탈환작전

1. 한강으로 진출

수도서울 탈환작전은 상륙군이 9월 18일에 인천에서 한강으로 진출하여 9월 28일에 서울을 탈환하기 위해서 실시한 작전이다. 인천을 수복한 미 제10군단의 다음 목표는 수도 서울을 탈환하는 것이었다. 상륙군이 한강방면으로 진출하자 북한군은 제107연대와 제18사단 병력들을 김포~부평 선 일대에 집결시켰다.

당시 제10군단의 전투편성과 임무를 보면, 미 제1해병사단은 한국군 해병연대를 배속하여 서울 서쪽방향으로 진격하고, 미 제7사단은 한국군 독립 제17연대를 배속하여 서울 남쪽에서 북한군의 증원차단과 퇴로를 차단하면서 북상하는 미 제8군과 연결을 하는 것이었다.

미 제1해병사단에게는 중간목표로 김포비행장과 영등포를 확보하는 임무가 주어졌다. 미 제1해병사단은 9월 16일에 한강으로 진출하면서 경인 국도를 기준으로 북쪽지역은 제5해병연대, 남측은 제1해병연대에게 책임구역을 부여했다. 제5해병연대 목표는 김포공항이었고, 제1해병연대의 목표는 영등포였다. 제5해병연대는 부평지역에서 북한군과 소규모 접전을 실시하였으며, 18일에는 김포비행장을 완전히 장악하여 20일부터는 김포에서 항공기가 출격했고, 19일에는 김포반도의 계양산(395고지), 개화산(행주대교 서단)까지 진출하여 김포반도의 서북부를 완전히 장악했다.

미 제1해병연대는 9월 17일에 영등포를 목표로 경인 국도를 따라 한강을 향해 진출을 해서 당일에 인천 부개동을 탈환했다. 그리고 18일에는 부천 소사를 거쳐서 19일에 영등포 서측인 안양천(당시 갈천)일대까지 진출을 했다. 이 상황에서 미 제7사단은 제1해병연대의 우측에서 공격을 하고 있었으며, 제32연대는 17일 상륙과 동시에 제1해병연대 우측지역을 공격 책임지역으로 받았다.[30] 미 제7사단(-)과 한국군 제17연대도 19일에는 전선에 도착하여 공격작전에 합류했다. 제일 늦게 하선한 미 제31연대는 수원을 향하여 진격했다.

---

30) 미 제32연대의 병력은 총 5,114명으로 이중 미군이 3,241명, 한국군 카투사가 1,873명이었다.

2. 서울 탈환(1950. 9. 20~9. 28)

북한 전쟁지도부는 상륙군이 서울방향으로 진출을 하자 서울을 방어하기 위해서 대책을 강구하기 시작했으며 제107연대와 제18사단으로 김포~부평 방어선을 형성했으며 서울 시민을 강제로 동원해서 구조물 배치 등 시가전을 준비했다. 그리고 서울 서측방에 5천여 명으로 방어선을 형성해서 저항을 했으며 북한군의 저항으로 서울 수복이 일주일 이상 지연되었다. 상륙군의 작전계획은 서울 서측에서 한강을 도하해서 서울을 탈환하고 남쪽으로는 미 제8군과 연결하여 북한군의 퇴로를 차단하는 것이었다. 제5해병연대는 한강도하를, 제1해병연대는 영등포 방면으로 계속해서 진출을 하라는 명에 의거 제5해병연대는 21일에 행주나루에서 주간 강습도하로 한강을 도하해서 덕양산(행주산성지역)을 탈환하고, 미 제1해병연대는 22일에 영등포를 수복했다. 서울 남측방의 미 제7사단은 9월 20일에 인천~안양 간 도로를 중심으로 작전에 돌입해서 미 제31연대는 9월 22일 수원비행장을 확보했고, 제32연대는 영등포를 탈환한 이후에 한강 남안으로 진출을 하였다.

미 제5해병연대와 한국군 제1해병대대는 9월 21일에 서울 서북쪽 외곽까지 진출했다. 당시 북한군은 서울 서북방에 위치한 안산(296고지) 일대의 능선과 의령터널 고지(105고지)~와우산(105고지)~노고산(105고지)의 세 개의 105고지 군을 연한 지역에 약 5,000여 명의 병력을 배치해서 서울 외곽방어선을 형성하고, 결사항전을 준비했다.

미 제5해병연대와 한국군 제1해병대대는 22일 07:00시에 북한군이 방어 중인 연희고지 일대(56고지, 현 연세대 부근)를 공격했으나 저항에 부딪혀 탈취에 실패하고, 이틀 후인 24일 오후에 항공기의 근접지원과 함께 연희고지를 재공격하여 탈환했다. 이후 노고산과 터널고지도 탈취하여, 북한군의 서울 방어선을 완전히 붕괴시켰다.

이때 미 제1해병연대도 한강을 도하하여 마포방향으로 진출했다. 그러나 서울 서측방에서 북한군의 조직적 저항으로 서울탈환은 유엔군사령부가 예상했던 것보다 약 1주일이 지연되었다. 미 제10군단장 알몬드 소장은 서울 탈환일이 계획했던 9월 25일보다 지연되자, 서울의 남동부에서 9월 25일부터 미 제7사단 32연대와 한국군 제17연대가 신사리(지금의 신사동)일대에서 한강을 도하를 해서 제32연대 2대대는 용산방면의 남산으로, 1대대와 3대대는 왕십리 방면으로 한국군 제17연대는 서울 동측방의 망우리 일대로 진격하여 북한군의 탈주로를 차단하는 작전을 전개하고 서울 남부를 장악했다. 미 제1해병연대도 25일부터 서울 서측방에서 반격작전을 전개했다. 9월 26일에는 미 대사관을 탈환했고, 미 해병대는 중앙청31)으로 진격을 했다. 한국군 해병대는 27일 06:10분에 6중대 1소대장 지휘 하에 적 병력을 격멸하고 중앙청으로 진입을 했고, 27일 15시 08분에 박정모 해병 소위가 중앙청에 태극기를 게양했다. 그리고 이날 24:00시까지 한국군과 미 해병대는 서울 시내의 잔적을 모두 소탕하였다.

(서울 탈환 후 태극기 게양)

(서울수복 기념 환도식)

서울시내에서 시가전을 전개하던 북한군은 9월 27일부터 서울에서 철수하기 시작하더니 곧 자취를 감추었다. 9월 28일에 서울을 완전히 수복하고 9월 29일 12:00시에 중앙청에서 이승만 대통령과 맥아더 원수 등이 참석한 가운데 서울수복을 기념하는 환도식(還都式)이 개최되었다. 이는 인천상륙작전 이후 12일, 서울 피탈 이후로는 3개월만이었다. 서울 탈환작전의 성공요인은 공병이 지뢰를 제거하고 전차가 기동력과 화력으로 공격을 하면서 보병이 잔적을 소탕하는 제병협동작전이 효과적으로 이루어졌기 때문에 승리를 할 수 있었다.

> 내가 싸우려 하는 곳을 적이 알지 못하면 적이 대비할 곳이 많아지고, 그렇게 되면 상대는 상대적으로 약하게 된다.
>
> \- 손자병법 : 허실(虛實)

31) 서울시 세종로에 있었던 정부청사 건물. 서울특별시 종로구 세종로에 있었던 정부청사 건물이었다. 일제 강점기 때 조선총독부 건물로 사용된 건물인데 이후 6·25전쟁이 일어나면서 주한미군사령부에 의해 군정청으로 사용되면서 처음으로 중앙청(capitol hall)이라 불리게 되었다.

제 5 절 낙동강 방어선 반격작전

1. 반격작전 준비

낙동강선 반격작전은 미 제10군단의 인천상륙작전과 함께 미 제8군과 한국군이 낙동강 방어선 상에서 9월 16일부터 38도선을 확보하기 위해서 실시한 돌파작전으로 북한군을 추격한 작전이다. 낙동강선 반격작전의 목표는 상륙군인 미 제10군단과 연결 후에 지대내 적을 격멸하는 것이었다. 반격작전이 개시될 당시의 북한군 전선 사령부는 김천에 있었고, 병력은 7만여 명, 장비는 50% 수준으로 판단되었다. 반면 유엔군과 한국군은 4개 군단에 10개 사단과 1개 여단으로 증강되어 북한군에 비해서 병력은 15만 7천여 명(한국군 7만 2천, 유엔군 8만 4천)으로 2배, 화력은 6배 이상 우월했다.

미 제8군의 전투편성은 제1군단에 미 제1기병사단(미 제5연대 전투단 배속), 미 제24사단(영 제27여단 배속), 한국군 제1사단, 신편 되는 미 제9군단에는 미 제2사단, 미 제25사단, 한국군 제1군단에는 수도사단과 제3사단, 한국군 제2군단에는 제6사단과 제8사단이 각각 편성되었다. 미 제8군사령관 워커장군은 9월 16일 현 접촉선인 낙동강 상에서 반격을 가하도록 명했다. 미 제8군의 진격작전 개념은 **'현 접촉선을 공격개시선으로 하여 9월 16일 09:00에 주공을 대구~김천~대전~수원으로 공격 축선을 지향해서 공세이전으로 북한군을 격멸하고 상륙군인 미 제10군단과 연결'**하는 것이었다. 반격작전은 공격 통로를 기준으로 4개의 방향과 공격집단으로 편성하였다.

① 대구~대전~수원을 연결하는 경부 축선으로 미 제1군단이 담당
② 낙동강선의 중동부 축선은 한국군 제2군단이 담당
③ 낙동강선의 동부 축선은 한국군 제1군단이 담당
④ 서남부지역은 새로 창설되는 미 제9군단이 담당

주공 방향은 미 제1군단이 대전에서 수원 방향으로 공격해서 인천상륙작전에 성공한 미 제10군단과 연결하여 북한군 제1군단의 퇴로를 차단하기 위한 최단거리 접근로이며, 기계화 부대 진출에 유리하고 보급지원의 용이성과 북한군 부대를 손쉽게 포위할

수 있다는 점 등을 고려해서 경부 축선을 주공 방향으로 선정하였다. 그러나 경부 축선은 북한군의 주타격 방향에 아군의 주공을 투입하는 것으로 북한군의 전투지경선과 배치가 약한 측익을 공격하고, 주공의 전투력이 저하되면 바로 초월공격을 하도록 했다.

2. 낙동강선 반격작전 개시 및 추격 작전(1950. 9. 16~9. 30)

낙동강선 반격작전은 9월 16일 09:00시에 계획대로 실시되었으며 미 제1군단은 주공으로 대전~수원 방향으로 공격을 해서 미 제10군단과 연결 후에 북한군 제1군단의 퇴로를 차단하는 것이었다. 초기 작전에는 악천후로 공중지원이 제한되었고, 인천상륙작전 상황이 차단되어 낙동강 지역의 북한군들은 이를 알지 못하고 전투에 임했다. 따라서 반격작전 초기에는 누가 공자이고 누가 방자인지를 구분을 할 수 없을 정도의 치열한 공방전이 전개되었으며 9월 19일까지 북한군의 저항은 너무 강했다.

(반격작전 상황도)

주공인 미 제1기병사단과 제5연대전투단이 중앙에서 왜관 대안의 교두보를 확보하고 이를 위해서 미 제24사단이 왜관 하류에서, 한국군 제1사단이 왜관 상류에서 각각 조공으로 도하작전을 실시하고, 도하 후에는 미 제24사단이 제1기병사단을 초월하여 김천을 경유해서 대전으로 공격하는 계획이었다.

그러나 계속되는 노력에도 불구하고 북으로 통로개척이 지연되자, 워커 장군과 맥아더 장군은 군산 상륙을 언급했으나, 낙동강 전선의 돌파가 가능하다는 판단이 나오면서 이 구상들은 취소되었다. 이와 같은 상황에서 한국군 제1사단은 9월 18일에 다부동 동쪽인 가산 산성 우측의 북한군 방어진지 후방으로 침투하여 왜관~다부동 선의 북한군 제1 · 3 · 13 사단을 공격했다. 9월 20일에는 미 제1기병사단이 왜관을 탈환했고, 21일에는 다부동에서 미 제1기병사단과 한국군 제1사단이 북한군 제3사단을 격파했고, 미 제25사단은 진주까지 진출했다.

미 제8군과 한국군이 낙동강 상에서 반격작전이 개시되고 일주일이 지난 9월 23일에 드디어 낙동강을 돌파하면서 추격작전과 전과확대를 전개하였다. 그러나 주공인 미 제24사단의 진출이 지연되어 워커 장군은 제24사단과 제1기병사단이 병행공격을 하는 계획으로 변경하였다(미 제24사단은 대구~김천~대전 방향, 미 제1기병사단은 다부동~보은~청주~수원 방향). 미 제1군단의 주력은 왜관에서 경부도로를 따라 진격하였으며, 그 선두 부대인 제1기병사단의 777TF(미 제7기병연대 주축, 지휘관 중령 해리스, 선도는 7연대 3대대인 Lynch부대 담당)는 9월 26일 1일 간에 보은~오산 간 160km를 기동해서 낙동리~상주~청주~천안으로 진격하여 3일 만인 9월 26일 22시 26분, 오산 북방에서 인천상륙부대인 미 제7사단 31연대와 연결에 성공했다.

미 제1군단과 제9군단은 서남부지역인 대전(미 제24사단, 28일), 논산(미 제2사단. 30일)을 탈환했다. 대구 북방의 한국군 제1사단은 북한군 제1사단을 돌파하고 잔적을 소탕하면서 미 제1기병사단을 후속해서 10월 11일에 고랑포를 확보하였다. 신령지구의 한국군 제2군단의 6사단은 함창~문경~충주를 거쳐서 원주를 탈환하고(30일), 영천의 제8사단은 제천을 탈환했다(30일). 한국군 제1군단의 수도사단은 청송~영월~평창을 거쳐 9월 30일에는 38도선 일대에 도착을 했고, 제3사단은 북한군 제5사단을 추격하여 동해안 도로를 따라 제일 먼저 38도선에 도달하였다.

개전 이래 공격 일변도의 북한군에게 후퇴작전은 생소했다. 북한군은 낙동강 전선이 차단되는 그 순간에도 무감각하게 대처했으며 철수준비를 하지 않았다. 그리고 낙동강 방어선 돌파를 위해서 총력전을 전개했던 북한군은 보급이 끊기면서 포위망에 갇혔으며 북한군은 군복을 벗고 사복으로 갈아입고 도주를 하는 상황이 발생하였다. 이와 같이 북한군의 무질서한 공격은 대 패퇴를 하는 원인이 되었으며 철수를 하던 북한군은 금강~소백산 선에서 저지선을 형성하려고 했으나, 유엔군과 한국군의 추격속도에 제압되어 무위로 끝나고 말았다. 그리고 인천에 유엔군이 상륙했다는 소식이 북한군 전선에 퍼지자 북한군은 전의를 잃고 급속하게 무너졌다. 특히, 북한군은 전략 예비대를 보유하지 못하고 있었다. 유엔군과 한국군의 반격작전으로 북한군 및 북한정권은 전쟁수행이 불가하였으며 북한군 전선 사령부는 **'철의 삼각지대'**[32]로 퇴각을 했고, 제1군단사령부는

---

32) 6 · 25전쟁 당시 중부전선의 심장부라고도 할 수 있는 전략적 요충지대로서, 이 지역을 확보하지 않고서는 중부전선을 장악하기 어려웠기 때문에 전쟁의 전 기간을 통해서 피 · 아간(彼我間)의 쟁탈 대상이 되었으며, 이 지역 일대가 아군이 공격하기에는 불리하고 적이 방어하기에는 최적의 지형으로 천연적인 난공불락의 여건을 구비하고 있어 붙여진 이름이다.

조치원에서 해체되어 지휘부는 태백산맥으로 잠입하였다. 낙동강 전선에 투입되었던 북한군 13개 사단은 완전히 괴멸되었으며, 북한군 제13사단 참모장 이학구 총좌 등 2만 3,500여 명이 투항하거나 포로로 잡혔다. 그리고 전선에 투입된 병력 중 약 2만 5천에서 3만 여 명(30%)이 북으로 도주한 것으로 추산된다. 포로는 12,777명이며 지리산 및 태백산으로 1~2만 여 명이 은거하였고 부대 이탈 또는 귀향(남한 출신) 인원이 4만~4만 3천 여 명이었다.

3. 반격작전간 항공지원

유엔군과 한국군은 9월 16일 오전 09시에 낙동강 방어선에서 반격을 개시하기로 하였다. 9월 16일 낙동강 방어선 일대의 기상은 비구름이 한반도 상공을 덮고 있었다. 일출 직후 B-29 82대가 왜관 지역으로 향했다. 미 제8군이 북한군의 방어선을 뚫고 진격할 수 있도록 먼저 공중공격을 할 예정이었다. 그러나 북한군과 유엔군은 폭격지역에 가까운 거리에서 대치하고 있었기 때문에 육안 폭격만 할 수 있는 상황이었다. 따라서 B-29는 2차 표적을 공격하기 위해 항로를 평양과 원산으로 바꿀 수밖에 없었다. 오전에는 F-80, F-51 전투기가 포항과 마산 등에 있는 북한군 진지를 공격했으나, 오후부터 기상이 더욱 악화되어 거의 모든 항공작전은 중단되었다. 이러한 상황에서 미 제1군단을 비롯한 한국군 제1보병사단 등 지상군은 공격을 할 수 없었다.

9월 17일 오후부터 기상이 나아지기 시작했다. 미 제5공군의 전투폭격기들은 북한군이 미 제1기병사단의 공격을 막고 있던 다부동을 집중 공격했고, 포항 인근에도 대규모 공격을 했다. 특히 낙동강으로 진격하여 북한군을 포위 섬멸하려던 미 제2보병사단 전방에 대한 항공지원은 큰 성과가 있었다. 미 제5공군의 전투폭격기들은 후퇴를 하던 북한군에 공격을 해서 1,200여 명 이상의 병력 손실을 입혔다. 9월 18일부터 날씨가 좋아진다는 예보에 따라 미 제8군은 9월 18일 일출 직후 B-29 42대를 동원하여 제8군이 원하는 표적 지역에 폭탄 1,600발을 투하하여 큰 효과를 냈다. 9월 18일 미 제5공군은 근접항공지원 286소티를 지원했고 9월 19일에는 361소티를 지원했다. 미 제5공군의 항공작전이 원활하게 지원되는 가운데 북한군의 방어선도 서서히 무너지기 시작했다. 미 제1기병사단은 다부동에서 상주 방면으로 진격하는 상황에서 F-51 전투기들은 근접항공지원 하에 9월 19일 오후에 북한군의 저항선을 돌파할 수 있었다. 한편 같은 날 미 제24사단은 왜관 남쪽 약 6㎞ 지점에서 낙동강을 도하하여 김천으로 진격하기 전에 F-80 전투기와 B-26 경폭격기 등 항공 전력과 사단의 포병전력의 화력지원 하에 낙동강을 건너 주요 고지를 점령할 수 있었다.

9월 21일 전차 30대로 편성된 북한군은 미 제24보병사단을 공격하기 위해 기동했으나 상공에 체공하던 모스키토에 의해 포착되었으며, F-51과 F-80 전투기들은 지상군과 합동작전으로 북한군 전차 14대를 파괴했고 잔여 병력도 후퇴하게 만들었다. 9월 22일 미 제24보병사단 예하 연대들은 김천으로 가는 철도를 따라 진격하며 싸우고 있었는데 이 역시 지속적인 항공지원이 있었기에 가능한 전술이었다. 전날 근접항공지원으로 패퇴했던 북한군의 잔여 전차들이 다시 공격해 왔으나 유엔군의 항공전력에 의해 격멸되었다. 미 제1군단은 반격을 시작한 지 6일 만에 북한군의 방어선을 돌파하여 북한군 제1·3·13보병사단을 격멸하였다. 유엔군은 인천에 상륙한 부대와 연결하기 위해 진격을 계속했다. 미 제1기병사단은 다부동을 지나 상주를 점령 후에 청주까지 진출했다. 주공이 북한군의 방어선을 돌파하자 동쪽으로 한국군 제1·2군단도 항공 전력의 지원하에 진격를 했다. 9월 22일 미 제5공군은 미 제1기병사단이 진격하는 전방을 공격하여 북한군 160명을 격퇴하는 동시에 한국군이 밀고 올라가는 지역에서도 북한군 625명을 사살하였다. 미 제8군의 반격에 후퇴하는 북한군 병력은 체공하고 있는 전투기의 표적이 될 수밖에 없었다. 9월 23일 하루 동안 미 제5공군의 공격에 사살된 북한군 병력은 6,500여 명이었으며, 9월 24일에는 1,400여 명이 사살되었다.

유엔군이 낙동강방어선에서 반격하면서 미 극동공군이 수행한 항공차단작전의 목적은 북한군이 전선에 재보급과 증원을 못하게 막는 것이었다. 총반격으로 전환한 국면에서 항공차단작전은 한반도 남부에서 철수하는 북한군이 서울로 진입하는 것을 막거나 지상군의 포위망을 탈출하지 못하도록 하는 데 일조해야 했다.

미 극동공군은 이동하는 북한군 표적을 효율적으로 공격하기 위해 미 제5공군과 폭격사령부에 합동 공격 임무를 지시하였다. 특히 야간에 이동하는 표적은 중폭격기와 경폭격기를 활용한 '버디 시스템'을 가동하였다. 이 전술에서는 먼저 B-29가 M-26 조명탄 100발을 탑재하고 북한군 표적이 이동할 주요 병참선 상공을 비행했다. 이 조명탄은 고도 1,800m에서 점화되도록 설정되어 있었으며 B-29가 먼저 조명탄을 투하하여 목표지역을 밝혀주면 B-26이 저공비행하여 폭탄과 기총으로 표적을 공격하였다. 이 전술은 9월 22일에 큰 성과를 냈다. 9월 24일에 B-29 12대를 투입하여 전선과 서울을 연결하는 주요 도로를 지속적으로 감시·정찰하기로 하였다. 이들 중 4대의 B-29는 주간 내내 임무를 수행하면서 제8군의 진격을 지원했으며 후퇴하는 북한군 부대를 차단하기 위해 식별된 모든 표적을 폭격하였다. 또한 일부 B-29 전력은 인천상륙작전 개시 이후 10일 동안 패주하는 북한군에게 항복을 권유하는 전단을 살포하는 임무에 투입되기도 했다. 유엔군의 반격작전간 미 제5공군 등 항공 전력의 압도적 지원으로 북한군은 빠르게 격멸되었다. 인천상륙작전으로 서울을 수복하고 제8군이 북상함으로써 한반도 남부에서 북한군의 주력부대는 괴멸되었다. 9월 27일 이후 북한에 있던 표적을 대상으로 한 전략 폭격은 중지되었다. 이제 항공작전은 전장의 전술적 상황에 직접적으로 영향을 주는 것으로 한정되었다. 10월 1일 한반도 남부에 남아 있는 병참선을 보존하기 위해 반드시 필요한 항공차단작전을 제외하고는 38도선 이남의 철도 시설을 폭격하는 것은 금지되었다. 그리고 10월 4일 미 극동공군은 북한 항공기를 격파하는 경우가 아니라면 북위 40도선 이남의 북한 비행장을 공격하지 못하도록 했다.

제 6 절 반격작전 분석 및 교훈

반격작전은 미 제8군의 반격작전계획 수립 시에 북한군을 과대평가하여 공격이 지연되는 상황이 발생하였다. 그러나 인천상륙작전과 더불어 속도면에서 돋보이는 작전이었으며 전장에서 주도권 장악의 중요성을 인식하였다. 특히, 사전에 치밀한 작전계획 수립, 절대적으로 우세한 제공권과 제해권, 지상전에서의 미군의 우수한 기동력 등 상대적 전투력 우세와 공세적 전투력 운용, 한국군의 투혼 등 제 요소를 결합해서 반격작전의 여건을 조성하고 주도권을 장악해서 반격작전에 성공을 하였다.

반격작전은 전쟁원칙 측면에서 완벽한 승리였다. 우선 서울이라는 적절한 목표를 선정하여 확보하였으며, 과감한 공세행동과 전투력 집중으로 전장의 주도권을 확보하였다. 그리고 해상과 육상으로 기동하여 북한군을 압도하였으며 새로운 군단의 창설(미 제9군단)과 군단장 교체 등으로 지휘의 통일도 달성했다.

그러나 반격작전의 성과도 있었지만 반격작전이 부진했던 이유도 있었다.

① 지나친 진출 속도	② 심리적인 충격효과 미흡
③ 전투피로 극심	④ 악천후로 근접항공 지원 제한

첫째, 지나친 진출 속도는 결국 문제를 야기했다. 추격군은 도로만을 따라서 경쟁적으로 진출을 했다. 추격을 하는 유엔군과 한국군의 선두부대는 철수하는 북한군보다 먼저 북진을 하는 상황도 발생했다. 이와 같은 상황은 뒤처진 북한군의 패잔병들이 오히려 지휘체계를 회복해서 추격부대의 후방을 공격하는 상황이 발생되었다. 그리고 패잔병들은 태백산맥과 지리산 등에 잠입하여 게릴라 활동으로 제2전선을 형성하는 기회를 제공하였다. 둘째, 북한군에게 인천상륙작전 상황에 대한 전파가 지연되어 심리적인 충격효과가 미흡하였다. 셋째, 미 제8군이 반격작전을 개시한 이후에 북한군의 대응공격과 50일 간의 격전으로 전투피로가 극심했다. 넷째, 반격작전 기간 중에 악천후로 근접항공지원이 제한되었다.

> 나는 한곳으로 집중하고 적을 열로 분산하게 되면, 나의 열로써 적의 하나를 공격하니, 나는 우세하고 적은 열세하게 된다.
>
> \- 손자병법 : 허실(虛實)

제5장

북진작전

백번 싸워 백번 이기는 것이 최선은 아니며
싸우지 않고 적을 굴복시키는 것이다.

- 손자병법 : 모공(模功)

제 1 절 주요 상황

북진작전은 한국군이 38도선을 돌파하는 상황부터 유엔군과 한국군이 압록강 및 한·만 국경선으로 진격하여 미 제7사단이 혜산진에 도착한 시기까지이다. 유엔군과 한국군이 1950년 9월 30일에 38도선까지 진출을 했다. 그러나 유엔군이 머뭇거리는 사이에 동부전선의 한국군 제1군단 예하 제3사단이 38도선을 돌파(10.1)해서 원산에 입성했다(10.10). 그리고 유엔 결의안이 통과되자 서부전선에서도 미 제1군단이 38도선을 돌파했고(10.9), 한국군 제1사단이 최초로 평양에 입성(10.19)을 했다. 이때 맥아더 장군은 미 제8군을 북한의 서부지역으로 진출을 시키고, 미 제10군단은 해상을 이용해서 원산에 상륙시켜서 일부 부대는 북진을 하고, 일부는 서쪽방면으로 진출을 시켜서 제8군과 협조를 하도록 계획하였다. 맥아더는 선두부대가 청천강 변(10.24)에 도달할 때 북진한계선을 철폐하고 총 추격명령을 하달하였다. 그러나 이미 한반도에 잠입한 중공군에게 불의의 기습(10.25)을 허용하였으며, 북진작전에서의 주요 상황은 다음과 같다.

순서	일정	내용	순서	일정	내용
1	'50.9.30	38도선 진출(3사단)	8	'50.10.19	평양 탈환
2	'50.10.1	한국군 3사단 38선 돌파	9	'50.10.24	추수감사절 공세
3	'50.10.2	유엔군 사령부 북진명령 하달	10	'50.10.25	중공군 제1차 공세(~17) (운산/운정리 전투)
4	'50.10.9	유엔군 북진작전 전개 미 제1군단 38도선 돌파	11	'50.10.26	제6사단 7연대 초산 도착
5	'50.10.10	수도·제3사단 원산탈환	12	'50.10.27	초산 전투
6	'50.10.16	한국군 제3군단 창설	13	'50.10.30	평양시민 환영 대회
7	'50.10.19	미 제7사단 원산 앞바다 도착	14	'50.11.21	미 제7사단 혜산진 도착

제 2 절 북진작전 간 각 국가의 대응과 조치

1. 한 국

인천상륙작전과 서울 탈환, 낙동강 방어선 상에서 반격작전으로 한국군과 유엔군은 38도선 남쪽의 북한군을 격멸하고 전쟁 이전의 상태를 회복했다. 그 과정에서 한국군과 유엔군이 38도선 상으로 진출하자 38도선을 돌파하는 문제가 세기의 관심사로 부각되었다. 따라서 38도선을 돌파하고 북진을 하는 문제에 대해서 찬반 논쟁이 일어났으며 북진을 찬성하는 의견은 **"전쟁의 범죄자를 처벌하고 한국의 통일을 달성"**하기 위해서 북진을 주장했다. 그러나 북진을 반대하는 의견은 **"38도선을 넘게 되면 소련 및 중국의 개입을 초래하게 되어 전쟁이 확대되고 제3차 대전을 유발할 수 있는 위험이 있다"**고 주장했다. 당시 38도선 돌파 논쟁의 핵심은 **'한국군과 유엔군이 북진을 해서 북한군을 격멸할 것인가'** 그리고 **'북한군을 격멸 후에 통일 문제를 어떻게 처리할 것인가'**에 있었다. 대한민국 국민들은 물론이고 이승만 대통령도 북진통일을 강력히 주장했다. 대한민국 국민과 군인이라면 38도선 돌파는 너무나 당연한 것이었다. 그러나 38도선 돌파 문제는 유엔군에게는 한국 국민의 정서와는 달리 신중하게 받아들여졌다. 이와 같은 상황에서 유엔군은 서울을 탈환한 다음 날인 9월 29일에 돌연 38도선 상에서 **'진격 중지'** 지시를 하달하여 진격을 멈추고 대기상태가 되었다. 한국군이 정지하자 이승만 대통령은 정일권 총참모총장 등 군 수뇌부를 불러서 한국군 단독으로 38도선을 넘어서 북진을 하라고 명령하였다.

2. 미 국

38도선 돌파 문제는 미 행정부 내에서도 지연전을 전개하던 7월부터 검토하고 있었던 사항으로 유엔군의 북진이 가시화되면서 미국 내에서도 38도선 돌파 문제에 대한 찬반 주장이 엇갈리고 있었다. 38도선 돌파 문제는 정략적 고려이기 보다는 사실 맥아더 장군의 개인 의지가 더 크게 작용했던 사안이었다. 당시 미국의 관심사는 오직 소련과 중국의 전쟁 개입 여부였다. 그러나 38도선에서 **'돌파'**나 **'정지'**를 주장하는 측 모두에게 명분은 있었다. 하지만 이미 해·공군은 38도선 이북에서 작전 중이었다. 결국, 미국은 소련과 중국이 전쟁의 개입 시기를 상실한 것으로 판단하고 북진을 확정하였다. 이에 앞서 트루먼 대통령은 9월 11일에 **"중국과 소련이 개입할 염려가 없는 경우에 지상작전을 북한지역으로 확대 한다"**라는 합참의 방침을 승인했다. 그리고 유엔군사령관에게 차후작전 준비를 위한 시간을 부여하기 위해서 9월 15일과 27일에 **'38도선 돌파 및 군사작전 지침'**을 극비리에 하달했다. 그 내용은 유엔군의 38도선 돌파와 38도선 이북의 북한 지역에 대한 군사작전을 승인하면서, 작전 목적을 **'북한군 격멸'**이라는 군사목적에 한정하였다. 따라서 유엔군은 중·소 국경선의 월경을 금지하고 중·소 영토 부근 지역에서 해·공군의 행동을 금지시켜 중·소 국경에는 접근하지 않도록 하여 소련 및 중국과는 충돌을 방지하려고 했으며, **"소련과 중국이 전쟁에 참여하면 지상 작전은 중단 한다"**라는 가이드라인을 포함하고 있었다. 국제적으로 영국 등 8개국이 미국의 **'38도선 돌파'** 결의안을 제5차 유엔총회에 제출하여 미국의 입장을 지지했다.

3. 중국과 소련

중국은 북한군의 패퇴와 더불어 6·25전쟁에 관심을 보이기 시작했다. 대만 문제에 전념하고 있던 중국은 한반도 문제를 이유로 중공 대표단의 유엔 참석을 요구했다. 그러면서 군사적으로는 대만과의 일전을 준비하고 있던 린바오(林彪)휘하의 제4야전군 19개 사단 25만명을 8월 중순부터 요동으로 집결시켰다.

그리고 미군의 상륙지점은 인천이 될 것임을 정확히 예견한 당시 중국의 총리였던 저우언라이(主恩來)는 **"중국은 한국군이 38도선을 넘는 것은 관여하지 않겠다. 그러나 미국이 38도선을 돌파하는 것은 좌시하지 않을 것이다."**라고 경고하였다. 소련도 한반도의 전황이 불리하게 진행되자 안전보장이사회에 말리크(Yakov A. Malik) 대사를 복귀시키면서 내전을 언급하며 전쟁이 더 오래 지속된다면, 전쟁이 확대될 것임을 경고했다. 이는 유엔군의 38도선 돌파를 사전에 봉쇄하기 위한 외교적 책략을 구사한 것으로 볼 수 있다.

4. 북　한

북한군 최고사령부는 38도선 일대에서 방어선을 구축하기 위해서 서부지역에는 예성강 서쪽에 43사단(민족보위상 최용건, 배천~개성~고랑포~사미천 선)으로 방어선을 형성하고, 가용부대는 북한군 제19·27·17기갑사단으로 개성 북방 금천, 남천점 일대에 집결해 있었다. 동부지역에는(부수상 김책) 사미천~동해안 선에서 방어선을 구축하고 가용부대는 북한군 제5·12·15사단, 후방부대로 방어선을 형성하여 유엔군과 한국군의 북진을 저지하면서, 패잔병들의 철수를 엄호하기 위해서 적극적인 방어를 계획했다. 그러나 당시 북한군은 보급 단절, 사기 저하, 병력 부족으로 38도선 방어가 불가능한 것으로 판단하였다.

제 3 절 북진작전 과정

1. 개　요

북진작전('50.10.1~26)은 38도선 이남 지역을 회복한 유엔군과 한국군이 전쟁 재발을 근원적으로 차단하고 한반도의 통일을 위해서 북한군을 완전히 격멸하고자 압록강 및 한·만 국경선으로 총진격을 개시한 작전이었다.

2. 38도선 돌파작전(1950. 10. 1~10. 8)

정일권 총참모총장은 지휘체계를 유지하면서 이승만 대통령이 부여한 임무를 수행하기 위해서 38도선에 도착해서 대기하고 있는 한국군 제1군단장 김백일 준장에게 북진시에 한국군에게 피해를 줄 수 있는 지역을 확인하였다. 그리고 워커 미 제8군사령관과 면담을 하면서 동해안의 일부 고지(하조대)로부터 총격을 받아서 피해를 입고 있으니 이를 점령할 수 있도록 건의를 해서 워커 장군의 승낙을 받았다. 그리고 9월 30일에 동해안의 제3사단을 방문하여 현장을 확인하고 현지에서 북진을 명하였다. 제23연대(연대장, 대령 김종순)가 10월 1일 05:00시에 인구리에서 출발하여 양양을 목표로 진격해서 38도선을 돌파했다.[33]

중부전선에서의 돌파작전은 한국군 제2군단이 담당하였다. 육군본부 작전명령 제205호에 의거 제2군단 제6사단(10월 3일, 춘천 북방 모진교 남단)은 화천~회양~지경리(원산 외곽)로, 제8사단(10월 7일, 동두천 북방 초성리)은 철원~평강~용지원리(신고산 북쪽)로, 제7사단(10월 8일, 포천 북방 양문리)은 제6사단과 협조하여 금화를 점령 후에 예비로 전환하도록 했다. 각 부대들은 10월 3일부터 10월 8일 어간에 38도선을 돌파 후에 진격을 했으며, 제6사단이 화천(8일), 금화(10일)를 점령했다. 그리고 제8사단은 연천(9일), 철원(10일)을 탈환했고, 제7사단은 금화부근(10일)에 진출했다.

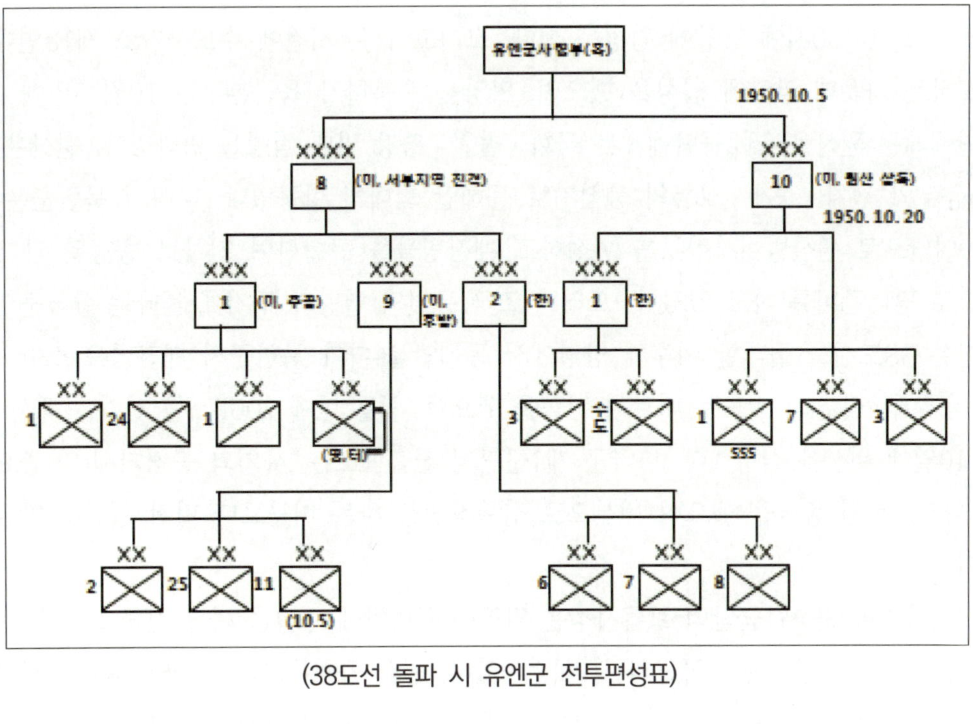

(38도선 돌파 시 유엔군 전투편성표)

군사적 측면에서 유엔군의 38도선 돌파작전은 정치적 정당성을 확보하기 위해서 10여 일의 시간을 지체해서, 북한군에게 재편성 및 북으로 철수를 할 수 있는 시간적 여유

33) 38도선 돌파일인 10월 1일은 국군의 날로 지정되었다.

를 주는 결과를 초래하였다. 특히, 정치적 제약이 없는 한국군마저 38도 선상에서 대기한 것은 북한군을 지원하기 위해서 준비를 하고 있던 중공군에게는 천금과 같은 시간이었으며, 38도선 상에 유엔군의 지체는 **'개전 초기 서울에서 3일을 지체한 북한군과 같이 유엔군이 차후작전을 진행하는데 많은 타격'**을 입었다.

3. 북진작전 및 청천강선 확보작전(1950. 10. 8~10. 17)

당시 북한군의 방어 상황은 제43사단은 예성강 서쪽 황해도, 제19 · 27사단은 개성 북방 금천, 제17기갑사단은 개성 동쪽에 배치하였고 후방훈련소에 6개 사단 6만 명을 집결보유하고 있었다. 북진작전 간 한국군 제2군단은 계속해서 북한군을 추격하여 일부 부대는 평양으로, 일부 부대는 평양을 우회하여 계속해서 북진작전을 진행하였다.

한국군 제1군단이 동해안 축선에서 38도선을 돌파하고 진군했다. 제3사단 23연대는 10월 1일 14:00시에 양양에 입성을 했다. 그리고 같은 시간에 수도사단도 제18연대가 선도하는 가운데 양양에 입성을 했으며, 양양을 수복하자 육군본부는 10월 5일에 제1군단에게는 원산을, 제2군단에게는 금화 · 철원 · 평강 일대 점령을 명하였다. 원산은 북한 동부의 정치 · 경제 · 교통의 중심지로 동해안 최대의 항구였다. 따라서 북한군은 제249여단으로 원산방어사령부를 편성하고 패잔병들을 규합하여 전차로 증강된 약 2만 명으로 방어준비를 하고 있었다. 그러나 조국 통일의 열망과 투지에 불타는 한국군 제1군단은 38도선을 돌파한 이후에 양양에서 동해안을 따라 북한군의 패잔병을 소탕하면서 하루에 26km의 속도로 빠르게 진출을 했으며, 열흘 만에 200km를 진격을 해서 10월 10일에 원산을 점령했다. 한국군 제1군단의 진출속도는 **'사기와 공격기세'**의 중요성을 다시 한 번 증명을 했으며 원산으로 상륙작전을 하는 미군보다 먼저 원산을 탈환하였다.

그러나 한국군 제1군단의 보급사정은 열악하여 맨발에 헝겊을 싸고 진군을 했을 정도였다. 하지만 북진하는 한국군의 사기는 높았다. 원산 공격은 10월 10일 새벽에 시작되었다. 김백일 제1군단장은 원산 탈환을 위해서 우선 원산 시가지를 감싸고 있는 고지군을 탈환하고자, 서(좌)측의 수도사단은 시가지 중심부 서측방의 여왕산을, 동(우)측의 제3사단에게는 시가지 동 측방 고지군을 목표로 부여해서 공격을 개시하였다. 양 사단 공히 13:30분에 원산 시내로 돌입하였으며 이승만 대통령은 원산을 직접 방문해서 원산

탈환의 공로로 제1군단 전 병사들을 1계급 특진을 시켰다.

유엔군은 **'9 · 27 훈령'**으로 38도선 이북으로의 작전 확대를 승인받았다. 유엔군 사령관 맥아더는 북진계획을 미 합참에 제출하여 9월 29일에 트루먼 대통령의 승인을 받았으며 10월 2일에 유엔군 예하의 전 부대에 작전명령 제2호로 하달하였으며 주요 내용은 미 제8군을 주공, 미 제10군단을 조공으로 북진하며 정주~군우리~영원~함흥~흥남을 잇는 선(일명 맥아더 라인)까지 진출한 후 그 선 이북지역에 대한 작전은 한국군이 전담한다는 것이었다. 북진작전간 기동계획은 다음과 같다.

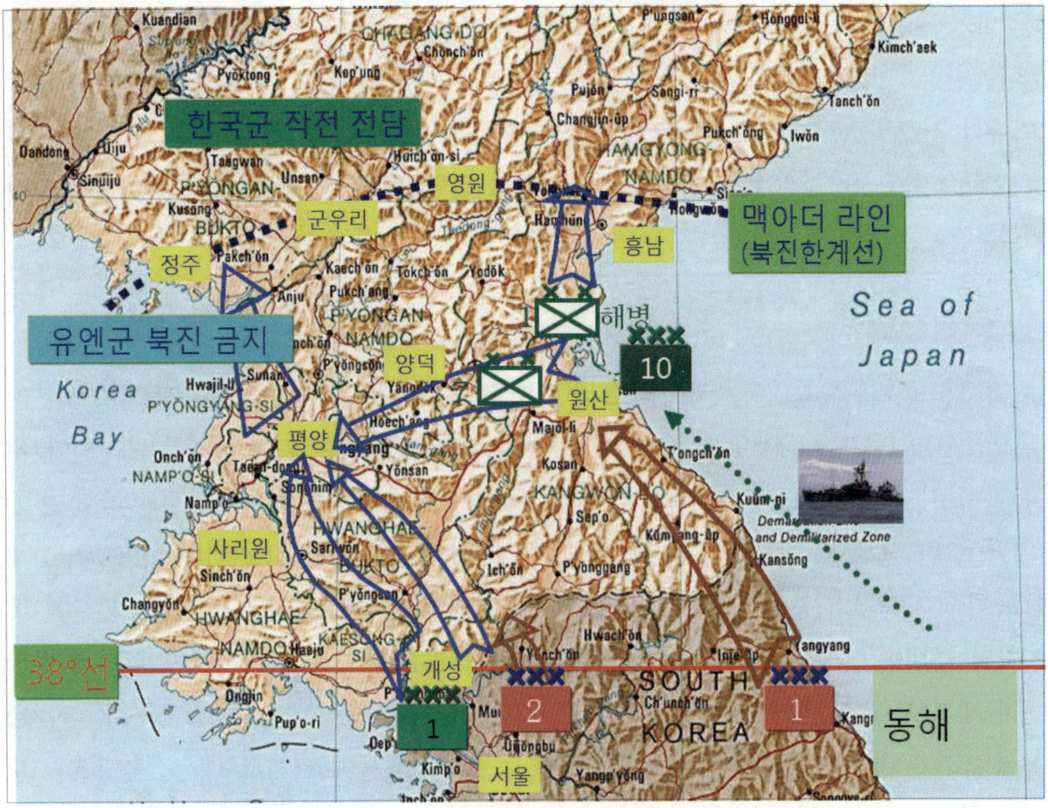

(유엔군 북진계획)

맥아더의 북진계획은 **'중공군이 참전하지 않는 것'**과 **'동계 이전에 작전이 종료될 것'**을 가정하여 계획하였으며, 미 제8군을 평양 축선에서 주공으로 공격하고, 미 제10군단은 독자적인 상륙작전으로 원산에 상륙한 후에 북진한계선(일명 맥아더 라인, 압록강으로부터 90~170km 남쪽)까지 진출하고, 그 이북의 중 · 소 국경지역에 대한 작전은 한국군에 일임한다는 요지이다.

① 미 제8군은 제1군단을 주공으로 38도선을 돌파해서 개성~사리원~평양 방향으로 진격한다.
② 미 제10군단은 주공 공격 개시 후, 1주일 내에 '원산 상륙작전'을 실시하여 교두보를 확보한다. 이를 위해 미 제7사단은 원산~평양 방향으로 공격하여 제8군과 연결하고 해병 제1사단은 한·만 국경선 방향으로 공격한다.
③ 정주~군우리~영원~함흥~흥남선 이북지역 작전은 한국군에게 일임한다.
④ 한국군 제1, 2군단은 조공으로 제1군단은 동해안을 따라 동부전선에서 공격하고 원산을 점령한다. 제2군단은 중부전선의 의정부 축선으로 공격해서 철의 삼각지대로 진격한다.

당시 맥아더 장군의 북진계획은 미 제8군사령관 워커 중장의 견해와는 상이한 것이었다. 워커 장군은 미 제8군이 미 제10군단을 통제하여 작전을 실시하는 **'지휘의 통일'**을 원했지만, 맥아더 장군의 권위 앞에 **'동상이몽'**(同床異夢)으로 끝나고 말았다. 반면에 **'맥아더 장군이 미 제10군단으로 원산상륙작전을 고집했던 이유는 상륙작전 후에 평양을 협공하고, 병참지원과 지리적 난점 해소, 적의 퇴로와 병참선을 차단'**하는 것이었다.

명령을 수령한 미 제8군은 10월 3일에 예하부대에게 북진명령을 하달하였다. 주공군단은 미 제1군단이었다. 미 제1군단은 주공을 미 제1기병사단으로 금천~사리원~평양 축선을 따라 공격을 하고, 서(좌)측은 조공으로 미 제24사단이 연안~해주 방향으로, 동(우)측에는 한국군 제1사단이 토산~신계~수안 방향으로 공격을 했다. 한국군 제2군단은 의정부~춘천지역에, 제1군단은 주문진 일대에 집결하여 북진작전을 준비하였고, 미 제9군단은 부산~서울간의 병참선을 경계하도록 하였다. 그리하여 미 제8군은 미 제10군단으로부터 10월 2일에서 7일 사이에 경인지역의 방위책임을 인수함과 동시에 북진작전 준비에 돌입하였으며, 8일에 38도선에 전개하여 9일에 북진을 개시했다.

미 제1군단은 10월 8일에 임진강을 건너서 개성까지 진출을 했다. 10월 9일 09:00시에는 기존의 38도선을 넘어 북한군 제43사단의 저항을 물리치고 예성강을 도하, 북한군 제19·27사단이 배치된 금천지역을 공격하기 시작했다. 금천은 평양방어의 관문으로 돌파를 허용하면 바로 평양이 위협을 받는다는 것을 누구보다 잘 아는 북한군의 저항은 필사적이었다. 따라서 북한군은 길목마다 지뢰를 매설하고 일전을 준비했다. 이 때문에 북으로의 진출은 10월 11일까지 지연되었다.

이와 같은 상황에서 미 제1군단은 미 제1기병사단의 작전목적을 북한군 격멸에서 지역목표인 방어진지 후방의 한포리로 변경하였으며, 제7기병 연대(3대대)가 주·야간 행군으로 한포리를 선점하여 북한군 2개 사단의 퇴로를 차단하였다. 그리고 제1·8기병연대를 좌우로 우회시켜 10월 12일에는 2중 포위를 달성했다. 그러나 정면 압박부대와 포위부대의 템포 적용에 실패하여 포위망이 형성되기 전에 포위된 부대 일부가 이탈한 것은 오점이었다. 그러나 금천 전투는 전사에서 **'양익포위'**의 진수를 보여주는 사례였다. 금천 수복 후에 평양을 탈환하기 위한 북진작전이 개시되었다. 평양은 한반도에서 북한 전쟁지도부의 총본산이었다. 평양은 지형적으로 하폭 400~500m의 대동강을 중심으로 두 개의 지역으로 나뉘어져 있다. 평양을 탈환하는 대열에는 미 제1군단 제1기병사단과 미 제24사단, 한국군 제1사단 그리고 한국군 제2군단(제6 · 8사단) 등이 참가했다.

미 제8군으로부터 평양 탈환의 임무를 부여받은 미 제1군단장 밀번 소장은 미 제1기병사단을 주공, 미 제24사단을 조공, 한국군 제1사단은 후방작전 임무를 부여했다. 그러나 한국군 제1사단장 백선엽 준장은 군단장에게 평양 공격의 기회를 달라고 요청하였다. 이에 밀번 소장은 제24사단과 임무를 교대하여 제1사단을 조공으로 임무를 변경하였다. 하지만 한국군 제1사단은 미 제1기병사단보다 이틀 늦은 10월 11일에야 38도선에 도착하였으며, 미군에 비해서 기동력이 떨어져서 진출이 지연되었다. 이에 백선엽 사단장은 미군 포병사령관의 조언으로 미군의 전차를 지원받아 TF를 구성해서 1일 평균 20km를 진격하면서 진출속도를 증강시켰다. 이때 주공인 제1기병사단은 금천전투 이후에 사리원~황주~평양 남측 흑교리를 경유해서 19일에 대동강 변에 도달을 했다. 미 제1기병사단보다 중서부의 험한 지형으로 공격을 하는 한국군 제1사단도 수안~평양 동남쪽 지동리를 경유해서 19일 아침에 대동강 변에 도착을 했다. 그러나 각 부대 및 제대별로 평양탈환에 대한 경쟁이 치열하게 전개되었으며 기계화 부대인 미 제1기병사단이 평양을 먼저 점령할 가능성이 커지자, 이승만 대통령은 정일권 총장에게 평양만큼은 한국군이 먼저 점령을 해야 된다고 강조했다. 그러나 북한군은 멸악산맥 일대의 평양방어선이 붕괴되자 대동강 및 동평양 일대에 3중의 견고한 방어 진지를 구축하고 완강하게 저항하는 가운데, 평양 탈환작전이 전개되었다. 결국 한국군 제1사단 12연대가 19일 11:00시 경에 북한군의 세 번째 방어선을 돌파하고 동평양의 대동교 인근에 위치한 선교리 로터리에 진출해서 평양에 입성한 최초의 부대가 되었다. 곧이어 미 제1기병사단과 한국군 제7사단도 대열에 합류했다. 한국군과 미군이 대동강에 도달하자, 북한군은 철수하면서 동 평양과 본 평양을 연결하는 대동강 교량을 파괴했다. 따라서 미 제1기병사단은 10월 20일에 대동강을 도하할 수 있는 부교를 준비했고, 한국군은 19일 밤에 적절한 도섭장소를 선정하여 급속도하를 해서 미군보다 먼저 평양을 점령했다. 한국군 제7사단도 거의 동시에 입성했다. 그러나 평양탈환 작전은 정치적 · 심리적으로는 성공한 작전이었으나 군사적으로는 실패한 작전이었다. 그 이유는 첫째, 한국군과 유엔군의 수뇌부는 추격 작전의 속도와 포위에는 무관심 했다. 당시에 평양이라는 지역목표보다는 북한군을 격멸하는 것이 효과적일 수도 있었다. 둘째, 북한의 수도를 점령하고도 북한의 전쟁지도부를 와해시키지 못했다. 당시 맥아더 원수는 아직 북한군 주력이 평양 북방에 잔류하고 있을 것으로 판단하였다. 따라서 숙천과 순천지역에 공정작전을 실시했으며, 작전의 목적은 미 제1군단이 평양을 탈환하고 북한군의 퇴로를 차단해서 북한의 고위 관리들을 포획하고 유엔군 포로를 구출하기 위해서 실시하였다. 공정작전에 투입된 병력은 미 제8군의 제187공수연대전투단(연대장, 대령 Frank S. Bowen) 4,220명으로, 10월 20일 12:00 C-119 및 C-54 수송기 113대에 분승하여 김포에서 이륙, 평양 북방 56km지점에 위치한 숙천(주 투하지역)과 그 동쪽으로 17km 떨어진 순천에 투하되었다. 연대는 투하 당일 17:00시까지 목표를 탈취하고 전술적 절단을 했으며, 한국군 제6사단과 성공적으로 연결하였다.

이 작전의 성과는 북한군의 철수를 엄호하던 제239연대 소속의 일부 병력을 격멸한 것과 유엔군 포로 일부를 구출한 것이 전부였다. 하지만 북한군에게는 심리적으로는 큰 위압감을 주었다. 이후에 한국군 제2군단의 제6사단, 한국군 제8사단, 미 제1군단 소속의 한국군 제1사단, 미 제24사단 순으로 청천강 선으로 진출했다.

맥아더 원수는 6 · 25전쟁에서 또 한 번의 상륙작전을 연출하고자 했다. 그 계획은 **"미 제8군이 평양을 점령하고, 미 제10군단이 해상에서 원산을 점령하여 동서로 연결하여 북한군의 퇴로를 차단하는"** 것으로 원산 상륙을 계획하였다. 그러나 당시 맥아더 원수의 상륙작전 계획이 워커의 구상과는 대립이 되었으나 아무도 이견을 제안하지 못했다. 미 제10군단은 원산으로 출항하기 전 경인지역을 미 제8군에게 인계하고, 인원 및 장비 승선을 하는데 많은 시간을 소모하였다. 미 제1해병사단은 10월 16일에 인천에서 승선하여 원산을 향하여 출항했고, 미 제7사단은 열차편으로 부산으로 이동한 후 부산에서 승선하고, 10월 17일에 출정하여 19일에 원산 앞바다에 도착했다. 그러나 한국군 제1군단은 동해안 축선에서 10월 1일에 38도선을 돌파하여 10월 10일에 원산을 먼저 탈환한 상태였다. 한국군의 원산 탈환으로 인하여 계획된 상륙작전은 행정적 상륙으로 전환되었다. 또한 원산 앞바다의 기뢰제거 작전에 많은 시간이 소요되었으며 **'소**

해작전'을 진행하면서 일부 함정이 파손되는 피해를 입기도 했다. 10월 19일에 원산 해역에 도착한 미 제1해병사단은 소해작전이 종료된 26일부터 시작하여 28일까지 상륙을 완료했다. 미 제7사단은 기뢰제거 작업 내내 부산에서 출항하여 10일 간 바다에 떠 있었으며, 10월 29일부터 이미 탈환한 함경남도 이원에 행정적으로 상륙하여 혜산진으로 향했다. 상륙부대인 미 제10군단은 북진작전의 귀중한 시간에 기뢰를 제거하는 시간까지 합하여 약 20일 이상을 원산 앞바다의 함상에서 보내야만 했다. 원산 상륙작전은 단순한 전술적 실수가 아니었다. 이는 중공군의 개입과 연계되어 전략적인 실패를 초래했다.

★ 6·25전쟁의 사실 14 : 일본 소해대의 활동과 성과는?

유엔군과 한국군이 북진작전에 대비하여 북한은 소련의 지원을 받아 원산항 일대에 매설한 기뢰를 제거하는 과정에서 미국의 요청으로 일본의 소해대가 투입되었다. 일본 소해대는 1950년 10월 10일 아침에 원산항에 도착하여 소해작업을 개시하였으며 1950년 10월 중순부터 12월 초까지 원산·군산·인천·해주 등에서 활동하였으며, 연 7개 대대, 소해정 44척, 순시선 10척을 파견하여 해로 327km와 정박지 600km에 대해서 소해작업을 실시해서 27개의 기뢰를 제거하였다.

4. 압록강·두만강으로 진격(1950. 10. 17)

북진작전이 한창 진행되고 있던 10월 15일에 미국의 트루먼 대통령과 맥아더 원수가 태평양의 웨이크(Wake) 섬에서 전략회의를 가졌다. 대통령이 섬까지 찾아온 것은 전장의 지휘관에 대한 일종의 배려였다. 여기서 맥아더는 승리를 낙관하며, **"추수감사절 안에 북한군의 공식적인 저항을 종식시킬 수 있다."**고 보고하였다. 중공군의 개입 가능성에 대해서는 **"거의 없거나 5~6만명 수준으로 미군의 공군력으로 격멸이 가능하고, 중공군은 효과적인 개입시기를 놓쳤다"**라고 트루먼 대통령에게 보고했다. 회담의 결과는 미국의 정책에 그대로 반영되어 이후 유엔군의 추가 파병과 보급품을 선적하는 데 제한을 받았다. 이는 유엔군의 북진작전에 지대한 영향을 미쳤다.

맥아더는 10월 17일에 미 제8군이 평양 부근까지 진격했을 때, 한국군을 제외한 유엔군의 진출한계선을 9·27훈령에 따라서 기존의 맥아더 라인(정주~영원~함흥)에서 **'신 맥아더 라인(한반도 서해안의 선천으로부터 회목동~고인동~평원~성진을 연하는 선)'**으로 북상 조정하여 유엔군 작전명령 제4호로 하달하였다.

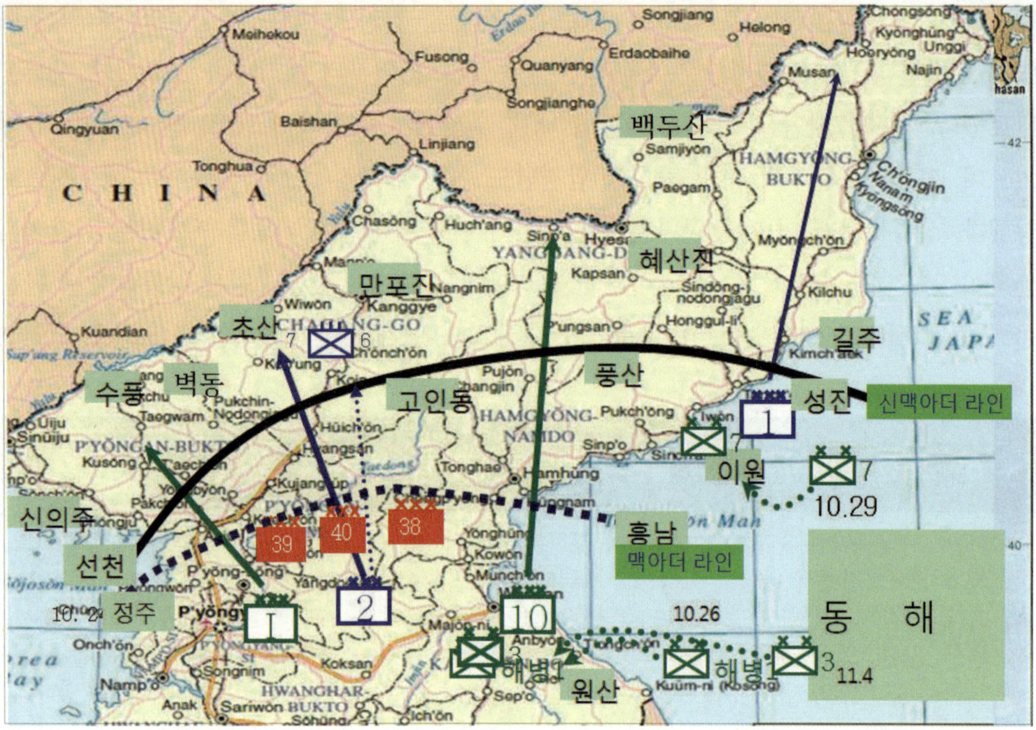

(압록강 · 두만강으로 진격)

신 맥아더 라인으로부터 한 · 만 국경선까지는 대체로 48~64km를 남겨두고 있었다. 맥아더의 총 추격명령은 사실상 자신의 진출한계선을 폐기한 것으로 유엔군도 한 · 만 국경으로 공격하라는 것이었다. 이 조치는 소련과 대결을 피하려는 미 합참과 갈등이 있었다. 이 시기에 한국군 제3군단이 10월 16일에 창설되어 제5사단, 제11사단을 예하부대로 서울 · 춘천 · 양구 · 인제지구에서 공비소탕 임무를 수행하면서 북진작전을 지원했다.

5. 한 · 만 국경선으로 추격(1950. 10. 24~11. 23)

한국군 제2군단 부대들은 10월 21일에 평양을 우회해서 퇴각하는 북한군을 뒤로하고 한 · 만 국경선으로 진격을 했다. 이제 압록강과 두만강으로 진격을 해서 북한군 잔당을 소탕하는 일만 남아 있었으며 꿈에 그리던 통일이 이루어지는 것 같았다. 그리고 맥아더는 풍성한 수확을 신께 감사하며 미국의 건국을 기리는 추수감사절(Thanks givingday)인 11월 23일까지는 전쟁이 종료될 수 있다고 판단을 했다. 그러나 소련과 중공군의 개입 징후가 없자, 24일부로 **'전 병력을 투입하여 최단 시간 내 한·만 국경선까지 진격하라'**는 총 추격명령을 하달했다.

(한만 국경선으로 추격)

'유엔군의 압록강과 두만강으로의 진격작전'은 크게 낭림산맥을 기준하여 미 제8군의 **'서부지역작전'**과 미 제10군단의 **'동부지역작전'**으로 구분하였다. 서부의 미 제8군 워커 장군은 미 제1군단장 밀번 소장에게 한국군 제7사단을 배속해서(23일) 가능하면 국경선지대의 작전을 한국군이 담당하도록 지시하였다. 이에 따라 한국군 제2군단 예하의 제6사단이 초산, 제8사단이 만포진과 중강진을 목표로 하여 진격하였다. 동부의 미 제10군단장 알몬드 소장도 한국군 제1군단은 동해안 도로 및 무산 도로를 따라 국경선을 점령하고, 미 제1해병사단은 장진호 부근으로 진출하여 **'강계'** 공격을 준비하고, 미 제7사단은 **'백두산 남쪽'**으로 진출하였다. 유엔군은 진격작전을 전개한 끝에 10월 26일경에는 박천~태천~운산~온정~희천~이원을 연하는 선까지 진출하였다. 반면 중공군이 아직 모습을 나타내지 않은 서해안 방면에서는 미 제24사단과 영연방 제27여단이 신의주 남쪽 30km지점인 정거동까지 진출하고 있었다. 한국군 제6사단 7연대는 청천강에서 북한군의 노획차량을 이용해서 큰 저항 없이 10월 26일 14:15분에 압록강 변의 초산에 도착을 했다. 초산에 도착한 장병들은 수통에 압록수를 담았다. 그러나 한반도에 진입한 중공군은 진격하는 한국군 및 유엔군의 철수로를 차단하기 위해서 은밀하게 내륙으로 기동을 하고 있었다. 다만 한국군 제6사단 7연대는 중공군과 기동로가 엇갈려서 압록강까지 진격을 할 수 있었던 것이다. 추수감사절 공세 다음 날인 10월 25일에 서부지역에서 전혀 예측하지 못한 중공군의 기습으로 미 제8군 전체가 붕괴될 수 있는 상황이 전개되었다. 이것이 중공군이 한반도에 투입되어 처음으로 실시한 **'제1차 공세'**였다. 그러나 아직도 승리감에 도취되어 있던 유엔군 사령부는 이와 같은 상황을 대수롭지 않게 여기고, 오히려 계속 공격을 명하였다. 결국 운산지역에서 한국군 제1사단이 중공군으로부터 공격을 받아서 철수를 시작했고, 온정리의 한국군 제6사단 제2연대는 와해되어 버렸다. 또한 초산으로 진격했던 제6사단 제7연대는 27일에 철수명령을 받기 직전에 고립되었다. 중공군의 출현으로 전선의 균형이 갑자기 기울어지자 미 제8군은 전방진출부대의 퇴로 차단을 우려하여 후방으로 철수를 명했다.

(북진작전 경과 II)

미국의 안보회의에서는 중국의 참전을 확인하고 전면전을 회피한다는 기존의 입장을 재확인하면서, 한·만 국경으로 진격작전을 중지하고 방어태세로 전환하도록 했다. 그러나 유엔군 사령관 맥아더 원수는 공산주의자들에 대한 유화정책을 경계하고 단호한 공세적 입장을 견지했다. 유엔군은 중공군의 참전 사실을 인정하면서 중공군이 조직적인 공격력을 갖추기 전에 전쟁을 종결하고자 했다. 그리고 맥아더 원수는 **"이번 작전이 마지막이 될 것이며, 10일 이내에 전쟁을 종결하고 크리스마스 이전까지는 고향으로 돌아갈 수 있을 것이다."**라고 유엔군을 향하여 훈시했다. 그리고 유엔군과 한국군의 마지막 북진작전인 **'크리스마스 공세'**가 11월 24일에 시행되었다.

★ 6·25전쟁의 사실 15 : 김일성은 승용차를 버리고 도주를 했다?

1948년에 소련은 소련제 ZIS-110리무진을 마오쩌둥과 김일성에게 선물로 주었다. 1950년 10월 22일에 한국군 제6사단 7연대가 평양 동북방 약 100km 청천강변에서 노획하였다. 1951년 6월에 이승만 대통령은 이 승용차를 미 제8군사령관 워커 장군의 부인에게 선사하였다. 워커 장군 부인은 1951년 7월 10일에 샌프란시스코에서 이 차를 인수하고 고향인 조지아로 가던 중에 고장이 나서 다른 승용차와 교환을 하였다. 이후 (사)유엔한국참전국협회는 1969년부터 14년간 이 차의 행방을 확인하던 중에 1981년 미국 뉴저지주의 자동차 수집상이 소유하고 있음을 확인하고 대가를 지불하고 미국으로 건너간 지 31년만인 1982년 7월 12일에 정전협정 제60주년을 맞이하여 전쟁기념관에 기증하였다.

제 4 절 북진작전 분석 및 교훈

38도선 돌파와 더불어 시작된 북진작전은 북한군을 압록강과 두만강 변으로 몰아냈으며, 재기 불능의 심대한 타격을 가했다. 그러나 이러한 일련의 성공적인 군사작전 뒤에도 몇 가지 문제점들이 있었다.

① 중공군의 전쟁 개입에 대한 오판
② 공격기세 유지 미흡
③ 지휘의 이원화
④ 공격 시 목표선정 문제
⑤ 후방의 패잔병 처리 미흡
⑥ 정보의 문제
⑦ 보급지원 문제
⑧ 공정작전 시기 상실
⑨ 작전 주도권 상실

첫째, 북진작전의 계획수립과정에서 중공군이 개입을 하지 않는다는 안이한 판단을 하였다. 둘째, 공격기세 유지가 미흡했다. 이 문제는 정치적인 문제가 있었지만 군사적인 측면에서 큰 실책이었다. 한국군은 인천상륙작전 이후에 서울탈환에서도 비교적 많은 시간이 소요되었으며 한국군이 동부에서 10월 1일에 북진을 개시하였으나 유엔군은 10월 9일에 38도선을 넘었다. 이는 공자 스스로 공격의 속도를 포기한 상황이었다. 그리고 작전지역의 특성과 가용 전투력을 고려한 계획수립의 문제로 청천강선(270km)과 국경선(765km)까지의 간격으로 전투력이 분산되었다. 셋째, 지휘의 이원화이다. 미 제8군과 제10군단은 낭림산맥을 기준하여 좌우로 나뉘어 별도의 부대로 작전을 수행하였다. 동일한 전구에서 이원화된 지휘는 경쟁 심리를 부추기고 적절한 협조가 이루어지지 못했다. 또한 미 제10군단은 상륙작전을 시행하다가 20여 일 동안 바다에서 유병화 되었다. 따라서 미제10군단이 진출을 하지 못하는 상황이 발생되었고 서쪽에서 진격하는 미 제8군과 간격이 확대되었다. 중공군은 낭림산맥에 형성된 공간을 이용해서 한국군 및 유엔군의 배후를 공격하거나 철수로를 차단하여 우군간 상호지원과 협조가 제한되었고 중공군의 돌파를 허용하였다.

넷째, 공격작전 시 목표선정 문제이다. 최초 38도선 돌파 단계인 **'금천전투'**에서 적절한 지역목표 선정으로 북한군 2개 사단을 효과적으로 포위하여 격멸하는 사례를 볼 수 있었다. 그러나 **'평양 탈환 작전'**에서는 **'평양'**이라는 지역목표에 고착되어, 미 제1군단과 한국군 제2군단이 평양이라는 지역목표를 확보하는 데 집중을 해서 북한군이 퇴각을 할 수 있는 시간을 확보할 수 있었다.

다섯째, 북으로 진격 시에 후방에 있는 북한군의 패잔병 처리에 관심을 갖지 못했다. 결국 패잔병들은 산악으로 들어가서 유격활동을 전개하고 제2전선을 형성해서 한국군 및 유엔군에게 위협이 되었으며 큰 피해를 주었다.

여섯째, 정보의 문제이다. 유엔군 사령부는 적정 파악이 미흡하였으나 전쟁이 조기에 종료될 것이라는 안이한 판단을 했다. 그리고 중공군의 전쟁 개입과 한반도 진입을 파악하지 못했으며 이는 맥아더 원수 정보라인의 무능함이었으며, 맥아더원수는 군신(軍神)이지만, 정보의 맹신(盲神)이기도 하였다. 그 결과는 전세를 파멸로 몰아넣었고, 수많은 인명이 살상 당했으며 한반도가 분단이 되는 원인이 되었다. 일곱째, 보급 수송을 위한 왜관 철교, 경부철도 주요 교량보수 등 보급수송 체계 구축이 지연되어 미 제8군의 보급지원이 곤란하였다. 여덟째, 숙천 · 순천 지역의 공정작전 시기를 상실하여 중공군

2차 공세 시에 북한군의 제2전선이 형성되어 유엔군이 방어 작전을 하는 상황에서 많은 피해가 있었다. 아홉째, 38도선에서 승기를 잡았음에도 불구하고 10일간의 지연으로 주도권을 상실하였으며 제10군단을 운용하지 못하는 문제가 발생하였다.

> 나는 한곳으로 집중하고 적을 열로 분산하게 되면, 나의 열로써 적의 하나를 공격하니, 나는 우세하고 적은 열세하게 된다.
>
> \- 손자병법 : 허실(虛實)

제6장

중공군의 참전과 후퇴

제1절 주요 상황

제2절 중공군의 참전 배경과 전략

제3절 추수감사절 공세와 중공군 제1차 공세

제4절 크리스마스 공세와 중공군 제2차 공세

제5절 중공군 제3차 공세와 서울 피탈

제6절 후퇴작전 분석 및 교훈

적을 알고 나를 알면 백번 싸워 위태롭지 않다.

- 손자병법 : 모공(模功)

제 1 절 주요 상황

유엔군의 후퇴 및 재 반격은 중공군 제1차 공세(1950.10.25~11.5)부터 소련의 제의로 첫 정전회담이 개최되는 기간까지(1951.7.10)이다. 유엔군이 38도선을 넘어서 진격을 하자 중공은 1차 18만 명, 2차 12만 명 등 30만 명의 병력을 10월부터 압록강을 도강하여 한반도에 진입을 시켰다.

유엔군은 마지막 공세를 했지만 2차에 걸친 중공군의 공세에 허무하게 무너졌다. 중공군 제1차 공세 시에는 청천강 선으로 철수를 하고, 제2차 공세 시에는 흥남철수를 단행하여 38도선 일대로 다시 철수를 하였다. 이 과정에서 유엔군은 무질서하게 퇴각을 했고 심대한 전투력 손실을 초래하였다. 한국군과 유엔군은 중공군 3차 공세 시에 다시 서울을 중공군에게 내주고 37도선까지 후퇴하였다. 이어서 반격을 시도한 유엔군은 서울을 재 수복하고 38도선까지 재진출을 할 수 있었다. 중공군과 유엔군은 38도선 일대를 기점으로 대규모 공세와 반격작전이 반복되는 공방전을 전개했다. 이 과정에서 미국은 전쟁의 주도권을 잡았으나 더 이상의 확전은 정치적 부담으로 작용되었고, 중공군 역시 큰 전력의 손실을 입고 보급상의 문제로 위축되었다. 따라서 양측은 한쪽의 일방적인 군사적 승리가 어렵다는 것을 인식하게 되었고, 정전이 거론되기 시작했다. 중공군의 참전과 후퇴과정에서는 유엔군의 크리스마스 공세로부터 1 · 4후퇴 등이 진행되었으며 주요 상황은 다음과 같다.

순서	일정	내용	순서	일정	내용
1	'50.10.25 ~11.5(12)	중공군 제1차 공세 (추수감사절 공세)	8	'50.12.13	38도선으로 철수
2	'50.11.25 ~12. 8(14)	중공군 제2차 공세 (크리스마스 공세)	7	'50.12.16	흥남 철수(~24)
3	'50.11.27	장진호 철수작전	8	'50.12.31 '~51.1.8	중공군 제3차 공세 (유엔군 1차 반격)
4	'50.11.30	한국군, 유엔군 전면 철수	9	'50.1.4	1.4 후퇴, 37도선으로 철수
5	'50.12.4	미 제8군 평양 철수	10	'51.1.11	원주지구 전투(~15)

제 2 절 중공군의 참전 배경과 전략

1. 참전 배경

중국은 대륙 통일의 과업을 진행 중이던 1949년 이전까지는 김일성의 대남전략을 한반도 내부의 문제로 취급하고 자체적으로 해결을 희망하면서 별다른 관심을 보이지 않았다. 또한 중국은 6 · 25전쟁이 발발할 당시만 해도 타이완(臺灣)을 합병하는 준비에 박차를 가하고 있었다. 그러나 6 · 25전쟁 발발 직후에 미국이 중공군의 타이완 침략에 대비하여 타이완 해협에 미 제7함대를 급파하자, 중국은 이에 대한 비난을 하면서부터 반응을 보이기 시작했다. 그리고 미군이 한반도에 상륙하자 중국은 둥베이(東北)에 대한 위기를 느끼고, 7월 15일부터 중남군 지역의 제50군, 타이완 공격을 준비했던 제9병단, 산시(陝西)의 제19병단 등을 동북지방으로 이동시키고, 동북에서 모집한 인원을 더하여 총 25만 여명의 **'둥베이 변방군(東北邊防軍)'**을 편성했으며 중국인민지원군으로 명칭을 변경했다.

김일성은 스탈린과 마오쩌둥(모택동)에게 지원을 요청했다. 그러나 스탈린은 **"소련군의 직접 참전이 제한되기 때문에 중공군이 의용군의 형태로 참전하는 것이 바람직할 것"**이라는 내용을 마오쩌둥에게 전달했다. 하지만 중국은 거듭된 파병 논의에도 불구하고 결론을 내지 못하자 마오쩌둥이 정치적 직권으로 파병을 결정했다. 사실 중국은 전쟁 이전부터 여러 경로를 통해서 **'미군이 38도선을 넘으면 한반도 전쟁에 개입 하겠다'**는 의사를 미국에 전달했다. 그러나 미국이 이를 무시하고 38도선을 넘었으며, **'전쟁을 중국으로 확대하지 않을 것이며, 북 · 중 국경선에서 중국의 안전을 보장한다'**라고 밝혔다. 그러나 마오쩌둥은 미국의 발언을 믿지 않았고, 미국이 중국을 침략할 것이라는 **'미국 위기설'**을 조장했다. 결국 중국의 참전은 중 · 미 상호 간에 통보 내용을 주관적으로 해석하고 의사를 왜곡한 결과였다.

그러면 마오쩌둥이 중국을 건국한 지 1년도 안된 상황에서 한반도 전쟁에 개입한 배경은 다음과 같다.

① 국가안보의 선제 발동　　② 북한정권 유지　　③ 경제 개발

첫째, 미군의 한반도 진주와 북으로 진군에 따른 국가안보의 선제 발동이었다. 둘째, 북한 정권 즉 공산주의 집단의 유지였다. 중국 대륙과 한반도는 **'순망치한(脣亡齒寒)'**의 관계로 김일성이 주도하는 공산주의 정권이 붕괴된다면 결국 친미주의의 한반도와 지리적으로 연결되어 중국의 안전에 위협을 줄 것으로 판단하였으며 미 · 일 동맹을 견제하고 아시아에서 주도권을 확보하는 데 있었다. 셋째, 경제 개발이다. 중국은 한반도의 전쟁으로 소련과 밀접한 외교관계가 유지되면서 이를 바탕으로 건실한 경제협력 관계가 유지되기를 기대했다. 하지만 마오쩌둥이 최종적으로 고려한 것은 **'중국의 국익이 무엇인가?'**하는 것이었다.

2. 중공군의 전개

중국이 6 · 25전쟁에 개입을 하게 된 명분은 **"미국에 대항해서 조선을 지키는 것이 가정을 보호하고 나라를 지키는 길"**이라는 것이었다. 중공군은 유엔군의 북진작전이 진행되고 있을 때, 압록강을 걸어서 도강하기 시작했다. 중공군은 **'인해전술'**[34]로 싸웠으며 한반도 진입 방법은 야간이동으로 4시간 행군을 하고 은폐를 하면서 행군군기를 유지하는 방법으로 이동을 하였다. 한반도에 침입한 중공군은 주로 4개의 통로를 이용하였다.

① 안동(安東 1965년 이전, 현재는 丹東)~신의주　　② 청성진(淸城津)~삭주
③ 집안(輯安)~만포진　　④ 임강(臨江)~중강진

선두 부대인 제4야전군 예하 제13병단 12개 사단(약 18만 명)이 10월 19일 야간에 집안(輯安)에서 압록강을 도강하였고, 10월 20일에는 펑더화이가 신의주를 거쳐 대유동에 동북변방군사령부를 개소하였다. 10월 26일에는 중공군 2차 부대인 제 50·66군의 6개 사단(6만 6천명)이 안동~신의주 통로를 이용해서 도강을 했으며, 총병력 18개 사단 203, 640명이 한반도에 전개하였다. 12월 초순에는 제3야전군 예하 제9병단 3개

34) 중공군 인해전술은 적진지 돌파와 섬멸에 중점을 둔 밀집대형의 파상적 공격전술로 중공군 4선 12파 전법(일명 새끼줄 전법)이라고 한다.

군 12개 사단(약 12만 명)이 동북지역에서 임강~중강진 통로를 이용해서 압록강을 넘었으며 선두로 60만 대군이 압록강을 건넜다. 중공군들은 압록강을 도강하여 일몰과 함께 행동하고 새벽 4시면 이동을 중지하고 5시까지 모든 행동을 은폐하였다. 이와 같은 방법으로 중공군은 미군의 공중 관측에 발견되지 않고, 하루에 7~8시간의 야간행군으로 산악지형을 이용해서 한반도 내륙으로 진출을 할 수 있었다.

(중공군 이동경로)

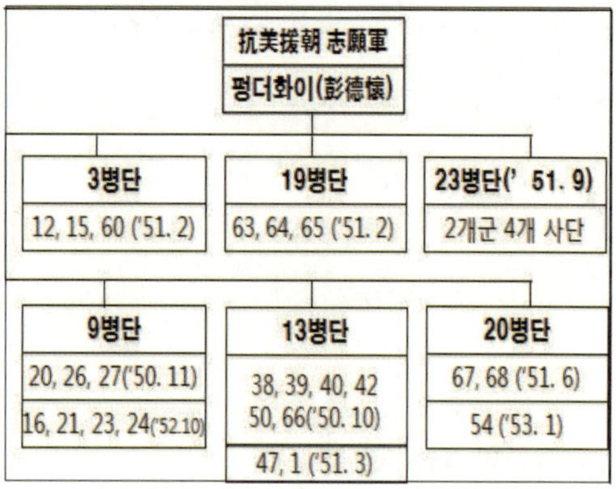

(중공군 부대별 출병 일정)

3. 중공군의 전략

중국 전쟁지도부는 유엔군이 평양~원산 선을 점령하고 진격을 멈출 것으로 판단했다. 그래서 최초에는 전략적 방어에 치중을 하다가 소련으로부터 무기를 지원받은 후에 주도권을 잡고 공세로 전환하였다. 따라서 중공군은 한반도 내륙으로 깊숙이 들어와서 원산~평양 이북 산악지역에 근거지를 마련하고 덕천, 영원선 남쪽에 2~3개의 방어선을 구축한다는 계획을 수립하고 있었다. 그러나 유엔군의 진출속도가 워낙 빨라서 한반도에 진입을 하자 신속하게 공세로 전환을 하지 않을 수가 없었다.

중공군은 한반도에서 치른 전투를 중국 특유의 전역(戰役, campaign)이라는 개념으로 파악하여, 6·25전쟁 중 다섯 차례의 전역과 전쟁 후기에 3차의 전역 및 주요 전투를 치른 것으로 파악하고 있다. 중공군은 전쟁기간 중에 전투를 **'전략적 반격'**(1950년 10월 25일부터 1951년 6월 10일까지 다섯 차례의 전역)과 **'전략적 방어'**(1951년 6월 11일부터 1953년 7월 27일까지 진지전 위주의 방어전 전개)의 두 단계로 구분했다.

지원군 사령관 펑더화이(팽덕회)는 한반도의 지형에 적합한 전술과 마오쩌둥(모택동)의 군사사상을 반영하여 **'진지전(지역방어)과 운동전(기동방어)의 배합전'**을 수행하였으며 전술적 상황에 따라 역습·매복·기습으로 유생역량(전투에 참가하는 모든 사람)을 소멸하였다. 그리고 유엔군 대 중공군의 전투는 **'장비와 인력의 싸움'**으로 진행되었다. 중공군은 화력부족을 병력으로 싸우는 전투를 했으며 중공군은 미군과는 6대1, 한국군과는 3대1의 병력 우세를 확보한 후에 전투를 했다. 그리고 중공군은 미군에 비해서 상대적으로 화력과 기동력이 약한 한국군의 방어지역을 먼저 공격하여 포위·소멸해서 분리시킨 후에 미군의 측방을 노출시켜 퇴로를 차단·포위해서 미군을 소멸시켰다. 특히, 제1차와 제2차 전역(공세)에서는 **'유엔군을 깊숙이 유인하여 섬멸한다(誘敵深入)'**는 전술을 사용하였다. 이와 더불어 중공군은 우리가 잘 알고 있는 인해전술과 함께 미군의 막강한 화력과 공군기를 피해서 야간위주로 공격을 했고, 역으로 한국군과 유엔군에 밀착하여 화력을 피하기도 하였다. 또한 장비의 기동이 취약한 산악지대 위주로 방어진지를 구축하였다. 6·25전쟁 기간 중 중공군의 한국전 참전은 총 300만 명으로 중공군 투입이 최고로 많았던 기간은 1953년 4월에서 7월 17일 정전협정 체결까지 130만 명이 넘는 병력이 전쟁에 투입되었다.

후퇴하여 적이 반쯤 진출했을 때 공격하면 유리한 지형이다.

- 손자병법 : 허실(虛實)

제 3 절 추수감사절 공세와 중공군 제1차 공세

1. 유엔군의 추수감사절 공세(1950. 10. 25~11. 5)

유엔군이 청천강 선에서 10월 24일에 한·만 국경으로 진격을 하자 중공군이 10월 25일부터 적유령산맥 남단에서 공세를 단행해서 11월 5일까지 진행된 쌍방의 공방으로 유엔군이 청천강 이남으로 철수하였다. 유엔군 지휘부는 추수감사절(11.23)까지는 전쟁을 끝낼 수 있을 것으로 판단하고, 동·서의 지휘관에게 두만강과 압록강을 향하여 최대의 속도로 진출을 하도록 지시했다(10.24). 이와 같은 추수감사절 공세에 따라서 한국군과 유엔군은 총공격을 해서 서부전선에서는 청천강을 도하해서 영연방 제27연대와 미 제24사단이 정거동, 한국군 제2군단이 운산, 온정리까지(제6사단 7연대는 초산), 동부전선에서는 10월 26일 원산에 상륙한 제1해병사단이 인공 호수인 장진호 방향으로, 미 제7사단은 혜산진 방향으로, 한국군 수도사단이 청진 방향으로 각각 진격을 해 나갔다. 그러나 유엔군은 중국의 참전사실을 인지하지 못하고 분산된 채 전진하여, 미 제8군과 제10군단의 전선이 서로 연결되지 않았으며 서부전선의 한국군 3개 사단이 지나치게 돌출되어 있었다.

2. 중공군의 제1차 공세(1950. 10. 25~11. 5)

중공군의 작전단계는 3단계로 이루어졌으며 제1단계는 유엔군의 한·중 국경선 진출 저지, 제2단계는 총 반격으로 38도선 이북 회복, 제3단계는 38도선 이남을 공격하여 서울을 재점령하고 유엔군을 한반도에서 축출한 다음 차후작전 준비를 하는 것이었다. 중공군의 전략은 진지전(지역방어)과 운동전(기동전)의 배합으로 기본개념은 유엔군과 한국군을 분리하고 소멸하는 것이다. 적용 전술은 역습·매복·기습으로 한국군을 먼저 공격 후에 미군을 소멸하고 미군의 화력을 피해서 야간공격을 하고 산악지대로 기동을 해서 한국군과 유엔군의 전·후방으로 침투하는 일점양면전술을 사용하였다. 즉 중공군은 **'손자병법 허실편'**에 있는 **"형인이 아무형(形人而 我無形) 적의 형태는 드러내되 나는 감춘다."** 즉 중공군은 밤에는 이동하고 낮에는 은거하는 철저한 은폐로 연합군을 깊숙이 끌어들여 포위섬멸을 하는 전략을 적용하였다. 마오쩌뚱은 10월 21일에 **"중요 지역에 매복하여 공격부대를 기습하되 화력이 미약한 한국군 제2군단(제6 · 7 · 8사단)을 먼저 기습한 후에 미 · 영군을 공격하라"**고 전선의 사령관에게 지시하였다.

(중공군 제1차 공세 상황도)

중공군의 제1차 공세는 1950년 10월 25일부터 11월 5일까지 진행되었으며 중공군은 10월 21일에 평안북도 운산 및 온정리 일대에서 전개한 후 25일에 운산에 있던 한국군 제1사단과 온정리에 있던 한국군 제6사단을 기습공격해서 청천강 선까지 진출을 했다. 이때의 전투를 **'중공군 제1차 공세'**라고 한다. 중공군은 10월 25일에 지금까지 압록강을 도강한 6개 군 중에서 5개 군(38군 · 40군 · 9군 · 66군 · 50군)을 서부전선으로 투입하여 적유령산맥 남단에서 서남쪽의 운산~희천 방향으로 공격했고, 42군은 장진호 북쪽에서 남쪽으로 전개를 했다. 10월 25일에는 운산에서 한국군 제1사단 15연대와 12연대가 북진하던 중 중공군 제40군 예하부대 매복지역으로 진입하여 중공군과 첫 전투가 진행되었다. 그러나 증원된 미 제1기병사단장이 중공군의 배치에 대한 한국군 제1사단의 포로 심문 결과를 무시하고 제8기병연대를 무리하게 초월 공격을 시켜서 포위가 되었으며, 11월 2일에 중공군 제39군단의 포위공격으로 많은 피해를 입었다. 그리고 제6사단(사단장, 준장 김종오) 선봉부대인 제2연대도 10월 25일에는 온정리에서 중공군 제40군단 제118사단의 매복에 걸렸으나 가까스로 포위망을 탈출했으며, 초산까지 진출한(26일 14시 15분) 제7연대는 퇴로가 차단되었다. 또한, 한국군 제8사단(사단장, 준장 이성가) 16연대도 포위가 되어, 한국군 제6 · 8사단 4개 연대가 와해되는 사태가 발생했다. 동부전선에서도 한국군 제3연대가 황초령에서 중공군 제42군 124군과 접전이 발생했으며 11월 13일까지 전투가 계속되었다. 이와 같이 중공군의 거센 저항에도 불구하고 유엔군이 계속 진출을 했던 이유는 유엔군 지휘부에서 중공군의 참전을 인정하지 않고 계속 공격을 독촉했기 때문이었다. 유엔군은 미 제1기병사단이 패퇴하고 중공군의 압력이 거세지자, 11월 3일에 청천강으로 철수했다. 이는 9월 15일에 인천상륙작전을 실시한 이후 40일만의 후퇴였다. 중공군 제38군과 제40군 및 제39군은 미 제8군의 동(우)측인 한국군 제2군단 지역을 돌파하여 청천강을 따라서 안주 방향으로 진출을 시작했다. 이는 한국군을 돌파한 이후에 유엔군의 후방 차단을 기도하는 수순이었다. 그리고 11월 4일에는 요충지인 개천 탈취를 시도했다. 만약 중공군이 개천에서 순천이나 신안주로 진출한다면, 미 제1군단의 퇴로가 차단되어 궤멸되는 것은 시간 문제였으며, 상황이 급박하게 전개되자 미 제1군단은 군단 예비인 한국군 제7사단을 비호산에 투입했다. 그 이유는 비호산은 개천~순천, 개천~덕천을 연결하는 도로를 통제할 수 있는 고지였고 미 제8군의 철수를 지원할 수 있는 중요한 지역으로, 한국군 제7사단은 비호산에서 중공군 제40군을 저지하는 동안에 미 제8군 1군단은 철수를 하였다. 그러나 공격을 하던 중공군은 11월 7일에 갑자기 접촉을 단절한 채 적유령산맥으로 잠적했다. 그 이유는 동부전선의 중공군은 서부전선 공세 시에 측방을 보호하는 임무가 부여되었기 때문에 강한 압박을 하지 않고 위력수색 정도에 그쳤다. 이와 같은 중공군의 제1차 공세는 유엔군의 추수감사절 공세를 실패로 돌아가게 함과 동시에 맥아더의 북진을 멈추게 했다. 한국군 제6사단과 미 제8기병연대 등은 부대가 와해되는 피해를 입었다. 중공군은 한국군과 유엔군의 한 · 중 국경선으로 진출을 저지했고, 후속증원부대의 전개시간을 획득했다. 그리고 서부축선에서는 청천강선 이남으로 유엔군을 축출하는 등 차후에 대규모 공세를 위한 여건을 마련하였다. 한편, 중공군은 한국군 3개 사단에 대해서 집중 타격을 기대했지만 미군의 화력으로 제한되었고 보급이 미흡해서 더 이상의 큰 전과를 거둘 수가 없었다. 중공군이 개입한지 일주일이 지난 11월 2일에 유엔군사령부는 한국에 침입한 중공군을 약 6만여 명으로 파악하였으며, 이들을 수풍발전소를 경계하는 부대라고 분석을 하였다. 이와 같이 유엔군은 중공군의 실체를 제대로 파악을 하지 못하고 있었으며 중공군의 개입을 크게 우려하지 않았다. 11월 6일에 중공군이 잠적을 하자 유엔군 지휘부는 다시 한 번 확신에 찬 목소리를 내었다. 그러나 중공군은 전력을 위장하기 위해서 청천강 상에서 추격을 멈추고 더 큰 유인작전을 준비 중에 있었다.

제 4 절 크리스마스 공세와 중공군 제2차 공세

1. 유엔군의 크리스마스 공세(1950. 11. 24~12. 24)

크리스마스 공세와 중공군의 제2차 공세는 유엔군이 11월 24일에 청천강 상에서 다시 총공세를 단행하면서 중공군이 다음 날 공세를 하여 서부 전선의 청천강 일대와 동부 전선의 장진호 및 함흥 일대에서 12월 24일까지 벌어진 공방전이다. 중공군의 제1차 공세를 치른 유엔군은 중공군의 실 병력을 30만여 명으로 판단하였고, 중공군은 현대전 경험이 없었고 전투의지가 저하되어 있었으며 보급이 곤란하고 화력과 제공권이 열세하다고 판단을 하였다. 따라서 유엔군은 중공군이 조직적인 전력을 갖추기 전에 전쟁을 종결하겠다는 구상을 했다. 따라서 동부전선에 계획대로 1개 군단을 상륙시키고, 서부전선에도 미 1개 군단을 추가로 투입을 하였으며 11월 24일에 총 공세를 단행하였다(작전소요 예상기간 10일).

(유엔군의 크리스마스 공세 상황도)

유엔군 사령부는 미 제8군의 북진과 함께 미 제10군단의 서진에 의하여 중공군을 포위하려는 계획이었다. 미 제8군은 3개 군단 병진으로 공격했다. 미 제1군단은 서쪽의 청천강에서 압록강 하류로(안주~신의주), 중앙은 미 제9군단이 압록강 중류로(운산~초산 방향), 동(우)측에서는 한국군 제2군단이 만포진(희천~만포진 방향)으로 각각 공격했다. 미 제10군단은 미 제1해병사단을 서진시켜 제8군과 연결한 후에 만포진 방향으로 공격을 하고, 미 제7사단을 혜산진 및 압록강 방향으로, 한국군 제1군단을 만주와 소련 국경선으로 진출하도록 했다. 그러나 이 계획은 백두산~개마고원~묘향산으로 이어지는 험준한 낭림산맥을 가운데 두고 미 제10군단과 미 제8군이 양분되었고 양 집단군 사이에 80km의 간격이 발생하였다. 이와 같은 상황에서 중공군 제4야전군 13병단 20만 명의 병력으로 서부전선을 공격하고, 제3야전군 9병단은 12만 명의 병력으로 동부의 장진호 전선에서 미 제1해병사단과 제10군단(3개 사단), 한국군의 제1군단(2개 사단)의 이동로를 차단했다.

2. 중공군 2차 공세(1950. 11. 25~12. 8)

중공군의 제 2차 공세는 11월 25일부터 12월 8일까지 진행되었다. 중공군은 제1차 반격에서 자신감을 얻고 **'반격을 통해서 공세로 전환'**하고자 했다. 이번 작전의 목적은 청천강과 장진호 그리고 청진지역에서 유엔군을 섬멸한 후에 유엔군의 후방지역에 침투해 있는 제2전선 부대(특작부대)와 연계해서 38도선을 회복하는 데 있었다. 중공군은 1차로 진입한 제13병단을 적유령산맥 남단, 2차로 진입한 제9병단을 장진호 및 개마고원 부근에서 전개하여 북진하는 유엔군을 기다리고 있었다.

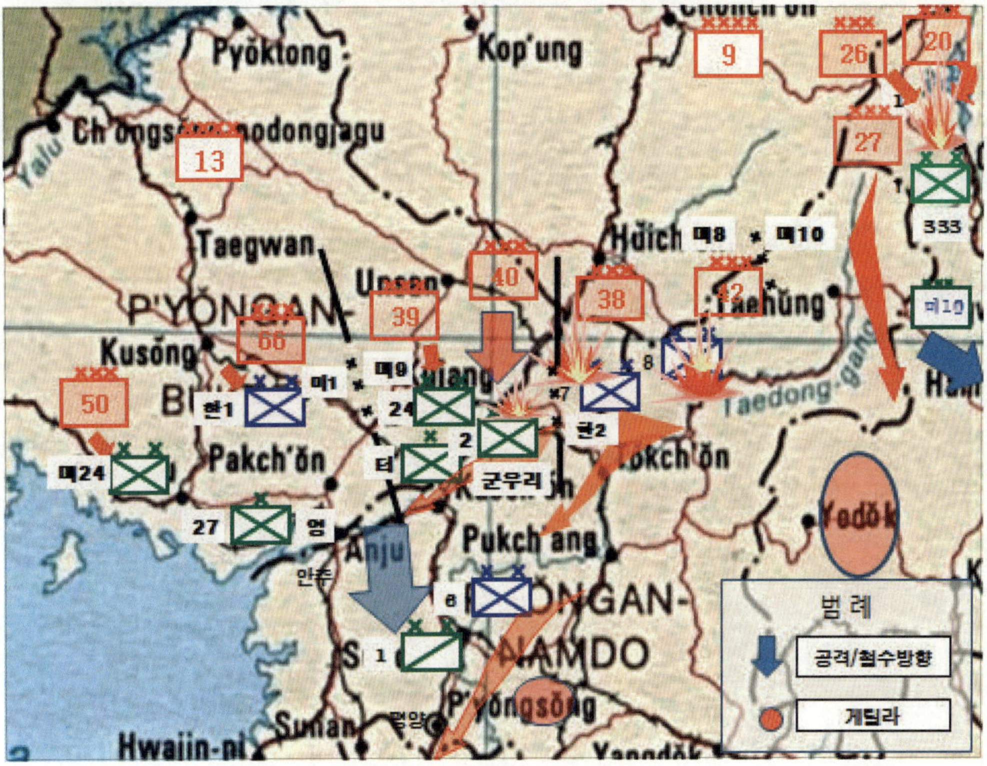

(중국군 제2차 공세 상황도)

서부의 제38군이 덕천지역에 위치한 한국군 제7사단을, 제42군단이 한국군 제8사단을 우선 섬멸하기로 했고, 동부의 중공군은 미 제1해병사단을 유인하여 섬멸하기로 했다. 한국군 및 유엔군은 11월 24일 10:00시에 청천강을 도하해서 첫날에 8~15km를 전진했다. 공격 첫 날 정주(미 제24사단)와 태천(한국군 제1사단) 부근을 탈환했고, 한국군 제2군단(제7 · 8사단)은 덕천~영원 일대까지 진출했다. 곧이어 선두부대는 압록강 선으로 진출하고, 일부는 국경선을 향하여 진군했다. 그러나 공세 2일차인 11월 25일에 은폐하고 있던 중공군은 공세로 전환했으며, 또 다시 유엔군의 측방인 한국군 제2군단의 정면을 집중공격 했다. 26일에는 한국군 제2군단 제7사단이 덕천지역에서 중공군에게 순식간에 붕괴되었고, 중공군은 덕천과 맹산 일대로 진출하였으며, 중공군은 미 제8군의 동(우)측 배후를 포위하기 시작했다. 중공군이 미 제8군의 측방으로 주공을 지향하여 청천강 이남으로 진출을 하자, 또 다시 미 제8군은 붕괴위기에 직면하였다. 이에 미 제8군은 터키와 영연방 여단을 긴급 투입해서 청천강을 따라 군우리와 순천으로 진출하는 중공군을 저지하도록 했다. 한국군 제7사단이 덕천지역에서 무너지면서 터키 여단이 군우리 지역에 투입되어, 중공군 38군과 조우하여 1/3이상 병력 손실을 입었다. 또한 미 제8군을 최후까지 엄호하고 철수하던 미 제2사단이 군우리~순천 간에서 중공군 제43군에게 집중공격을 받아서 궤멸되기 시작했다. 한편 동부전선에서는 11월 27일에 중공군 제9병단(12개 사단)이 유담리에 도착한 미 제10군단의 미제1해병 사단의 선두부대를 공격해서 퇴로를 차단했다. 이에 유엔군은 11월 28일에 중공군의 참전을 사실로 인정하고, 평양~원산을 연하는 선으로 전면적인 철수를 결정하였다. 중공군의 제2차 공세작전으로 미 제8군은 12월 3일에 숙천과 순천으로 철수를 했으며 12월 4일에는 안주와 신안주가 피탈되었다. 12월 4일에는 평양에서 철수를 했으며 평양~원산선 방어 계획이 무산되었고 미 제8군은 38선 부근으로 철수를 했으며 임진강 하류~동해를 연하는 신방어선이 형성되었다. 미 제10군단 지역은 12월 6일에 원산이 피탈되었고 **'장진호 전투'**(11.27~12.11)와 **'홍남철수 작전'**(12.14~24)[35]이 있었다.

35) 1950년 12월 15일에서 12월 24일까지 열흘 동안 동부전선에 투입되어 압록강 유역의 혜산진과 두만강 유역까지 진출을 했던 미 제10군단과 한국군 제1군단이 함경남도 흥남에서 해상으로 철수한 작전이다. 한국군과 유엔군이 38선 이남 지역으로 다시 물러난 이른바 '1 · 4 후퇴'를 상징하는 사건으로 여겨진다. 당시 퇴각하는 한국군과 미군을 따라서 북한 지역에 살던 주민들도 대거 남쪽으로 피난을 내려오면서 수많은 난민과 이산가족이 발생했는데, 흥남에서 배를 타고 내려온 피난민만 해도 10만여 명이었다.

3. 중공군의 2차 공세 간 주요 전투

가. 군우리 전투(1950. 11. 25~11. 30)

군우리 전투는 중공군 2차 공세 시에 미 제2사단이 서부전선의 군우리에서 미 제8군 주력부대의 엄호 임무를 수행 후에 마지막으로 철수하는 과정에서 중공군 제 113사단의 철수로 차단 및 집중 공격을 이겨낸 전투이다. 군우리는 평안남도 와원 일대에 위치하고 있으며 교통의 중심지로 남·북으로 도로망이 잘 발달되어 있었다. 주요 도로망은 군우리~순천~성천, 군우리~신안주~숙천을 연결하는 도로망이 발달되어 있었다. 그리고 기온은 영하 22℃의 혹한이 지속되었으며 도로는 결빙되어 있었고 폭설로 시계가 제한되었다. 당시 상황으로 11월 25일에 미 제2사단은 군우리 일대에서 미 제8군 주력부대 철수 시에 중공군 제38군의 공격을 차단하는 엄호부대 임무를 수행하고 있었다.

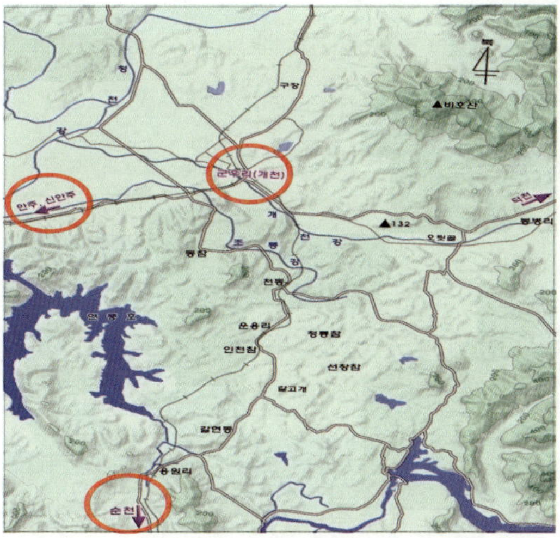

(군우리 지형 상황도)

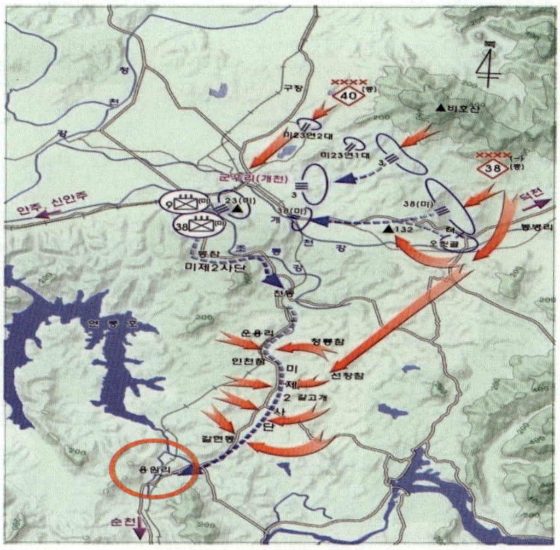

(군우리 전투 상황도)

이 상황에서 중공군 제113사단은 미 제2사단의 철수로를 차단하기 위해서 개천에서 순천 간 도로 상에 있는 삼소리·용원리 일대의 협곡을 선점하고 있었다. 이에 미 제2사단은 미 제9군단의 항공지원 하에 죽음의 계곡을 횡단하는 데 성공하였다. 전투경과를 보면 미 제2사단은 엄호부대 임무수행 후에 사단장의 철수준비 지시에 의해서 전차 1개 소대로 편성한 도로 정찰대에게 임무를 부여해서 철수로를 정찰했다. 이에 중공군 제113사단은 미 제2사단의 도로 정찰대가 이동하는 상황에서 공격을 하지 않고 통과시켰다. 이에 미 제2사단은 11월 30일에 철수를 개시하였다. 그러나 중공군 제38군은 2개 사단(112 · 114사단)을 추가로 증원해서 미 제2사단의 퇴로를 차단하고 공격을 하였다. 이에 미 제2사단은 항공지원 하에 군우리에서 용원리에 이르는 **'죽음의 계곡'**[36]을 통과였으나 포병부대 장비를 유기하고 철수를 하였다. 그러나 미 제17포병대대는 군우리 우회도로에서 중공군과 조우를 하였으나 중공군을 격퇴하고 큰 피해 없이 지휘체계와 건제를 유지하면서 철수하는 데 성공하였다. 당시의 군우리 전투를 평가해 보면 미 제2사단은 군우리 일대에서 미 제8군이 철수 시에 후위부대 임무를 성공적으로 수행했으며 중공군의 공격을 차단해서 미 제8군 주력부대의 안전한 철수를 보장하여 차후작전 수행이 가능하도록 하였다. 특히 군우리 전투에서 터키 여단이 처음으로 전투에 참여해서 전과를 올렸다. 하지만 미 제2사단은 군우리~순천으로 철수 간에 상급부대 항공지원에 의존한 채 중공군 제38군이 선점한 좁은 협곡으로 철수를 하는 과정에서 중공군의 공격으로 궤멸상태에 빠지는 대량피해가 발생하였고 **'인디언 태형'**[37]이란 치욕을 당했다. 이 전투에서 미군과 한국군은 대패를 했고 **'중공군 공포증'**에 빠지는 등 눈물의 1 · 4후퇴를 했다. 그러나 미 제2사단은 역경을 극복하고 전투력을 복원하여 중공군 4차 공세 시에 지평리 전투에서 전세를 역전시키는 승리를 하였다.

나. 장진호 전투(1950. 11. 27~12. 11)

미 해병 제1사단이 장진호일대에서 눈보라와 함께 중공군 제9병단에게 포위가 되었다. 당시 장진호 전투 상황과 과정을 보면 다음과 같다. 장진호 전투는 1950년 11월 27일부터 12월 11일까지 개마고원의 **'장진호'** 일대에서 미 해병 제1사단이 영하 40℃의 혹독한 추위와 10배가 넘는 중공군의 포위를 뚫고 건제를 유지한 채 **'함흥'**으로 철수하는 데 성공한 작전이었다.

장진호는 한반도의 지붕인 개마고원 하단으로 **'흥남'**과 **'강계'**의 중간 지점에 위치하고 있으며, 압록강의 지류인 장진강을 막아 조성한 호수로 면적이 64㎢로 여의도의 20배 크기이다. 장진호는 혹한으로 결빙이 되어 있었으며 평균 기온 영하 34℃로 체감온

---

36) 미 제2사단이 군우리에서 좌 · 우측이 산으로 에워싸인 약 15km의 골짜기를 통과하면서 중공군의 공격으로 3천 명의 사상자와 장비가 파괴되는 피해를 입어 죽음의 계곡이라고 하였다.

37) 인디언은 적군 포로나 범법자를 처벌할 때 용사들이 두 줄로 나란히 선 다음에 그 사이로 이들을 들여보내 통과할 때까지 흠씬 때리는 형벌을 가했다고 한다.

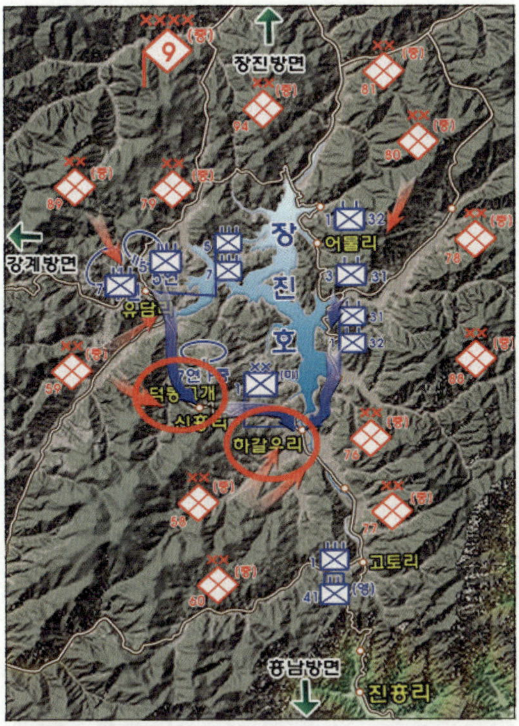

(장진호 피 · 아 배치 상황도)

(중공군 유담리 공격 상황도)

도가 영하 40℃에 이르러 야전삽으로 참호 구축이 불가했으며 기관총 등 각종 전투장비의 윤활유가 동결되었고 피 · 아간 동상 환자가 속출하였다. 그리고 30㎝이상의 적설과 초속 60m강풍으로 도보 및 차량 기동이 제한되었고 백색 방한복을 입은 중공군의 식별이 제한되었다.

중공군의 상황으로 제9병단은 7개 사단 약 12만여 명이 11월 26일 이전에 배치되어 있었으며 유담리 일대에 제79 · 89사단, 신흥리 일대에 제59사단, 하갈우리 일대에 제58 · 76사단, 고토리 일대에 제60 · 77사단, 장진호 동측에 제80사단이 배치되어 있었다.

11월 27일에 미 해병 제1사단은 중공군이 사전에 포위망을 구축하고 기다리고 있는 깊은 계곡의 포위망 속으로 들어갔다. 당시 배치는 덕동고개 일대에 미 해병 7연대 F중대, 하갈우리 일대에 미 해병 제1 · 7사단 지휘소와 미 해병 제7연대 1개 대대, 고토리 일대에 해병 제1연대, 영 해병 제41특공대, 미 제2사단 2개 대대는 어물리 일대에 배치되어 있었다. 이 상황에서 중공군 2개 사단(79 · 89사단)은 11월 27일에 유담리 일대의 미 해병 제1사단을 공격하였으며 미 해병 제5 · 7연대는 방어로 전환을 하였다. 그러나 11월 27일 밤에 중공군이 유담리를 공격해서 미 해병 제1사단 7연대 E중대와 중공군 제79사단 235연대가 서로 막대한 피해를 입었다.

11월 28일에는 중공군 1개 연대가 덕동고개의 F중대를 공격하였고 중공군 1개 사단이 하갈우리에 위치한 사단지휘소를 집중공격 하였다. 11월 28일에 중공군은 하갈우리에서 고토리에 이르는 주요 고지를 선점하여 퇴로를 차단하였으며, 미 해병 16개 소총중대 가운데 3개 중대를 격멸하였고 많은 고지를 탈취하였다. 연합군은 11월 29일에 하갈우리 동쪽 고지가 피탈되어 영 해병 41특공대를 하갈우리에 투입을 하였다. 이 상황에서 영 해병 특공대 드라이스 데일 TF가 하갈우리 일대에 증원을 하기 위해서 고토리에서 이동을 개시하였다. 그러나 1,479고지 일대에서 중공군의 공격으로 부대가 와해되었으며 11월 30일에 선두부대 일부만 하갈우리에 진입을 하였다. 이로 인해서 1,479고지 일대를 죽음의 계곡(Hell Fire Valley)이라고 하였다. 11월 30일에는 영 해병 41특공대가 하갈우리 동쪽고지로 역습을 하였으나 중공군의 집중공격으로 역습에 실패하였으며, 12월 1일에 다시 역습을 해서 성공하였다.

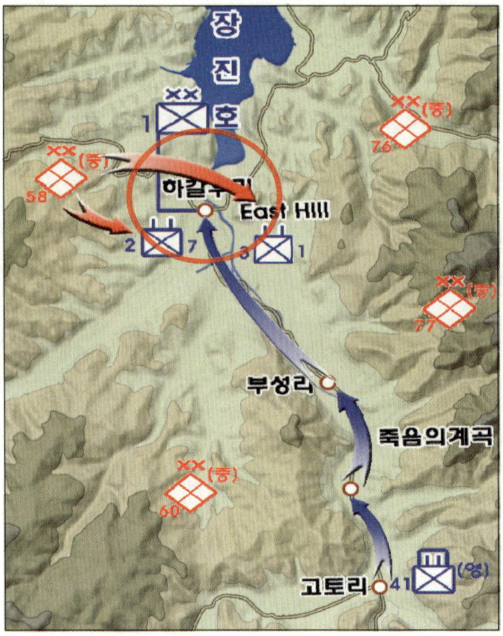

(하갈우리 방어전투 상황도)

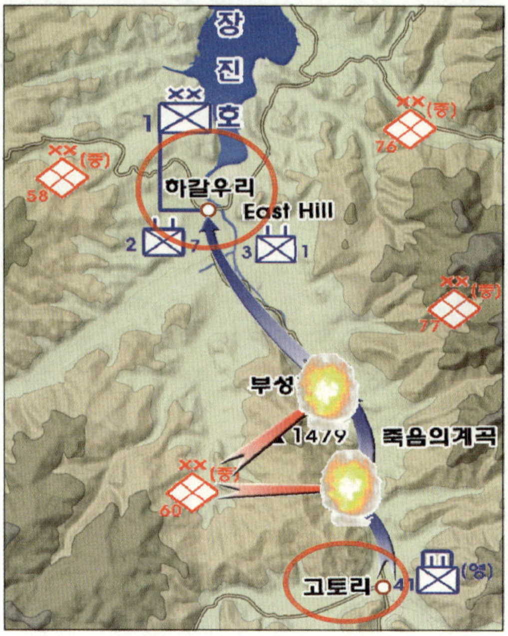

(고토리 '죽음의 계곡' 전투 상황도)

미 해병 제1사단은 11월 27일부터 30일까지 4일 동안 치열한 공방전을 벌이다가 11월 30일에 스미스 소장의 지시로 12월 1일에 철수를 개시하였다. 12월 2일에는 덕동고개에 위치한 F중대와 연결 작전을 성공했다. 12월 4일에 미 제5 · 7연대는 하갈우리로 철수를 완료했으며 미 해병 제1사단은 피난민 1,000여 명을 포함해서 12월 6일부터 7일까지 고토리로 철수를 했다. 이때 주민 수천 명도 추위와 굶주림에 시달리면서 흥남까지 32km나 되는 험한 산길을 따라 이동하다가 지뢰를 밟거나 중공군의 포격으로 많은 피난민들이 사망을 했다.

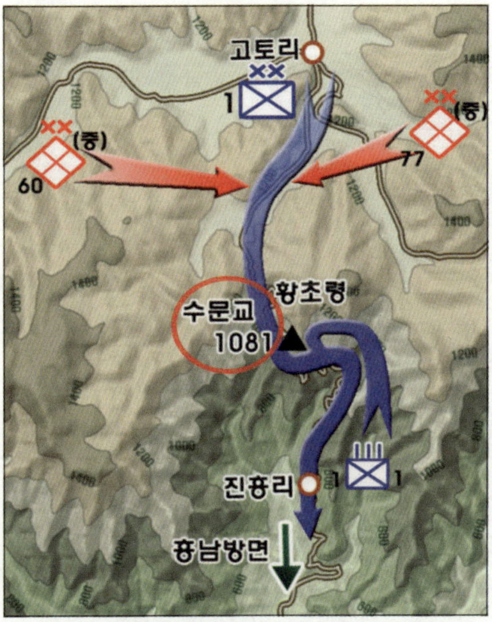

(진흥리 전투 상황도)

12월 7에는 중공군이 미 해병 제1사단의 퇴로를 차단하기 위해서 수문교를 폭파하였다. 이에 미 해병 제1사단은 12월 9일에 수문교를 복구하고 12월 9일 야간에 철수를 재개했다. 12월 8일부터 10일까지 진흥리로 철수를 했으며 철수 간에 애로지점마다 중공군 12개 사단의 집중공격을 극복하고 12월 11일에 20km 거리의 흥남으로 철수를 완료했다. 장진호 전투에서 미 해병 제1사단의 승리로 중공군 제9병단은 많은 전·사상자가 발생하여 3개월 간 전투력 발휘가 불가하였다.

장진호 전투 결과 미 해병 제1사단과 중공군의 피해를 보면 아래 표와 같다.

구 분	미 해병 제1사단	중공군
계	7,300여명	47,500여 명
전 사	600여 명	25,000여 명
부상(실종)	3,000여 명	12,500여 명
비전투 손실(동상)	3,700여 명	10,000여 명

장진호 전투를 평가해 보면 미 해병 제1사단이 동계전투 준비에 소홀하여 많은 피해가 발생하는 문제점이 발생하였으나 적시 적절한 공중보급 작전으로 혹한을 극복하였다. 그리고 중공군이 집중공격을 하는 위기상황에서도 건제유지 하에 철수를 하였으며 미 해병 제1사단장 스미스 소장이 철수를 하는 상황에서 장병들의 사기를 위해 **"우리는**

지금부터 새로운 방향으로 공격을 한다"라는 리더십을 발휘하였다. 그리고 스미스 사단장의 탁월한 판단으로 비행장을 건설하여 병참물자를 추진하였으며 부상자 4천 5백여 명을 일본으로 후송하여 추가적인 전투손실을 예방하는 상황판단과 리더십이 빛난 전투사례였다. 그리고 **'장진호 전투'**는 독일군과 소련군이 벌인 독·소 전쟁 중 **'모스크바 전투'**, **'스탈린그라드 전투'**와 함께 3대 동계 전투 중의 하나로 가장 성공적으로 철수를 한 전투사례이며 6·25전쟁의 3대 전투이자 미국의 해병대가 창설된 이후에 가장 치열했던 전투 중의 하나였다. 장진호 전투의 교훈은 다음과 같다.

① 폭설 및 도로결빙으로 육로 보급지원이 제한되는 상황에서 공중지원 대책을 효과적으로 강구하였다.
② 혹한의 상황 속에서 지휘관의 솔선수범과 엄정한 군기확립으로 부대원들에게 자신감을 부여했다.
③ 동계 전투에 대한 사전 교육 및 훈련의 필요성이 대두되었다.
④ 동계전투 시 화력장비, 탄약, 인원 등의 관리에 대한 대비책이 필요했다.
⑤ 전장공황관리와 전투근무지원에 대한 중요성을 인식했다.
⑥ 우군 간 교전 및 피해방지 대책 강구가 필요했다.

장진호 전투가 피·아에 미친 영향으로 중공군은 미 해병 제1사단을 격멸 및 함흥을 탈취하는 데 실패를 했고 중공군 제9병단이 막대한 손실을 입어 재편성을 하는 데 3개월이 소요되었다. 미군은 최초 계획했던 북방진출에는 실패했으나 **'흥남 철수작전'**을 성공하는 여건을 마련하였으며 서부 지역으로 중공군의 증원을 방지하였고 중공군 제9병단에 큰 피해를 입혀서 차후작전에 유리한 여건을 조성했다.

다. 흥남 철수작전(1950. 12. 15~12. 24)

'흥남 철수작전'의 배경이 되는 전투 상황을 요약하면 다음과 같다. 한국군과 미군이 1950년 9월 15일에 인천상륙작전을 성공하고 북한군의 배후를 차단한 뒤에 낙동강 방어선을 넘어 대대적인 반격을 시작했다. 그 결과 9월 28일에 서울을 탈환했으며, 38선을 돌파 후에 북진을 계속해서 10월 19일에 평양을 점령했다. 인천상륙작전을 성공시킨 미 제10군단은 동부전선에서 추가로 배속 받은 한국군 제1군단이 동해안을 따라 북진을 하도록 했다. 미 제1해병사단과 제7보병사단은 인천과 부산에서 배를 타고 이동을 해서 **'원산 상륙작전'**을 추진하였다. 그러나 한국군 제1군단이 10월 10일에 원산을 점령하면서 원산 상륙작전은 무의미한 작전이 되었고, 10월 29일에 원산에 상륙한 미군은 압록강 유역인 혜산진과 두만강 유역까지 진출을 했다. 그리고 미 해병 제1사단은 북한의 임시 수도인 강계를 공격하기 위해서 개마고원의 장진호 방면으로 진격했다. 하지만 북한의 지원 요청을 받은 중공군이 6·25전쟁에 개입을 하면서 전황은 급격히 바뀌었다. 1950년 10월 19일에 18만 명의 병력을 1차로 파병한 중국은 10월 25일에 중국인민지원군을 창설해서 북한군과 연합사령부를 구성하여 전투에 참전했다.

중공군의 참전으로 혜산진과 두만강 방면으로 진출을 했던 미군과 한국군은 병력의 열세와 강추위를 극복하지 못하고 후퇴를 할 수밖에 없었다. 그리고 강계를 공격하기 위해서 진출을 하고 있던 미 해병 제1사단도 장진호 전투에서 중공군의 대규모 병력에 포위가 되어 전멸될 위기에 빠졌다. 결국 전세가 불리해지자 유엔군 사령부는 1950년 12월 8일에 동부 전선에서 북진을 하고 있는 미 제10군단과 한국군 제1군단의 병력에 대해서 철수 명령을 내렸다. 미 제10군단은 모든 부대에게 철수를 해서 흥남으로 집결하라는 명령을 내렸으며, 약 10만 명에 이르는 미군과 한국군이 흥남에 집결을 해서 12월 15일에서 12월 24일 오후 2시까지 열흘에 걸쳐 193척의 선박을 타고 한국군과 유엔군 10만 5천명, 35만 톤의 군수물자, 1만 7,500대의 차량이 안전하게 철수를 했다.

한편, 철수하는 미군과 한국군을 따라 10만여 명에 이르는 피난민도 38선 이남 지역으로 내려왔다. 당시에 미 제10군단장 알몬드 소장이 피난민을 **"가능한 많이 피난시키겠다는 결정을 하기까지는 그의 부참모장 포니 대령과 미 제10군단의 고문으로 활동하던 현봉학 박사가 피난민을 철수를 시켜야 된다"**라고 알몬드 소장을 설득했다. 이에 따라 미 해군과 한국군 해군은 인천항과 부산항에 정박해 있던 이용 가능한 모든 선박을 흥남항으로 집결시켜서 12월 12일부터 많은 피난민이 군인들과 함께 배를 타고 남쪽으로 내려왔으며 흥남항에서 8만 6천 명 이상의 북한 피난민이 구출되었고 인근 원산항과 성진항에서 구출된 피난민을 포함하면 9만 8,100명이 구출되었다. 특히 군수 물자를 운송하기 위해서 투입되었던 화물선 **'메러디스 빅토리 호(SS Meredith Victory)'**의 선장 레너드 라루(Leonard LaRue)는 화물을 버리고 1만 4천 명의 피난민을 태우고 12월 23일 오후에 흥남항을 출발해서 12월 24일 낮에 거제도에 도착을 했으며 단 한 명의 인명피해가 없었으며 오히려 5명의 새로운 생명이 태어났다. 메러디스 빅토리 호는 한때 가장 많은 난민을 태우고 항해한 배로 기네스북에 등재되기도 했다. 당시 흥남부두에서는 선박에 적재하지 못한 탄약, 유류 등 500만 톤에 이르는 군사장비가 북한군의 수중에 들어가지 못하도록 폭파를 했다. 지금도 **'흥남 철수작전'**을 기념하기 위해서 경상남도 거제시에 있는 거제 포로수용소 유적공원에는 **'흥남철수작전'** 기념비가 세워져 있다.

(거제도 포로 수용소 흥남철수 작전 기념비)

★ 6 · 25전쟁의 사실 16 : '메러디스 빅토리호'가 무슨 일을 하였는가?

'메러디스 빅토리호'는 1950년 12월 부산에 화물을 내리고 흥남철수작전에 투입된 7,800톤급의 화물선으로 사람이 탈 수 있는 자리는 60석이었으나 피난민 14,000명을 탈출시킨 배이다. 정원이 60명이기에 선원 47명을 제외하면 나머지 정원 13명만 태울 수 있었으나 한국군의 설득과 레너드 라루 선장의 권한으로 배에 가지고 있던 무기를 모두 버리고 피난민을 태우고 거제도로 철수하였다.

라. 새로운 정책과 전략

중공군의 2차 공세로 유엔군과 한국군의 전반적인 상황은 **"섶을 메고 불에 뛰어드는 격"**이 되었다. 청진 일대의 한국군 제1군단과 미 제7사단 지역은 소규모 조우전만 있었으나 전체적인 상황을 고려해서 급편방어로 전환을 했다. 동부 지역의 원산은 북한군 제2전선 부대들에 의하여 피탈되어 동부 지역은 육상으로의 퇴로가 차단되었다. 따라서 맥아더는 중공군의 개입 상황을 워싱턴에 보고하고, 11월 28일에 도쿄 유엔군 사령부에서 긴급작전 회의를 한 결과 미 제8군은 청천강 이남으로 철수를, 미 제10군단은 흥남일대로 집결하도록 명했다. 이에 따라 미 제8군은 12월 1일에 숙천~순천을 연하는 선, 3일에는 평양 30km 북방인 순안~성천선, 4일에는 평양 방어선을 포기해야만 했다. 서부의 제8군은 12월 중순에 38도선까지 철수를 했고, 동부의 제10군단은 12월 14일부터 24일까지 해상을 통해서 흥남에서 철수했다. 이 과정에서 미 해병 제1사단은 장진호의 눈보라와 한파 속에서 중공군과 격전을 치르며 함흥으로 철수를 했다. 유엔군의 북진작전은 불과 2주 만에 38도선까지 250km를 후퇴하는 대패배였다. 반면 중공군은 2단계 작전 목표였던 38도선으로 진출하는 성과를 달성했다. 하지만 중공군 역시 제9병단의 전쟁수행 능력이 상실 되었으며 3개월 동안 전투력을 복원해야 할 만큼 막대한 피해를 입고 1951년 3월에 재투입 되었다. 중공군의 제2차 공세를 분석해 보면 중공군의 입장은 2단계 작전목표인 38도선으로 진출하는 목표를 달성했으나 보급지원의 제한으로 추격작전이 한계에 도달했고 장진호 전투로 제9병단의 손실이 심대하였다. 유엔군은 크리스마스 이전에 종전을 목표로 했던 계획이 무산되었고 2주간 250km를 후퇴하였으나 전투력 보존 상태는 양호하였다. 중공군의 공세로 전세는 또 다시 역전되었으며, 쫓는 자와 쫓기는 자가 바뀌었다. 맥아더는 유엔군 앞에 나타난 것이 중공군 30만 여 명이라는 현실을 인정하고, **"우리는 전적으로 '새로운 전쟁'에 돌입하고 있다."**라고 당시의 상황을 표현하였다. 미 제8군은 중공군과의 접촉을 단절한 채 철수하였다. 미 제10군단은 중공군과 접촉을 유지하면서 흥남과 함흥의 항구지역으로 철수하였으며 철수가 진행되면서 맥아더 원수는 미 정부와 합참에 만주 지역에 대한 폭격은 물론 중국의 해안을 봉쇄해줄 것과 타이완의 군대로 중국 본토 공격을 강력히 요청했다. 하지만 트루먼 대통령은 중국 본토에 대한 공격은 서유럽이나 일본이 공산권의 위협에 노출될 수 있다고 반대했다. 한편 전쟁수행에 관한 국제적 논의가 진행되어 **'전쟁의 확산을 방지하면서도 전쟁을 명예롭게 종식 시킨다'**라는 인식이 폭넓게 확산되었으며, 이는 12월 초순 미국의 트루먼 대통령과 영국의 애틀리(Clement R. Attle) 수상 간의 정상회담에서도 재확인 되었다. 영 · 미 양국은 정상회담에서 전쟁 이전의 38도선을 토대로 전투행위를 종결하는 것으로 합의했다. 이는 이전의 **'군사적 대응'**에서 **'정치적 해결'**이라는 새로운 방향으로 전환됨을 의미했고, 차후 유엔군 전쟁지도의 대원칙이 되었다.

제 5 절 중공군의 제3차 공세와 서울 피탈

1. 다시 무너진 38도선(1950. 12. 13~12. 31)

한국군과 유엔군이 평양을 내주고 철수작전을 전개해서 12월 13일부터 전선은 다시 38도선을 연하여 형성되었다. 유엔군과 한국군은 북한군이 그랬듯이 중공군이 38도선에서 멈추기를 바랐다. 마오쩌둥은 **"중공군이 정지할 경우, 38도선이 고착화될 것이다."**라는 정치적 견해와 함께 유엔군 간에 결속력이 약화된 시기를 노려야 한다며 독전을 주문했다. 이에 따라 펑더화이는 즉각 공세준비에 착수하여 12월 31일을 공격개시일로 선정하고 1950년 12월 중순경에 중공군과 북한군을 통합 지휘하는 조·중 연합사령부를 창설하였다.

(축차진지 편성)

한편, 38도선 남쪽으로 철수한 유엔군의 각급 부대는 책임지역을 할당받아 전투준비를 하고 있었지만 중공군의 공세에 대비한 특별한 대책이 없었다. 오히려 중공군이 내려오면 철수하는 것이 상책이라는 패배감이 만연했다. 그리고 **'설상가상(雪上加霜)'**으로 1950년 12월 23일에 미 제8군사령관 **'워커 중장'**이 의정부에서 교통사고로 순직을 하는 불상사가 발생하였다.

따라서 워커 장군의 후임으로 리지웨이(Matthew B. Ridgway) 중장이 임명되었으며, 유엔 지상군은 미 제8군이 미 제10군단을 통합지휘를 하는 단일 지휘체제를 갖추었다. 신임 리지웨이 미 제8군사령관은 현 38도선 진지로부터 수원~주문진, 평택~안성~삼척, 금강선, 소백산맥선, 낙동강선 등 6개의 축차적인 통제선을 선정하고 **"축차진지 상에서 방어의 반복"**이라는 개념을 정립

했다. 그러면서 리지웨이 장군은 이 방어선은 낙동강으로 물러나기 위한 단계적 방어선이 아니고, 중공군에게 최대의 출혈을 강요하기 위한 **'공세적 개념의 선'**이란 점을 분명히 했다. 그러나 금강선까지 밀리는 최후의 경우에는 한국정부와 군을 한반도의 도서지역으로 철수시키는 계획을 세워놓은 위기상황에서 리지웨이 장군이 구원자로 등장을 했으며 리지웨이 장군은 전장에서 **'나를 알고 적을 알면 백번 싸워도 다 이긴다'**는 의미의 **'지피지기 백전백승(知彼知己 百戰百勝)'**의 중요성을 보여 주었다.

전쟁에서 승패는 군사수와 장비 또는 우연적 요소에만 좌우되지 않는다. 적의 상황을 정확히 알고 아군의 강약점을 정확하게 파악하는 '지피지기(知彼知己)'를 갖춰야 전쟁에서 승리를 할 수 있다.

2. 중공군 3차 공세와 서울 피탈, 1·4후퇴(1951. 1. 4)

조·중 연합군은 제2차 공세 후에 약 1개월 동안 병력과 장비를 보충해서 1950년 12월 31일 17:00시에 공격준비사격과 함께 전 전선에서 압도적인 병력으로 제3차 공세를 개시하여 1951년 1월 8일에 종료되었다. 조·중 연합군은 서울을 점령하기 위하여 총 9개 군단(13병단 6개 군, 북한군 3개 군단)을 투입했다. 주공 5개 군단(중공군 4개, 북한군 1개)은 서울을 목표로 공격하고, 조공을 2개 집단으로 편성하여 가평~서울 동측 방향으로 중공군 2개 군단이, 홍천~원주 방향으로 북한군 2개 군단이 각각 공격하였다. 더욱이 중동부 지역에서는 북한군이 사단 단위로 침투하였다. 서부에서는 임진강을 도강하여 약 20만 명의 중공군이 서울 북방의 문산 일대의 한국군 제1사단과 동두천에 위치한 한국군 제6사단을 집중해서 공격을 했다.

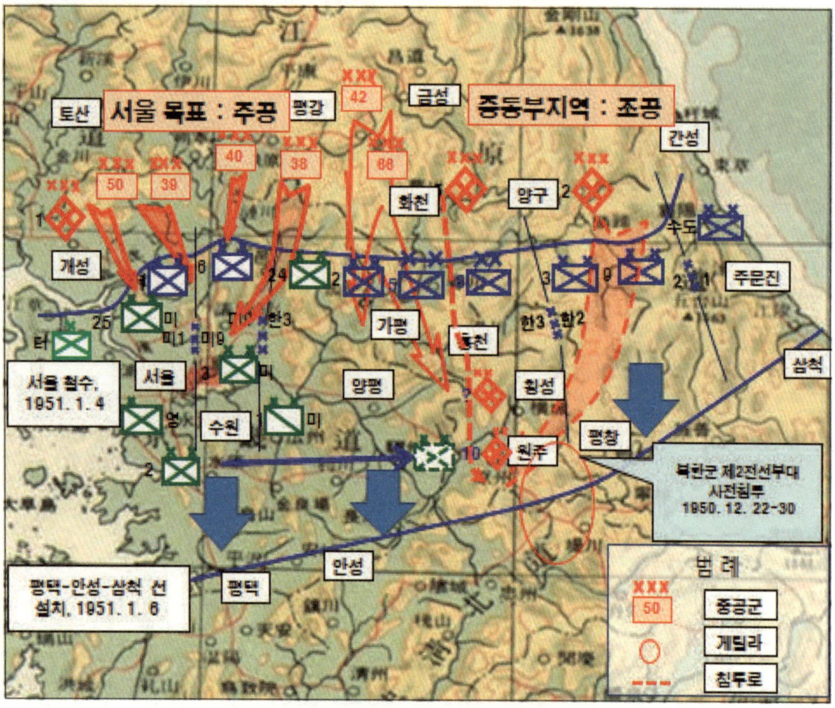

(중공군 제3차 공세 상황도)

한국군은 **용전분투(勇戰奮鬪 : 있는 힘을 다하여 과감하고 용맹하게 싸우다)**했으나 중공군의 **인해전술(人海戰術 : 압도적인 병력을 투입해서 그 수의 힘으로 전선을 돌파하는 방법)**을 감당할 수 없었다. 중공군의 공세 다음날인 1951년 1월 1일 오전에 미 제8군사령관 리지웨이 장군은 돌파구가 형성된 한국군 제1 · 6사단의 전선을 방문하여 전투상황을 확인했다. **'리지웨이 장군'**은 중동부에서 한국군 제3군단 또한 집중 공격을 받고 있는 상황(홍천 1월 4일 피탈)까지를 종합적으로 고려하여, 한국군과 유엔군이 현 전선에서 계속 머뭇거린다면 중공군의 제1 · 2차 공세처럼 포위가 될 것으로 판단하고 1월 3일 오후에 전 전선에서 평택~안성을 연하는 선으로 철수를 시켰다.

따라서 1월 4일 오전까지 한강 이북의 모든 부대들은 한강에 임시로 설치된 부교를 통해서 철수를 하였고, 당일 13:00시에 마지막 부대가 통과하고 임시 교량은 폐쇄되었으며 또 한 번 수도 서울을 포기해야만 했다. 하지만 이번에는 소개령이 내려져 서울 시민도 **"남자는 등에 짐을 지고 여자는 머리에 짐을 인다"**라는 뜻의 **'남부여대(男負女戴)'**를 하고 피난 보따리를 꾸렸다. 당시 1 · 4후퇴를 하면서 서울지역에서만 피난길에 나선 사람들이 120만 명이었으며 전국적으로는 764만 명이었다. 그리고 당시에 한강을 방어선으로 이용하지 않은 것은 한강이 결빙되어 장애물로서의 기능발휘가 제한되었기 때문이었다. 서울에서 철수한 한국군과 유엔군은 1월 6일에 평택~안성을 연결하는 방어선을 점령했다. 그러나 막상 중공군은 1월 3일 15:00시에 서울을 점령했으며 더 이상의 추격은 없었다. 중공군의 공격 목표는 **'부대격멸'**이 아닌 **'서울 점령'**이었다.

3. 북한군 제2전선 형성과 원주지구 전투

인천상륙작전으로 퇴로가 차단된 북한군 패잔병들은 태백산맥을 따라서 북쪽으로 도주하거나 산악으로 잠적하였다. 특히, 중부 산악지대에 집결한 약 1~2만 명의 패잔병들은 지휘체계를 유지해서 전투력을 발휘하고 있었다. 제2전선 부대들은 마오쩌둥의 전략 방침에 따라 인민군의 제2전선 형성과 유엔군의 후방지역 교란, 증원부대 차단 및 공세작전으로 전환 시에 전선부대와의 배합전을 수행했다. 이들은 경비가 허술한 부대나 야전병원 등을 습격하여 인원을 살상하고, 도로를 차단하면서 후방을 교란했다. 이에 따라 북진작전이 한창 진행 중일 때 미 제8군은 후방경비를 위해서 제9군단(지휘소 : 대전)을 운용해야만 하는 상황이 되었고 청천강 선에서 38도선으로 철수 시에는 경계를 위해 대규모 부대를(미 제183공정연대 및 한국군 제2 · 5사단) 투입해야만 했다. 북한군의 제2전선 부대들은 유엔군과 한국군의 철수를 방해하며 일부는 중공군을 안내하는 향도(嚮導) 역할을 수행했고, 평양~원산에서 유엔군 신방어선 형성을 저지하는 데 큰 역할을 했다. 동부지역에서도 원산지역을 피탈되어 미 제10군단이 해상철수를 했으며 중공군 제3차 공세를 전후하여 북한군 제10사단 병력 약 6,000여 명이 한국군과 유엔군 후방으로 후방침투작전을 전개하여 중동부 전선의 춘천~원주~대구를 잇는 요충지를 통제하였다. 그리고 중공군 제3차 공세 시 남으로 공격한 북한군 제3군단 및 제5군단과 **'정규전과 비정규전이 통합'**된 배합전으로 한국군 제2군단이 원주 일대에서 조기에 무너지며 미 제8군의 우익을 노출시키는 결과를 초래하여 전선의 위기를 조성했다.

원주지구 전투는 서울에서 철수한 부대들이 1월 6일에 평택~안성을 연하는 선을 점령해서 안정이 되고 있는 상황에서 오히려 위기는 중부전선에서 발생하고 있었다. 당시에 미 제10군단은 대구 및 부산 등에서 부대를 정비하고 있었으며 미 제8군사령관은 1월 3일에 제10군단(미 제2 · 7사단, 한국군 제2 · 5 · 8사단)에게 **"중부전선의 위기를 수습하라"**고 명령하였다. 이에 따라 군우리에서 패배한 이후에 전투력을 복원하고 있던 미 제2사단(사단장 소장, 로버트 B. 메크레어)이 투입되었다. 북한군은 전열을 정비해서 전선에 모습을 드러냈다. 2개 군단 규모의 중공군이 가평~춘천 지역에서 북한군과 함께 한국군 제2사단과 제5사단지역을 돌파하였으나 중공군의 공세는 1월 8일을 전후해서 멈추었다. 하지만 홍천~원주 일대에서는 앞에서 언급한 바와 같이 12월 중순에 사단 단위의 북한군이 험준한 태백산맥을 이용해서 한국군 후방으로 침투한 유격대와 합류하였다. 이들은 중공군의 제3차 공세 때 공격한 북한군 2개 군단과 전후방에서 협조된 공격을 해서 한국군 부대들을 격멸하고 원주~평창과 영월~단양 일대로 진출하여 미 제8군의 후방 병참선을 위협하였으며 북한군 제5군단은 원주 서측의 문막 일대에 제12사단을 투입해서 미 제2사단의 후방을 위협했다. 이 상황에서 미 제2사단은 퇴로가 차단될 것을 우려해서 1월 7일 밤에 원주 남쪽의 충주(목계) 방향으로 철수를 했으며, 1월 8일 아침에 항공기의 근접지원 하에 역습을 했고 공방전이 진행되었다. 미 제2사단에게는 프랑스군과 네덜란드군 대대가 배속되어 있었으며, 전황이 급박해지자 우측 돌파구 확장을 저지하기 위해서 미 해병 제1사단을 추가적으로 투입했다. 하지만 북한군이 서쪽으로 방향을 전환해서 충주~대전 방향으로 진출을 했다면, 유엔군 주전투력의 후방이 차단될 수 도 있었다. 그러나 다행히도 중공군은 원주를 점령한 후에 진격을 중지하였으나, 북한군의 계속되는 공격으로 유엔군의 동(우)측방이 노출되었다.

결국 미 제2사단 등은 북한군 4개 사단과 전투를 해서 1월 11일에 원주 남쪽의 247고지 등 주요고지를 확보하고 원주를 탈환했다. 만약에 원주 전방에 배치된 북한군 2개 군단이 원주의 견부(肩部)를 확보하고 청주~대전 방향으로 진출을 했다면 평택~안성선에 배치된 유엔군의 주전투력은 후방이 차단될 수 있었다. 그러나 북한군은 4일 간의 전투에서 막대한 피해를 입고 철수를 했다. 공세가 종료된 시점인 1월 15일에 공산군의 진출선은 평택~원주~단양~삼척을 연하고 있었다. 원주전투에서 미 제2사단은 중부전선에서 위기를 수습하고 장차 반격할 수 있는 발판을 확보하였다. 그리고 의기소침하던 유엔군과 한국군에게 새로운 희망을 전하는 메시지가 되었고, **'와신상담(臥薪嘗膽)'**하던 북한군에게는 사형선고와도 같은 결과였다. 조·중 연합군의 주도권은 완전히 중공군에 넘어갔다.

4. 백골병단의 유격작전

백골병단은 북한군의 정보수집과 후방지역 교란을 위해서 1951년 1월에 창설한 '한국군 최초의 유격부대'이며 1951년 1월 30일부터 3월 30일까지 임무를 수행했다. 정식 명칭은 '육군본부직할결사대'로, 백골병단은 "백골이 되도록 조국을 위해 용감히 싸우겠다"는 의미이며 병력의 규모를 군단급보다 큰 집단군급으로 과장하기 위해서 붙인 별칭이다.

한국군과 유엔군은 중공군의 제3차 공세로 1951년 1월 7일에 평택~영월~삼척을 잇는 북위 37도선까지 후퇴하였다. 당시 북한군은 약 4만에서 10만 명의 대남유격대가 아군의 후방교란과 보급선을 차단하고 있었다. 전세가 불리해지자 유엔군은 한국군 지휘부(신성모 국방부 장관)에게 북한군의 대남유격대 색출 활동을 해야 된다고 조언을 했다. 이에 한국군 지휘부는 북한군의 대남유격대에 대한 후방차단 활동을 위해 육군본부 정보국에서 국민총동원령에 따라 육군보충대에 대기 중인 신체 건강하고 학력이 높은 700여 명(1차로 710명, 2차로 300여 명)을 결사대 요원으로 선발해 육군정보학교에서 3주간의 유격훈련을 시켰다. 훈련을 마친 대원들은 유격대라는 특성을 고려해서 게릴라를 뜻하는 G로 시작하는 임시 군번(장교 120명은 GO, 병사 523명은 G)과 계급을 부여받았다. 1951년 1월 30일 제11연대를 시작으로 적지에 투입했고 제12·13연대는 2월 20일에 강원도 명주군 연곡면 퇴곡리에 집결해서 채명신 중령의 지휘 아래 '백골병단'으로 통합되었다.

① 1951. 1. 30 : 결사 제11연대 363명, 대구 → 영천 → 영월에서 적진 후방으로 침투
② 1951. 2. 07 : 결사 제12연대 330명, 대구 → 포항 → 울진 명주군 강동면에서 출동 신고 후, 강릉방면으로 적진 후방 침투
③ 1951. 2. 14 : 결사 제13여대 124명, 대구 → 부산 LST로 묵호 → 대관령 → 오대산 → 삼산리 적진 후방침투
④ 1951. 2. 20 : 강원도 명주군 연곡면 퇴곡리에 3개 연대가 집결, 채명신 중령의 지휘 아래 '백골병단'으로 통합

당시 한국군과 유엔군은 한강 남안~양평~횡성~강릉에 연하는 선에서 제2차 반격(1951.2.18~4.22)을 실시하고 있었다. 따라서 백골병단의 작전 지역은 북한군 점령 지역이었으며, 백골병단의 일정별 주요 전투 활동은 〈그림 4〉 와 같다.

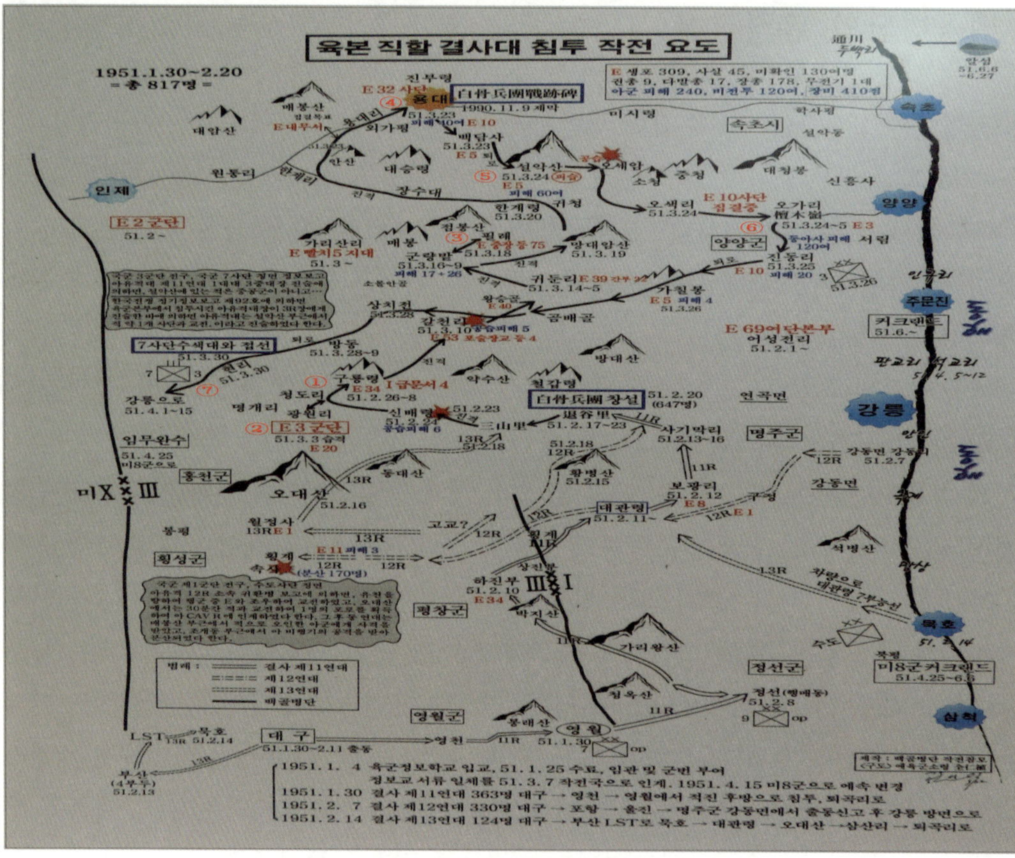

(육군본부 직할결사대(백골병단) 침투 작전 요도)

① 2월 28일, 백골병단은 북한군 제3군단 본부에 보고하러 가던 북한군 제69여단 정

치부 군관 등 4명을 생포해 전투상보와 적 제69여단장이 제2군 단장(최현)에게 보내는 Ⅰ급 기밀문서를 노획하였다. 문서에 의하면 한국군 수도사단의 진격을 저지할 목적으로 양양에서 주문진 방면으로 북한군 제69여단 병력 5,400여 명이 배치되어 있었다. 노획한 문서들은 강두성·장인홍 보좌관 외 2인이 한국군 수도사단(강릉)에 신속하게 전달하여 양양에서 주문진 방면으로 배치되어 있던 북한군 제69여단에게 큰 피해를 주었다.

② 3월 3일, 생포한 정치군관의 진술에 따라 청도리에서 광원리 인근에 북한군 제3군단이 분산하여 주둔하고 있다는 정보를 알게 된 채명신 중령은 제11연대 제2대대장 윤창규 대위와 함께 적 제3군단 본부를 습격해서 20여 명을 사살하고 통신시설을 파괴했다.

③ 3월 18일, 백골병단은 인제면 가리산리 필례 마을에서 "이승만 괴뢰의 낙하산 부대가 투하되었다는 정보에 따라 중앙당에서 검열을 나왔다!"라고 속여 조선공산당 제2비서 겸 북한군 대남유격대(대남 빨치산) 총사령관 길원팔 중장과 참모장 강칠성 총좌 등 북한군 고위 간부 13명을 생포하였다. 당시 길원팔은 대남 빨치산 제5지대를 이끌고 남파를 하다 백골병단에게 생포가 되었다. 길원팔은 김일성의 친필 서명이 된 지령 문서를 비롯해 암호·난수표·조직표 등 가치 있는 정보를 많이 휴대하고 있었다. 길원팔의 비서인 여군관 1명이 경비가 소홀한 틈을 타 탈출해 정체가 폭로될 위기에 처하자, 백골병단은 생포자 고위 간부를 모두 총살하여 대남 빨치산 지휘부를 섬멸하였다. 이후 가리산리에 진출해 있던 대남 빨치산 제5지대의 공격을 받은 백골병단은 북한군을 속이기 위해 남하하는 척 하다가 다시 북상했다.

④ 3월 23일, 백골병단은 인제군 북면 용대리에서 남하하던 북한군 제32사단과 조우했다. 제11연대 1대대(대대장 현규정)가 북한군 60여 명을 사살하였으나 아군도 제1대대 윤홍 소위를 비롯한 40여 명이 전사하는 큰 피해를 입었다.

⑤ 3월 24일 새벽 4시경, 백담사 입구 방면으로 후퇴한 백골병단은 소청봉 일대에서 윤창규 대위 등 60여 명이 전사하였다. 제11연대 제2대대장 윤창규 대위는 추격해 오던 대남 빨치산 제5지대의 공격을 받고 부대가 혼란에 빠지자 북한군을 유인하기 위해 "이 새끼들! 내가 대대장이다!"라고 고함을 질렀고 자신을 생포하러 온 북한군과 함께 수류탄으로 자폭해 부대원들이 안전하게 철수할 수 있도록 하였다.

고 윤창규 대위의 시신은 찾지 못했으나 1989년에 전사로 추인하여 현재 국립서울현충원 현충탑 위패실에 안치하였고 2012년 6월 25일에 고 윤창규 대위에게 충무무공훈장을 추서하였다.

⑥ 3월 24일~25일, 백골병단은 인제군 기린면 진동리 북방 단목령(檀木嶺)과 설피밭 사이에서 120명의 비전투 손실이 발생해 가장 큰 피해를 입었다. 백골병단은 영하 20~30도의 강추위 속에서 60여 일간 전투를 감행하다보니 사상자가 많이 발생하였다.

⑦ 3월 30일, 필사의 탈출 작전을 하던 백골병단은 현리에서 한국군 제7사단 제3연대 수색대와 접선하여 육군본부 지시에 따라 4월 1일 강릉에 도착하였다. 강릉으로 귀환한 병력은 결사 제11연대 170여명, 제2연대 40여 명, 제13연대 50여 명 등 모두 260여 명이었다. 강릉으로 돌아온 며칠 뒤 전선에서 분산 또는 낙오되었다가 살아 돌아온 전우 20여 명이 합류하여 전체 생존자의 수는 283명이었다. 백골병단 참전 장병 현황을 다음과 같이 밝히고 있다.

(단위: 명)

구분 부대명	투입 장병	전·사망 추정	전사확인·위패 안장	전사 미처리	생환개선 장병	개선 후 사망	생존 미확인	현 생존
결사 제11연대	363	184	**47 (장교8)**	137	179	36	95	48
결사 제12연대	160	160	**5 (장교3)**	109	46	11	13	22
결사 제13연대	124	124	**9 (장교3)**	57	58	2	48	8
합 계	647	364	**61**	303 (민간인 13)	283	49	156	78

(출처: 백골병단 참전 전우회 홈페이지 : www.beackgol.co.kr)

그러나 살아 돌아온 대원들에게도 영광과 명예는 없었다. 정일권 총참모장은 출정식에서 "임무를 완수하고 돌아오면 2계급 특진과 함께 희망하는 부대에 배치해 주겠다"고 했으나 규정이 달라졌다는 이유로 약속을 지키지 못했다. 육군본부는 4월 15일부로 백골병단의 작전 및 행정을 모두 미 제8군 사령부 해리슨 중위의 지휘 하로 편입시켰다. 결국 대원들은 제대증도 받지 못하고 군을 떠나야 했으며 대부분 재입대해서 군 복무를 마쳤다.

제 6 절 후퇴작전 분석 및 교훈

중공군의 6 · 25전쟁 개입은 전쟁의 흐름을 바꾸었다. 한국 국민에게는 통일의 기회를 앗아가 버렸고, 유엔군에게는 다 잡은 승리를 날려 버리게 했다. 미국을 포함한 유엔군은 6 · 25전쟁에 참전하면서 소련의 참전 가능성이 낮다고 예상을 했으며, 중공군의 전쟁 개입 가능성에 대한 구체적인 판단이 미흡하였고 투입 규모 및 기도를 오판하였다. 특히, 유엔군 사령관 맥아더 원수는 중국의 군사적 능력이 약하기 때문에 전쟁에 참여하지 않을 것으로 판단했다. 그러나 중공군은 미군의 의표를 찔렀다. 중공군으로부터 일격을 받은 서부의 미 제8군은 접적 단절을 통해서 철수를 했으며, 1950년 12월 중공군의 제2차 공세 시에 청천강 전투와 장진호와 같은 곳에서 벌어진 공산진영의 예상치 못한 강력한 반격으로 한국군과 미군은 38도선 이북에서의 대대적인 철수를 했다. 이후 12월 4일에 평양을 철수하고, 이를 **'평양 철수작전'**이라고 한다. 그 결과 12월 6일에 인민군과 중공군이 평양을 재점령하였다. 12월 14일부터 24일 사이에 동부 전선의 미 제10군단은 흥남 부두에서 해상으로 철수하였으며 이를 **'흥남철수작전'**이라고 한다. 장진호 전투에서 중공군 속에서 간신히 빠져나온 미 해병 제1사단도 12월 24일에 흥남에서 철수를 했고, 1월 4일에는 서울을 다시 내주었다. 1월 7일에는 수원이 함락되었다. 유엔군과 한국군은 진출한 것보다 더 빨리 37도선까지 후퇴를 했다. 그러나 철수를 하면서 미 제8군과 미 제10군단은 전투력을 보존하면서 철수를 할 수 있었다. 중공군의 전략과 전술은 대륙에서 얻은 경험을 바탕으로 한반도 지형에 맞게 변형하여 적용하였다. 중공군은 대륙의 기동전을 버리고, **"기동전과 진지전을 배합하여 수행한다"**는 방침을 확정하고 역습 · 매복 · 기습 등의 작전형태를 상황에 따라서 구사하여 한국군과 유엔군의 부대들을 소멸시켰다. 특히, 전 부대에 가하는 압력보다는 전투력을 집중해서 1~2개의 연대나 사단을 섬멸하는 전형적인 마오쩌둥의 전술을 사용했다. 중공군은 유엔군이 예상하지 못하는 재래식 전술을 사용하여, 초전에 큰 성과를 거두었다. 중공군의 전술은 다음과 같다.

① 유엔군의 약점 공격　　② 야간공격 선호
③ 전·후방 동시전투 강요　　④ 일점양면 전술 사용

첫째, 유엔군의 강점을 피하고 약점을 공격했다. 둘째, 야간공격을 선호하여 부족한 화력의 취약점을 보강하려고 했다. 셋째, 정면공격과 더불어 후방에도 침투 부대나 제2 전선 부대를 운용해서 동시전투를 강요했다. 넷째, 포위 후에 방어진지를 돌파하여 각개 격파하는 일점양면전술을 주로 사용했다. 또한 중공군은 미군에 비하여 취약한 한국군을 먼저 포위하여 돌파한 다음에 측면으로 미군을 공격했다. 이와 같은 중공군의 전술은 유엔군에 비해서 화력과 기동의 열세와 보급의 제한을 극복하기 위한 전술이었으나, 연합군은 전쟁 초기에 중공군의 전술을 제대로 이해하지 못하고 신묘한 전술로 받아들였다. 하지만 연합군은 몇 번의 시행착오를 겪고 나서 중공군 전술에 익숙해지면서 협조된 방어와 공격으로 중공군의 전술에 대응을 할 수 있었다. 또한 조·중 연합군 제5차 공세 이후에는 **"병력이 아무리 우세하더라도 화력이 우세하지 못하면 전투에서 승리할 수 없다"**는 점을 인식하게 되었다.

공격이 성공하는 것은 지키지 않는 곳을 공격하기 때문이며, 방어가 성공하는 것은 적이 공격하지 못할 곳을 지키기 때문이다.

- 손자병법 : 허실(虛實)

제7장

유엔군의 반격과 중공군의 공세

제1절 주요 상황
제2절 유엔군 제1차 반격
제3절 중공군 제4차 공세와 유엔군 제2차 반격
제4절 유엔군 38도선 재돌파와 중공군 제5차 공세
제5절 중공군 제6차 공세와 유엔군 제3차 반격
제6절 유엔군의 반격작전 분석 및 교훈

적을 모르고 나만 알면 승부는 반반이고,
적도 모르고 나도 모르면 싸울 때마다 위태롭게 된다.

- 손자병법 : 모공(模功)

제 1 절 주요 상황

1 · 4후퇴 시 37도선으로 후퇴를 한 유엔군은 한반도로부터 **'철군이냐, 아니면 확전이냐'** 하는 선택의 기로에 서게 되었다. 유엔은 유엔군과 한국군이 금강선까지 밀린다는 가정 하에 유엔군의 철수와 더불어 한국정부의 망명을 심각하게 고려하고 있었다. 한반도의 운명이 또 한 번 이 땅의 주인도 모른 채 흔들리고 있었다. 한편 국제정치 상황은 **"공산군을 강력하게 응징을 해야 된다"**라는 맥아더 장군의 주장과는 다른 방향으로 전개되고 있었으며, 영국을 중심으로 한 유럽 국가들은 중국과의 휴전회담을 검토하기 시작했다.

중공군의 제3차 공세는 유엔군이 철수 후에 마지노선으로 선정한 금강 북방 약 50km 지점인 37도선에서 정지를 했다. 유엔군은 중공군에게 여기까지 진출한 대가로 최대한의 출혈을 강요했고, 중공군의 보급 능력이 제한된다는 정보도 얻을 수 있었다. 이에 따라 한국 정부를 제주도로 이전하려고 했던 계획은 취소가 되었고 전선이 안정되어 반격을 준비했다. 유엔군의 반격과 중공군의 공세 과정에서의 주요 상황은 다음과 같다.

순서	일정	내용	순서	일정	내용
1	'51.1.15	유엔군 제1차 반격(~2.10)	10	'51.5.6	매봉 · 한석산 전투(~9)
2	'51.2.11 ~15	중공군 제4차 공세	11	'51.5.7	설악산 전투(~12)
3	'51.2.11	지평리 전투(~15)	12	'51.5.16	중공군 제5차(5월) 공세(~22), 춘계 2차
4	'51.2.20	유엔군 제2차 반격(~21)	13	'51.5.16	현리 전투(~22)
5	'51.3.14	한국군 제1사단, 서울 재탈환 유엔군 사령관 리지웨이 교체 제8군사령관 밴 플리트 교체	14	'51.5.17	벙커고지 전투(~19)
6	'51.3.27	한국군 제3사단 양양 탈환	15	'51.5.18	용문산 전투(~21)
7	'51.4.22	중공군 5차(4월) 공세(~29), 춘계 1차	16	'51.5.20	유엔군 제3차 반격(~7.10)
8	'51.4.22	인제 전투(~30) 사창리 전투(~24)	17	'51.6.1	화천 전투(~15)
9	'51.4.23	가평 전투(~25)	18	'51.5.28	파로호 전투

제 2 절 유엔군 제1차 반격

유엔군은 중공군의 제3차 공세 이후에 3단계로 구분하여 작전을 수행하였다. 제1단계는 중공군의 정체 파악, 제2단계는 서부전선에서 반격, 제3단계는 동부전선에서 반격이다.

1. 울프 하운드 작전(1951. 1. 15~1. 16)

유엔군의 1차 반격작전 상황으로 1951년 1월 초의 한국군과 유엔군의 방어선은 1월 11일에 원주를 회복하고 어느 정도 안정이 되어가고 있었다. 그러나 중공군의 다음 공세가 1월 20일 경으로 예상이 되면서 장병들은 **'또 다시 후퇴를 해야 하지 않는가?'**하는 불안의식에 사로잡혀 있었다. 미 제8군사령관 리지웨이 장군은 이러한 장병들의 침체된 사기를 고려해서 공세행동으로 **'울프 하운드 작전'**(Operation Wolfhound)을 계획했으며, 작전의 목적은 **'지역 확보'**보다는 **'적 부대 격멸'**로 선정하여 조·중 연합군의 출혈을 강요하도록 했다. 미 제8군사령관 리지웨이 장군은 무작정 중공군의 공격을 기다리는 것은 떨어진 사기를 회복할 수 없다는 것을 인식하고 전선에서 사라진 중공군을 찾기로 결심했다. 이에 리지웨이 장군은 정찰부대의 규모를 확대하여 증강된 1개 연대규모의 병력으로 위력수색을 하여 중공군의 배치, 규모, 장차작전의 기도 등 적정을 확인한 후에 전면공격으로 전환하기로 하였다.

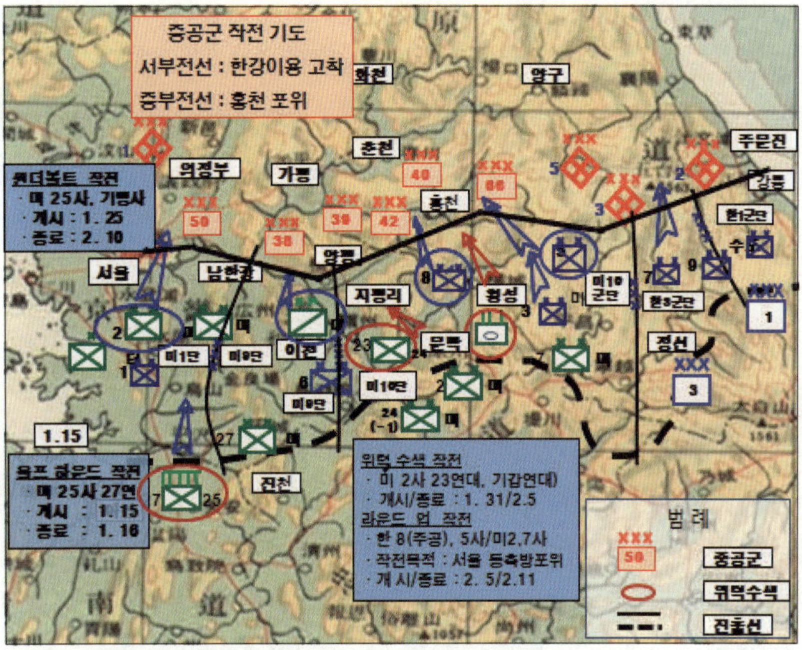

(유엔군 제1차 반격 상황도)

미 제1군단은 미 제8군사령관의 의도에 따라 예하 제25사단 제27연대를 위력 수색 부대로 선정하고 연대에 전차 1개 대대와 포병 및 공병을 배속시키고 1월 15일 아침에 **'울프 하운드'**(부대명칭) 작전명의 위력수색을 실시하였다. 제27연대는 항공기의 지원을 받으며 평택~오산을 연결하는 1번 도로를 중심으로 수원방향으로 진격을 했으나 16일 아침에 수원 근처에서 중공군의 첫 저항을 받았다. 이에 미 제1군단은 제27연대 좌우측에 미 제3사단 1개 연대와 한국군 제1사단 1개 대대를 안성~용인 방향으로 진출시켜서 엄호부대로 운용하여 42번 도로를 차단했다. 그러나 수원에 근접하자 중공군 600여 명이 강력하게 저항을 했다. 그러나 미 제1군단장은 최초 계획한 위력수색의 목적을 달성했다고 판단하고 1월 16일 14:00경에 제27연대는 항공기 공격을 요청하고 철수하였다. 이때 중공군은 일부 엄호부대만을 한강 이남에 배치하고 주력은 38도선 일대로 철수를 하여 정비 및 휴식을 하면서 춘계 공세를 준비하고 있었다.

'울프 하운드 작전'(Operation Wolfhound)**을 전술적, 작전적, 전략적 차원에서 분석해 보면 다음과 같다.**

첫째, 전술적 차원에서 보면, 당시 유엔군은 중공군의 방어선을 수원~이천을 연하는 선으로 파악하였으며, 리지웨이 장군은 보급능력과 화력지원이 매우 열악했기 때문에 중공군이 공세를 취할 수 있는 가능성이 희박하다는 것을 확인했다. 둘째, 작전적 차원에서 보면, 유엔군은 중공군의 규모와 전장의 상황을 확인하고 장차작전에 유리한 상황을 조성할 수 있는 부대는 연대규모가 적절하다는 것을 확인했다. 셋째, 전략적인 차원에서 보면, 유엔군이 **'울프 하운드 작전'**을 성공적으로 수행함으로써 반격작전의 여건을 조성했으며, **"중공군을 군사적으로 응징한다"**는 리지웨이 장군의 확고한 신념이 있었기 때문에 차후에 철군문제[38]를 해결하는 결정적인 원인이 되었다.

2. 썬더볼트 작전(1951. 1. 25~1. 31)

유엔군의 1차 반격 중 서부지역의 **'울프 하운드 작전'**으로 중공군의 배치와(수원~이천을 연하는 선) 전력을 확인한 **'리지웨이 장군'**[39]은 중공군의 보급사정이 여의치 않아서 현 상태에서 공격을 할 수 없다는 것을 간파하고 한 단계 더 높은 단계의 위력수색인 **'썬더볼트 작전(Operation Thunderbolt)'** 즉 **'번개작전'**을 추진하였다. 리지웨이 장군은 **'분쇄기식 전술'** 즉 축차적인 통제선을 설정하고 서해안~오산~여주를 연하는 선의 서부지역에서 한강 이남까지 5개의 통제선을 설정하여(공격부대의 안전한 진출을 보장하기 위하여 군단 지역 전방에 8km 간격으로 설정)좌우 인접부대 간에 간격이 없이 전면공격을 하되 우세한 화력 및 기동력을 활용하여 미 제1군단과 제9군단에서 각각 1개 사단을 전방에 내세워 통제선을 순차적으로 점령해 나가는 계획이었다. 전진 간에는 그간의 도로 위주의 작전을 지양하고 인접부대와 협조된 작전으로 조·중 연합군을 완전히 섬멸하고 통제선을 통과 시마다 군단장의 승인을 받도록 하여, 매 공격 시에 유엔군의 길목에서 매복후에 기습을 하는 공산군의 전술에 대비했으며 필요시에는 군단장이 한국군 1개 연대를 추가로 투입을 할 수 있도록 했다. 리지웨이 장군은 이 작전을 실시하기 위해서 패트리지(E. E. Partrdge) 제5공군 사령관이 조종하는 항공기로 정찰을

---

38) 1951년 1월 15일에 당시 미 육군 참모총장 콜린스(J. Lawton Collins) 대장이 방한하여 전선을 시찰했다. 이때 울프 하운드 작전이 진행되었고 시찰의 목적은 철군과 관련하여 미국의 정책을 전선사령관에게 주지시키는 것이었다. 전쟁이 끝낸 후에 콜린스 대장은 저서 "평화시의 전쟁(War in Peacetime)"에서 "철군문제의 변화를 가져다준 장본인은 바로 리지웨이 장군 혼자였다"고 하면서 철군문제 해결에 기여한 리지웨이 장군의 공로를 치하하였다.

39) 교통사고로 사망한 워커 장군에 이어 미 제8군 사령관으로 부임한 리지웨이 장군은 중공군의 약점을 정확히 파악해 냈다. 보급차량이 없었던 중공군은 병사들에게 자루에 담은 식량을 몸에 두르고 공격에 나서게 했는데 식량이 떨어지면 공세를 멈췄으며 이 기간이 대략 7~10일이었다. 중공군의 1, 2차 공세를 면밀히 분석하고 약점을 파악해서 '중공군 공포증'을 극복하고 전세를 뒤집었다.

했으나 중공군을 발견하지 못했다. 따라서 유엔군은 한강선까지 진출하는데 문제가 없다고 판단하고 미 제8군은 1월 25일 07:30분에 미 제1군단 지역에서는 25사단을, 미 제9군단 지역에서는 제1기병사단을 선두에 위치시켜 오산~여주를 연하는 선에서 위력수색을 시작하였다. **'썬더 볼트(Operation Thunderbolt)**[40] **작전'**은 전년도 11월 24일 크리스마스 공세 이래 유엔군이 처음으로 전개한 공세활동이었다. 진출은 비교적 순조로웠다. 1월 31일에 안양~양평 선 이후부터 미 제1군단과 제9군단은 **'주력을 전방으로 하여 적극적인 공세'**로 전환하였다. 이에 따라 각 군단에서 1개 사단만을 전방에 운용하는 전투정찰 방법으로 조정해서 1월 31일부터 각 군단의 주력을 전방에 투입하여 공격으로 전환하였다. 유엔군이 공격으로 전환하여 수원~신갈을 연하는 선까지 진출하였다. 그러나 한강으로 계속 진출을 하기 위해서는 수리산과 관악산을 극복해야만 했다. 이를 위해 미 제1군단 지역의 미 제25사단이 1월 31일에 수리산을 점령하기 위해서 미 제8군의 서측 공격부대인 미 제25사단은 1월 27일에 수리산 하단의 안산~군포를 연하는 선에 도달하여 1월 31일 아침에 수리산의 서측 능선을 터키 여단이, 동측 능선은 제35연대가 수리산 정상의 475고지와 인접한 440고지에서 방어를 하고 있는 중공군 제150사단 예하 연대를 공격하여 2월 2일에 정상을 탈환하였다. 그리고 미 제1군단에 편성된 한국군 제1사단도 2월 9일에 과천 방향의 관악산에서 방어하고 있는 중공군을 공격하자 그들은 저항을 포기하고 도주를 했다. 이에 한국군 제1사단은 2월 9일 10:00시경에 영등포~노량진 선으로 진출하여 가장 먼저 한강선에 도착한 미 제3사단과 연결을 하였으며, 1 · 4후퇴 1개월 만에 다시 서울 탈환을 눈앞에 두고 있었다. 이 상황에서 서측 김포반도 방향에 위치한 미 제25사단은 김포 비행장 방향으로 계속해서 진출을 했고, 지역방어 중이던 북한군 제1군단은 한강을 넘어 퇴각했다.

3. 라운드 업 작전(1951. 2. 5 ~ 11)

유엔군의 1차 반격에서 중 · 서부(서울 동측방)를 포위하는 **'라운드 업 작전(Operation Round Up)'**의 의미는 **"적의 주력을 몰아서 섬멸 한다"**라는 작전 명칭이다. 1951년 1월 말에 서부지역에서 한강을 향하여 공격하는 썬더볼트 작전이 비교적 순조롭게 진행

---

40) 1951년 1월 25일부터 2월 중순까지 미 제8군 사령관인 리지웨이 중장이 실행한 유엔군의 반격 작전이다. 중공군의 개입으로 서울을 내주고 평택 이남으로 철수했던 유엔군이 이 작전으로 반격에 나서 한강 이남 지역을 탈환하였다.

되어 전선이 북쪽으로 추진되어 중동부지역도 서부지역과 전선을 유지하기 위해 전선을 북상시킬 필요가 있었다. 이에 따라 리지웨이 장군은 보급이 취약한 중공군의 약점을 간파하고 있었기 때문에 서울을 먼저 탈취하고자 서두르지 않았다. 그 이유는 당시에 중동부전선이 서부전선보다 남으로 돌출되어 있었고 서부전선은 한강이 있어 피아 공격이 어려운 반면, 중동부지역에서는 전선을 북상시켜 양평~홍천 일대까지 북상을 한다면 서울을 탈환하는데 보다 유리한 상황을 조성할 수 있을 것이라고 판단을 하였다. 따라서 리지웨이 장군은 서울을 직접 공략하는 것 보다는 먼저 돌출되어 있던 중부전선을 양평~홍천을 연하는 선까지 북상시키고, 홍천 일대에서 중공군의 주력을 포착 · 격멸하여 서울의 동 측방을 원거리로부터 포위를 해서 서울을 탈환하고자 미 제10군단에게 적극적인 공세를 하도록 지시하였다.

한편, 1951년 1월 말 경에 한국군과 연합군의 1차 반격에 직면한 조 · 중 연합군 사령관 펑더화이는 서부지역에서 반격하는 유엔군은 한강을 이용하여 저지하고 주 병력을 중부전선에 집결시켜 홍천 및 횡성일대에서 유엔군 1~2개 사단을 격멸하기로 하는 계획을 구상하고 있었다. 이에 따라 홍천 포위를 계획하고 있는 유엔군과 횡성 진출을 기도하고 있는 공산군은 중부전선에서 **'쫓는 자와 쫓기는 자'**가 회심의 격전지로 한반도의 중부전선을 선택하여 포위와 진출 간의(유엔군 : 홍천 포위, 중공군 : 횡성 진출) 승부를 결정짓는 일전이 불가피하였다.

중부 지역에서 여주~평창 선을 점령하고 있던 미 제10군단의 공세는 서부지역의 공세 방법을 적용하여 1월 31일에 미 제2사단 23연대 전투단(문막~지평리)과 기갑부대(원주~횡성)로 나누어 북진하면서 위력수색을 시작하였다. 양 부대는 경미한 저항을 받다가 기갑부대가 2월 2일에 횡성에 도달했으며, 제23연대 전투단은 2월 3일에 지평리를 점령하였다. 그 과정에서 양 부대는 4일 동안 적의 경미한 저항을 받았다. 그러나 기갑부대가 횡성에서 홍천을 향해서 북쪽으로 공격을 하자 홍천에서 집결하고 있는 조 · 중 연합군과 대치를 하였으며 적의 저항은 완강하였다.

제10군단장은 제8군 사령관의 복안에 따라 홍천을 포위하여 공산군의 거점을 분쇄하고, 전선을 홍천~대관령~강릉으로 북상시켜 차후작전의 발판을 만들기 위해서 한국군 제3군단과 협조하여 **'적의 주력을 몰아서 섬멸 한다'**는 라운드 업 작전을 구상했다. 미 제10군단장 알 몬드(Edward M. Almond) 소장은 공산군의 전략 및 전술상의 요충지인 홍천을 포위하여 적의 증원 거점을 분쇄하고 아군의 전선을 홍천~대관령~강릉선으로 북상을 시켜 차기 공격의 유리한 여건을 확보하기 위해서 한국군 제3군단과 협조된 공격을 계획하였다. 이에 따라 미 제10군단장은 한국군 제8사단을 서측에서 주공, 한국군 제5사단을 동측에서 조공으로 홍천을 포위하고, 예비인 미 제2사단과 제7사단은 지평리~횡성~원주 일대의 방어진지를 점령하여 반격에 대비하도록 했다.

2월 5일 아침 08:00시에 홍천을 포위하기 위해서 공격을 하였다. 한국군 제8사단은 횡성~홍천을 연결하는 5번국도 상의 삼마치 고개에서 중공군 198사단의 강력한 저항으로 치열한 공방전이 전개되었으며 삼마치 고개를 돌파하기 위해서 항공지원 하에 보병 · 전차 · 포병의 협조된 공격을 2월 10일까지 계속했으나 진출을 하지 못했다. 한편 동측의 한국군 제5사단도 북한군 제5군단 예하의 6사단의 저항을 받고 공격이 저지되었으며 홍천 포위작전은 2월 10일까지 계속 공격을 했으나 실패하였다. 따라서 미 제10군단장은 시간이 지날수록 홍천 남쪽에서 적의 저항이 치열해지자, 현 병력으로는 삼마치 고개를 돌파하는 것이 어렵다고 판단을 하고 한국군 제3사단의 지원을 받아 주공인 한국군 제8사단 지역에 투입하였다. 그러나 삼마치 고개의 중공군은 한국군 제3사단의 투입에도 불구하고 계속 저항하면서 2월 11일에 제4차 공세를 시작하였다. 이와 같이 홍천지역의 전황은 진척이 없었으나, 동부전선의 한국군 제3군단은 미 제10군단의 동(우)측에서 공격을 하여 적의 저항을 물리치고 평창 북방의 창동까지 진출을 하였다. 또한 동해안의 제1군단은 2월 7일에 대관령~강릉을 연하는 선까지 진출하였으며 전술적 요충지인 동해안의 비행장과 항구, 대관령 등을 확보하였다. 그러나 북한군은 평창~영월~안동까지 침투해 있는 북한군 제2군단과의 연결이 차단되어 후방지역에서 활동이 어려워졌다.

1951년 1월 말에 반격작전을 시작한 한국군과 유엔군은 **'썬더 볼트 작전'**과 **'라운드 업 작전'**으로 2월 10일 경에는 남한강~횡성~강릉을 연하는 선으로 30~60km 이상 북쪽으로 전선을 올리면서 공세적인 분위기를 회복할 수 있었다. 반면 중공군의 공격 기세는 전투력 보충과 보급제한으로 주춤해졌다. 더욱이 북한군은 평창~영월~안동까지 침투해 있던 부대와 연결이 차단되었고, 원주에서 주 전투력이 손실되어 차후 작전에 위기를 맞게 되었다.

'라운드 업 작전(Operation Round Up)'을 전술적, 작전적, 전략적 차원에서 분석해 보면 다음과 같다. 첫째, 전술적 차원에서 홍천을 포위하여 적의 증원부대를 차단한 것이다. 둘째, 작전술 차원에서 홍천을 점령함으로써 중부지역에서 서울을 포위할 수 있는 유리한 상황을 조성한 것이다. 셋째, 전략적 차원에서 중공군의 차후 공세를 전략적으로 위축시켰다. 그 결과 유엔군은 중공군의 제4차 공세에서 승리를 할 수 있었다. 즉 중공군은 제4차 공세에서 한국군 제8사단을 격멸한 후 원주방향으로 계속 공세를 하지 못하고 공세방향을 지평리 방향으로 전환하였다. 그 이유는 유엔군의 강력한 반격을 예상을 했기 때문이다.

제 3 절 중공군 제4차 공세와 유엔군 제2차 반격

1. 개 요

중공군은 한국군 · 유엔군의 1 · 4후퇴 이후부터 전력을 보강하면서 제4차 공세를 준비하고 있었다. 1951년 2월이 되자, 전선에서는 부대 재배치로 판단되는 중공군의 움직임이 포착되었다. 특히, 원산에서 전투력 복원을 완료한 제9병단이 춘천으로 남하를 했다.

중공군은 유엔군의 1차 공세 후 자신들이 불리한 서부 지역은 한강을 이용하여 견제하면서, 중동부 전선에 전투력을 집중하여 유엔군 1~2개 사단을 유인 섬멸하고 유엔군의 1차 반격작전을 저지하고자 제4차 공세를 하였다.

중공군의 작전 개념은 동부전선에서 한국군 1~2개 사단을 유인하여 포위 섬멸하는 것으로 서부전선에서는 유엔군의 전진을 저지시키면서 견제를 하고, 주력을 중부전선의 가평~홍천 일대로 집결시켜 양평~횡성(삼마치 고개) 일대에 돌출부를 공격을 하는 것이었다. 이와 같은 계획에 의거하여 2월 11일에 공격을 개시한 중공군은 서부전선에서 제38군과 북한군 제1군단이 수원 방향으로 공격을 해서 서부를 견제하도록 하고, 중부전선에서는 중공군 2개 군(40 · 66군)과 북한군 2개 군단으로 한국군 제2군단을 공격해서 포위섬멸을 하고 중공군 제39군은 미 제23연대를 포위 섬멸을 하는 계획이었다.

(중공군 제4차 공세)

중공군은 여기서도 미군이 배치된 지평리보다 한국군이 배치된 횡성을 먼저 공격한 다음에 지평리를 공격해서 전선을 원주~충주 방향의 내륙 종심으로 확대하려고 했다. 중공군은 횡성 정면에서 중공군 및 북한군 13개 사단으로 한국군 제8 · 3 · 5사단을 격멸하고 횡성을 탈취한 후에 원주 방향으로 진출을 했고, 북한군 제3군단은 제2전선부대와 배합전을 수행해서 한국군 제7 · 9사단을 격멸한 후에 평창 정면으로 진출을 했다.

미 제8군은 횡성이 위험해지자 2월 12일 오후에 지평리~원주를 연결하는 새로운 방어선을 선정하여 점령하도록 했다. 또한 돌파구 견부인 원주를 고수하면서 반격작전 여건을 조성하기 위해서 미 제2사단을 원주 돌파구 지역에 투입했다. 이때 한국군 제3사단을 추격한 중공군 제66군은 원주를 우회하여 제천으로 진출해서 미 제10군단의 배후를 차단하려고 했다. 만약 중공군의 의도대로 중공군이 제천으로 진출했다면 퇴로가 차단된 미 제10군단은 붕괴가 될 가능성이 농후했다. 그러나 위기에 처한 유엔군은 대구에서 재편성 중인 미 제7사단을 영월 지역에, 철수한 한국군 제3 · 5 · 8사단 등을 돌파구 첨단에 배치하고 한국군 제1 · 3군단도 전선을 조정하여 중공군의 돌파구 확장을 저지했다. 한편 횡성 일대를 확보한 중공군의 공격 징후가 보이자 지평리를 담당하고 있던 미 제2사단 제23연대는 철수를 준비했다. 하지만 리지웨이 사령관이 지평리를 확보하여 공세이전의 발판으로 삼고자 고수방어 명령을 내렸으며 연대는 즉시 방어준비에 착수하여 원형 방어진지를 편성했다.

2. 지평리 전투(1950. 2. 13~2. 15)

'지평리 전투'는 1951년 2월 13일부터 2월 15일까지 미 2사단 23연대가 배속된 프랑스 대대와 함께 중공군 4차 공세 시에 지평리에서 중공군 6개 연대의 집중공격을 전면방어로 격퇴하여 전세를 역전시키고 유엔군의 재 반격의 여건을 조성한 전투이다. 지평리의 작전환경은 고지군으로 둘러싸인 분지로 중공군이 한강 이남으로 진출이 예상되는 지점에 위치하고 있었으며 중앙선이 통과하고 남에서 북으로 국도가 발달한 병참선의 중심지였다. 당시 기온은 영하 15℃ 내외의 혹한이 지속되었으며 강설로 항공지원이 일부 제한되었다.

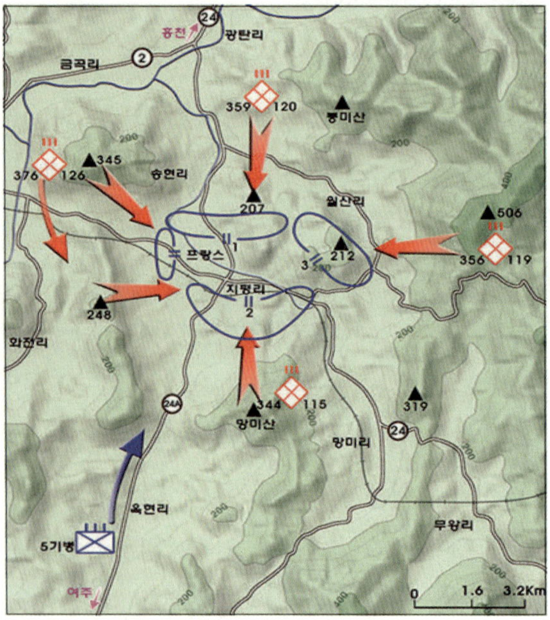

(지평리 전투 상황도)

중공군 제39군은 계획대로 지평리 일대를 완전히 고립시키기 위해서 1951년 2월 13일에 3개 사단 규모로 공격을 하기 시작했다. 중공군은 지평리를 공격하면 유엔군이 철수를 할 것으로 판단을 하고 유엔군의 철수로를 차단했다. 그러나 미 제2사단 23연대는 철수를 하지 않고 참호를 깊게 파고 고수방어로 중공군을 기다리고 있었다. 중공군은 미군이 철수를 하지 않자 계획을 변경해서 지평리로 공격을 해 왔다. 그러나 중공군에게 포위가 된 미 제23연대는 가용한 포병화력을 공격하는 중공군에게 집중했다. 2월 14일에 중공군이 2개 연대를 추가로 투입하자 미 제10군단은 항공폭격 및 공중보급 지원을 하였다. 이에 따라 중공군은 공격을 중단하고 야간전투로 전환하여 중공군 9만여 명이 4차 공세의 사활을 건 대대적인 야간공격을 하였다. 이에 미 제23연대도 전

화력을 동원해서 처절한 사투로 중공군을 저지하였다. 2월 15일에는 군단 예비인 미 제5기병연대가 보병 160명을 전차 23대에 탑승시켜 지평리까지 6km를 돌파해서 중공군의 포위망을 뚫고 제23연대와 연결 작전을 성공해서 지평리를 확보하였고 중공군은 3일째 공격 실패로 전원 퇴각을 하였다. 미 제9군단(한국군 사단)은 양평~원주~제천~평창에 이르는 커다란 돌파구를 저지 시키면서 중공군의 제4차 공세는 2월 18일에 기세가 꺾였다. 특히, 지평리 전투의 영웅인 **'몽클라르 장군'**[41]과 프랑스대대 500여 명은 미 제23연대와 함께 중공군의 공격을 격퇴하였다. 이로 인해 중공군의 4차 공세는 목적을 달성하지 못하고 종료되었다. 유엔군의 지평리 전투에서 승리를 한 요인은 다음과 같다.

① 유엔군 간 상호 유기적인 협조	② 강인한 정신력 무장
③ 지휘관의 우수한 상황판단 능력	④ 가용 전투력 집중 운용
⑤ 항공지원 우세	⑥ 중공군 보급로 차단

지평리 전투는 **'전면방어'**의 성공적인 사례로 6배의 적에게 포위된 상태에서도 전투의지를 상실하지 않고 진지를 사수한 전투였다. 그리고 중공군의 인해전술에 대한 미군 화력의 우위를 증명했다. 지평리 전투에서 고수방어의 성공은 유엔군과 한국군에게 새로운 전투방향을 제시하는 계기가 되었다. 그 동안 패배만 하던 유엔군에게는 중공군이 6·25전쟁에 참전한 이후에 제1차 반격에 이어 방어전투에서 중공군에게 거둔 최초의 승리이자 전세를 만회하여 재 반격의 기틀을 다진 전투였으며 지평리 전투의 승리로 중공군에 대한 공포증을 해소하였다.

★ 6·25전쟁의 사실 17 : 프랑스 육군 중장, 왜 중령으로 6·25전쟁에 참전하였는가?

프랑스 몽클라르 육군중장이 중령으로 6·25전쟁에 참전하여 대대장 직책을 수행했다. 1951년 중공군의 2월 공세시에 중공군은 지평리를 압도적인 전투력으로 포위 공격을 하였다. 만약에 지평리가 무너지면 서울 남쪽에서 공격 중이던 미 제1군단과 미 제9군단의 동측방이 노출되어 유엔군은 다시 37도선 이남으로 철수를 할 수밖에 없는 상황이었다. 이때 몽클라르 대대장은 중공군이 반복해서 공격을 해오는 상황에서 "단 한 사람도 내 명령 없이는 물러나지 마라. 총알이 없으면 몸으로라도 막아라!"라고 외치며 중공군의 공격을 막아냈다. 그러나 중공군의 강력한 공격에 한때 프랑스 대대 진지가 무너지자 프랑스군은 철모를 벗고 붉은 수건을 둘러맨 후에 총검과 개머리판으로 백병전을 실시하여 결국 중공군을 물리쳤다.

41) 몽클라르 장군은 중장계급이었으나 6·25전쟁에 대대급은 중령이 지휘해야 한다는 규정 때문에 중령으로 계급을 낮춰서 보병대대장으로 참전하였다. 그러나 귀국하여 다시 중장 계급으로 다시 복귀했다.

3. 유엔군 제2차 반격과 서울 탈환

가. 킬러작전(1951. 2. 20~3. 6)

유엔군의 제2차 반격작전의 목표는 **"서울을 탈환 후에 38도선까지 확보를 하는 것"**으로 유엔군은 2월 20일부터 3월 6일까지 **'킬러작전(Operation Killer)'**을 진행하였다.

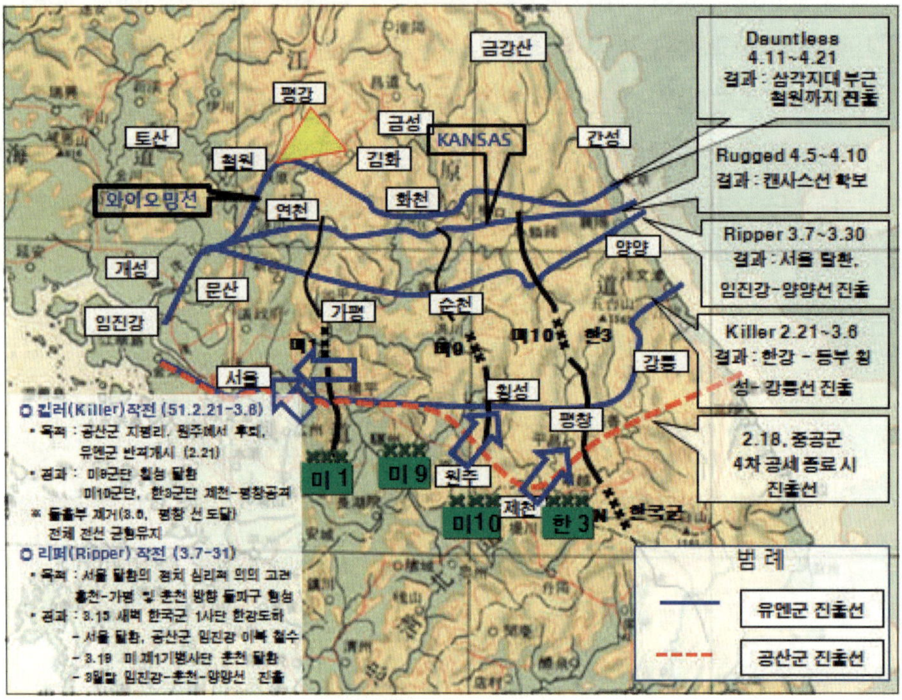

(유엔군 제2차 반격)

양평 지평리와 원주 일대에서 승기를 잡은 리지웨이 장군은 철수하는 조·중 연합군의 꼬리를 물고, 중공군에게 새로운 공격을 준비할 수 있는 정비와 휴식 시간을 주지 않으면서 중공군의 주력을 섬멸하고 비정상적으로 돌출된 제천~영월 지역의 중공군(제39·40·66군) 주력을 섬멸하기 위해서 즉각적인 반격작전을 시행했다(당시 전선 : 한강~양평(지평리)~원주~제천~영월~대관령을 이은 선).

'킬러작전'은 중공군이 전쟁에 개입한 이후에 유엔군의 두 번째 반격작전으로 작전 목적이 공산군 주력을 섬멸하는 작전으로, 미 제9군단(원주~횡성 방향), 미 제10군단과 한국군 제3군단(제천~평창 방향)이 병진공격을 하도록 했다.

유엔군과 한국군은 2월 21일 10:00시부터 공격을 개시했다. 미 제9군단은 주공인 미 해병 제1사단을 중심으로 4개 사단이 횡성을 향하여 병진공격을 하였고, 한국군 제3군단과 미 제10군단은 동부전선에서 북한군 유격대와 전투를 하였다. 그러나 갑작스러운 기온 급강하와 폭설로 산악지형에서 병력과 장비의 기동이 제한되었으며 중공군의 강력한 저항이 있었다. 그러나 미 제9군단의 주공인 미 해병 제1사단이 중공군을 물리치고, 3월 4일에 목표인 횡성을 탈환하였다. 미 제10군단과 한국군 제3군단도 산악을 이용하여 저항하는 북한군 제2전선 부대들과 폭설 속에서 치열한 전투를 하면서, 3월 6일에 목표인 강릉선에 도달하여 제천 일대의 비정상적인 돌출부를 북상시키고 전체적인 전선의 균형(횡성~강릉)을 유지하면서 킬러 작전은 성공적으로 종료되었다.

나. 리퍼작전(1951. 3. 7~3. 30)

'리퍼작전(Operation Ripper)'은 3월 7일부터 30일까지 진행되었으며 작전의 목적은 **"중부전선에서 중공군의 주력을 격멸하고 서울을 탈환하는 것"**이었다. 킬러작전 결과 유엔군과 한국군은 전선을 한강~횡성~강릉을 연하는 선으로 북상시킬 수 있었다. 당시 국내외의 모든 관심은 **'서울은 언제?'**였다. 그러나 미 제8군사령부는 **"현재의 전투력으로 서울을 정면 공격하는 것은 아직 무리가 있다"**고 판단했다. 따라서 우선 현 전선(횡성)의 중앙으로부터 홍천~가평 및 춘천 방면으로 돌파구를 형성한 다음에 중공군과 북한군을 동서로 분리하고, 서울을 한강(정면)과 가평 · 춘천 방면(측방)에서 조 · 중 연합군을 양익포위를 하는 계획을 수립했다. 작전의 명칭은 영문으로 **'송장을 자르는 살인광'**이라는 뜻을 포함하고 있는 **'Ripper(리퍼)'**로 명명하였고, 작전의 목적을 달성하기 위해서 서울 동측방에서 춘천을 향해 동북쪽으로 공격을 해서 38도선 남방에 이르는 요충지를 연결하는 공격축선을 선정하였으며 이것을 **'아이다호(IDAHO)선'**이라고 하였다. 리퍼작전의 제8군 주공인 미 제9군단은 3월 7일에 우세한 화력을 앞세워서 사단 병진으로 중공군의 방어진지를 공격한 후에 용문산~홍천을 향해서 진격을 했다. 미 제9군단의 주공인 미 제1해병사단을 비롯한 각 부대는 신속하게 전진을 해서 3월 14일에 홍천 외곽까지 진출을 하였으며 한국군 제6사단 2연대 2대대는 홍천 북방 구은동 일대를 차량으로 정찰 중에 중공군 1개 대대가 집결하는 것을 발견하고 포위공격을 해서 231명을 사살하고 다수의 장비를 노획하는 전과를 올렸다. 이어서 3월 20일과 21일

13:30분에 춘천시내로 진입을 하였다. 3월 14일에는 한국군 제1사단이 한강을 도하해서 서울을 재탈환하는데 성공을 했다. 서울 재탈환은 1·4후퇴 이후에 70일만이었다. 그러나 한국군 제1사단이 서울을 점령했을 때는 중공군은 이미 서울에서 철수를 해서 **'텅 빈 서울'**이었다. 이어 3월 19일에 미 제1기병사단이 춘천을 탈환하여 3월 말의 진출선은 **'임진강~춘천~양양 선'**이었다.

다. 러기드 작전(1951. 4. 5~4. 10)

'러기드(Rugged) 작전'의 목적은 중공군의 춘계 공세에 대비해서 방어에 유리한 지형을 확보하기 위한 작전으로 4월 5일부터 10일까지 진행되었다. 당시 상황으로 중공군은 대부분의 전선에서 지연전 임무를 북한군에게 일임하고, 평강~철원~김화를 연결하는 철의 삼각지대에서 차후공세를 준비하고 있었다. 이때 미 정부는 38도선의 재돌파 문제를 리지웨이 사령관에게 일임하였다. 당시 북진작전은 전술적 수준으로 유리한 방어선을 확보하기 위한 것이었다. 리지웨이 장군은 4월에 적의 공세 징후가 현저히 나타나자 적의 공격 기도를 사전에 분쇄하기 위해서 현재의 **'아이다호(IDAHO)선'**은 방어에 부적합한 지형이라고 판단을 하고 38도선을 확보하는데 유리한 **'캔자스 선'**(임진강~연천~화천 저수지~양양을 잇는 총 연장 184km)을 확보했다. 이 캔자스선 확보작전은 **'전선의 요철을 정리'**한다는 뜻에서 러기드 작전이라고 하였으며, 이 작전에서 6·25전쟁의 숨은 영웅인 **'김영옥 대령'**[42]이 부대를 진두지휘(陣頭指揮)를 해서 유엔군 부대 중에 제일 먼저 캔자스 선에 도달을 했다. 그리고 러기드 작전을 통해서 38도선을 기준으로 서부는 3.2~9.6km, 동부는 16km까지 북상을 하게 되었다. 따라서 캔자스 선은 미래의 군사분계선으로 선정될 수 있었다.

라. 돈트리스 작전(1951. 4. 11~4. 21)

캔자스 선을 확보한 한국군과 유엔군은 중공군의 대부대가 집결하여 공격 준비 중인 철의 삼각지대를 공격해야 할 필요가 있다고 판단을 하였다. 이에 따라 캔자스 선 북방

42) 재미교포인 김영옥 대령은 제2차 세계대전에 참전해서 많은 전공을 세웠다. 그러나 6·25전쟁이 발발하자 자원입대를 해서 참전을 하였으며, 미 제7사단 31연대 정보참모 임무를 수행했다. 그리고 1951년 4월에 중공군의 춘계 공세와 중공군의 5월 제2차공세 시에 전투에 참가해서 부대를 지휘하여 많은 전공을 세웠다. 그러나 철의 삼각지대 전투에서 중상을 입었으며 치료 후에 복귀를 해서 제1대대장에 임명되었다. 김영옥 대령은 미국 은성훈장, 동성무공훈장, 대한민국 태극무공훈장을 수여받은 6·25전쟁의 영웅이다.

10~20km에 와이오밍 선(임진강~철원~김화~화천저수지)을 설정하고 이를 확보하기 위한 **'돈트리스(Dauntless) 작전'**을 개시하였다. 초기에는 작전이 잘 진행되었으나 4월 22일부터 적의 저항으로 공격이 저지되었으며 철의 삼각지를 눈앞에 두고 방어로 전환되면서 공격을 멈추었다.

제 4 절 유엔군 38도선 재돌파와 중공군 제5차 공세

1. 유엔군 38도선 재돌파

유엔군과 한국군이 서부전선에서 서울을 재탈환하고 기존의 38도선 지역으로 진출해 나가자 38도선 돌파 문제가 재론되었다. 그러나 38도선 돌파는 1950년 당시의 돌파와는 차원이 다른 문제였다. 이제는 정책의 문제가 아닌 전술적 차원의 문제였고, 38도선 북방에 진출을 했다는 명분을 얻기 위해서 진출을 해야만 했다. 동부전선에서 한국군 제1군단 소속의 제3사단과 수도사단이 북한군 제69사단의 저항을 물리치고 3월 27일에 양양을 탈환하였다. 한국군과 유엔군의 공세작전으로 피해를 입은 중공군은 평강~철원~김화로 연결되는 지점으로 집결하여 전투력 복원과 차후 공세를 준비하고 있었다. 리지웨이 장군은 38도선 확보를 위한 완충지대로 38도선 북쪽의 캔자스 선을 확정하여, 전선이 38도선에서 최대 16km까지 북상 되었다. 하지만 유엔군은 대한민국 정부와 국민의 희망과는 반대로 캔자스 선을 넘으려 하지 않았다. 이때부터 자유진영에서는 캔자스 선을 미래의 휴전선으로 생각을 했고, 이는 북쪽으로 더 이상 공격을 할 수 없는 또 다른 북진 한계선이었다. 캔자스 선을 확보한 유엔군과 한국군은 중공군이 집결하여 공세를 준비 중인 평강~철원~김화를 연결하는 철의 삼각지대를 공략할 필요를 느꼈다. 이 지역은 서울과 원산의 중간지대로 철도가 통과하는 교통의 요지였다. 이에 리지웨이 장군은 캔자스 선 북방 10~20km에 와이오밍(Operation Wyoming, 캔자스 선 북방으로 10~20Km를 연하는 선)선을 설정하고, 이를 확보하기 위해서 **'불굴작전(Operation Dauntless)'**을 진행하였다. 불굴작전은 4월 11일부터 21일까지 진행되어 철원에 이르렀으며, 4월 22일부터는 많은 지역에서 조·중 연합군의 저항에 부딪혔다. 리지웨이 장군은 중공군의 공세에 대비하여 방어로 전환할 것을 명하였다. 그리고 전투력을 회복한 중공군이 **'이제 어디로 공격해 올 것인가?'**하는 것이 세기의 관심사가 되었다. **'맥아더 장군의 해임'과 '불승불패(不勝不敗)전략'**으로 1951년 4월 11일에 맥아더 원수의 해임 사실이 발표되었다. 미 행정부 내의 대(對) 한반도 정책은 유엔군이 중공군에 밀려 철수한 1951년 전반기부터 **'휴전을 통해 전쟁을 종결한다'**라는 정책으로 선회하고 있었다. 이와 같이 정책 변경의 과정에서 한반도에서 완전한 군사적 승리를 원하는 **'군인 맥아더'**와 정치적 타협을 주장하는 **'정치가 트루먼 대통령'** 사이의 의견 충돌이 원인이었다. 이 문제는 한·미 연합국간의 갈등이기도 했다. 맥아더는 정치적인 제한에 구애를 받지 않고, 그의 재량권 내에서 자유로운 군사작전을 추진하고자 했다. 그래서 맥아더는 미 정부의 정책과는 다르게 유엔군으로 하여금 공격작전을 진행하도록 했다. 이에 따라 미 제8군은 4월 5일에 공격을 개시하여 캔자스 선을 확보했고, 이어서 철의 삼각지대를 확보하고자 와이오밍 선을 향하여 진출을 했다. 트루먼 대통령은 맥아더 장군의 군사적 돌출 행동을 민주주의 체제와 군 통수권자에 대한 도전으로 받아들였고, 결국 4월 11일에 맥아더를 유엔군사령관, 미 극동사령관, 미 극동지상군사령관의 직위로부터 해임시켰다. 신임 유엔군사령관은 제8군사령관인 리지웨이 장군이 영전했고, 신임 제8군사령관에는 **밴 플리트(James A. Van Fleet) 중장**이 임명되었다. 맥아더와 달리 신임 유엔군사령관 리지웨이 대장은 미 제8군 사령관으로 부임한 밴 플리트 중장에게 **'캔자스 선'**과 **'와이오밍 선'**을 넘어가는 작전은 모두 유엔군 사령관의 승인을 받도록 조치했다. 미국은 이제 명예로운 퇴진을 고려하고 있었던 것이다. 그리고 막대한 피해를 입고 있는 중국 또한 **'동병상련(同病相憐)'**이었다. 그래서 미군은 중국이 휴전회담에 나올 수 있도록 적당한 압력을 가할 수 있는 전력을 유지하고 있다가 중공군이 공격해 오면 현 위치에서 퇴각을 시키는 전략을 추진하였다. 당시에 미국의 전략은 **'이기지도 않고, 지지도 않는다.'**라는 **"불승불패전략"**이었다.

> **노병은 죽지 않는다. 다만 사라질 뿐이다.**
>
> **- 맥아더 장군**

2. 중공군 제5차 공세(1951. 4. 22~4. 30)

중공군은 제5차 공세(4월 공세)를 위해 유엔군이 서울을 재탈환 한 이후에 와이오밍 선으로 진출을 하자 완충지대를 확보하고 반격을 하기 위해서 철의 삼각지대에서 전투력을 복원하고 있었다. 이와 같은 상황에서 시작된 중공군의 제5차 공세의 목적은 **"서울을 탈환하고 38도선에서 전선을 고정하면서 정전회담의 주도권을 확보하는 것"**이었다. 작전개념은 주공을 중서부 전선(문산~춘천)에 지향하여 유엔군 2~3개 사단을 포위섬멸을 해서 전장의 주도권을 확보하는 것이었다. 제19병단은 서(우)측 포위부대로 정면의 한국군 제1사단과 영국군 제29여단을 돌파 후에 2개 군은 포천 방향으로 진출을 해서 미 제24사단과 제25사단의 서(좌)측방 퇴로를 차단하고, 1개 군은 의정부 방면으로 진출하도록 했다. 또한 제3병단은 정면 압박 부대로서 미 제3사단, 미 제25사단을 고착하며, 제9병단은 서(좌)측 포위부대로서 사창리의 한국군 제6사단을 돌파하여 2개 군은 포천 방향으로 진출을 해서 미 제24사단과 제25사단의 동(우)측방의 퇴로를 차단하는 것이었다. 조공(춘천~동해안)은 동부전선을 담당하고 기타 부대는 견제를 하도록 했다.

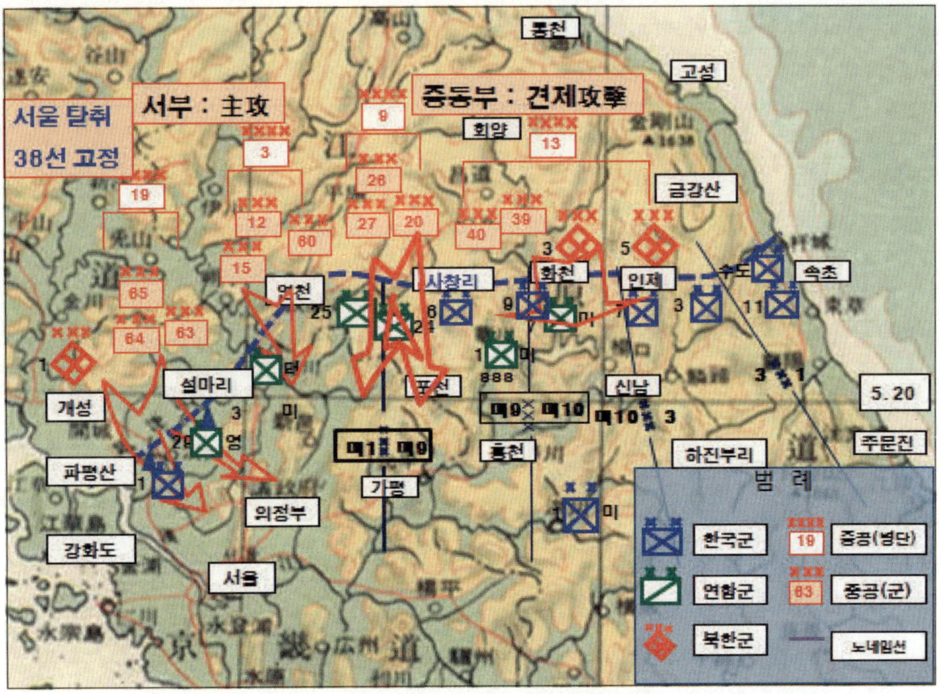

(중공군 제5차 공세)

중공군은 4월(4.22~30)말 중서부전선(문산~춘천)에 주력을 집중하여 공격해 왔다. 중공군 제19병단(9개 사단)은 주공으로 개성~문산 축선에서 한국군 제1사단(문산 일대)과 영국군 제29여단(설마리)을, 중공군 제3병단(9개 사단)은 연천~동두천 축선에서 미 제3사단과 터키여단을, 중공군 제9병단(9개 사단)이 김화~포천 축선에서 광덕산맥을 따라 미 제25사단과 제24사단을 공격하였다. 중동부 전선에서는 중공군 제13병단(6개 사단)이 화천~춘천 축선에서 한국군 제6사단과 미 제1해병사단을, 북한군 제3 · 5군단이 인제~신남 축선에서 한국군 제3군단을 각각 공격했다. 중공군 제19병단은 한국군 제1사단과 영국군 제29연대를 공격했다. 그러나 한국군 제1사단(적성)의 선전과 영국군 제29여단이 임진강 변 설마리 일대에서 중공군의 포위돌파 기도를 저지시켰다. 이때 영국 제29여단 글로스터(Gloucester)대대가 벌인 설마리 전투는 6 · 25전쟁에서 **'고립방어'**[43]의 대표적인 전투사례로 기록되고 있다. 이 전투로 미 제24 · 25사단은 퇴로를 이용할 수 있었다. 밴 플리트 장군은 미 제1군단과 제9군단에게 캔사스 선(화천~양양)으로 철수하도록 명하였다. 중공군은 유엔군의 대규모 화력 집중과 근접 항공지원으로 많은 피해를 입었으나, 그 선두 부대는 3일에 걸쳐서 서울 북방의 구파발에서 홍천에 이르는 선까지 도달을 했다. 한편, 중부 지역에서는 한국군 제6사단이 사창리 전투에서 처참하게 패배를 했다. 한국군 제6사단은 분산되어 철수를 했으며, 사창리에서 가평에 이르는 대규모 돌파구가 형성되어 춘천~가평이 동시에 돌파되는 결과를 초래하였다. 이에 따라 미 제8군은 가평지역에 영국군 제28여단과 미 제5기병연대를 투입하였으나 4월 26일에 가평이 피탈되어 미 제9군단은 홍천강 이남으로 철수를 했다. 중공군은 제5차 공세로 중부 지역에서 60km, 동부 지역에서 35km를 남하할 수 있었다. 하지만 유엔군은 중공군의 포위망에서 빠져 나온 미 제24 · 25사단이 전투력을 유지한 가운데 서울 북방에서 마석우리~대포리를 연하는 **'노 네임선(No-named defense line)'**을 형성하여 서울을 방어하고 중공군의 4월 공세를 저지할 수 있었다. 펑더화이는 4월 29일부터 중공군의 전진이 가로막히자 공세의 실패를 인정하고 방어로 전환했다. 중공군의 입장에서 이번 제5차 공세는 2개 월 이상을 내실 있게 준비를 해서 자신감이 있었다. 또한 유엔군과 한국군에게 위협을 주기에는 충분한 전력이었다. 하지만 조 · 중 연합군의 주공이 임진강 방어진지 돌파에서 신속한 기동력을 발휘하지 못했으며, 조공은 가평과

43) 적에 의하여 고립된 부대가 아군 부대와의 연결이 불가능할 때 연결될 때까지 또는 중요 지형을 계속 확보하여 차후 작전에 유리한 발판을 제공하기 위하여 특정 지역에서 전면 방어개념 하에 취해지는 방어 작전.

인제에서 차단되어 유엔군의 퇴로 차단에 실패했다. 오히려 유엔군의 포병 화력과 근접 항공지원으로 중공군 13만 명 이상이 살상되는 피해를 입었다. 더욱이 공세 기간도 8일 만에 종료가 되어, 중공군의 보급사정이 여전히 열악하다는 것을 증명시켜 주었다. 유엔군은 이때 반격작전으로 중공군을 강하게 밀어붙일 수 있었다. 그러나 정치적인 협상을 위한 새로운 정책이 수립되고 있는 시점으로 **'캔자스~와이오밍 선(철의 삼각지대)'**을 넘어서는 반격을 하지 않았으며 국지적인 전술적 조치만 허용되었다.

3. 중공군의 제5차 공세 주요 전투

중공군 제5차 공세 간에 한국군과 유엔군이 중공군을 저지했던 대표적인 전투는 **설마리 전투, 사창리 전투, 가평 전투**이다.

가. 설마리 전투(1951. 4. 22~4. 25)

'설마리 전투'는 1951년 4월 22일부터 4월 25일까지 임진강 변의 설마리 일대에서 영연방 제29여단이 중공군 3개 사단의 공격을 3일간 저지시킨 전투이다. 설마리 일대는 감악산 · 파평산 · 중성산 등의 고지군으로 형성되어 있으며 작전지역 내 도로망은 전곡~동두천을 연결하는 37번 도로와 적성~연천을 연결하는 11번 도로가 형성되어 피 · 아간 차량 · 전차 기동이 용이하였다. 그리고 임진강은 깊은 수심으로 도섭이 불가하였고 아침 안개는 시계가 제한되었다.

(설마리 일대 지형 상황도)

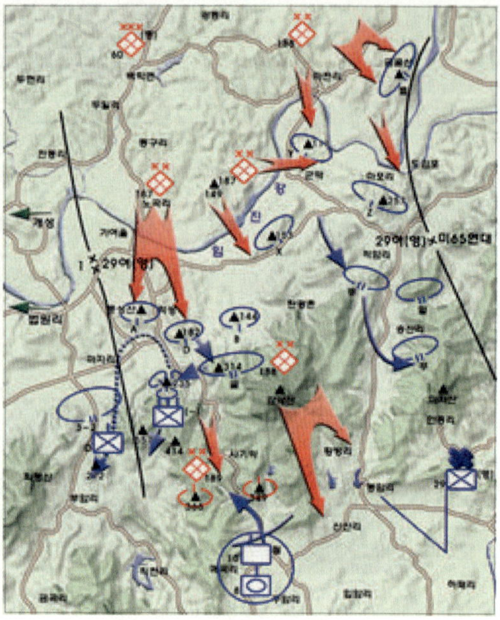

(설마리 전투상황도)

영연방 제29여단은 대대단위로 방어진지를 편성해서 부대 배치를 하였으며 중공군 1개 연대는 도하 후에 인해전술로 공격을 하였다. 이에 글로스터 대대는 중공군에 포위가 되어 **'사면초가(四面楚歌)'**의 위험에 직면하여 **'고수방어'**[44]로 전환을 하였으며 이에 따라 영연방 제29여단은 보 · 전 협동공격으로 구출작전을 시도하였으나 중공군의 완강한 저항으로 실패하였다. 그러나 29여단장은 글로스터 대대가 포위가 되자 대대 자력으로 철수를 지시하였으나 전투력이 약화되어 포위망을 돌파하는 데 제한이 된다고 판단한 대대장이 고수방어를 주장하였다. 글로스터 대대는 백병전으로 처절한 사투를 벌였으나 1개 중대를 제외하고 전 대대원이 전사하거나 포로가 되었다. 그러나 영연방 제29여단은 3일 간 중공군을 고착 견제하여 미 제1군단이 안전하게 철수를 할 수 있는 시간을 확보하였다.

44) 방어지역의 상실을 최대한 억제하면서 적의 공격을 저지, 격멸하기 위하여 강력한 방어편성과 결전(決戰)의 의지를 바탕으로 하는 방어작전의 한 형태로 결정적으로 중요한 지형을 확보하면서 적의 공격을 약화 또는 무력화시키고, 적을 불리한 지형에 집중하도록 하여 이를 격멸하고, 조기에 아군의 반격 여건을 조성하는 데 목적이 있다.

나. 사창리 전투(1951. 4. 22~4. 29)

'사창리 전투'는 중공군의 5차 4월 공세 시에 화천 일대의 사창리에서 한국군 제6사단이 중공군 4개 사단의 공격으로 지휘체계가 와해되어 대량 피해를 입은 전투이다. 당시 상황으로 중공군은 1951년 4월 22일부터 29일까지 5차 4월 공세를 개시하였다. 한국군 제6사단은 사창리 일대에서 공격에서 방어로 전환을 하였다. 작전지역은 해발 1,000m 이상의 험준한 산맥으로 형성되어 있어 산악전에 유리하였다. 사창리 일대의 도로망은 산악 위주로 발달되어 있어 차량 및 기계화 부대 이동이 제한되었고 기상은 짙은 안개로 항공지원이 제한되었다.

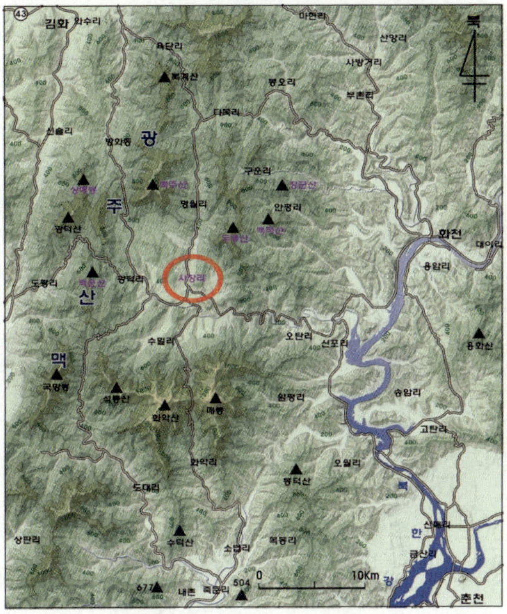

(사창리 일대 지형 상황도)

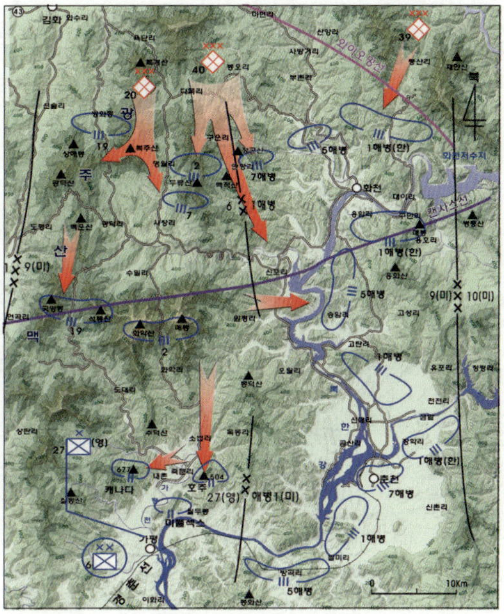

(사창리 전투 상황도)

전투경과를 보면 4월 22일 17:00시에 중공군 제60사단과 제120사단이 공격을 개시하였다. 한국군 제6사단은 진지를 고수하고 있었다. 중공군은 부대 협조점으로 파상공격을 하면서 전방연대를 포위하고자 했다. 한국군 제6사단은 통신이 두절되어 지휘통제기능이 상실되었고 퇴로가 차단될 수 있는 위기 상황에서 연대별로 차량 및 장비를 유기하고 후방으로 철수하였다. 이에 미 제9군단장은 한국군 제6사단에 **'캔자스 선(화천~양양)'**을 방어하도록 지시를 하였으며, 제6사단장은 연대별로 책임구역을 할당하여 방어 임무를 수행하였다. 그러나 중공군은 연대 간 협조점 일대로 집중 돌파를 하여 한국군 제6사단은 방어임무가 불가해서 가평 방면으로 철수를 하였다. 한국군 제6사단은 철수 간에 영연방 제27여단의 엄호 하에 용문산 일대로 철수를 하였다. 사창리 전투는 6·25전쟁에서 최대의 치욕이었으며 병력 1,600 여 명이 전사 및 실종 되었고 소총 2,263정과 자동화기 168정 등 다수의 장비를 유기하였다. 사창리 전투에서 한국군 제6사단의 패배 원인은 다음과 같다.

① 전장 공포증으로 전투의지 상실 ② 지휘통제 기능 마비
③ 적에 대한 정보수집 소홀 ④ 지휘관의 리더십 부족

사창리 전투에서 한국군 제6사단은 전장 공포증으로 장병들의 전투의지가 상실되었고, 상·하 부대와 제대별로 체계적인 지휘통제 기능이 마비되었다. 그리고 적의 이동상황과 적의 기도에 대한 정보수집에 소홀했고, 지휘관의 리더십이 부족하여 전투에서 패배를 하였다. 그러나 한국군 제6사단은 전투력을 복원하여 중공군 6차 5월 공세 시에 용문산 전투에서 대승을 거두었다.

다. 가평 전투(1951. 4. 23~4. 25)

'가평 전투'는 중공군 제9병단이 4월 5차 공세 시에 화천~가평 축선을 공격해서 유엔군의 동(미 9군단)과 서(미10군단)간 증원 차단을 목적으로 공격을 하였다. 가평 전투는 1951년 4월 23일부터 4월 25일까지 영연방 제27여단이 가평천 일대에서 뉴질랜드 포병연대의 지원을 받아서 중공군의 공세를 3일 간 저지해서 한국군 제6사단의 철수를 엄호하였다. 가평 일대의 작전 지역은 태백·광주 산맥의 영향으로 1,000m이상의 고지군으로 형성되었고 가평은 경춘 가도의 중심에 위치한 전략적 요충지였다. 가평천은 피·아 도섭이 가능했으며 기상은 대체로 청명하였다. 전투경과로 27여단장은 4월 23일에 가평천 일대에 부대를 배치하였다.

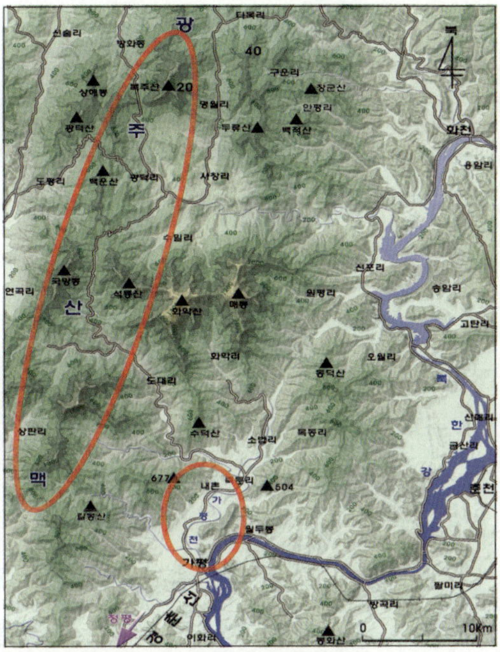

(가평 지역 지형 상황도)

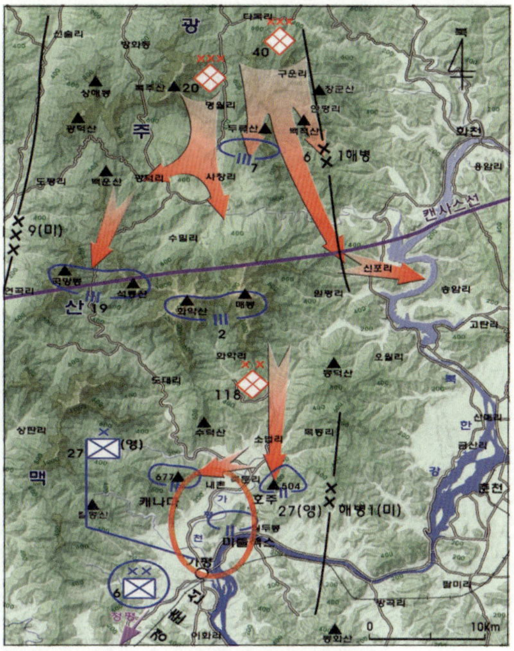

(가평 전투 상황도)

그러나 중공군 제118사단은 4월 23일 22:00시에 가평을 점령하기 위해서 남하를 하였으나 호주대대는 뉴질랜드 포병의 적극적인 지원과 전차를 집중운용해서 중공군 1개 사단을 격퇴하였다. 4월 24일 07:00시에는 아군의 항공 폭격으로 중공군이 철수를 하였으며, 중공군 제118사단은 4월 24일 22:00시에 캐나다 대대를 공격하였으나 캐나다 대대는 자체 포병과 뉴질랜드 포병연대의 화력지원으로 중공군을 격퇴하였다. 하지만 중공군은 4월 25일 02:00시에 재정비를 해서 2차 공격을 하였으나 캐나다 대대의 역습과 백병전으로 중공군을 격퇴하였다. 가평 전투는 중공군이 한국군 제6사단을 섬멸하고 유엔군의 전선을 분할하고자 했던 기도를 좌절시켰으며 한국군 제6사단은 철수 후에 중공군 6차 5월 공세 시에 용문산 전투에서 대승을 거두었다. 가평전투에서 영연방 제27여단이 승리를 할 수 있었던 요인은 유엔군 간 **'협조된 방어작전'**과 **'포병화력을 효과적으로 운용'**하였으며 **'축차적인 방어선을 설정'**하여 중공군의 공격을 저지할 수 있었다.

제 5 절 중공군 제6차 공세와 유엔군 제3차 반격

1. 개 요

중공군의 제6차 공세(5월 공세)는 실질적으로 중공군의 마지막 공세였다. 1951년 5월 16일에 중공군 · 북한군 전 부대와 유엔군 · 한국군 전 부대가 전 전선에서 격돌하여(주 전장은 중동부 전선), 중동부 전선의 한국군 지역이 무너진 이후부터 미 제3사단이 5월 22일에 다시 운두령을 탈환하고 중공군의 공세를 격퇴한 전투이다.

중공군의 제6차 공세작전의 목표는 동부 전선에서 한국군 수개 사단을 섬멸하여 제5차 공세(4월 공세)의 실패를 조기에 만회하고 전장의 주도권을 확보하기 위해서 공세를 감행했다. 중공군은 당시 한국군 10개 사단 중 제1사단(미 1군단 배속, 서부지역), 제2 · 6사단(미 제9군단 배속, 양평 · 용문산 지역), 제8사단(후방지역 작전)을 제외한 6개 사단 제5 · 7 · 9 · 3 · 수도 · 11사단 등이 홍천 북방 자은리로부터 동해안까지 배치되어 있는 것을 간파하고 이를 공격하는 계획을 수립했다.

2. 중공군 제6차 공세(1950. 5. 16~5. 22)

중공군의 제6차 공세 개념은 **"총 18개 사단을 동원, 동과 서에서 신남~현리 일대의 한국군 제5 · 7 · 9 · 3사단을 3중 양익포위로 격멸한다"**라는 것이었다. 첫 포위망은 먼저 서측에서 중공군 제20군(3개 사단)이 미 제10군단 동(우)측의 한국군 제7사단의 부평 · 달은리 간을 돌파하여 오마치(오미재)고개를 차단하는 것이었다. 동시에 동측에서는 북한군 제5군단이 가리봉(1,519고지)일대의 한국군 제3사단을 돌파하여 오마치 방향으로 진출해서 중공군 제20군과 연결 포위망에 들어간 한국군 7 · 9 · 3사단 유생역량을 소멸하는 것이다. 2중 포위망은 서측에서 중공군 제27군(3개 사단)이 신남 일대의 한국군 제5 · 7사단의 중앙을 돌파하여 오마치 고개 5km 후방에 위치한 침교를 확보하면서 포위망을 구축하는 것이었다. 그리고 동측에서는 북한군 제2군단(3개 사단)이 설악산 일대의 한국군 제1 · 3군단의 전투지경선 우측을 돌파하여 계방산~장평 일대를 점령한 후 서측의 제27군과 연결하여 1차 포위망과 같이 철수하는 한국군 부대들을 섬멸하는 것이었다. 3중 포위망은 서측의 중공군 제12군(3개 사단)이 자은리 일대의 한국군 제5사단을 돌파하여 속사리 방향으로 공격하고, 동해안 방향에서는 북한군 제2군단의 1개 사단을 속사리 방향으로 진출시켜, 중공군 제12군단과 연결해서 남으로 퇴각하는 부대들을 포위하여 섬멸하는 계획이었다. 중공군은 5월 16일 16:00시에 2시간의 공격준비사격을 실시한 후에 미 제10군단 지역의 한국군 제7사단에 대한 공세부터 시작했다.

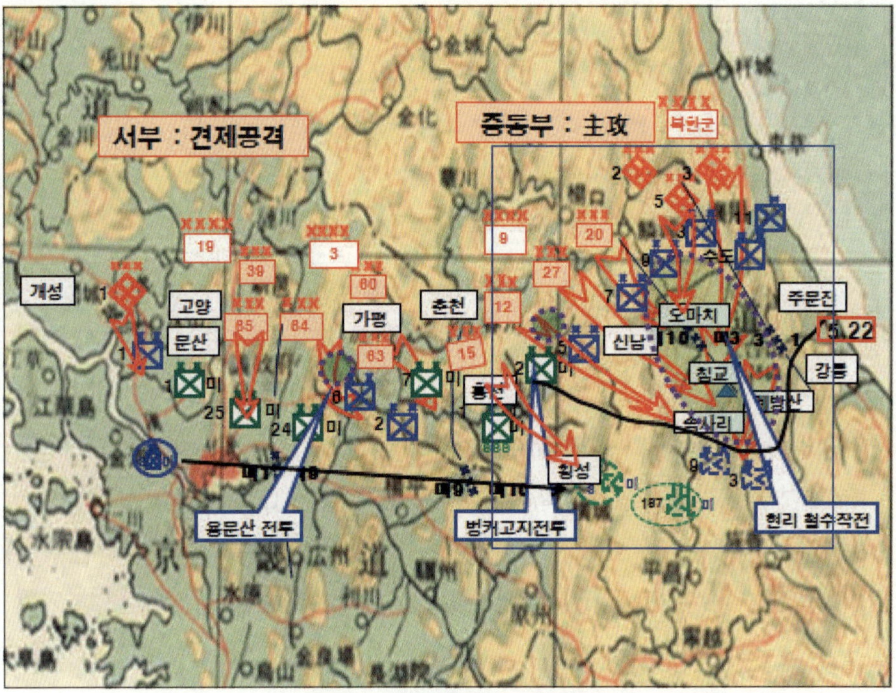

(중공군 제6차 공세 상황도)

제7사단은 중공군 제1제파의 공격을 효과적으로 저지했으나, 중공군 제2 · 3제파가 공격을 하는 상황에서 예비 연대까지 투입을 하였으나 고립되었다. 이때 중공군은 한국군 제7사단 지역에 중공군 제20군과 27군 예하의 6개 사단을 집중 투입해서 공격을 했다. 중공군 선두부대인 제60사단 178연대 2대대 6중대는 계획대로 5월 17일 07:30분경에 오마치 고개를 점령하였으며 야간에는 사단 전 병력이 배치되었다. 이어서 두 번째 포위지역인 침교 일대도 17일 오후에 중공군 제27군에 의해 점령되었다. 한국군 제3군단은 조 · 중 연합군의 2중 포위망에 갇히게 되었고, 3중 포위망이 기다리고 있었다.

하지만 3중 포위부대인 중공군 제12군은 자은리 일대에서 미 제2사단을 한국군 제5사단으로 오인공격을 해서 미군의 진출이 저지되었다. 이때 발생한 전투가 **'벙커힐 전투'**이다. 이 전투로 세 번째 포위망은 형성되지 못했고, 앞의 2중 포위망도 완벽하게 형성되지는 못했다. 한편 동측에서도 포위망을 형성하기 위해서 공격이 시작되었다. 북한군 제5군단은 한국군 제3군단 예하의 우측부대인 제3사단을 돌파하기 위해서 공격을 했으나 제3사단이 이를 저지하였다. 하지만 제3사단장은 5월 17일에 오마치 고개가 중공군에 의해서 차단되었다는 사실을 접하고 포위를 우려해서 전방 연대들을 철수시켰다. 이후에 북한군 제5군단은 가리봉(1,519고지)과 운리산(755고지)까지 진출을 했으나 지형이 험하여 중공군 제20군과 연결하는데 실패하였고, 방대산 후방 통로를 완벽히 차단하지 못했다. 2중 그리고 3중의 포위망을 구축하려는 북한군 제2군단의 시도 또한 한계령과 설악산의 험준한 지형과 적설 때문에 좌절되었다. 결국 후속 부대인 북한군 제3군단도 진출을 하지 못하고, 우측 포위망인 동해안 쪽에서의 포위작전은 실패를 했다. 그러나 조·중 연합군은 현리 일대에서 약 70km에 이르는 돌파구를 형성했다. 이러한 중공군의 공세에 한국군 제3군단 지휘부는 전혀 대처를 하지 못했다. 우선 중공군에 대한 정보가 부재했다. 제3군단 사령부는 중공군이 오마치고개를 선점하자 상황을 오판하여 부대 통제력을 상실하고 말았다. 인접 제3사단의 상황을 인지한 제9사단의 전방 연대들은 오전 중에 무질서하게 현리로 철수하여 집결하였다. 제3군단은 14:00시에 군단장이 주관한 작전회의에 따라 양개 사단에서 1개 연대씩을 차출하여 오마치고개 돌파작전을 시도(21:00)하였으나 무위로 끝났다. 한국군 제3군단은 중공군에게 포위가 되어 군단이 와해되었고 모든 장병은 장비를 버리고 방대산을 넘어 포위망을 뚫고 탈출을 하였다. 그러나 5월 27일까지 최종적으로 수습된 제3군단의 전투력은 40%의 병력과 30%의 장비뿐이었다. 중공군은 공세 4일째가 되면서 보급제한으로 공격기세가 둔화되는 징후를 보이기 시작했다. 미 제3사단은 장평 일대에 새로 투입되어 중공군의 전력을 탐지한 후에 주력이 집결된 운두령 일대를 공격해서 5월 22일 18:00시경에 운두령을 탈환하였으며 속사리 일대로 진출한 중공군의 병참선도 차단하였다. 중공군은 병참선과 퇴로가 차단되자 무기력하게 무너지기 시작했다.

3. 중공군의 제6차 공세 주요 전투

중공군의 제6차 공세간에 한국군과 유엔군이 중공군을 저지했던 대표적인 전투는 **'현리 전투'**, **'용문산 전투'**, **'벙커고지 전투'**, **'파로호 전투'**이다.

가. 현리 전투(1951. 5. 16~5. 22)

'현리 전투'는 중공군의 5월 공세 시에 강원도 현리에서 한국군 제3군단이 중공군의 후방차단으로 지휘계통이 와해된 상황에서 일방적으로 후퇴를 한 전투로 이 전투에서 참패한 제3군단이 해체되었다. 당시 상황으로 중공군 제9병단의 기도는 중부전선에서 유엔군의 공격을 양분하고 동부전선에서 한국군을 포위섬멸 하고자 했다. 한국군 제3군단은 현리 일대를 방어하고 있었으며 제3사단은 군단 동측 사단으로 가리산 일대를 방어하고 있었으며, 제9사단은 군단 서측 사단으로 인제 일대를 방어하고 있었다. 중공군 제60사단은 5월 17일 07:00시에 오마치 고개를 선점하여 한국군 제3군단의 병참선 및 철수로를 차단하고자 했다. 작전지역은 방태산 · 오대산 · 계방산 등 험준한 산악으로 형성되어 기동이 제한되었고 울창한 삼림은 관측이 제한되었다. 도로망은 현리~오마치~속사리를 연결하는 31번 도로망이 유일하였고 기상은 오전 안개로 관측이 제한되었다.

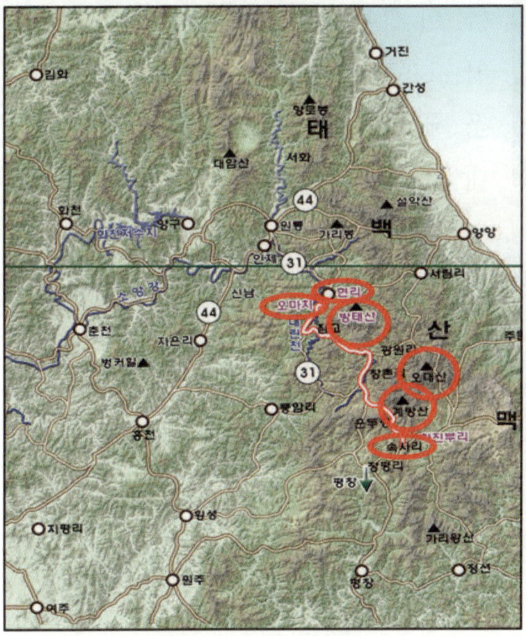

(현리지역 지형 상황도)

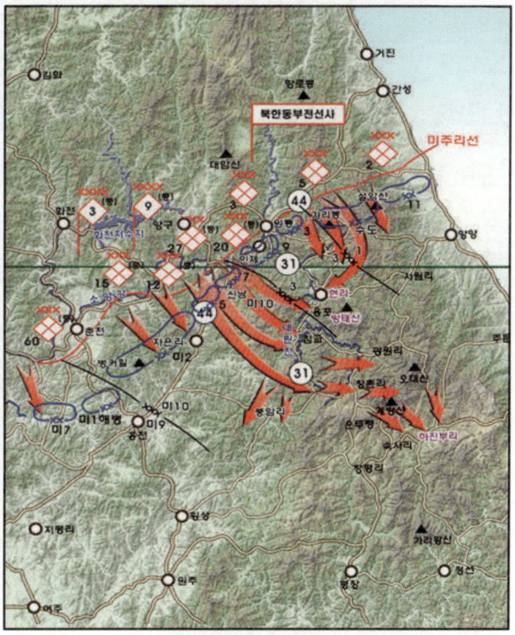

(현리 전투 상황도 1)

전투경과를 보면 중공군은 제7사단을 돌파하고 오마치 고개를 점령하기 위해서 5월 16일 16:30분에 5월 공세를 개시하여, 5월 16일 20:00시에 한국군 제7사단의 방어선을 돌파하는 데 성공을 했다. 한국군 제7사단은 지휘소가 피격 당했으며 지휘기능이 마비되고 통신이 두절되었으며 인접부대에 전투상황을 전파하지 못했다. 한국군 제3군단은 제7사단의 돌파로 후방차단이 되는 상황을 인지하지 못했다. 그러나 중공군은 제7사단을 돌파하고 5월 17일 10:00시에 공격을 시작해서 다음날 02:00시에 제9사단 지역을 돌파하고 중공군 제60사단은 07:00시에 오마치 고개를 점령했다.

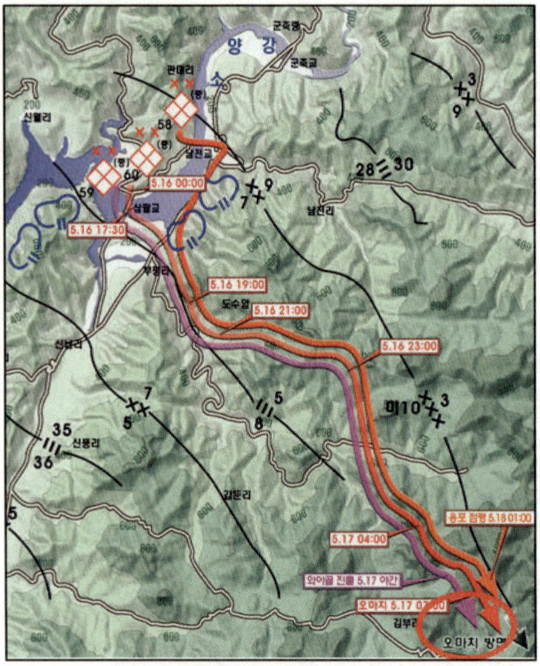

(현리 전투 상황도 2)

한국군 제9사단은 3군단의 좌(서)측을 방어했으나 5월 17일 01:00시에 한국군 제9사단 지역을 공격해서 02:00시에 돌파하고 07:00에 중공군 제60사단이 오마치 고개를 점령했다. 5월 17일 10:00시에 한국군 제9사단이 철수를 개시하였으며 현리 일대는 중공군에게 완전 포위가 되었으며, 한국군 제3 · 7 · 9사단은 병력이 혼재되는 최악의 상황이 발생되었다. 이 상황에서 중공군 3개 사단이 오마치 고개와 용포 일대를 선점했으며, 한국군 제3군단장은 제3 · 9사단에서 1개 연대씩 차출하고 지휘권을 제3사단장에게 위임해서 중공군을 격퇴하도록 지시를 했다. 이에 제3사단장은 5월 17일 18:30분에 오마치 고개를 탈환하도록 예하 연대에 지시를 했으나 목표를 탈취하는 데 실패를 했다. 이로 인해 한국군 제3군단은 지휘기능과 건제유지가 상실된 채 방태산 방향으로 무질서하게 퇴각을 했으며 3·9사단의 병력 2만 2천여 명 중 4천 여 명의 사상자와 실종자가 발생했으며 무기 70%를 잃었다. 따라서 미 제8군사령관은 한국군 제3군단을 해체하고 작전 지휘권을 미군에 위임하였다. 현리 전투는 한국군이 6 · 25전쟁사에서 가장 비극적인 참패를 기록한 전투이며 그 원인은 다음과 같다.

① 단일보급로의 전투지경선 분할　　② 중요지형 통제대책 미 강구
③ 통신상태 불량으로 상황전파 미흡　　④ 지휘관의 책임감과 지휘통솔 능력 부족
⑤ 전투의지 저하와 중공군에 대한 공포심

오마치 고개는 한국군 제3군단 후방에 위치하고 있었으며 후방으로 이동할 수 있는 31번 도로상에 위치하고 있었다. 그러나 미 제8군사령관은 오마치 고개를 미 제10군단 책임지역으로 설정하였다. 이는 **"중요지형지물을 분할하지 않는다"**는 것은 전술의 초보 상식이나 한국군 제3군단의 병참선 상에 있는 중요지형지물인 오마치 고개를 미 제10군단 책임지역에 준 것은 미 제8군사령부의 잘못된 지휘조치이다. 이로 인해 오마치 고개는 무방비 상태에서 중공군 제60사단이 선점을 했다. 이와 같이 단일 보급로인 31번 도로가 미 제10군단과 한국군 제3군단 양개 부대에 분할이 되었고 중요 지형인 오마치 고개에 대한 통제대책을 강구하는 데 소홀하였다. 이에 한국군 제3군단장은 전투지경선 조정을 건의했으나 건의가 무시되자 제3군단장 의도대로 병력을 배치하였다. 그러나 미 제10군단장이 자신의 책임지역 내에 제3군단 병력배치를 한 것에 항의를 해서 결국 철수를 했다. 그리고 통신 상태가 불량하여 상황전파가 제한되었고, 예상하지 못한 우발상황 하에서 지휘관의 상황판단과 지휘통솔에 문제가 많았으며, 장병들의 전투의지가 저하되고 중공군에 대한 장병들의 공포심 등이 현리 전투에서 패배를 하는 원인이 되었다.

결국 밴 플리트 장군은 현리 전투의 패인을 물어 한국군 제3군단을 5월 26일 부로 해체하고, 제9사단을 미 제10군단에, 제3사단을 한국군 제1군단에 배속 전환하였다. 그동안 한국군 제1군단을 육군본부에서 지휘를 했으나 유엔군이 직접 지휘를 하는 것으로 조정을 했다.

나. 용문산 전투(1951. 5. 18~5. 20)

'용문산 전투'는 1951년 5월 18일부터 5월 20일까지 한국군 제6사단이 중공군 3개 사단의 공격을 제병협동·합동작전으로 격퇴시킨 방어전투이다. 당시 작전환경을 보면 용문산은 남한강과 북한강의 삼각주에 위치한 곳으로 방어지대는 삼면이 강으로 둘러싸여 있었고 깊은 수심으로 일부지역을 제외하고 도섭이 제한되었다. 그리고 용문산 일대는 울창한 삼림지대로 중공군의 산악기동에 유리하였고 청평에서 춘천에 이르는 46번 도로와 용문산 후방에 6번 도로가 잘 발달되어 있었다. 기상은 잦은 아침 안개로 방자에 불리하였다.

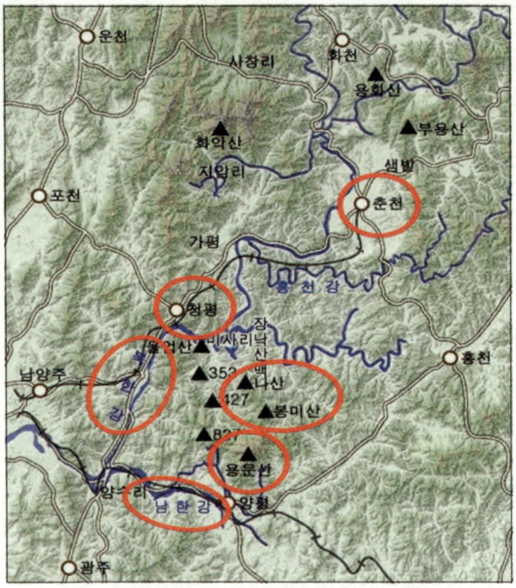

(용문산 지역 지형 상황도)

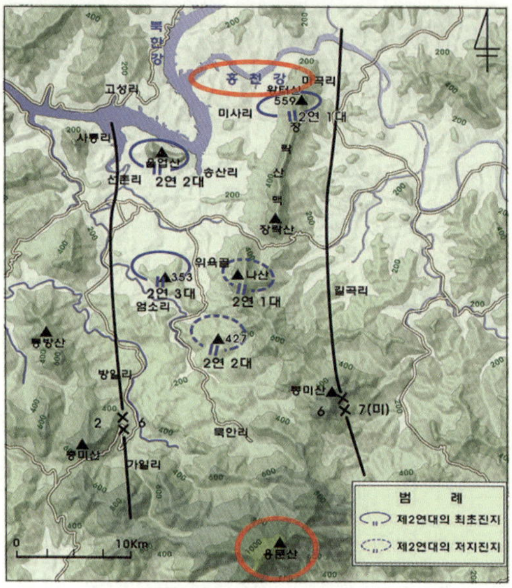

(용문산 전투 상황도)

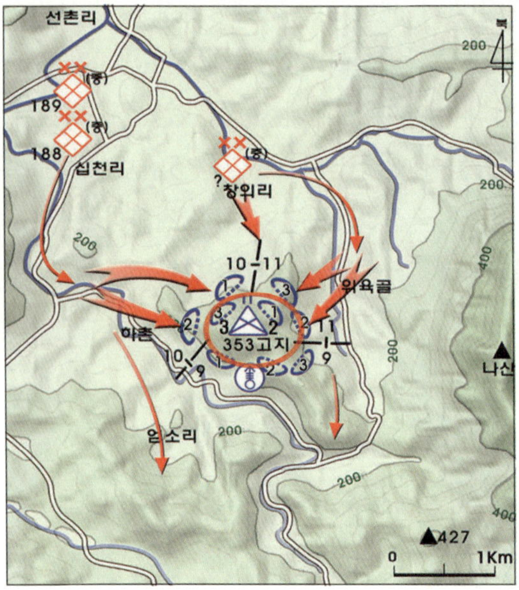

(353고지 전투 상황도)

전투경과를 보면 5월 18일 10:00시에 중공군은 홍천강을 도하 후에 공격을 개시하였다. 이에 미 제9군단 포병대대는 도하지점에 집중 포격을 하였다. 이로 인해 중공군은 많은 피해를 입었음에도 도하에 성공을 한 후에 전투를 회피한 채 용문산 방향으로 이동을 하였다. 이에 한국군 제6사단 2연대장은 1·2대대를 축차적으로 이동을 하도록 지시하였다. 용문산 전투에서 승패를 결정지은 전투는 353고지에서의 혈투였다. 5월 19일에 353고지에 배치되어 있던 제3대대는 행정병과 노무자까지 진지에 배치하는 총력전으로 전투준비를 하였다. 5월 19일 20:30분에 중공군은 353고지를 공격하였다. 이에 한국군은 적 접근로 상에 상급부대 포병을 집중 운용해서 적의 공격을 저지하였다. 그러나 중공군은 23:00시에 대규모 인해전술에 의한 압도적인 병력을 투입해서 방어지역을 양분 및 고

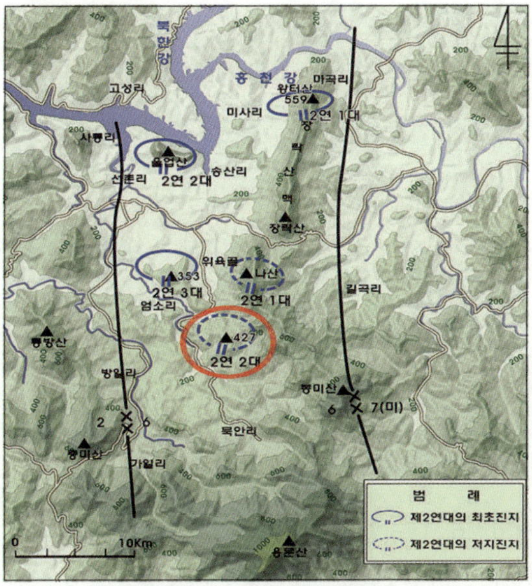

(427고지 아군 배치 상황도)

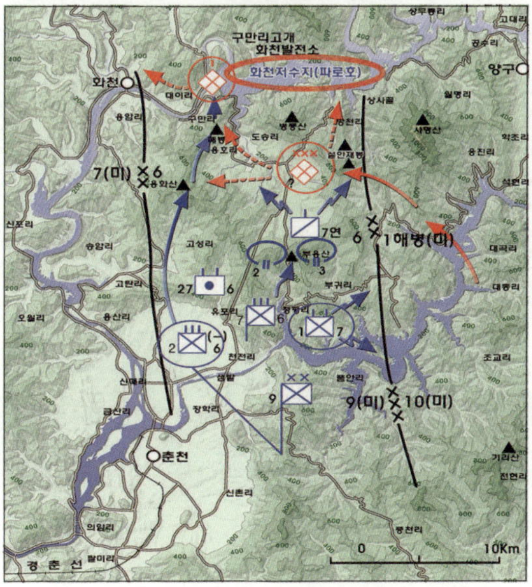

(한국군 6사단 반격작전 상황도)

립시키는 **'제파식 공격'**으로 2차 공격을 하였다.

이에 제3대대는 역습과 백병전으로 격퇴를 하였으며 중공군은 대량피해가 발생해서 후퇴를 하였다.

다음은 용문산 전투에서 경계지대 마지막 전투인 427고지 전투경과이다. 5월 19일 22:00시에 2대대는 방어지역 서(좌)측 전방의 울업산에서 이동하여 427고지를 점령하였다. 5월 19일 24:00시에 중공군은 제파식 공격을 하였다.

이에 제2대대는 상급부대에 화력을 요청하여 적의 공격을 무력화시켰으며 중공군은 더 이상의 공격을 하지 못하고 퇴각을 하였다. 그리고 5월 20일 03:00시에 중공군 예비인 제189사단이 공격을 하였으나 아군의 압도적인 화력지원으로 중공군은 대량피해가 발생하였고 공세 한계점에 도달하였다. 5월 20일 05:00시에 한국군 제6사단은 7연대와 19연대를 공격으로 전환을 해서 전면적으로 반격작전을 개시하여 5월 22일에 최초 방어지대를 회복하고 화천저수지까지 추격하여 중공군을 섬멸하였다.

중공군의 제6차 5월 공세의 용문산 전투에서 아군은 상급부대의 공중 및 포병화력을 6사단에게 집중지원 하였다. 이와 같이 아군이 용문산 전투에서 승리를 할 수 있었던 요인은 다음과 같다.

① 경계지대에서 결전 시도　② 효과적인 제병협동 및 합동작전
③ 장병들의 투혼　④ 진지사수 의지

용문산 전투에서 제6사단장(준장 장도영)이 경계지대에서 결전을 시도하여 적의 전투력을 약화시켰으며, **'효과적인 제병협동 및 합동작전 수행'**의 결과였다. 특히 제6사단 2연대 **'장병들의 투혼과 진지를 사수하고자 했던 전투의지'**가 있었기 때문에 승리를 할 수 있었다.

다. 벙커고지 전투(1951. 5. 17~5. 19)

'벙커고지'의 유래는 고지 정상에 237,000개의 모래주머니와 385롤(1롤 : 15m)의 철조망으로 대대관측소 및 엄체호 24개소를 구축해서 중공군의 돌파를 저지하여 벙커고지라고 불렀다. 벙커고지 전투는 1951년 5월 17일부터 5월 19일까지 미 제2사단 38연대가 중공군 6차 5월 공세 시에 홍천 북방 벙커고지 일대에서 중공군 제44사단의 공격을 저지한 전투이다. 당시 상황으로 중공군 제44사단은 한국군 5사단과 미 2사단의 연결을 차단하기 위해서 미 제2사단 지역에 공격을 준비하고 있었다. 미 제2사단 38연대 3대대는 홍천 북방에 위치한 벙커고지 일대에서 방어를 하고 있었으며 벙커고지에는 K중대가 배치되었다. 제3대대 K중대는 벙커고지에 엄체호를 구축하고 철조망과 대인지뢰를 설치하여 요새화하였다. 벙커고지 일대의 작전환경으로 벙커고지는 피·아 전략적 요충지로 44번과 56번 도로 감제관측이 가능하였다. 고지군은 급경사로 형성되어 공자의 공격에 매우 불리하였다. 산악지대는 통신 소통이 제한되었고 기상은 주·야간 일교차가 극심하였다. 벙커고지 전투 상황으로 중공군은 1951년 5월 17일 21:30분에 종격실 능선을 이용해서 야간공격을 하였다. 제3대대 K중대는 통신 단절로 고립이 되었으며 중공군은 5월 17일 22:00시에 목표 탈취에 성공하였다. 이 상황에서 K중대장은 5월 18일 01:00시에 2소대를 투입해서 역습을 하였다. 이에 중공군은 박격포와 기관총을 이용해서 필사적으로 응사를 하였다.

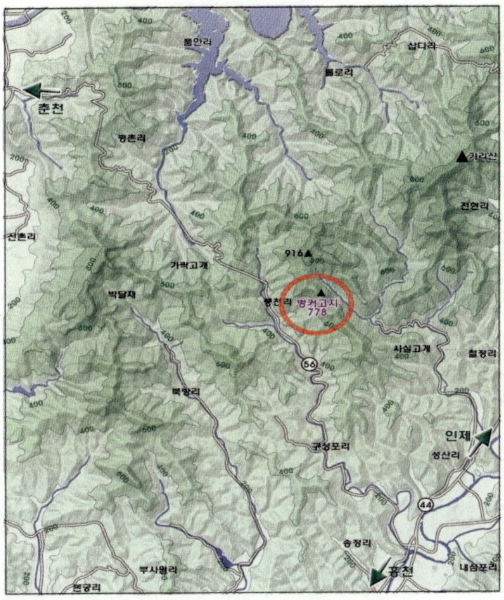

(벙커고지 지역 지형 상황도)

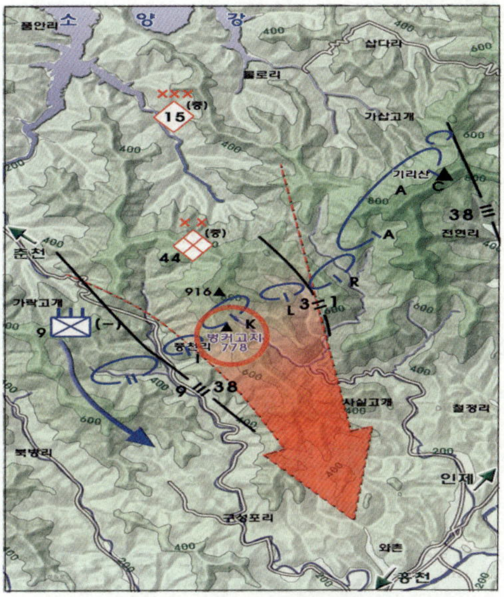

(벙커고지 전투 상황도)

그러나 2소대는 중공군과 백병전을 전개해서 5월 18일 01:30분에 벙커고지를 탈환하는 데 성공하였다. 그러나 중공군은 5월 18일 19:00시에 강력한 공격준비 사격 후에 인해전술로 2차 공격을 하였으며 K중대장은 사전 준비한 엄체호로 병력을 대피시키고 **'진내사격(진지위로 포격)'**을 요청하였다. 하지만 중공군은 피해가 가중되는 상황에서도 제파식 공격을 감행하였으나 결국 대량 피해가 발생해서 퇴각을 하였다. 벙커고지 전투에서 대승을 거둘 수 있었던 요인은 다음과 같다.

① 장병들의 투혼　　② 시간과 장소 효과적 활용
③ 장애물 설치　　④ 엄폐호 및 교통호 구축

벙커고지 전투는 백병전에 의한 장병들의 투혼과 방어의 이점인 시간과 장소를 효과적으로 활용하였으며, 장애물과 엄폐호 및 교통호 등을 구축해서 생존성을 보장 받았기 때문에 전투에서 승리를 할 수 있었다.

라. 파로호 전투(1951. 5. 26~5. 28)

'파로호 전투'는 1951년 유엔군의 제3차 반격작전 기간 중인 5월 26일부터 28일까지 한국군 제6사단이 화천저수지 일대에서 중공군 제63군을 공격해서 대승을 거둔 전투이다. 당시 작전경과를 보면, 유엔군의 제3차 반격작전 계획에 따라 중서부 전선의 미 제9군단은 5월 20일에 **"화천을 탈환하고 중공군 5월 공세 때 속사리까지 진출한 적의 퇴로를 차단하는 것"**이었다. 이를 위해서 좌로부터 미 제24사단, 한국군 제2사단, 한국군 제6사단, 미 제7사단이 병진공격을 했다. 미 제9군단장은 적의 통과가 예상되는 군단의 최종 목표인 화천 저수지 서쪽의 도로 교차점을 조기에 점령하고 퇴로를 차단하기 위해서 미 제24사단 제21연대, 미 제7사단 제12연대, 한국군 제6사단 제19연대를 투입했다. 당시 한국군 제6사단은 용문산 전투에서 대승을 거두고 1951년 5월 24일에 제7연대를 우, 제2연대를 좌, 제19연대를 예비로 하여 화천 방향으로 진격을 해서 홍천강을 연하는 선까지 진출을 하였다. 제6사단 정면의 중공군 제63군은 북배산 일대(지암리 남쪽 7km)에서 급편방어 진지를 편성하고 방어준비를 하고 있었다. 제6사단장은 제2연대와 제7연대를 정면에서 공격을 하도록 하고, 예비로 후속하던 제19연대를 북배산 북쪽으로 우회기동을 시켜 적의 퇴로를 차단하도록 하였다. 5월 25일에는 여명을 기하여 제2연대는 적을 우회해서 포위망을 형성하는 데 성공하여 3,064명의 적을 사살하고 1,005명을 생포하는 대 전과를 올렸으며 제6사단은 담당지역을 미 제24사단에 인계하고 춘천 북방으로 이동하였다. 5월 27일에는 중공군을 추격하기 위해서 화천으로 공격을 계속하였으며, 이에 중공군은 대대단위로 포위망을 탈출하려고 했으나 퇴로를 봉쇄한 한국군과 유엔군에 의해서 격멸되었다. 5월 28일에는 미 제17연대가 화천을 점령하고 한국군 제6사단이 화천저수지 남쪽에서 구만리 발전소~병풍산을 연하는 **'캔자스 선'**으로 진출을 하게 되자 중공군의 퇴로가 차단되었고, 아군의 집중 포화로 수천여 명의 중공군이 화천저수지에 뛰어들어 익사하였고 대부분이 포로가 되었다. 당시 파로호 전투에서 확인된 적 사망자는 17,177명이었으며 2,183명이 포로가 되었다. **'파로호 전투'**가 종료된 후에 사단을 방문한 이승만 대통령은 **"중국 오랑캐를 대파한 곳이라는 뜻"**에서 **'파로호(波虜湖)'**라는 휘호를 써주고 장병들의 전공을 치하하였다. 이 포위 섬멸전은 6·25전쟁 기간 중 가장 큰 전과를 올린 사례이며, 육군본부 군사연구소에서 발간한 자료에 의하면 5월 24일부터 30일까지 한국군과 미군에 의해서 사살된 중공군은 24,141명이고 포로는 4,905명이었다.

4. 유엔군 제3차 반격

유엔군의 제3차 반격은 노네임선을 고수하고 화력으로 중공군의 공세를 격파하는 것이었다. 유엔군의 제3차 반격에서 미 제3사단의 운두령 전투는 중공군의 제6차 공세를 마감하게 하고 유엔군이 반격작전으로 전환을 하는 계기를 만들었다. 이 반격작전이 유엔군의 마지막 공세인 제3차 공세이다.

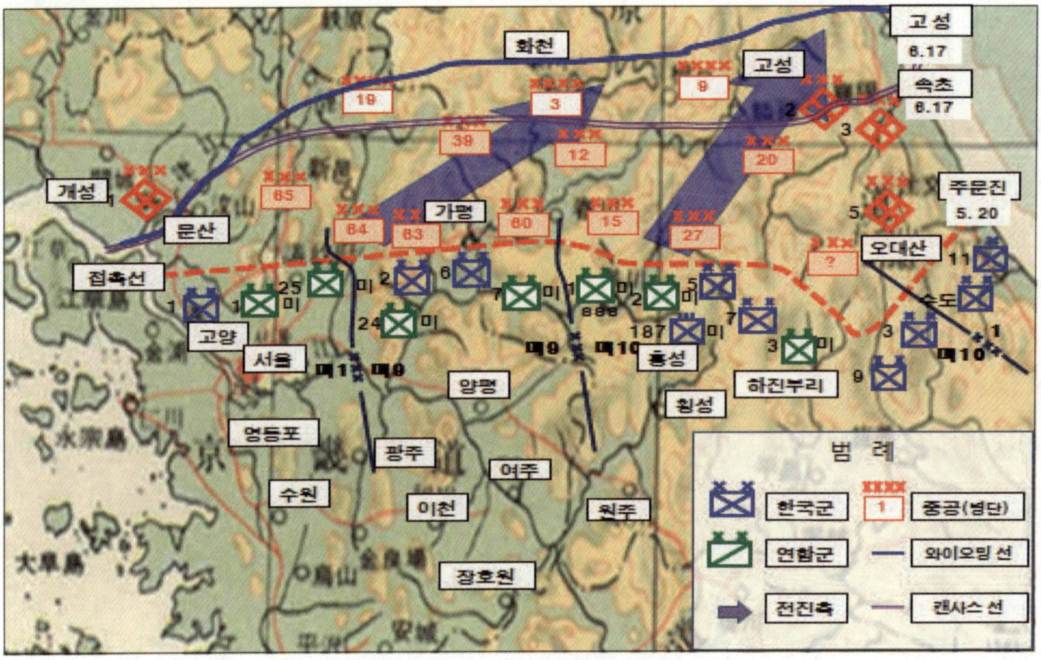

(유엔군 제3차 반격 상황도)

유엔군의 제3차 반격으로 운두령에서 반격의 실마리를 잡자 유엔군 사령관은 즉시 제8군사령관에게 반격으로 전환하도록 지시를 했다. 유엔군과 한국군은 5월 20일부터 중서부지역에서 제3차 반격을 개시하여 25일 서부지역에서는 임진강까지, 중부지역에서는 춘천까지 도달하였다. 중동부 전선의 미 제10군단장은 이전 한국군 제3군단 지역으로 진출한 중공군의 퇴각 징후를 포착하자, 5월 23일부터 신속히 공격을 개시하여 미 해병 제1사단을 철정에서 양구 방향으로, 미 제2사단은 한계리에서 인제 방향으로 공격하여 중공군의 철수로를 차단하려고 했다. 그리고 운두령을 점령했던 미 제3사단이 운두령에서 현리 방향으로 공격하여 지대 내의 중공군을 포위하기 시작했다. 하지만 양구~인제 선의 퇴로차단이 지연되어 포위망 구축에 실패하고 중공군의 탈출을 허용하였다. 반격작전 초기에 험준한 지형으로 진출 속도가 저조하자 미 제8군사령관은 미 제2사단으로 하여금 **'게르하트 TF'**를 편성하여 신속한 기동력으로 철수하는 중공군을 추격하도록 했다.

서부전선의 미 제1군단은 5월 20일에 문산~포천을 연하는 선을 점령한 후 캔자스 선을 확보하기 위해서 3개 사단을 투입하였으나, 조·중 연합군이 먼저 철수하여 격멸에는 실패하고, 27일에 캔자스 선에 도착하였다. 미 제1군단의 동(우)측을 담당한 미 제9군단도 5월 20일 가평~춘천을 연하는 선을 점령하고 화천을 점령할 목적으로 공격을 개시하였다. 특히 중공군의 거센 공격을 용문산 일대에서 효과적으로 막아낸 한국군 제6사단장은 공세이전의 시기가 왔다고 판단하고, 주저항선의 양개 연대를 군단장(제9군단장, 소장 Hoge)의 승인을 받아 5월 20일 05:00시에 중공군을 추격하기 시작했다. 이 때 중공군 제63군의 북쪽 퇴로에는 화천 저수지가 있었다. 이를 확인한 한국군이 화천댐 일대의 퇴로를 차단하고 공격을 하자 많은 중공군이 투항을 했다. 결국 중공군 제63군은 화천댐에서 한국군 제6사단에 의하여 완전히 격멸되었다. 화천댐 전투는 6·25전쟁에서 한국군과 유엔군의 사단급 부대가 단일 전투에서 거둔 최대의 승리였다. 동부전선은 한국군 제1군단도 5월 25일까지 하진부리, 대관령 등에서 중공군을 격파하고, 약 40km를 북진하여 향로봉 산맥을 따라서 전선을 형성할 수 있었다. 이로서 중공군은 유엔군의 제3차 반격으로 참전 이래 가장 큰 패배를 당했다. 반면, 유엔군은 차후 휴전선으로 생각하는 캔자스 선을 다시 확보할 수 있었다. 뿐만 아니라 **'쐐기를 박는다'**라는 뜻의 **'파일 드라이버(Operation Piledriver)'** 작전을 통하여 **'와이오밍선'**을 확보하는 전과를 달성했다. 그러나 유엔군은 한껏 달아오른 공격기세를 이용한 더 이상의 전진은 없었다. 이때의 전력이라면 충분히 더 밀고 올라갈 수 있었다. 그러나 유엔군은 여전히 **'전전(戰前) 이전의 상태'**에서 휴전을 택하려는 정치적 상황을 고려하고 있었다.

제 6 절 유엔군의 반격작전 분석 및 교훈

중공군의 3차 공세 이후에 유엔군이 반격작전을 하게 된 배경은 미 제8군사령관 리지웨이 장군이 중공군이 실시한 제1 · 2 · 3차 공세를 분석한 결과 중공군의 공세를 저지할 수 있다는 자신감에서 비롯되었다. 리지웨이 장군은 중공군이 1950년 12월 31일에 실시한 제3차 공세를 통해서 한국군과 유엔군을 후퇴시키고 약 20일 간 지체한 이유를 알 수 있었다. 중공군의 제1차 공세는 1950년 10월 25일에 시작하여 11월 1일에 청천강으로 철수한 후에 유엔군의 추격을 중단함으로써 종료되었으며, 이때의 기간이 8일이었다. 중공군의 제2차 공세는 유엔군의 크리스마스 공세 직후인 11월 25일 야간에 시작하여 12월 2일에 중공군이 추격을 중단할 때까지 공세기간은 8일 이었다. 제3차 공세는 12월 31일에 시작하여 1951년 1월 7일에 중공군이 진격을 중단할 때까지 역시 8일 간 실시하였다. 이와 같이 중공군은 8일 동안 한국군과 유엔군의 전선을 돌파한 후에 공격 기세를 계속 유지하고 전과확대를 해야 할 결정적인 시기에 공세를 멈추었다. 그리고 일정기간이 경과한 후에 다음 공세를 하였다. 즉 리지웨이 장군은 **'8일'**이라는 의미와 한차례의 공세가 끝나고 다음 공세는 대략 1개월 정도 기간을 두고 공세가 이루어졌다는 이유가 중공군의 **'보급체계'**에 문제가 있다는 것을 알게 되었다. 당시에 중공군의 보급능력은 유엔군 공군의 후방폭격으로 보급이 제한되었으며 전투병이 휴대할 수 있는 탄약과 식량은 1주일분을 초과할 수가 없었다. 따라서 전투 중에 재보급이 불가능했기 때문에 공세를 계속해서 할 수 없는 중공군의 약점이 확인 되었다. 따라서 리지웨이 장군은 유엔군이 중공군의 공세 사이에 반격을 실시한다면 승리를 할 수 있다는 것을 알았다. 그래서 유엔군은 1951년 1월 15일부터 16일까지 반격준비 단계로 미 제25사단 제27연대가 **'울프 하운드 작전'**명의 위력수색을 실시하여 안성~용인까지 진출을 해서 중공군의 규모와 방어선 등을 확인하고 장차 유리한 상황을 조성하였다. 실제 반격작전은 먼저 서부축선에서 **'썬더 볼트 작전'**을 실시하였으며, 먼저 미 제25사단이 위력수색을 1951년 1월 25일부터 1월 31일까지 실시하여 오산~여주에서 안양~양평선까지 진출을 했으며, 1월 31일부터 2월 10일까지 서부축선에서 미 제1기병사단과 한국군 제1사단 제15연대가 공격을 실시하여 수리산과 관악산을 점령하고 노량진~영등포선까지 진출을 해서 적 부대를 격멸하고 한강을 도하 후에 교두보를 확보했으며 중공군이 전략을 수정하는 계기가 되었다. 중동부축선에서의 반격작전은 **'라운드 업 작전'**으로 미 제2사단 제23연대와 기갑부대가 1951년 1월 31일에 위력수색을 실시하여 문막~지평리에서 원주~횡성까지 진출을 했다. 그리고 2월 2일부터 2월 5일까지는 한국군 제5사단과 제8사단, 미 제2사단과 제7사단이 연합작전으로 횡성과 지평리를 점령했으며 홍천을 포위공격해서 중공군의 증원을 차단하고 서울을 포위 공격을 할 수 있는 유리한 상황을 조성했으며 중공군의 차후공세를 위축시키는 성과를 달성했다.

제8장

교착전과 휴전

적국을 무너뜨리되 오래 끌지를 않으며
반드시 온전한 상태로 승리를 하는 것이다.

- 손자병법 : 작전(作戰)

제 1 절 주요 상황

교착전은 휴전회담(51년 7월 10일)시작부터 종전을 맞이하는 1953년 7월 27일까지 2년 간 소모전 양상의 전투로 진행되었다. 이 기간의 전쟁 양상은 고지 쟁탈전과 공비토벌 위주의 교착전과 휴전회담으로 전개되었다. 교착전 기간 중 군사작전의 특징을 보면 유엔군은 전쟁에서 판정승을 추구하는 교착전 양상으로 진행하고자 했다. 그러나 공산군은 보급지원의 취약성을 보완하기 위해서 진지를 견고하게 구축해서 화력의 열세를 극복하고자 했으며 전장을 중동부 전선으로 국한하여 산악작전 위주로 진행하였다. 교착전과 휴전까지의 주요 상황은 다음과 같다.

순서	일정	내용	순서	일정	내용
1	'51.6.4	도솔산 전투(~20)	13	'52.9.6	지형능선 전투(~20)
2	'51.7.10	휴전회담 개시(개성)	14	'52.10.6	백마고지 전투(~15)
3	'51.8.18	피의 능선 전투(~9.5) 향로봉 전투(~24)	15	'52.10.14	저격능선 전투(~24)
4	'51.9.4	가칠봉 전투	16	'53.1.15	화천 949고지 전투(~16)
5	'51.9.5	김일성고지 전투(~10.14)	17	'53.2.11	제8군사령관 테일러중장 부임
6	'51.9.12	단장의 능선 전투(~10.18)	18	'53.5.14	금성 샛별고지 전투(~16)
7	'51.9.21	백석산 전투(~10.1)	19	'53.6.1	펀치볼 지구 전투(~9)
8	'51.10.21	모택동고지 전투(~11.2)	20	'53.6.8	포로협상 타결
9	'51.11.25	크리스마스고지 전투(~25)	21	'53.6.10	중공군 제7차공세 금성전투(~7.20)
10	'52.5.12	유엔군 사령관 클라크 대장 부임	22	'53.7.15	베티고지 전투(~16)
11	'52.8.9	벙커고지 전투(~19)	23	'53.6.25	임진강 199고지 전투
12	'52.8.11	거제도 포로수용소 폭동	24	'53.7.27	휴전협정 조인

제 2 절 주요 군사작전과 고지전

1. 개 요

1951년 7월 10일부터 휴전회담이 진행되면서 양측은 휴전협정을 파국으로 몰고 갈 수도 있는 대규모 공세는 자제하면서 회담에 유리한 상황을 조성할 수 있는 제한된 공격에 주력하는 전략을 추진하였다. 유엔군 측은 공산군 측이 회담을 거부하거나 쟁점에 대하여 억지를 부리면 강력한 군사작전으로 압력을 가하는 것이 최선의 방법임을 잘 알고 있었다. 그래서 유엔군은 해·공군을 이용한 압력과 육상에서의 제한적 압박을 가했다. 공산군 측 역시 휴전회담의 주도권을 잡기 위해서 전력을 증강하여 빼앗긴 고지를 다시 탈환하는 고지 쟁탈전을 반복하였다. 유엔군 측과 공산국 측은 휴전 회담의 파국을 피하면서도 좀 더 유리한 상황을 조성하기 위해서 정전 협정이 완료되는 그 순간까지 고지 쟁탈전을 전략적으로 실시하였다. 주요 군사작전과 전투를 1951년 후반기, 1952년, 1953년으로 구분해서 보면 다음과 같다.

2. 1951년 후반기 주요 군사작전과 전투

1951년 후반기 유엔군의 군사작전 형태는 대규모 공세나 전쟁확대는 휴전회담이 결렬될 수 있기 때문에 **'제한목표를 공격하는 전략'**을 추구했으며 정전협상 타결을 지원하고 적의 공세역량 축적을 거부하는 전략으로 교착전을 전개하였다. 공산군 측은 **'공세역량 만회전략'**으로 지구전을 수행하여 피·아의 전력비를 바꾸어 최종 승리를 하는 것으로 견고한 진지를 구축해서 화력의 열세를 만회하였고, 보급지원의 취약성을 보완하였으며 **'개성'**을 중립화해서 전장을 중동부 전선으로 국한시켜 상황을 유리하게 끌고 가는 전략이었다. 이 시기의 주 전장은 와이오밍 선상으로 현재의 휴전선과 비슷하게 설정된 지대였다. 당시 군사작전의 형태는 **'제공(Counter Air)'** 및 **'항공차단작전(Air Interdiction)'**이었다. 제공 작전의 목적은 공산군 공군(MIG-15)의 급속한 전력증강으로 위협이 증대되어 유엔군은 평양 이남으로 공중우세를 확장하려는 공산군의 시도를 분쇄하고자 했다. 제공 작전의 경과는 9월~12월 간 공산 공군의 공세행동에 적극적으로 대응하여 12월에는 공산군 공군의 공세가 약화되었다. 이에 따라 공산군 공군은 유엔군 공군과의 공중전을 회피하였으며, 공산군은 화력으로는 유엔군을 당할 수가 없기 때문에 상대적으로 화력이 빈약한 중동부 산악지역에 집중하였다. 항공차단 작전의 목적은 휴전협상의 촉진과 우위를 달성하고 보급품과 병력의 전선이동을 차단하고자 시행하였다. 작전 진행은 3개 표적군을 선정하였으며 1표적은 평양 · 나진 등 군사시설 밀집지역의 주요 도시를 공격하였으며 2표적은 비행장 · 철도 · 도로 등의 수송로를 공격하였다. 3표적은 철도화차 · 차량 등 수송수단을 집중공격을 하였다. 미 제8군은 1951년 8월 중순부터 동부지역의 해안분지 및 피의 능선 지역에서 하계공세를 개시하였다. 그러나 공산군의 강력한 저항에 직면하여 고전을 면치 못했으며, 조그마한 고지 하나를 점령하는 데 병력 손실이 수천 명에 달했고, 포탄 소모량은 수십만 발을 넘었다. 고지 쟁탈전의 상황을 직시한 미 제8군사령관 밴 플리트 장군은 고지 쟁탈전을 지양하도록 조치하고 중동부전선에서 대규모의 공세작전을 준비하여 8월말에 **'맹조의 발톱작전(Operation Talon's)'**을 기획하였지만, 유엔군 사령부는 휴전협정이 결렬되는 것을 염려하여 대규모의 해군과 공군 작전은 취소하고 휴전회담에 전략적으로 필요한 지상작전만을 승인하였다. 1951년 후반기에 교착전 상황에서 주요 전투는 **도솔산, 해안분지(펀치 볼) 지역, 피의 능선, 단장의 능선, 저격능선, 백마고지** 등 한국군 배치지역 위주로 치열한 전투가 전개되었다.

가. 도솔산 전투(1951. 6. 4~6. 20)

'도솔산 전투'는 휴전회담을 앞두고 전략적 우위를 달성하기 위해서 실시한 전투이다. 1951년 6월 4일부터 6월 20일 까지 한국군 제1해병연대가 양구에 있는 도솔산 일대에서 북한군 제5군단 예하의 제12사단 및 32사단과 24개 고지를 탈취하기 위해서 실시한 공격작전이다. 도솔산은 양구 지역의 전략적 요충지로 목표 주변의 고지군들은 모두 1,000m 이상의 높은 고지로 형성되어 있었다. 도솔산 공격은 최초 미 해병 제1사단 5연대가 담당하여 공격을 했다. 그러나 최초 공격에서 500여 명의 사상자가 발생하자, 한국군 제1해병연대로 임무가 전환되었다. 6월 4일 해병대원은 도솔산의 고지군을 탈취하기 위한 일진일퇴의 공방전이 전개되었으며, 공격을 개시한지 2주 만인 6월 19일에 육박전을 전개하여 22번째 고지인 도솔산을 점령하고 공격하기가 어려운 난공불락(難攻不落)이라고 생각했던 24개의 전 고지를 확보하는데 성공하였다. 이승만 대통령은 전사에 길이 빛나는 승리를 달성한 해병부대를 방문하여 **'無敵海兵(무적해병)'**이라는 휘호를 하사했다.

나. 피의 능선 전투(1951. 8. 16~9. 5)

'피의 능선(Battle of Bloody Ridge)'은 종군 기자들이 취재를 하던 중에 수많은 전사상자가 발생하여 능선 전체가 피로 얼룩졌다고 해서 **'피의 능선'**이라고 부르게 되었다. 피의 능선 전투는 1951년 8월 16일부터 9월 5일까지 미 제2사단과 한국군 제5사단 36연대가 강원도 양구군 월운리 일대의 피의 능선을 공격하여 북한군 제12사단과 제27사단을 격퇴한 전투이다. 피의 능선 전투의 배경은 1951년 7월 휴전회담이 결렬되면서 북한군을 회담장으로 끌어들여 휴전협상을 유리하게 전개하기 위한 유엔군의 전략으로 양구 북방에 위치한 수리봉(983고지)일대에서 실시한 공세행동이었다. 피의 능선은 험준한 산악으로 형성되어 있으며 삼림이 울창하고 관측과 시계가 제한되었다. 그리고 주봉(938고지)은 남쪽 방향으로 급경사가 형성되어 공격하는 아군에게 매우 불리하였다. 도로는 남북으로 비포장도로가 형성되어 있었고 폭염의 날씨는 공자에게 불리하였다. 또한 전술적으로는 수리봉을 점령한 북한군이 유엔군의 후방까지 관측을 할 수 있어 아군의 기동에 많은 어려움이 있었다. 그리고 수리봉은 적의 강력한 포격에도 견딜 수 있게 지붕이 있는 유개호 진지가 구축되어 있었고, 고지 전면에는 수천 발의 지뢰가 매설되어 있어서 **'난공불락(難攻不落)'**의 요새로 불리고 있었다.

미 제2사단은 수리봉(983고지)을 점령하라는 명령을 수령하였다. 미 제2사단장은 8월 18일 06:30분에 공격준비사격을 실시하고 07:00시에 배속 받은 한국군 제5사단 36연대가 먼저 공격을 하였다. 그러나 북한군의 방어지대는 지뢰 등의 장애물이 설치되어 있어 견고하였으며 북한군의 포격으로 주간공격은 실패를 하였다. 이에 미 제2사단의 포병화력 지원 하에 제5사단 36연대가 22:00시에 야간공격을 하였으나 북한군의 지뢰지대와 북한군의 기관총 사격으로 야간공격도 실패를 하였다. 그러나 3대대 11중대가 2개 소대는 정면공격을 하고 1개 소대는 우회 기동을 해서 목표를 탈취하였으나 북한군

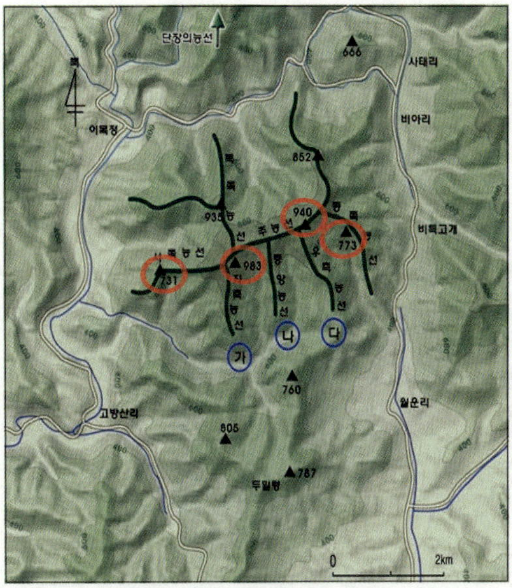

(피의 능선 지형 상황도)

의 역습을 받아서 다시 목표를 피탈 당하게 되자, 미 제2사단장은 8월 30일에 피의 능선을 재탈환 하도록 지시를 하여 8월 31일 06:00시에 공격을 개시하였다. 그러나 북한군의 저항으로 실패를 했으나 한·미 연합작전으로 다시 공격을 해서, 9월 3일에 한국군 제7사단이 피의 능선 좌측을 돌파하고 미 제38연대가 피의능선 동(우)측을 돌파하였다. 그리고 미 제2사단 제9연대가 증원되어 고지 동(우)측에서, 고지 서(좌)측에서는 한국군이 공격하여 9월 5일 02:00시경에 983고지를 확보하였다. 피의 능선 전투는 한국군의 용맹성을 입증한 전투였으나 환자 후송을 핑계로 전장을 이탈하고 대대장의 돌격에 불응을 하는 등의 **"전장군기 문란은 작전 실패로 귀결 된다"**라는 교훈을 얻은 전투였다. 그리고 18일 간의 혈전 끝에 쌍방은 너무나 큰 손실을 입었다. 한국군은 2,772명, 미군은 1,700여 명의 사상자가 발생했고, 북한군은 15,000여 명의 사상자가 발생하여 **'피의 능선**(Battle of Bloody Ridge)**'**이라는 닉네임으로 불렸다. 정전회담을 거부하던 공산군 측은 이 전투를 통해서 유엔군의 위력을 알게 되었고, 정전협상은 1951년 10월 25일 개성에서 판문점으로 장소를 변경하여 다시 협상에 응하였다.

다. 단장의 능선 전투(1951. 9. 5~10. 5)

'단장의 능선'[45] 전투는 피의 능선을 점령한 미 제2사단이 곧바로 피의 능선 뒤편에 위치한 단장의 능선을 점령하기 위해서 북한군 2개 사단과 1개월 간 2차에 걸쳐서 치른 전투이다. 단장의 능선은 양구와 인제의 중간에서 남북으로 뻗어있는 양구 북방 문등리 일대의 고지들로 작전 환경을 보면 경사도가 60도 정도로 칼날 능선으로 형성되어 있어 기동이 제한되었다. 그리고 울창한 삼림, 관측과 시계가 제한되었으며 도로와 계곡을 따라 우마차길이 형성되어 있었고 기온은 평균 20℃를 유지하였다.

45) 단장의 능선의 유래는 당시 전투에서 전·사상자가 많이 발생한 상황을 보도하는 과정에서 'HeartBraker(심장이 찢어질 것 같다)라는 표현에서 유래가 되었다.

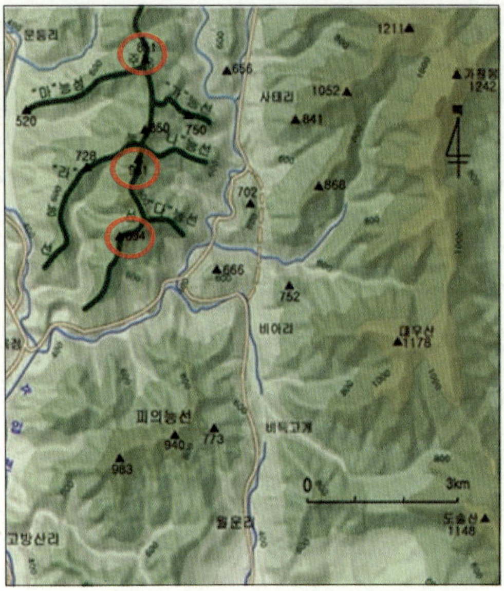

(단장의 능선 지형 상황도)

(단장의 능선 사진)

당시 북한군은 단장의 능선 상의 중요 고지인 894고지, 931고지, 851고지 등에 3~4겹의 종심진지를 구축하고 2개 사단으로 주진지를 편성하여 난공불락의 요새를 구축하고 있었다. 이에 9월 5일에 미 제8군은 미 제2사단 23연대에 단장의 능선을 확보하도록 지시하였다. 이에 미 제2사단 23연대는 9월 12일 10:00시에 동 측방으로 공격을 해서 9월 18일 20:00시에 850고지를 점령하였다. 제9연대는 9월 13일 17:00시에 남 측방으로 공격을 하였다. 그러나 북한군의 지속적인 증원부대 투입으로 미 제2사단은 1차 공격에 실패를 하였다. 이에 미 제2사단은 1차 공격의 실패를 분석한 결과 협소한 공간에 병력을 집중 투입하고 공격 전에 공산군의 박격포를 제압하는데 실패했던 문제점을 도출하였다. 미 제2사단장은 10월 5일 22:00시에 전 정면에서 동시공격을 해서 931고지를 확보하였다. 단장의 능선 전투에서 미 제2사단이 승리를 할 수 있었던 요인은 다음과 같다.

① 공중 및 포병화력 우세　　② 지상에서 병력기동 보장
③ 전 정면 동시 공격

단장의 능선 전투에 승리 요인은 우세한 공중 및 포병 화력으로 지상에서 병력의 기동을 보장하였고, 1차 공격의 패인을 분석해서 전 정면에서 동시 공격으로 적의 화력을 분산시켜서 승리를 할 수 있었다.

3. 1952년 주요 군사작전과 전투

1952년 군사작전은 **'항공압박(Air pressure) 작전'**이 진행되었으며 북한의 발전시설에 대한 대규모 공격과 평양 공습작전이 1952년 6월 23일부터 6월 27일까지 진행되었다. 북한의 발전시설에 대한 대규모 공격작전의 목적은 **"북한 내의 주요 산업시설을 무력화시켜서 전쟁수행 능력을 무력화"**시키는 데 있었으며, 유엔군의 해 · 공군 · 해병 항공대 합동작전으로 공격을 한 결과 수풍 · 부전 · 장진 · 허천 발전소등 발전시설이 대부분 파괴가 되었고 이로 인해 북한 전 지역에 전력공급이 차단 되였다. **'평양 공습작전'**은 1952년 7월 11일부터 8월 29일까지 진행되었으며 평양 근교의 40여 개 군수시설을 폭격하여 공산군의 전쟁수행 능력을 상실시키는 데 목적을 두고 미 극동공군 통제하에 연합작전을 수행하였다. 작전의 결과는 기관차고 및 철도공장의 60%에 해당되는 건물 약 1,500동을 파괴하였으며 **"최소의 희생으로 최대의 군사적 압박"**을 하는 성과가 있었다. 이 시기에는 교착전이 극에 달했으며 공산군은 미국 국민의 자극을 자제하고 한국군의 피해를 강요하기 위해서 한국군 전선만 집중 공격을 하였다. 당시의 주요 전투는 361고지 · 백마고지 · 저격능선 · 수도고지 등으로 고지 쟁탈전이 반복되었다.

가. 351고지 전투(1952. 7. 10~1953. 1. 26)

'351고지' 전투는 1952년 7월 10일부터 1953년 1월 26일까지 동부전선 최북단 돌출부였던 351고지 탈환을 놓고 한국군 제5사단과 북한군 제9사단이 싸운 전투였다. 작전 환경으로 351고지 일대에는 월비산 · 351 · 208 · 148 · 187 고지 등 야산 및 개활지로 형성되어 있었다. 351고지는 지역 내에서 군사적 정상으로 감제 관측이 용이하였으며 남강은 수폭이 20m로 도섭이 가능했으며 도로망은 고성에서 원산에 이르는 7번 도로와 고황봉에서 350고지에 이르는 무명도로가 있었다. 당시 기상은 오전 안개로 항공지원이 제한되었다.

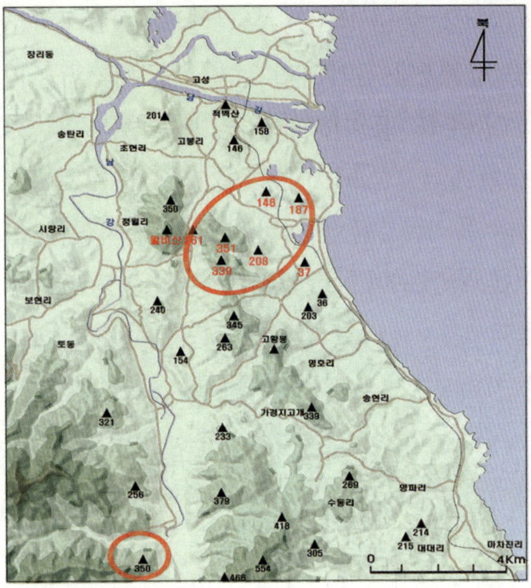

(351고지 지역 지형 상황도)

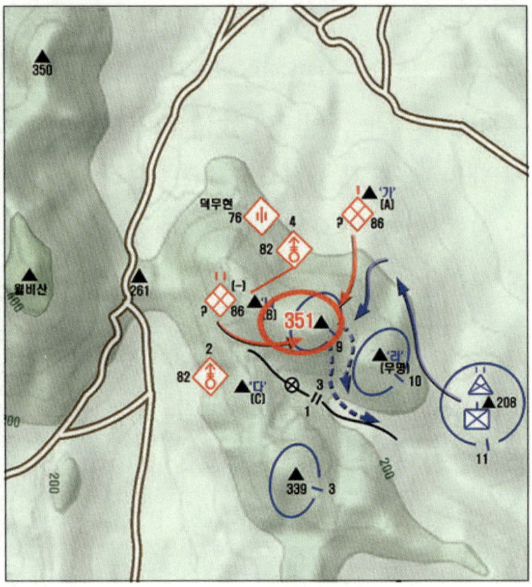

(북한군 공격 상황도)

전투 경과를 보면 1952년 7월 10일 22:00시에 북한군 제9사단 86연대가 공격을 개시하였다. 한국군 제3대대 9중대는 북한군의 공격준비 사격으로 사상자가 많이 발생하였고 북한군은 351고지 탈환에 성공을 했다. 이에 제3대대 9중대는 7월 11일 01:00시에 남쪽 계곡으로 철수를 하였다. 351고지 전투에서 한국군은 7차례의 역습을 실시해서 351고지를 탈취하였으나 북한군의 역습으로 재 피탈을 당했으나 다시 역습에 성공하였다. 당시 역습 상황을 보면 다음과 같다.

구분	일 정	상 황	결 과
1차	7.11, 01:30	9중대도 7부 능선까지 진출 후 철수	북한군 저항으로 철수
2차	7.11, 10:25	북한군, 포병화력 집중으로 실패	주간공격 실패
3차	7.11, 21:30	북한군, 기관총 사격 등으로 저항	야간공격 실패
4차	7.12, 04:00	9부 능선까지 진출 성공, 중대장 전사, 지휘체계 와해로 최종 실패	여명공격 실패
5차	7.12, 16:30	27연대 2대대 급작스런 투입으로 실패	포위공격 실패
6차	7.12, 18:00	1군단장, 연대관측소에서 특공대 선발 지시, 특공대, 목표 탈취 후 북한군 역습으로 후퇴	특공대 투입 실패
7차	7.13, 24:00	5사단장, 35연대 2대대에 역습 지시 2대대장 역습 전 4가지 사항 요청 (기습달성을 위해 야간공격, 일몰 전후 목표 일대 항공 폭격, 지원포병 지휘관 대대 관측소에 위치, 통신소대와 공병소대 배속)	역습 성공
8차	11.14, 03:00	27연대 2대대 7중대 역습	목표 탈취

한국군 제5사단 35연대 2대대가 역습에 성공하자 북한군은 전투력을 복원해서 9월 24일 12시 15분에 2개 중대로 역습을 실시했으나 아군의 화력에 의해서 실패 하였다. 북한군의 2차 역습은 11월 9일 20:00시에 야간공격을 해서 역습에 성공 하였다. 그러나 한국군 제5사단은 11월 10일 03:00시에 제27연대 2대대 7중대를 역습부대로 선정하고 역습 전에 351고지 일대에 상급부대 지원화력으로 집중공격을 하고 7중대가 무월광 상태하에서 공격을 개시하여 여명과 동시에 백병전으로 목표를 탈취하는 데 성공을 하였다. 6·25전쟁에서 동해안 지역의 351고지 전투는 용문산 전투와 함께 제병협동 및 합동작전으로 대승을 거둔 전투사례이다. 351고지 전투에서 한국군 제5사단의 승리 요인은 한국군과 유엔군이 **'화력지원과 전투근무지원'**을 효과적으로 했으며, 목표 피탈 후 **'신속한 역습'**으로 승리를 할 수 있었다. 당시 한국군 제5사단이 351고지에서 승리를 했기 때문에 현재 군사분계선이 38도선 전방에 설정이 되었다.

나. 백마고지 전투(1952. 10. 6~10. 15)

'백마고지 전투'는 고지 쟁탈전이 가장 치열했던 1952년 10월 6일부터 15일까지 한국군 제9사단과 중공군 제38군 예하 제114사단이 강원도 철원 북방의 395고지(백마고지)를 확보하기 위해서 10일 간 12차례의 공방전을 한 치열한 전투였다. 백마고지 명칭의 유래에는 두 가지 설이 있다. 첫째, 포격에 의해 수림이 다 쓰러진 모습이 누워 있는 백마를 연상해서 백마라고 표현하였다. 둘째, 수많은 조명탄 투하로 산이 하얀 낙하산천에 뒤덮여 백마라고 표현하였다. 백마고지 전투는 1952년도 중반에 포로 협상 문제가 타결점을 찾지 못하면서 고지 쟁탈전의 일환으로 발발했다. 미 제8군 사령관인 밴 플리트 장군은 중부전선 3개 도시 즉 철원·평강·금화를 연결하는 보급선을 차단 및 확보를 해야만 중부전선에서 적을 무력화 시킬 수 있다고 판단하였다. 그래서 중부전선의 최대목표는 아군이나 적군 모두 **'철의 삼각지'**인 3개 지역을 확보하는 것이었으며 강원도 철원군 소재의 백마고지(395고지)는 야산이지만 철의 삼각지를 확보하기 위해서는 반드시 점령을 해야 하는 중요한 감제고지였으며, 전술적으로 철의 삼각지를 감제할 수 있는 중요한 고지였다. 전투경과는 10월 6일부터 15일까지 한국군 제9사단(사단장, 소장 김종오)이 중공군 제38군의 10여 일간 공격을 격퇴한 전투이며 한국군의 전투능력과 투지를 유감없이 발휘한 전투였다. 당시 상황으로 1952년 10월 6일에 한국군 제9사단은 철원지역의 주저항선인 백마고지를 방어하고 있었다. 중공군 제114사단은 백마고지를 공격하기 위해서 전 장비를 소련제로 교체 하고 유사지형에서 예행연습을 하였다. 그러나 10월 3일에 중공군 군관 1명이 귀순을 해서 공격 시기를 진술하여 한국군 제9사단이 중공군의 공격 시기를 사전에 예측하고 대비를 철저히 하였다. 백마고지의 작전환경을 보면 전방에 있는 효성산에서 감제 관측이 가능하고 후방에는 개활지가 형성되어 있어 증원이 제한되는 지형으로 방자에게 불리하였다. 역곡천은 하천 폭이 20~50m로 도섭이 가능하였다. 도로는 3번 · 463번 · 464번 도로가 종횡으로 연결되어 있었다.

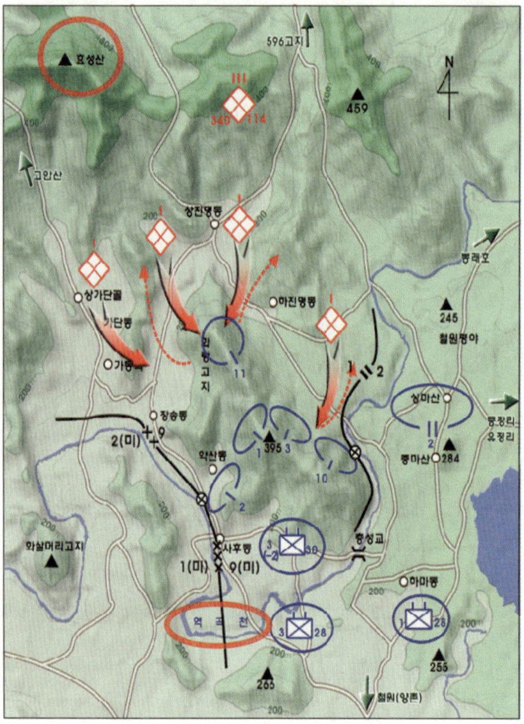

(백마고지 전투 상황도)

당시 전투는 12차례에 걸친 공방전으로 1차 공방전은 1952년 10월 6일 08:00시에 중공군이 공격준비사격을 하였으며 한국군 제9사단은 미 폭격기 지원 하에 대포병 사격을 하였다. 중공군은 19:00시에 인해전술로 공격을 하였다. 2차 공방전은 10월 6일 20:40분에 중공군이 2차 공격을 하였으며 중공군은 인해전술로 10중대 지역을 돌파하였다. 이에 한국군 제30연대가 1차 역습을 시도하였으나 역습부대가 이동을 하는 상황에서 중공군의 포격으로 실패를 하였다. 그러나 한국군 제30연대는 2차 역습에 성공을 해서 피탈지역을 재탈환 하였다. 3차 공방전은 중공군이 10월 7일 01:40분에 가용병력을 총동원해서 3차 공격을 하였다. 이에 한국군 제30연대 장병은 목숨을 건 사투로 진지를 사수하였다. 백마고지는 이미 1951년 11월 3일에 중공군 1개 대대 규모가 한국군 제9사단 29연대를 공격하여 이를 격퇴한 이후부터 1952년까지는 소강상태를 이루고 있었다. 1952년에 다시 전투가 시작될 무렵에 중공군은 마오쩌둥으로부터 **'만세군'**이란 칭호를 얻은 제38군이 교체투입 되었다. 중공군의 공격은 1952년 10월 6일 아침부터 제9사단 전 지역에 포병사격을 하였다. 그리고 북쪽에 위치한 봉래호의 수문을 폭파시켜서 역곡천이 범람하여 제9사단의 후방이 차단되었다. **이에 중공군은 한국군이 '독 안에 든 쥐**

꼴'이 되었다고 판단하고 인해전술로 공격을 했다. 제9사단은 이때부터 10월 15일까지 단독으로 제28 · 29 · 30연대를 교대로 투입하여 치열한 공방전을 전개했다.

백마고지 전투결과 한국군은 3천여 명의 사상자가 발생 했고, 중공군은 1만4천여 명의 사상자가 발생했다. 백마고지 전투에서 12차에 걸친 공방전에서 제9사단의 승리 요인은 다음과 같다.

① 공중 및 포병화력의 적절한 지원
② 적시 적절한 부대교대와 장병들의 사투 ③ 중 · 소대장들의 진두지휘

백마고지 전투에서 한국군이 승리를 할 수 있었던 요인은 효과적인 보 · 전 · 포병의 협동작전이었다. 또한 공군의 근접항공지원 등 우세한 포병과 공중 화력의 협조된 화력지원이 한 몫을 했고, 대량 피해를 방지한 지휘관의 적시 적절한 지휘결심에 의한 부대교대와 사단 전 장병의 감투정신도 빛을 발했다. 그리고 전투진지와 교통호 구축, 장애물 설치 등 조직적인 방어준비로 방어력을 보강하고 한국군 제9사단의 중 · 소대장들의 진두지휘와 장병들의 목숨을 건 사투로 승리를 할 수 있었다. 이 전투에서 제30연대의 제1소대장 강승우 소위, 오규봉 하사, 안영권 하사 등이 총을 쏠 수 있는 구멍을 내놓고 콘크리트 등으로 쌓은 진지인 중공군의 특화점에 수류탄 다발을 안고 육탄으로 돌격을 해서 파괴했다. 이들은 백마고지 탈취에 절대적인 공헌을 하여 백마고지의 3군신으로 추앙되고 있으며 6 · 25전쟁의 신화가 되었다. 특히 **"가용한 시간을 효과적으로 활용해서 방어준비를 하는 것이 얼마나 중요한 것인가"**를 보여주는 사례이다. 그리고 백마고지 전투의 승리로 철원평야를 장악했으며 **'보급로 확보'**와 중부지역에서 **'작전의 주도권'**을 확보하는 계기가 되었다.

다. 저격능선 전투(1952. 10. 14~11. 25)

'저격능선(Sniper Ridge) 전투'는 1952년 10월 14일부터 11월 25일까지 오성산과 김화 사이에 험한 산비탈과 깊은 골짜기를 사이에 두고 저격 능선을 확보하기 위해서 처절한 전투가 이루어진 곳이다. 저격능선 명칭은 중공군 저격병이 노출된 미군을 저격해서 많은 피해를 입혔기 때문에 미 장병들이 **'스나이퍼 리지(Sniper Ridge)'**라는 명칭을 부여한데서 유래가 되었다. 저격 능선 전투는 한국군 제2사단이 고지 쟁탈전 시기에 중부전선의 저격 능선을 확보하기 위해서 중공군 45사단과 6주간에 걸쳐 42회의 백

병전이 이루어졌던 전투이다. 저격 능선은 김화 북방 7km 지점에 위치한 오성산 남쪽에 위치하고 있었으며 해발 500m의 완만한 종격실 능선으로 오성산 방어의 핵심 요충지였으며 중공군의 병력증원에 유리한 지형이었다. 지역 내 도로는 아군 전차 운용 및 보급 추진에 유리하였고 기상은 오전 안개로 시계가 제한되었다.

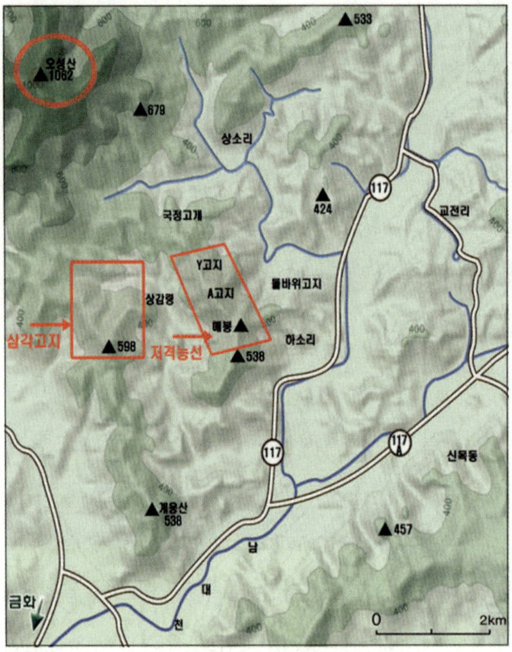

(저격능선 지형 상황도)

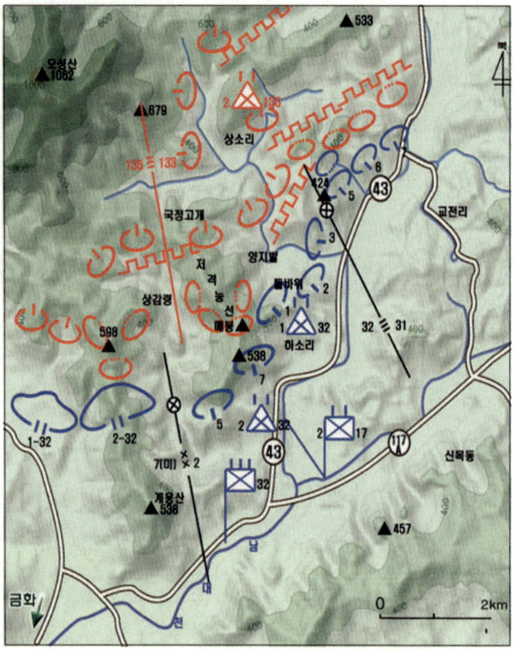

(저격능선 전투 상황도)

저격능선의 전투경과를 보면 한국군 제2사단의 1차 공격은 10월 14일 05:00시에 개시하였으며 초기에는 공격이 순조롭게 진행 되었으나 8부 능선에서 중공군의 화력공격으로 1차 공격에 실패하였다. 한국군 제2사단의 2차 공격은 10월 14일 13:10분에 공격준비 사격을 실시하고 13:40분에 공격을 개시하여 17:50분에 진지를 탈환하는 데 성공하였다. 그러나 19:50분에 중공군 제45사단이 공격준비 사격 후에 인해전술로 역습을 하여 저격능선이 피탈되었고 제3대대는 지휘소를 피습당하여 지휘소 기능이 마비되었다. 이에 한국군 제2사단은 10월 15일 19:30분에 32연대 2대대로 역습을 하여 저격능선을 재탈환 하였다. 저격능선 전투에서 한국군 제2사단은 6주 간에 걸쳐 42회의 백병전 끝에 저격능선을 사수하였으며, 고지 쟁탈전인 저격능선 전투에서 승리를 했기 때문에 한국군과 유엔군이 작전의 주도권을 확보할 수 있었다. 그러나 협소한 지역에 병력을 집중운용해서 인명피해(중공군 15,000여 명, 한국군과 유엔군 4,800여 명)가 과

다하게 발생하였으며 고지쟁탈전 중에서 피·아 가장 많은 사상자가 발생하였다. 한국군 제2사단이 저격능선 전투에서 승리를 할 수 있었던 요인은 다음과 같다.

① 장병들의 투혼 ② 효과적인 예비대 운용
③ 공중 및 포병화력의 적절한 지원

저격능선 전투는 목표 탈취를 위한 **'장병들의 투혼'**과 **'예비대를 효과적으로 운용'**하였다. 그리고 **'포병화력과 공중폭격의 적시 적절한 지원'**으로 승리를 할 수 있었다.

4. 1953년 주요 군사작전과 전투

가. 개 요

1953년 군사작전의 개념을 보면 유엔군은 **'확전전략'**(핵위협 포함)으로 전환하고 **'항공압박(Air pressure) 작전'**을 확대하는 것이었다. 공산군은 지구작전과 적극방어를 고수하고 최후 공세에 중점을 두고 작전을 전개하였다. 확전전략(핵위협 포함)으로 전환은 1953년 초에 아이젠하워가 대통령에 취임한 후에 평강 일대에 핵무기 사용을 표명하였다. 반면에 공산군은 평강 일대(접촉선 북방 10km)에 대규모 병력과 보급품을 집결한 상황에서 미국이 핵무기 사용 가능성에 대한 강경한 입장을 중공과 소련에 전달하였으나 1953년 3월에 스탈린이 사망을 하면서 전쟁은 확전이 되지 않고 회담이 촉진되었다. 항공압박 작전은 1952년까지는 타격목표를 군사, 산업, 발전시설을 공격하는 데 집중하였으나 1953년 5월부터는 **'저수지'**와 **'댐'**으로 공격목표를 확대하였다. 이 시기에도 교착전은 계속 되었으며 대표적인 전투는 **'금성 샛별 고지'**와 **'베티고지 전투'**이다.

나. 주요 군사작전

1) 정전 무렵 쌍방의 전력

1953년에는 포로송환 문제로 정전회담 진행이 되지 않았으며, 쌍방은 자신들에게 유리한 정전회담을 준비하면서 한편으로는 그 동안에 고지쟁탈전으로 조정된 전선을 유지하면서 보다 유리한 위치에서 종전을 대비하려는 전략을 준비했다.

중공군은 공세능력을 구비하고 있었으며 기간 내 전력 강화에 박차를 강했다. 특히,

1953년 3월까지 전투물자를 확보하여 공세 역량을 한 층 높였다. 그 결과 병력이 증강되어 중공군 135만 명, 북한군 45만 명 등 총 180만 명으로 증가되어 언제든지 유엔군과 한국군에게 공세를 취할 수 있는 역량을 갖추게 되었다.

이에 비해 유엔군은 종전 전략에 따라 수세적으로 대응을 하였다. 그러자 미 행정부는 교착 상태를 해결하기 위해서 핵무기 사용을 포함한 다양한 방안을 검토하는 한편, 클라크 유엔군사령관은 점점 증가하는 위협에 대처하기 위해서 한국군 20개 사단 증편안을 추진하고 있었다. 이에 따라 한국군 제3군단이 1953년 5월 1일에 재창설되었고, 곧이어 제26사단과 제17사단이 창설되었다. 따라서 한국군은 휴전이전까지 3개 군단 18개 사단을 보유하게 되었다.

2) 해 · 공군의 압박 작전

유엔군과 한국군의 해 · 공군은 북한지역의 군사시설은 물론 산업시설과 군사적으로 전용이나 활용될 수 있는 모든 것에 대하여 지속적인 타격을 가하고 있었다. 이러한 배경에는 공산군 측과 김일성에게 직 · 간접적인 타격을 하면서 심리적인 공포심을 심어주어 휴전협상에 적극적으로 대응하도록 하려는 목적이 있었다.

1951년 8월 18일부터 북한 내의 철도와 도로를 차단하였다. 1952년 6월에는 휴전회담을 조기에 완료하기 위하여 일종의 항공 압박 작전을 전개하였다. 23일에는 유엔군 해 · 공 및 해병대 항공대의 합동작전으로 개전 이래 최대인 약 500여 대의 항공기가 동원되어 수풍 · 장진 · 부전 등의 수력 발전소를 파괴하여 북한 전력의 90% 이상을 차단시켰다. 또한 1952년 7월에는 북한에 대한 심리적 효과를 극대화하기 위해서 3차에 걸친 대대적인 평양 폭격을 실시해서 큰 성과를 거두었다. 이 외에도 유엔군 해 · 공군의 대규모 함포사격으로 주요 군사 시설물과 보급 열차 등을 파괴하였다. 지상군의 전투가 고지전으로 치열해지자 매월 평균 2천회 이상의 근접항공지원을 하였다. 이와 같이 유엔군 및 한국군의 해 · 공군 작전은 공산군 측을 심리적으로 압박하여 휴전회담 테이블에 조기에 복귀하게 하는 성과와 더불어 군사적인 측면에서도 큰 성과를 거두었다.

3) 중공군의 최후 공세(1953. 6. 10~7. 27)

중공군의 최후 공세는 1953년 6월 10일부터 20일까지 11일 간 진행되었으며, 중공군은 1953년 6월 10일 야간에 1개 군을 투입해서 한국군 제2군단의 제8사단(수도 고지)과 제5사단(949~883 고지) 지역을 9일 간 집중 공격을 했다(6월 공세). 중공군은 전 전선에서 공세를 시작했으며, 투입 규모는 중공군 6개 군과 북한군으로 1951년 춘계공세 이후에 최대 규모였다. 중공군 제20병단은 6월 10일에 북한강과 금성천의 합류 지점에 있는 한국군 제5사단과 제8사단의 주저항선을 공격했다. 중공군은 야간공격과 인해전술을 구사했고, 한국군은 북한강 남안까지 철수해서 방어선을 형성 했으며, 한국군 제2군단은 실지 회복을 위해서 역습을 계획했으나 역부족으로 실현되지 못했다. 중공군의 6월 공세로 미 제8군의 주저항선인 미주리선의 중앙 돌출부를 피탈을 당해서 정예사단으로 구성된 한국군 제2군단과 미 제8군의 체면이 심하게 구겨졌다. 6월 18일부터는 유엔군 전폭기의 폭격으로 중공군의 공격기세가 둔화되었고 전선은 안정되었다. 중공군도 스스로의 공세에 만족해하며, 곧 이루어질 휴전협정을 기다리게 되었다.

그러나 상황은 예측과는 달랐다. 이승만 대통령의 지시로 6월 18일에 전국의 반공 포로를 석방하였다. 이로 인해 조인 직전의 정전회담은 중단되었고, 전선은 태풍전야에 휩싸였다. 세계는 공산군을 주시했다. 조 · 중연합군은 정전협정 판 자체를 깰 의사는 보이지 않았으나 전선에서는 곧바로 새로운 공세 징후들이 속속 포착되었다. 그리고 조 · 중연합군은 **'6월에 얻은 승리가 전략적 가치를 잃어버렸다.'**고 생각하고, 실추된 이미지를 회복하기 위해서 화천 저수지 방향으로 최종 공세를 준비했다. 그러나 이를 간파한 유엔군 측에서는 일본에서 정비 중인 제24사단과 제187공수여단을 한반도에 긴급 재배치하였다. 이는 휴전 전 유엔군의 최후 공세였다.

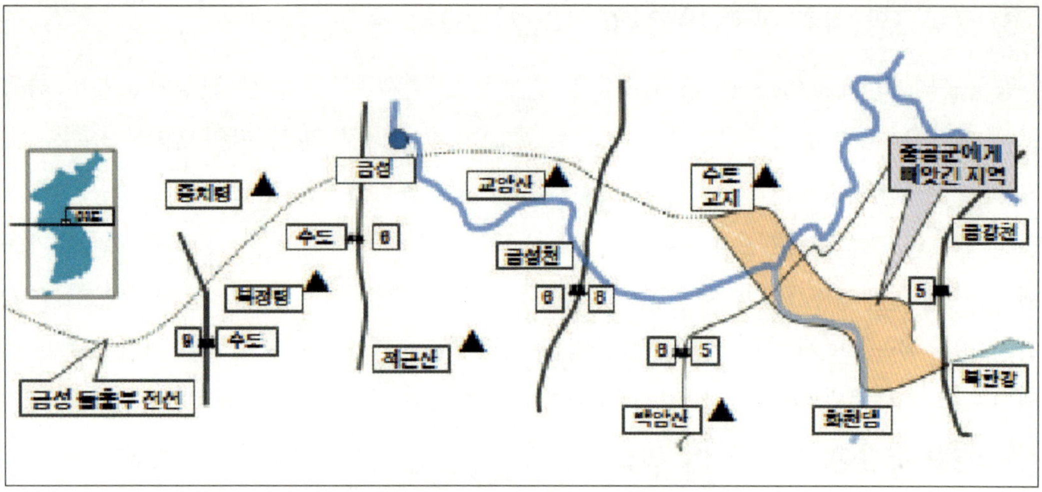

(중공군 최후공세 : 6월 공세)

중공군의 최후 공세는 7월 13일 밤에 개시하였다(7월 공세). 이번에는 6월 공세의 다섯 배나 되는 5개 군이 금성의 좌우측에서 양익포위로 한국군 제6사단과 제8사단 후방을 차단하여 포위했다. 이에 제8군사령관 **'테일러(Maxwel D. Taylor) 대장'**은 방어선을 금성천 남단으로 조정하고, 한국군의 철수를 명령하였다. 한국군 제2군단은 부분적으로는 포위상태에 빠지거나 퇴로가 차단되었다. 미 제9군단과 제2군단은 적을 저지하면서 적근산과 백암산을 연하는 선으로 후퇴하여 새로운 방어선을 형성하였다. 중공군도 7월 16일부터 공세가 둔화되면서 저지되기 시작하였으며, 한국군 제2군단은 호기를 놓치지 않고 반격을 감행하여 다시 북한강과 금성천을 연하는 선까지 탈환하였으며, 계속 공격을 계획하였으나 휴전 문제를 고려한 미 제8군사령부의 공격중지 명령으로 중단했다. 따라서 휴전선은 현 접촉선으로 확정되었다. 중공군은 최종 공세에서 31km의 정면에서 9km를 남진했지만, 약 6만 명의 사상자가 발생하는 큰 피해를 입었다.

다. 주요 전투

1) 금성 샛별고지 전투(1953. 5. 14~5. 16)

공산군은 휴전을 앞둔 1953년 5월 13일부터 시작하여 7월 27일까지 세 번에 걸친 공세를 감행했으며 이를 **'중공군 최후 공세'**라 한다. 공격 지역은 주로 중·동부 전선의 한국군 제2군단과 미 제9·10군단에 집중되었다. 지역적으로는 금성 돌출부를 지향하였다. 당시 금성 돌출부는 화천 북방의 금성 쪽으로 폭이 40km였으며 인접 전선보다 최대 10km 북으로 돌출되어 있었다. 이때의 금성지구 전투는 공산군이 전쟁에서 최종 승리를 했다는 과시의 필요성과 이승만 대통령의 반공포로 석방에 대한 화풀이였다. **'금성 샛별고지 전투'**시 상황으로 중공군은 1953년 3월부터 공세로 전환하여 서부 전선의 유엔군 전초진지(적과 마주친 맨 앞에 설치하여 보초의 임무를 수행할 수 있는 진지)에 대한 제한된 공격을 증가시키고 있었다.

'금성 샛별 고지 전투'는 1953년 5월 14일부터 5월 16일까지 한국군 수도사단 기갑연대 3대대 11중대가 휴전 협상 직전에 경기도 금성지구 샛별고지 일대에서 11중대장 · 통신소대장 · 분대장의 투혼으로 중공군 제199사단 2개 대대의 공격을 격퇴한 전투이다. 금성 샛별고지는 급경사로 형성되어 방자에게 유리하였으며 북한강 · 금성천이 장애물의 역할을 하는 지형이었다. 지역 내 도로는 43번 도로와 우마차 길이 발달되어 있었으며 기상은 짙은 안개와 구름으로 항공지원이 제한되었다.

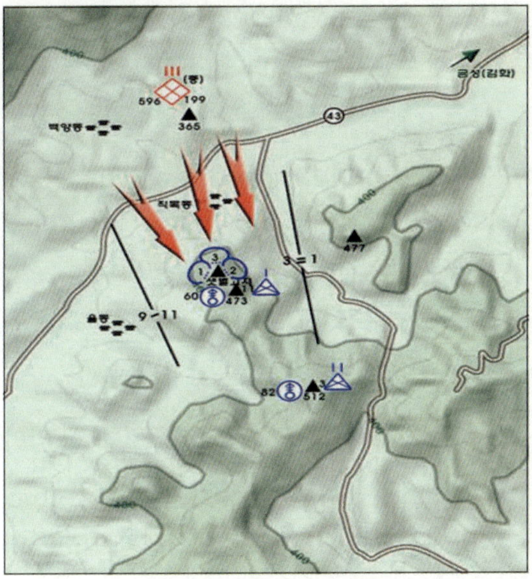

(샛별고지 전투 상황도)

'금성 샛별 고지전투'의 경과를 보면 중공군은 5월 13일 19:30분에 공격을 개시하였으며 3소대 진지 전방을 집중 돌파하였다. 이에 11중대장은 3소대 전방에 포격을 요청하였다. 그러나 3소대와 중대간에 통신 두절로 연락이 불가하였다. 하지만 3소대는 소대장의 진두지휘 하에 백병전으로 진지를 사수하고 있었으며 통신소대장은 적 포탄이 낙하되는 긴박한 상황 속에서도 통신선을 연결해서 통신을 개통하였다. 중공군의 2차 공격은 5월 16일 01:00시에 있었으며 공격 중에 11중대 매복조에 기도가 노출되었다. 이에 11중대장은 화력으로 중공군의 선두를 제압하였다. 중공군은 증원부대를 투입해서 계속 돌파를 시도하였으나 11중대는 3소대장과 소대원의 투혼과 백병전으로 중공군을 격퇴하였다.

고지 쟁탈전에서 샛별고지 전투는 금성지구에서 전술적으로 중요한 고지를 확보하는데 기여를 하였으며 만약에 샛별고지가 피탈 시에는 금성지구 서측방이 노출이 되는 위험이 초래될 수 있었다. 샛별고지 전투에서 11중대가 승리를 할 수 있었던 요인은 다음과 같다.

① 필사즉생의 감투정신	② 소부대 지휘관(자)의 독단활용
③ 철두철미한 전투준비	

샛별고지 전투는 적의 대부대를 백병전으로 격퇴하는 **'필사즉생(必死卽生)'**의 **'감투정신'**과 **'소부대 지휘관(자)의 지혜롭고 용기 있는 독단 활용'**과 **'철두철미한 전투준비'**가 있었기에 승리를 할 수 있었다.

2) 베티고지 전투(1953. 7. 15~16)

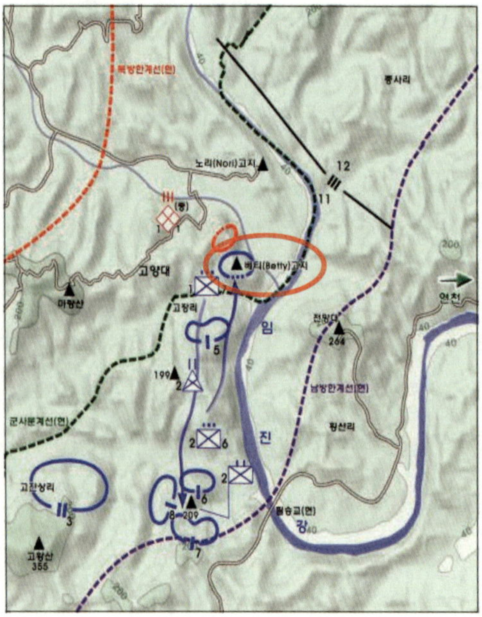

(베티고지 전투 상황도)

'베티고지 전투'는 1953년 중반기에 서부전선에서 반공포로 석방으로 휴전회담이 결렬된 상황에서 서부전선에서 있었던 대표적인 고지쟁탈전 중의 하나이다. 베티고지는 임진강 상의 요충지이며, 지리적 위치 및 정치적으로 중요했기 때문에 피·아간에 반드시 점령을 해야 했다. 베티고지 전투는 1953년 7월 15일부터 7월 16일까지 한국군 제1사단 11연대 6중대 2소대가 중공군 최후 공세 시에 경기도 연천의 베티고지에서 중공군 3개 대대의 공격을 격퇴시킨 전투로 소대장 김만술 소위는 35명의 소대원들과 9회에 걸친 중공군의 파상공격을 격퇴하였다. 베티고지의 영웅 김만술 소위는 6년 간 부사관으로 근무하면서 평양 탈환작전 등에서 혁혁한 전공을 세웠다. 김만술 특무상사는 1953년 7월 15일에 전장에서 소위로 현지 임관을 했으며, 임관하자마자 제1사단 제11연대 제2대대 제6중대 제2소대장으로 부임해서 베티고지를 사수하는 임무를 부여 받았다. 베티고지는 임진강 일대에 위치한 200m 이하의 낮은 고지군으로 종격실 능선으로 형성되었고, 베티고지 후방의 임진강은 방자에게 불리하였다.

전투경과를 보면 김만술 소대는 7월 15일 15:00시에 진지교대를 완료하였으며 6중대장은 김만술 소대에게 베티고지 서봉을 탈환하도록 지시를 하였다. 이에 김만술 소위는 1개 분대를 차출하여 서봉방향으로 기동 중에 중공군에게 기도가 노출되어 철수를 하였다. 7월 15일 20:00시에 중공군이 제파식 공격으로 베티고지 중앙봉을 공격하였다. 이 상황에서 김만술 소위는 진지를 사수하기 위해서 전 소대원을 유개호로 대피를 시키고 아군진지에 들어온 많은 중공군을 격퇴시킬 목적으로 **'진내사격'**[46]을 요청하였다. 그러나 중공군은 진지내로 계속해서 진입을 하였으며 김만술 소위는 백병전으로 진지를 사수하였다. 고지쟁탈전에서 베티고지 전투는 18시간 동안 중공군 3개 대대의 공격을 저지한 전투였다. 김만술 소대가 베티고지 전투에서 승리를 할 수 있었던 요인은 다음과 같다.

① 소대장의 진두지휘 ② 임전무퇴의 군인정신
③ 소대원들의 진지사수에 대한 투철한 사명감

베티고지 전투에서 소대장의 진두지휘와 임전무퇴의 군인정신, 소대원들의 진지사수에 대한 투철한 사명감이 있었기에 승리를 할 수 있었고 베티고지를 확보했기 때문에 군사분계선을 설정하는 과정에서 최초 계획보다 2km 전방에 군사분계선을 확정하는 데 유리한 여건을 조성하였다. 당시 상황은 중공군의 최종 공세 3일째가 되는 7월 15일이며 베티고지는 대대의 **'전초'**[47]로서 사흘 동안 3개 소대를 축차적으로 투입하였으나 각 소대는 반수 이상의 사상자가 발생해서 철수를 하였다. 이와 같은 상황에서 김만술 소위가 지휘하는 제2소대가 임무를 부여 받았으며, 김만술 소위는 얼굴도 모르는 소대원과 먼저 세 개의 봉우리 중에 중공군이 점령하고 있던 서봉을 점령하여 소대원들의 자신감을 배양시켰다. 그리고 야간 공격에 대비해서 교통호를 정리하고, 유 · 무선을 확인하는 등 야간방어 준비에 만반의 준비를 다하고 중공군의 공격을 기다렸다. 방어준비를 완료한 상태에서 중공군은 예상한 대로 야간에 공격을 해왔으며, 야간전투가 시작되자 치열한 근접전투가 개시되었으며 수류탄이 날아오고 백병전이 시작되었다. 김만술 소대는 중공군의 공격을 저지하면서 4차례의 진내사격을 요청해 가면서 진지를 사수했

46) 방어작전 간 적이 아군 진지로 진입시 아군은 진지내로 엄폐하면서 노출된 적의 돌파를 저지하거나 역습을 지원하기 위해 아군 진지에 실시하는 요청 사격.

47) 방어 작전 간 진지에서 적의 관측과 기습으로부터 아군을 보호하기 위하여 본대로부터 약간의 거리를 두고 운용되는 경계파견대.

으며, 13시간 동안 진행된 전투에서 19번의 접전이 있었으나 끝까지 고지를 지켜냈다. 전투가 끝나고 아침에 확인을 한 결과 소대의 생존자는 12명뿐이었으나, 확인된 중공군의 시체는 350여 구에 달했다. 김만술 소위와 소대원들은 소대의 전투력으로는 도저히 감당해 낼 수 없는 상황이었지만 치열한 전투 속에서 책임감과 감투정신으로 베티고지를 지켜냈다. 베티고지 전투는 6·25전쟁의 대표적인 소부대 전투의 성공 사례이다. **'김만술 소위'**[48]는 부사관에서 장교로 신분이 전환되고 하루 만에 치른 전투에서 완벽한 소부대 전투의 전형을 보여 주었다. 하지만 아쉽게도 베티고지는 정전협정을 맺으면서 북쪽으로 포함되어 현재는 갈 수가 없고, 중서부 전선의 태풍전망대에서 바라봐야 한다. 이 전투에서 승리로 이강로 하사는 충무무공훈장을, 김순구 중사와 김흥규 중사는 화랑무공훈장을, 김만술 소위는 1954년 서울운동장에서 테일러 장군으로부터 미국 최고 훈장인 십자훈장을 받았고 그 해 국가로부터 태극무공훈장을 받았다.

3) 공비토벌 전투(1951. 11. 25~1952. 3. 14)

6·25전쟁을 전후하여 북한의 비정규전 부대인 **'빨치산'**[49]이 남한의 내륙 산악을 중심으로 활동하면서 한국군과 유엔군뿐만 아니라 지역 주민에게도 많은 피해를 주었다. 따라서 전쟁은 전선뿐만 아니라 후방에서도 진행되었다. 빨치산은 미 군정청이 1948년 남조선 노동당을 불법 단체로 규정하면서부터 조직되기 시작했다. 이들은 전쟁 전부터 활동하다가 낙동강 전투 간 선두에서 향도 역할로 북한군을 지원하였다. 빨치산은 인천상륙작전이 성공함에 따라 북한군과 함께 후퇴를 했으나, 중공군이 전쟁에 개입하면서 남로당 대남 총책 이승엽의 지시로 제2병단은 다시 지리산으로 복귀하여 3천명 수준으로 재건 활동을 재개 하였다. 하지만 중공군이 더 이상 남진하지 못하자, 빨치산은 1951년 5월 지리산 송치골에서 전략 집회를 갖고, 이현상을 사령관으로 하여 계속 투쟁을 하였다. 당시 지리산에는 남부군(사령관 이현상)직속과 전북 도당계열 부대가 창궐하여, 유엔군의 보급로를 차단하고 온갖 만행을 자행하고 있었다. 이에 **'벤 플리트 장군'**[50]은 전선이 소강상태를 보이자 지리산 일대의 공비를 완전히 섬

---

48) '베티고지' 영웅 김만술 상사는 육군 소위로 임관했으며 1961년까지 군 복무를 했고 대위로 전역해서 동료 상이군인의 복지향상을 위해 일하다가 1991년 5월 28일에 전상 부위가 악화되어 60세의 나이로 별세하여 국립묘지에 안장되었다.

49) 빨치산은 1945년 해방 이후부터 1948년 여순 사건과 1950년 6·25전쟁을 거쳐 1955년까지 전라북도 순창군을 중심으로 활동했던 공산주의 비정규군을 말한다.

멸하기 위해서 수도사단과 제8사단을 지리산으로 이동시켜, 1951년 11월 25일 **'백야전 전투사령부(사령관 백선엽 소장, 사령부 전주)'**를 창설했다. 백야전 전투사령부는 12월 1일부터 전라도에 계엄령을 선포하고, 공비토벌 작전인 **'쥐잡기 작전(Operation Rat Killer)'**을 개시하였다. 사령부는 한국군 수도사단과 제8사단, 경찰 그리고 기존의 서남지구전투사령부를 통합 지휘하여 한국군 사단의 6개 연대는 기동타격대로, 서남지구사령부예하 경비부대와 경찰은 저지부대 및 거점수비대로 운용하여 작전을 전개하였다. 1952년 3월 14일까지 4단계로 나누어 실시된 작전에서 1만 6천 여 명의 공비를 사살하거나 포획했으며 공비의 주력을 섬멸하는 성과를 거두었다. 공비토벌 작전 종료이후에 백야전 전투사령부는 육본계획에 의거해서 수도 사단에게 임무를 인계하고 춘천으로 이동하여 화천에서 제2군단의 모체 부대가 되었다. 북한군 지휘부는 휴전회담이 진행되면서 빨치산들에게 다시 한번 후방교란을 지시하였으나 불발에 그쳤다. 그리고 빨치산 지휘부가 숙청당하면서 북으로부터 지원도 단절되었으며 빨치산의 말로는 비참했다. 사령관 이현상은 지리산에서 사살되었고, 토벌되지 않은 많은 빨치산들은 투항을 하였으며 토벌되지 않은 공비들은 아사하거나 동사했다.

제 3 절 정전협정의 배경과 준비과정

1. 정전협정의 배경

1950년 10월 중공군의 개입에 따라 1951년 초 전쟁은 쌍방 간의 후퇴와 반격의 양상으로 전개되었다. 유엔군이 북진할 때의 기대와는 달리 전쟁은 확전되고 장기전의 양상이 되었다. 6·25전쟁 1년이 지난 1951년 6월, 양측은 38도선 부근의 임진강 하구

50) 밴플리트 장군은 1951년 4월 미8군 사령관으로 취임했다. 그가 참전할 당시 그의 아들 지미 플리트 공군 중위도 조종사로 전쟁에 참여하였다. 그러나 1952년 4월 4일 아들이 몰고 출격한 B-26 폭격기가 해주 부근에서 북한의 대공포에 맞아 실종되었으며 밴플리트 장군은 6·25전쟁에서 하나뿐인 아들을 잃었다. 6·25전쟁에 참가한 미군 장성의 아들들은 모두 142명이었으며 그중 35명이 전사하였다.

로부터 연천~철원~서화~간성을 연하여 전쟁 전과 비슷한 선에서 접촉을 하고 있었다. 양측은 중공군 제6차 공세 간 전쟁 이래 최대의 격전을 치렀으며, 최대의 인명 피해가 발생했다. 결국 양측은 1951년 6월이 되면서 무력으로는 상대방 제압이 불가능하다는 것을 깨닫게 되었고, 평화에 의한 해결 방안을 모색하기 시작하였다. 미국은 교착전(膠着戰, 1951.2~휴전)이후부터 정전상태의 회복과 현 전선에서 조기에 휴전을 한다는 전략을 추진하고 있었다.

전쟁의 조정자인 소련은 자국의 라이벌인 미국과 중국이 **'이전투구(泥田鬪狗 : 진흙밭에서 싸우는 개)'**하는 모습을 마냥 즐겨볼 수 있는 상황은 아니었다. 그 이유는 전쟁이 계속될 경우에 그동안 공들여 온 북한마저 잃어버릴 가능성이 있었다. 그리고 중국은 전쟁이 진행되는 동안 산악지대를 이용하여 미국과 전쟁을 지속할 수 있다고 판단을 했으나, 소련으로부터 기대했던 만큼의 지원이 부족했으며 계속적인 전쟁은 국가이익에도 부합하지 않다고 판단을 했다.

북한의 상황도 같았다. 북한은 경제 · 산업시설이 완전히 파괴되었고, 인적자원도 고갈되었기 때문에 전쟁을 종료하고자 했다. 이와 같은 상황에서 공산권 조 · 중 · 소 대표가 1951년 6월 13일에 모스크바에서 회담을 갖고, **'38도선의 경계선을 복구하는 조건부 휴전이 유익하다.'**라는 결론을 도출하였다. 하지만 이와 같은 상황에서도 대한민국은 휴전을 반대하며 조국 통일을 염원하고 있었다.

2. 정전협정의 준비과정

정전 협정 제의는 1950년 10월 2일에 공산군 측에서 38도선에서 정전회담을 하는 방안을 제의하였으며, 1950년 12월 14일에 유엔군 측에서 중국에 군사행동을 중지하고 38도선에 약 20마일의 비무장지대를 선정하자고 제의하였다. 그러나 중국은 한국 · 대만에서 외국군 철수를 주장하며 거절을 하였다. 1951년 3월 24일에는 맥아더 장군이 정전회담을 제의하였으나 공산군 측은 **'외국군 즉각 철수'**를 주장하면서 정전회담 제안을 거절하였다. 그러나 1951년 5월 31일 미국 국무부의 지시에 의거 조지 캐넌(George Kennan)은 유엔주재 소련 대사 야코프 말리크(Yakov A. Malik)와 비공식 회담을 했다. 이 회담에서 케넌은 **"북한이 공격하기 이전의 상태를 기초로 한 전쟁 종식을 협의할 것"**을 제시하면서 휴전과 관련하여 대화가 가능한지 여부를 타진하였다.

1951년 6월 5일 다시 만난 회담에서 말리크 소련 대사는 **"소련 정부는 빠른 시일 내에 한국 문제가 평화적으로 해결되기를 바라고 있으며, 소련은 휴전문제에 관한 어떠한 논의에도 참여할 수 있는 입장이 아니다"**라고 언급하였다. 2차례의 비공식 회담을 통해 케넌은 소련이 이미 북한과 중국 두 나라에 휴전 제의에 응하도록 영향력을 행사한 것이라고 판단하였다. 한편 1951년 6월 16일 티리그브 리 유엔사무총장은 「휴전 제의」 연설을 통해 **'유엔군 사령관은 기존의 유엔 안보리 결의에 의해 한국전쟁 해결을 위한 군사협상을 진행할 권한이 부여되어 있음'**을 천명하였다. 이와 같은 미·소의 비공식 회동과 유엔 사무총장의 연설이 있은 후 1951년 6월 23일에 유엔 주재 소련대사 야코프 말리크(Yakov A. Malik)가 유엔방송 「평화의 대가」(The Price of Peace)에서 그 동안 제기했던 여러 가지 종전 협상의 조건들을 철회하고 **'우선 휴전 후 다른 문제 처리'**라는 입장을 표명하였다. 1951년 6월 29일 트루먼 대통령의 지시에 따라 리지웨이 유엔군 사령관은 공산군 측에 **'원산항에 정박하고 있는 덴마크 병원선에서 정전협상을 개최할 것'**을 제안하였으며 전쟁은 새로운 국면으로 접어들고 있었다. 이에 공산국 측은 유엔군 대표와 만나는 것은 찬성하나 회담장소를 덴마크 병원선 대신에 개성 지역으로 제안하였으며, 쌍방은 7월 8일에 연락장교 예비회담을 통해서 7월 10일에 개성에서 정전회담을 개최하기로 합의하였다.

제 4 절 정전협정의 갈등과 협상

1. 정전협정 전략과 의제

1951년 7월 10일에 개성 근교의 내봉장에서 정전협상 제1차 본회의가 개최되었다. 정전협상 협의 의제는 군사분계선 설정과 포로 교환 문제였으며 쌍방은 한 치의 양보 없이 설전이 오갔고 전투의 성패에 따라 힘을 얻기도 하고 잃기도 하였다. 따라서 전선은 교착되었고 휴전회담의 유리한 전략·전술적 조건을 충족하기 위해서 국지전·고지

쟁탈전이 기간 내내 지속되었다. 이때 쌍방은 이기지도 않고 지지도 않는 전략 즉 **'불승불패(不勝不敗) 전략'**으로 일관하였다.

1952년 말 6·25전쟁의 종전을 선거공약으로 내건 미국의 **'아이젠하워(Dwight David Eisenhower) 대통령'**[51]의 당선과 전쟁의 산파격인 소련 **'스탈린'**의 사망(1953. 3. 5)은 정전협정의 새로운 전기를 마련했다.

(아이젠하워 미국 34대 대통령)

(스탈린 소련 수상)

정전 회담에 임하는 양측의 전략적 목표는 극명하게 달랐다. 유엔군 측의 협상 목표는 먼저 정전을 하고, 유엔 기구를 통해서 통일 민주국가를 수립하는 데 있었다. 반면 공산군 측은 전선의 교착을 이용하여 공군과 지상군의 전력을 보강하고 공세이전을 준비하는 시간을 획득하는 데 회담의 목표를 두고 있었다.

따라서 회담장의 분위기는 신경전이 오갔으며 또 다른 전쟁터였다. 유엔군 측에서는 **'협상의제 채택, 군사분계선 설정, 휴전 및 감시 방법 및 그 기구의 설치 그리고 전쟁포로에 관한 것 등'** 전쟁을 종식하기 위해서 당장 필요한 군사적인 실무사항을 먼저 해결하고자 했다. 유엔군은 협상이 1개월이면 종료될 것으로 보고 아예 1개월 간 전투중지 명령을 하달해 놓은 상태였다.

---

51) 드와이드 아이젠하워(Dwigt Eisenhower)는 미국의 군인으로 제16대 미국 육군참모총장, 유럽연합 최고 사령관, 북아프리카 방면 연합사령관 등을 역임했으며 미국의 34대 대통령이었다. 6·25전쟁 당시 아들인 존 아이젠하워 소령이 참전을 해서 미 제3사단에서 근무를 했다. 아이젠하워 대통령은 1952년 12월에 대통령 당선자 자격으로 방한하여 전선을 확인하였으며 미8군 사령부 방문 시에 "내 아들이 전투 중에 전사한다면 슬프겠지만 나는 그것을 가문의 명예로 받아들일 것입니다"라는 일화를 남겼다.

그러나 공산군 측은 **"쌍방이 적대 행위를 즉각 중지하고 38도선을 군사분계선으로 설정하는 문제와 한반도로부터 외국군의 철수 문제가 우선적으로 토의되어야 한다"**라고 주장을 하였다. 이와 같이 양측의 주장이 대립되는 과정을 통해서 1952년 7월 26일에 5개의 협상 의제가 확정되었다.

① 제1항 : 협상의제 채택
② 제2항 : 군사분계선 설정
③ 제3항 : 휴전 감시 방법 및 그 기구의 설치
④ 제4항 : 전쟁 포로교환에 관한 협정
⑤ 제5항 : 외국군대 철수에 관한 회담

2. 갈등의제와 협상 결과

가. 군사분계선 설정

연합국과 공산국 측은 이승만 대통령을 비롯한 대한민국 국민의 정전협정 반대에도 불구하고 정전협정을 진행해 나갔다. 정전회담 의제 중에서 가장 중요했던 의제는 **'군사분계선'**[52]을 설정하는 문제였으나 유엔군과 공산군 측의 주장이 서로 달랐다. 유엔군은 현 접촉선에서 30~40km 북쪽을 주장했다. 그 이유는 일시적인 적대행위 중지선으로 피·아 군사력의 균형을 보상하고 유엔군의 절대적인 제공권과 제해권을 보상하고 공산군 측이 주장하는 38도선은 방어에 불리하고 재침 가능성이 있었기 때문이다. 공산군 측은 전쟁이전의 38도선에 남북 각각 10km의 비무장지대를 설정해서 군사분계선을 설정하는 방안을 주장하였다. 그 이유는 무승부의 전쟁으로 전쟁의 득실은 부당하고 영토의 재조정 없이 원상태로 복귀하자는 논리였다. 1951년 8월 22일에 회담이 중단되었으나 1951년 11월 27일에 현 접촉선을 군사분계선으로 설정하고 명시된 시간에 2km씩 철수하여 비무장지대를 설치하는 방안에 합의하였다. 이에 따라 군사작전은 현 접촉선을 지키는 방어위주의 교착전으로 진행되었다.

52) 정전회담에서 군사분계선 합의결과 군사분계선으로부터 남방 및 북방의 총 4km의 155마일 비무장지대를 설치하고 군사분계선을 따라 1,292개의 표식물을 설치하는 것으로 합의가 되었다. 군사분계선으로부터 북방 2km에 이르는 선을 북방한계선, 남방 2km에 이르는 선을 남방한계선이라고 한다.

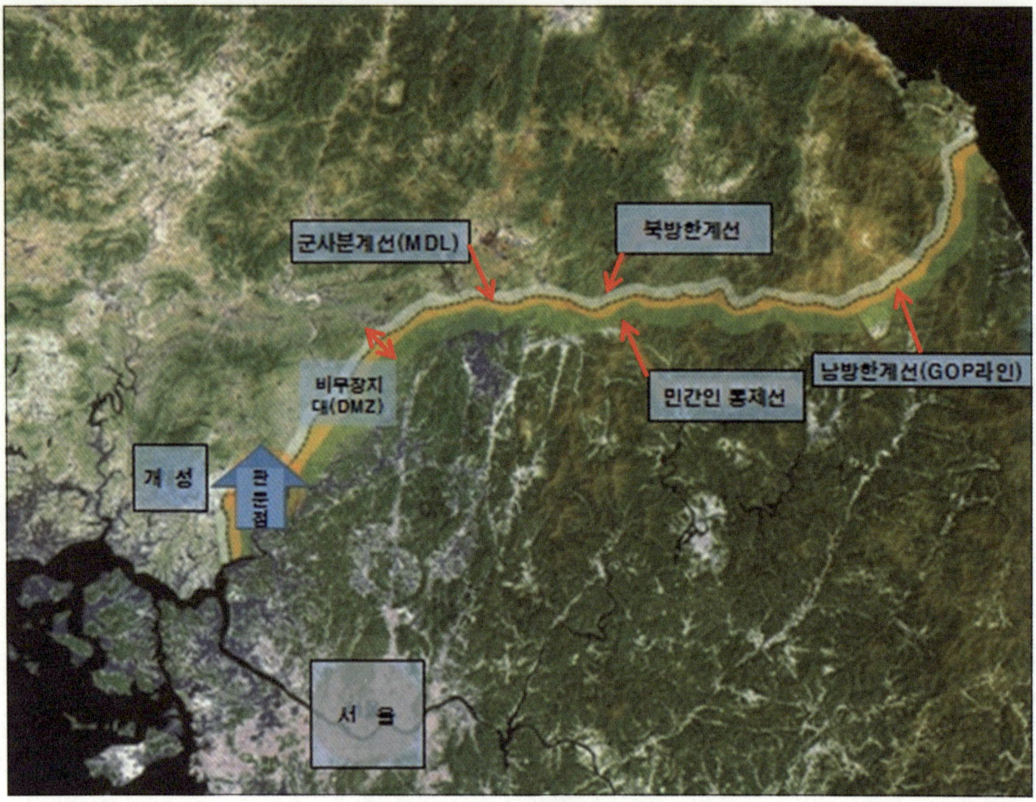

(남 · 북한 군사분계선)

군사분계선 설정 문제는 정전 회담의 가장 첨예한 문제로 유엔군 측의 **'현 접촉선 안'**과 공산군 측의 **'38도선 안'**이 대립되었다. 공산군 측 대표 남일이 주장하는 전쟁 이전의 **'38도선 안'**에 대하여 유엔군 측은 적어도 네 번이나 넘나든 38도선은 현 시점에서 군사분계선으로 적합하지 않다고 맞섰다. 공산군 측은 전력 회복을 목적으로 회담을 질질 끌다가 8월 23일에 일방적인 회담 불참을 선언하여 회담이 결렬되었다.

유엔군 측은 공산군 측의 의도적인 지연 전략에 제한 목표를 공격하는 강수 전략으로 맞서 압력을 가하기 시작하였다. 이때 전략적으로 공세 행동을 한 곳이 바로 단장의 능선, 피의 능선, 해안 분지 등이었다. 이와 같이 공산군 측이 바라지 않는 방향으로 회담이 중단이 되는 상황으로 전개가 되자 위기를 느낀 공산군 측은 두 달을 견디지 못하고 10월 25일에 회담장으로 복귀하였다. 그러나 유엔군 측이 회담장소인 개성의 불리점을 극복하고자 장소 변경을 요구하여 회담장소가 당시의 접촉선인 판문점으로 변경되었다. 공산군 측이 유엔군 측의 주장을 수용하게 된 이유는 판문점 바로 뒤쪽의 개성을 유엔이 공격을 하지 않을 것이라는 판단에 따라 판문점으로 회담 장소를 수용한 것이었다.

군사분계선을 설정하는 문제는 회의가 진행되면서 큰 이견을 보였으나 **'현 접촉선'으로 하는** 방향으로 가닥이 잡혀 나갔다. 그러나 양측은 개성을 두고 공방을 펼쳤다. 왜냐하면 한국군의 입장에서 개성은 6·25전쟁 이전에 남한의 영토였고, 서울과 인접했기 때문에 군사적 측면에서 결코 양보를 할 수 없는 지역이었다.

반면 공산군 측 입장에서는 **"전쟁에서 지지 않았다"**라는 증거로 전쟁이전에 남한 땅이었던 **'개성'**을 반드시 확보해야 했다. 그러나 우여곡절 끝에 유엔군 측이 개성을 양보하고, **"현재의 접촉선을 변경하지 않고 군사분계선으로 한다"**라는 내용에 상호합의를 했다. 정전협정은 군사분계선을 설정하는 문제가 마무리 되면서 이제 곧 타결될 것으로 보였다. 그러나 또 문제가 발생하였다. **'현재의 접촉선'**이라는 시점이 **'언제'**인가 하는 것이었다. 결국 유엔군은 협상의 조기 타결을 위해서 현 접촉선을 잠정 군사분계선으로 설정하되, 협정이 1개월 이내에 조인되지 못하면 당시의 접촉선으로 한다는 안을 내놓았다. 따라서 현재의 전선과 흡사한 군사분계선이 확정(1951.11. 27), 쌍방은 군사분계선으로부터 각각 2km 물러나 비무장 지대를 설치하기로 합의했다. 이로서 4개월에 걸친 군사분계선 설치에 관한 의제가 타결되었지만, 개성을 양보한 결과는 남북으로 대치하고 있는 현 상황에서 수도 서울을 방어하는데 취약점으로 작용하고 있다.

나. 북방한계선 설정

1953년 7월 27일에 정전협정이 체결되어 한국과 북한의 군사분계선은 명시를 하였으나 수역 경계에 관한 **'북방한계선(NLL, Northrrn Limit Line)'**[53]을 설정하는 문제는 연해수역의 견해 차이로 합의에 실패하여 규정에 명시 되지 않았다. 당시 육지 관할 수역과 공해에 대한 쌍방의 주장은 상이하였으며 유엔군은 당시 해양법을 적용해서 영해 폭 3해리를 주장했고, 5개 도서 군을 제외한 북한 관할지역의 모든 섬을 양보해야 된다고 주장을 했다. 그러나 공산군 측은 12해리를 주장했으며 육지 분계선을 중심으로 상대방 후방의 도서나 수역에서 무조건 철수를 주장하였다.

그러나 1953년 8월 30일에 유엔사령관 클라크 대장이 서해는 서해 5개 도서와 북한 지역의 중간선을 기준으로 하고 동해는 군사분계선을 기준으로 하는 NLL을 설정하였다.

53) 북방한계선(NLL)은 해상에서 군사분계선과 같은 역할을 하고 있다. 1953년 정전 협정 체결 시 해상경계는 합의하지 못하고, 유엔군사령부가 서해 5도인 백령도~대청도~소청도~연평도~우도를 따라 선정한 경계선이다.

(남 · 북한 북방한계선 : NLL)

★ 6 · 25전쟁의 사실 18 : 유엔사령관은 왜 NLL을 설정했는가?

1953년 7월 27일 체결된 남북 정전협정의 부속지도에서 남북한의 군사분계선은 명시하고 있었으나 해역의 경계에 대해서는 정하지 못했다. 정전 협전 당시 북한의 해군은 거의 없었고, 한반도의 모든 섬은 유엔군이 점령을 하고 있었기 때문에 "정전 당시 대치선을 분계선으로 한다"라고 합의한 정전협정 원칙에 의해 당시 점령하고 있던 모든 섬은 우리 땅이 되었다. 그러나 클라크 유엔 사령관은 현실적인 문제를 고려하여 자발적으로 38도선 이북의 섬에서 유엔군을 철수시킨 후 북한과의 무력충돌을 막기 위해서 1953년 8월 30일에 서해 5도와 북한 땅의 중간에 NLL을 확정하였다.

다. 상병(傷病) 포로 교환

1953년 2월 22일 상병(傷病) 포로 교환요구('52.12.13, 국제적십자 위원회의 결의안)가 있었으며 1953년 4월 11일 **'상병(傷病) 포로 교환협정'**에 합의를 하였다. 이에 따라 1953년 4월 20일부터 5월 3일까지 유엔군에서 공산군으로 6,670명이 송환되었고 공산군 측에서 유엔군으로 684명이 송환되었다.

라. 포로교환 협상과 반공포로 석방

네 번째 의제는 **'포로협상'** 문제로 미국은 자유민주주의 국가로 **'제네바 협정'**[54] 조인국이었고, 북한도 제네바 협약을 준수한다고 발표를 했기 때문에 문제가 없어 보였다. 그러나 문제는 다른 곳에서 발생했다. 6·25전쟁 중에 북한은 남한 주민 약 50만 명을 강제로 동원해서 전투원과 노무자로 활용했는데 이들 중 포로가 된 자는 북한으로의 송환을 거부했고, 심지어 중공군 중에는 국민당 포로들이 많았다.

유엔군은 억류하고 있는 공산 포로가 공산군이 억류하고 있는 유엔군 포로 보다 월등히 많았기 때문에 동수교환을 제의하였다. 12월 11일에는 포로협상을 위한 **'소위원회'**가 개최되어, 공산군 측은 포로 전원을 교환하자고 주장을 했고, 유엔군 측은 포로의 명단부터라도 교환하자고 제의하여 합의가 되었다.

그러나 이 과정에서 문제가 또 발생했으며, 문제의 배경은 상호 예상했던 포로의 숫자와 명단의 인원수가 현격하게 차이가 났다. 유엔군 측은 실종자 미군 1만 5천명을 포함해서 약 10만 명으로 추산을 했으나, 명부에는 10% 수준인 11,559명이었다. 공산군 측은 실종자를 약 18만 명으로 계산을 하고 있었으나, 유엔군은 약 13만 2천명을 통보했다. 쌍방은 이의를 제기했다. 이에 공산군 측은 **"포로 중에 북한군에 편입되기를 희망하는 자는 재교육 후에 편입시켰다."**라고 했고, 유엔군은 **"무고한 민간인 3만 6천명과 추가적으로 확인되는 민간인은 되돌려 보내지 않겠다"**라고 통보했다. 따라서 포로협상은 합의점을 찾지 못한 채 지연되다가 3개월이 지난 1952년 2월에 유엔군 측은 자유송환 원칙을 확정했다. 유엔군은 14만 명에 육박하는 공산군 포로를 수용하기 위해서 1950년 10월부터 남해안의 거제도를 포로수용소로 선정하여 관리하고 있었다(공산군은 압록강 변 벽동). 하지만 포로들의 숫자가 많아지면서 자체적으로 인민재판을 하는가 하면 북한의 지령을 받고 조직적인 행동을 하고, 급기야 도트(Dodd) 포로 수용소장을 감금하는 어처구니가 없는 상황도 있었다. 그리고 수용소에서는 반공포로에 대한 린치가 가해지고 인공기가 걸렸으며 포로들이 무장을 하는 상황이 발생되었다. 이에 후임 소장인 콜슨(Colson) 준장은 포로들을 무력으로 진압하고 공산 포로와 반공 포로로 구분하여 관리하였다.

이 포로 문제는 정전협상을 불과 1개월 여 남겨둔 1953년 6월 18일 또다시 불거졌다. 대한민국 국민의 의사와는 반대로 전 포로를 교환한다는 내용으로 6월 8일 포로송

---

54) 전쟁으로 인한 희생자 보호를 위하여 1864~1949년 제네바에서 체결된 일련의 국제조약이다. '전지(戰地)에 있는 군대의 부상자 및 병자의 상태 개선에 관한 조약', '해상에 군대의 부상자·병자·난선자의 상태 개선에 관한 조약', '포로의 대우에 관한 조약', 전시의 민간인 보호에 관한 조약' 등 4개 조약으로 구성되어 있다. 일명 적십자 조약이라고도 한다.

환 협정이 조인되었다. 1953년 6월 8일에는 포로교환 협정(자유송환)에 서명을 위한 회담이 진행되었으며 1953년 6월 18일에 이승만 대통령은 반공 포로 35,698명 중 27,338명을 유엔군과 사전 협의 없이 한국군 헌병 경비대에 임무를 부여해서 석방을 시켜서 유엔군을 당혹하게 했다. 당시에 이승만 대통령이 반공포로 석방을 결정한 배경은 반공포로를 북한 측에 넘겨줄 수 없다는 지극히 인도적인 조치였었다. 1953년 8월 5일부터 9월 6일까지 포로를 송환하였다. 포로교환과정에서 양측의 주장이 대립이 되었으며 유엔군은 **'자유송환'**과 **'1:1 교환'**을 주장하였다. 그 이유는 포로 심문 결과 많은 포로들이 북한으로 송환되는 것을 거부하였고 중공군 포로들은 대만으로 송환을 희망하였다. 공산군 측은 강제송환과 전체 교환을 주장하였다. 그 이유는 대다수가 북한 송환을 거부하였으며 이 문제는 인적자원이 부족한 북한에 큰 문제였고 중공군 포로들은 3/4이상이 중국으로 송환을 거부하였으며 이 문제는 중국의 국제적 체면에 큰 손상이 되었다.

제 5 절 정전협정 체결과 조치

1. 정전협정 체결

1951년 7월 10일에 시작된 휴전회담은 1953년 7월 27일까지 피비린내 나는 전투를 계속해 가며 2년 17일 동안 지속되었다. 제1차부터 제26차 회담은 개성 근교에 있는 내봉장에서 진행되었다. 그러나 당시에 중공군이 장악하고 있던 개성 지역은 정전 회담 장소로 부적절하였다. 이에 유엔군 측의 주장으로 1952년 10월 25일 제27차 본회의부터는 회담장소를 판문점으로 이동하여 개최하였다. 1952년 4월 28일 제44차 본회의에서부터 1953년 6월 6일 제144차 본회의까지는 전쟁포로 교환문제를 협의하였다. 이 전쟁포로 교환문제는 1년 이상의 논쟁으로 정전협상에서 가장 큰 난제였다. 1953년 6월 8일에는 포로협상 문제가 타결되었고 종전을 원했던 쌍방은 1953년 7월 19일 제

158차 본회의에서 정전협정 문제가 합의 되었으며, 7월 27일에 유엔군 측과 중공·북한군 측 대표가 판문점에서 정전협정 문서에 조인을 했다. 휴전 회담 기간 중에 양측은 예비회담 1회, 본 회담 159회, 분과위원회 회담 179회, 참모장교 회담 188회, 연락장교 회담 238회 등 765회의 회담이 진행되었으며 1953년 7월 중순 이승만 대통령과 미 특사 로버트슨 간의 협의에 따라 한국 정부도 정전을 인정하게 되었다. 미국 측의 정전회담 본회의 개최 요구에 따라 회의가 진행되어 조인식은 정전회담 수석대표들 간에 거행하고, 쌍방의 군사 지휘관들은 후에 서명을 받기로 합의하였다. 정전 일정은 7월 27일 10:00시에 조인하여 당일 22:00시에 효력을 발휘하기로 합의했다.

정전협상 대표단은 16개 참전국 군대와 한국군을 대표하는 유엔군 측 대표를 일방으로 하고, 북한군과 중공군으로 구성된 공산군 측 대표를 다른 일방으로 하여 정전협상을 진행하였다. 유엔군 측 대표단은 미국 극동사령관 터너 조이(C.Turner Joy)해군 중장을 수석 대표로 극동공군 부사령관 로렌스 크레이기(Laurance Craigie) 공군 소장, 제8군 부참모장 헨리 호드스(Henry Hodes) 육군 소장, 극동해군 부참모장 아리 버크(Arleigh Burke) 해군 소장, 한국 육군 제1군단장 백선엽 육군소장 등 5명으로 회담 기간 중 미군 대표 12명과 한국군 대표 3명이 참석하였다. 공산군 측 대표단은 조선인민군 총참모장 겸 부수상 남일 대장을 수석 대표로 조선인민군 정찰국장 이상조 소장, 제1군단 참모장 장평산 소장 등 5명, 중국군 대표로 중국인민지원군 부사령관 떵화(鄧華) 상장과 참모장 시에팡(謝方) 소장 등 5명이 참석하였다. 1953년 7월 27일 오전 10:00시에 판문점 휴전협정 조인장에서 유엔군 측 수석대표 해리슨 미 육군 중장과 공산군 측 수석대표 남일이 한국어, 영문, 중문으로 된 전문에 서명을 했다. 이들은 휴전협정 조인식이 진행되는 과정에서 서로를 외면하면서 서명을 했으며 악수도 안하고 현장을 떠났다. 휴전회담 당사국 중에서 한국 대표만 유일하게 서명이 빠져 있다. 그 이유는 **"이승만 대통령이 한국 측 대표인 백선엽 육군 참모총장에게 조인식에 참석하지 말라"**고 지시를 했기 때문이었다. 이는 휴전에 대한 일종의 항의였으며, 한국의 의사와 관계없이 협의가 이루어지고 **'통일의 꿈'**이 멀어지는 것에 대한 **'국민의 분노'**를 대변한 것이라고 봐야 할 것이다.

휴전협정 내용은 5개조 63개항으로 구성되었으며 판문점에서 휴전협정이 조인되고 2시간 후에 **"이승만 대통령은 유엔군의 휴전 협정에 동의하며, 통일에 대한 희망을 잃지 말라"**고 당부를 하는 대국민 방송을 하였다. 그리고 북한으로 송환을 원치 않는 포로를 북한으로 송환할 시에는 한국군은 다시 총을 잡을 것이라고 언급하였다. 그리고 이승만 대통령의 성명과 때를 같이하여 미국 대통령도 성명을 발표하였다. 당일 13:00시에 유엔군 사령관 클라크 대장은 16개국 참전 대표와 한국 대표 최덕신 소장 등이 참석한 가운데 휴전협정을 확인하는 서명을 마쳤다. 북한의 김일성은 이날 오후 10:00시에 평양에서, 펑더화이는 다음 날에 서명을 함으로써 휴전 절차는 종료 되었다.

휴전협정 조인 후 조문에 따라서 지상전투는 중지되었으나 포격전은 계속되었다. 유엔군의 폭격기들은 유엔 감시단이 임무수행을 하기 전까지 공산군의 제반 전투력을 약화시키기 위해서 북한의 전략 거점에 대한 포격을 계속했고, 전함들은 원산을 포격하였다. 하지만 이날 저녁 22:00시에 모든 전선의 하늘과 땅 그리고 바다에서 포격은 멈추었다.

이로써 한반도에서의 전쟁은 1950년 6월 25일 미명에 시작되어, 3년 1개월 2일(1,129일)만인 1953년 7월 27일 밤 22:00시에 포성이 멈추었다. 그러나 3년 1개월의 기나긴 전쟁을 통해서 어느 쪽에도 **"승리나 평화는 없었다."** 그리고 전쟁은 현재도 진행형이다. 그리고 한반도에서 정전 이후부터 지금까지 수도 없는 북한의 도발이 발생했으며 수 차례의 전면전이 발생되기 직전까지 가는 위기가 있었으며, 휴전은 다만 총성이 멈춘 상황으로 언제, 어디서 또 다시 적대 행위가 발생할 지는 그 누구도 예측하지 못하고 있는 상태가 지속되고 있으며 우리는 아직도 전쟁은 끝나지 않았다는 것을 명심해야 한다.

2. 한 · 미 상호방위조약 및 한국군 증강

1953년 4월에 미국 정부가 한국 정부와는 협의 없이 정전협정을 타결하려는 움직임을 보이자 이승만 대통령은 5월 25일에 한국군 대표 최덕신 장군을 정전회담 대표단에서 철수시켰으며, 6월 18일에는 2만 7천여 명의 반공포로를 석방하였다. 이에 미국 정부는 **"한국과 안보조약을 체결한다"**라는 정책을 채택하고, 6월 25일부터 한국 정부와 상호방위조약에 대한 협의를 진행하면서 정전회담을 반대하는 한국을 제외하고 공산국측과 협의를 계속해 나갔다. 그 이유는 미국은 한국 정부와 국민이 아무리 휴전을 원하지 않는다 해도 이는 되돌릴 수 없는 대세라는 것을 알고 있었기 때문이다. 당시 무쵸(John J. Muccio) 미국 대사로부터 **'세계정세를 가장 잘 이해하고 있는 사람'**이란 칭송을 들었던 이승만 대통령은 휴전을 찬성하되, 한국에 유리한 조건을 제시하는 현실적 전략으로 전환을 하였다.

이승만 대통령이 원하는 것은 **'한 · 미 상호방위조약'**[55]의 체결과 **'한국군 증강 및 미 해 · 공군에 의한 한국 해역과 공역 방위 보장'**이었다. 이와 같은 한국군의 전력보강 계획은 1951년부터 진행되어 왔다. 미 제8군사령관 밴 플리트 사령관이 한국군 증편 안을 지지하고, 1952년 5월 리지웨이 유엔군 사령관 후임으로 부임한 **'클라크(Mark W. Clark)'**[56] 대장이 적극적으로 추진했고, 아이젠하워 대통령의 한국군 증강과 한국의 방위를 보장하는 **'대한정책(對韓政策)'**에 힘입어 신속하게 추진되었다.

이에 따라 미국은 1953년 6월 25일에 미 대통령 특사 로버트슨 국무부 차관보를 한국에 급파하여 이승만 대통령과 향후 한국방위에 대하여 협의를 했으며, 한 · 미 방위조약 협정과 한국군 20개 사단 증편 안을 확정지었다. 이에 이승만 대통령은 **"휴전에 서명은 하지 않겠지만 방해도 하지 않을 것이며, 휴전 이후에 상호방위조약을 체결한다는 것에 동의 한다"**라는 서한을 미국 측에 전달하였다. 이에 미국 정부는 7월 11일에 **"휴전 이후 한 · 미 간 방위조약을 체결 한다"**라는 아이젠하워 대통령 각서를 전달하였다. 이 과정에서 한국은 유엔군의 정전협정을 인정하기로 했다. 결국 6 · 25전쟁이 종료가 된 세 달 후인 1953년 10월 1일에 한국과 미국은 상호 방위조약을 워싱턴에서 체결하여 국토방위에 이정표를 세웠다. 이때 체결된 한 · 미 상호 방위조약은 현재의 한 · 미 연합방위체제의 근간이 되었다. 또한 한국군의 20개 사단 증편 안에 따라 1954년까지 5개 군단 20개 사단으로 현 전투력의 근간이 되는 증편이 완료되었다.

---

55) 한미상호방위조약은 1953년 10월 1일 체결되고 1954년 11월 18일 조약 제34호로 발효된 대한민국과 미국 간의 상호방위조약이다.

56) 1952년 5월 리지웨이 대장에 이어 3대 유엔군 사령관으로 참전하였으며 클라크 장군은 유엔군 사령관으로 정전협정에 따라 남북한의 충돌을 막으려는 목적으로 동해상에서는 군사분계선(MDL)의 연장선에, 서해안에서는 서해 5개 도서와 북한지역과의 중간선을 기준으로 한강하구로부터 서북쪽으로 12개 좌표를 연결해 설정하였다. 클라크 대장의 아들 클라크 대위도 6 · 25전쟁에 참전해서 금화지구의 단장의 능선전투에서 중대장으로 싸우다가 세 번에 걸친 심각한 부상을 입었으나 퇴각하지 않고 고지를 계속 지켜내는 공을 세웠으며 노블리스 오블리제 정신의 표본이다. 그러나 결국 부상 휴유증으로 전역 후에 사망을 했다.

제9장

6 · 25전쟁의 교훈과 통일 한국의 비전

제 1 절 6·25전쟁의 결과

6·25전쟁 결과 한국군의 피해는 유엔군을 포함해서 77만 6,000여 명(유엔군 154,881명)이었다. 반면에 북한군은 640,000명, 중공군은 972,6000명 추정된다. 6·25전쟁 중 발생한 인명 손실 현황은 아래와 같다.

구 분	계	전사	부상	실종/포로
한국군	621,479	137,889	450,752	32,838
유엔군	154,881	40,670	104,280	9.931
북한군	640,000	520,000		120,000
중공군	972,600	148,600	798,400	25,600

6·25전쟁 기간 중에 우리 국민 20명 중 1명이 사망하였으며, 위의 표에서 제시한 바와 같이 전사자(137,889명)와 실종자(24,495명)는 162,394명으로 이 중에 29,325 명은 현충원에 안장되었으나 13만여 명의 호국용사들의 유해는 아직도 가족의 품으로 돌아가지 못하고 이름 모를 산하에 묻혀 있다. 그리고 민간인의 피해는 남한에서는 약 100만 명, 북한에서도 약 200만 명으로 총 300만 명 이상이 피해를 입었다. 이는 남·북한 총인구의 10%에 해당하는 숫자이다. 또한, 1천만 명의 이산가족과 30만 명의 전쟁미망인, 10만 명의 전쟁고아 등의 사회문제가 발생하였다.

★ 6·25전쟁의 사실 19 : 북한의 강제징용 및 납북사건의 진실은?

북한은 "1950년 7월 1일부터 전시 동원령을 남한의 점령지역까지 확대 적용한다"는 포고령을 발표하면서 의용군을 징집하기 시작하여 9월 초순까지 20만 여명의 젊은이들이 강제로 전쟁터로 끌려갔다. 그리고 북한은 6·25전쟁 발발 후 서울을 점령한 후부터 북한을 통치하는데 필요한 기술자, 학자 등 민간인 22,348명을 서울에서 납치하여 납북하였으며, 전국적으로 96,013명을 납북한 것으로 확인되었다. 그러나 북한은 현재까지도 6·25전쟁 당시 강제 납북 사실을 부인하고 있고 자진월북이라고 주장하고 있다.

미군은 전사자 54,246명, 실종 8,177명, 포로 7,140명, 부상 13,284명이 피해를 입었다. 미국 워싱턴 D.C.의 링컨기념관 옆에는 6·25전쟁에 참전한 미군의 명예를 기리는 공원이 조성되어 있다. 기념비에는 **"우리가 누리는 자유는 공짜가 아니다**(Freedom is not free)"라는 의미의 문구가 있다.

★ 6·25전쟁의 사실 20 : 6·25 전쟁 시 유엔군 참전자의 노블리스 오블리주는?

6·25 전쟁에는 미군 장성의 아들 142명이 참전을 하였고 이중에 35명이 전사 또는 부상을 당했다. 워커 미 제8군사령관의 아들 샘 대위는 무공훈장 수여식 참석차 이동 중에 순직하였고, 밴플리트 미 제8군사령관의 아들은 공군 중위로 전투기 출격 후 실종되었다. 미국 아이젠하워 대통령 당선자와 클라크 유엔군 사령관의 아들도 참전하였으며, 영국 처칠 수상의 아들 랜돌프 처칠은 종군 기자로 참전 중 부상을 당했고 귀국 후에 부상 후유증으로 사망하였다.

따라서 오늘 날 우리가 누리고 있는 **"자유와 평화는 6·25전쟁 참전용사들의 피와 땀의 결실"**이라는 것을 명심해야 한다. 그리고 재산피해는 주택 62만 가구(33%)와 산업시설 45%가 파괴되는 등 국토가 황폐화 되었다.

지난 70년 여 년 동안 서로 다른 체제와 이념의 대립이 지속되고 있으나 남한은 자유민주주의 체제 하에서 세계 10대 경제 강국으로 발전하였다. 그러나 북한은 사회주의 제도와 국가통제 경제체제로 빈곤과 기아에 허덕이는 지구상의 최빈국이 되었다. 또한 남과 북의 이질적 문명으로 사회구조와 의식에 많은 차이가 발생되었고 5천년 동안 한 민족으로 살아온 우리 민족의 동질성이 상실되어 가고 있다.

제 2 절 6 · 25전쟁의 교훈과 의미

1. 6 · 25전쟁의 교훈

6 · 25전쟁은 한반도 내부적 요인과 국제적 요인이 복합적으로 작용하였고 미 · 소 냉전체제의 산물이었고, 우리의 의지와는 무관하게 38도선이 설정되었으며 미 · 소의 냉전이 한반도에서 격화되어 전쟁으로 확대되었다. 그리고 **'6 · 25전쟁은 북한이 계획한 전면적인 기습남침'**으로 중국의 국공내전의 승리, 주한미군 철수, 애치슨 선언 등 동북아시아의 정세 변화를 전쟁의 호기라고 판단하여 **'김일성이 계획하고 스탈린의 승인과 모택동이 동조한 공산주의 침략전쟁이자 국제전'**이었다. 그리고 6 · 25전쟁은 **'북한의 남침을 저지하고 공산주의 확산을 저지한 자유 수호 전쟁'**이었다. 그러나 6 · 25전쟁이 우리에게 남긴 교훈은 **'대비하지 않으면 참혹한 결과를 초래한다'**는 교훈을 준 동족상잔의 전쟁이었다. 그리고 국내정세가 혼란하고 남 · 북한 군사력의 불균형과 대비태세가 미흡하여 많은 인명피해가 발생하였다. 그리고 전략적 수준에서 전쟁 이전에 전시 내각이 미편성 되었고 국가 동원계획과 민간인 철수계획 등의 비상계획이 없었다.

이와 같은 문제를 통해서 국가안보를 위한 조직 편성 및 전략 수립의 중요성을 인식하는 계기가 되었다. 그리고 작전 및 전술적 수준의 경보태세 유지가 미흡하였고 안일한 대응으로 북한의 기습남침을 허용하였으며, 이는 전쟁대비 차원에서 조기경보태세의 중요성을 인식하는 계기가 되었다.

> "싸우지 않고 이기는 것이 가장 최선의 방법이다"
>
> \- 베게티우스

2. 6 · 25전쟁의 의미

6 · 25전쟁은 제2차 세계대전 이후에 치른 최대의 전쟁이었으며 한반도의 주역인 남한과 북한의 한민족은 물론이고, 자유민주주의를 신봉하는 자본주의의 대표주자 미국과 공산주의의 쌍두 마차인 소련 · 중국의 이념전쟁으로 국지전이자 제한전이며 총력전이었고 현대전이며 재래전이었다. 6 · 25전쟁은 당사자인 한국과 북한뿐만이 아니라 유엔통제 하에 6대주 16개국이 참전하였다. 그리고 의료지원 5개국, 물자 지원은 39개국이었다. 6 · 25전쟁에서 유엔군의 참전은 다른 국제조직이 할 수 없는 무력을 동원 할 수 있는 수단이 있었기에 가능한 일이었다. 그리고 전쟁의 원칙 중에서 **'지휘통일의 원칙'**을 효과적으로 적용해서 한국군의 지휘권을 미군에 이양하여 유엔군과 한국군을 효과적으로 지휘를 했기 때문에 승리를 할 수 있었다. 특히, 유엔은 창설 최초로 회원국들의 무력을 동원하여 대한민국에 파견함으로써 그 위상을 평가받았다. 이는 최근 유엔이 집단안보 원칙을 준용하여 분쟁지역에 개입하는 선례가 되었다.[57] 그리고 이데올로기 측면에서 6 · 25전쟁을 보면, 인류 역사 발전의 과정에서 파생된 모순과 정치적 대립의 첨단지역인 한반도에서 해결을 하려고 했던 것이다. 또한, 6 · 25전쟁으로 공산주의와 민주주의의 양 정치체제는 극한 대립을 추구하게 되었으며 냉전이 절정을 이루게 되었다. 그리고 6 · 25전쟁은 제2차 세계대전 이후에 인류 현대사의 흐름을 결정짓는 시금석(試金石)이 되었으며, 한반도는 지금도 분단된 상태에서 평화를 위협하는 지구상의 가장 위험한 화약고 중의 한 곳으로 남아있다.

"평화를 원하면 전쟁을 준비하라"

- 베게티우스

57) 다수의 국가가 그 상호 간에 전쟁 기타 무력행사를 금지하고, 이에 위반하여 전쟁 혹은 기타 무력행사를 행하는 국가에 대하여 나머지 모든 국가가 나서서 집단적으로 격퇴, 진압하는 것을 의미한다.

제 3 절 북한의 전쟁도발 위협과 대책

1. 북한의 전쟁도발 위협

6 · 25전쟁은 민족전쟁인 동시에 **'침략전쟁'**이며 **'이념전쟁'**으로 북한정권이 자유민주주의 체제의 한국정부를 타도하고 통일된 공산주의 국가 수립을 목표로 하여 개시된 전쟁이었다. 그러나 휴전 후의 북한은 독재와 선군정치로 70여 년 간 통치하고 있으며 북한의 대남혁명 전략목표는 적화통일이며 이 목표는 변화가 없다. 그리고 북한은 117만 명의 상비전력과 770만 명의 예비전력을 보유하고 있다. 특히, 대량살상 무기를 보유하고 있으며 핵무기도 보유하고 있는 것으로 추정하고 있다. 특히, 북한은 지상군의 70%를 전진배치하고 기습공격이 가능한 전쟁준비를 완료한 상태이며 김정은의 7일 전쟁계획에는 핵무기를 사용하는 계획이 포함되어 있다. 따라서 한반도에서 다시는 전쟁이 일어나서는 안 된다는 것이다. 그 이유는 한반도에는 현재 세계에서 가장 많은 남 · 북한의 군사력이 배치되어 있기 때문이다. 만약에 북한이 최악의 상황에서 핵무기로 공격을 한다면 70여 년 전의 6 · 25전쟁과는 비교할 수 없는 사상자가 발생되고 국토의 초토화와 민족의 역사가 단절될 수도 있는 심각한 피해가 예상된다. 따라서 우리는 북한정권이 한반도를 공산화하기 위해서 다시 도발을 할 수 있는 호전적인 집단이라는 사실을 망각하지 말고, 비극의 **'6 · 25전쟁이 다시 일어나지 않도록 철저히 대비'**를 해야 한다.

2. 북한의 전쟁위협에 대한 대책

프러시아의 저명한 군사이론가인 클라우제비츠(Carl von Clausewitz)는 **"전쟁에서 승리하기 위해서는 정부 · 군대 · 국민 간의 '삼위일체'(Trinity)가 필수적"**이라고 주장하였으며, 역사학자 토인비는 **"힘 있는 민족은 역사의 주인공이 되고 힘이 없는 민족은 역사의 제물이 된다"**고 하였다. 따라서 경제적으로는 더 부강한 대한민국이 되어야 하고 북한의 군사적 위협에 대응을 할 수 있는 국방력을 구비해야 한다. 군사적으로는 해상 및 제공권의 우위를 지킬 수 있는 첨단무기를 확보하고 우리 지형과 여건에 맞는 전략과 전술을 개발하고 전·후방 동시전투 수행 능력을 배양해야 한다. 또한, 북한보다 열세한 비대칭 전력을 보강해서 완전한 자주국방 능력을 구비하고 **'일전불사(一戰不辭)'**의 대비태세를 견지해서 6·25전쟁과 같은 불행한 전쟁이 다시는 한반도에서 발생하지 않도록 대비를 해야 한다. 국제적으로는 미국 등의 국제사회와 공조를 해서 대북제재와 대북 압박으로 북한이 핵무기 개발을 중지하고 미국이 주장하는 완전하고 검증가능하게 핵무기를 폐기할 수 있도록 하고, 한·미간의 안보동맹과 중국·일본·러시아 등의 주변국과의 관계를 더욱더 공고히 해 나가야 한다. 특히, 우리가 추구하는 남·북한의 평화적인 통일을 위해서는 남·북한이 군사적인 대립에서 화해와 평화분위기를 조성하는데 최선의 노력을 다해야 할 것이다. 그리고 6·25전쟁을 체험하지 못한 전후 세대는 전쟁의 사실을 망각하고 있고 청소년들의 53%가 6·25전쟁의 발발 연도를 인지하지 못하고 있기 때문에 전후세대와 청소년들이 북한의 위협과 실체를 올바르게 인식을 할 수 있도록 안보교육을 강화해야 한다. 우리나라 국민과 군대는 북한이 내일 당장 전쟁을 일으킬 수 있다는 전제하에 대비를 해야 하고, '천하가 비록 평안하더라도 전쟁을 잊으면 위태롭다'는 의미의 **'천하수안 망전필위(天下雖安 亡戰必危)'**의 정신으로 대비를 해야 할 것이다. 그리고 손자병법 구변(九變)편에 **"無恃其不功(무시기불공)이오, 恃吾有所不可功也(시오유소불가공야)라"**는 **"적이 쳐들어오지 않을 거라는 안일한 생각을 버리고 적이 공격을 할 수 없도록 튼튼한 대비태세를 갖추어야 한다"**라는 의미처럼 우리는 북한보다 절대 우위의 튼튼한 국방력과 경제력을 발전시켜 나가야 한다. 그리고 남·북한의 평화분위기를 조성해 나가면서 대통령 직속의 **'통일준비 위원회'**를 더욱 더 활성화해서 정치·경제·군사·문화·군사 등 제 분야별로 내실 있게 준비를 해 나간다면 합법적이고 평화적인 남·북한의 통일은 빠른 시간 내에 이루어질 것이다.

> **"전쟁에 대비하는 것이 평화를 유지하는 가장 효과적인 방법이다"**
>
> \- 조지 워싱턴

제 4 절 독일 통일의 교훈과 주변국 관계

1. 독일통일의 과정

동서독은 1990년 10월 3일에 통일을 하였으며 2020년에 독일 통일 30주년을 맞이하였다. 독일 통일의 방법은 동독이 붕괴되어 가는 과정에서 동독이 서독에 흡수되어 통일이 된 사례이다. 그러나 어느 날 갑자기 동독이 서독에 흡수통일이 된 것이 아니며, 독일의 통일은 서독 정부의 일관되고 지속적인 노력과 교류협력이 있었기 때문에 동독이 변화되었고 주변국과의 집단안보체제 구축을 통해서 독일 통일의 불안 요소를 주변국이 받아들이게 되었으며, 동시에 냉전체제의 붕괴로 동구권 공산국가와 소련의 붕괴 등 여러 가지 요인이 복합적으로 작용하여 통일을 할 수 있었다.

독일 통일에는 교류와 협력이 가장 중요한 역할을 했다. 서독의 브란트 총리는 1969년에 **'동방정책'**을 추진하면서 동독과의 교류협력을 적극적으로 추진하면서 적극적으로 통합정책을 추진하였다. 동서독은 브란트의 동방정책 추진으로 1972년에 **'동서독 기본조약'**을 체결했고, 적극적인 **'포용정책'**을 통해서 동서독 간에 교류협력이 활성화되었다.

이와 같이 서독이 포용정책을 적극적으로 추진할 수 있었던 배경은 서독이 동독해 비해 월등했던 경제발전, 안보 환경, 외교적 역량 등을 들 수 있다. 당시 서독은 높은 경제 발전 수준에 대한 자신감을 지니고 있었고, **'북대서양조약기구(NATO)'** 등 집단안보체제의 확립으로 안보 불안 요소가 감소하면서 동독에 대한 포용 정책을 지속했다. 특히 서독은 소련의 승인 없이 서독의 정책을 수용하는 데 한계가 있다고 보고, 소련 및 동구권과의 관계 개선을 위해서 외교적 노력을 전개했다.

그리고 독일이 통일을 할 수 있었던 결정적 계기는 제2차 세계대전 후에 독일을 분할 점령했던 소련 · 미국 · 영국 · 프랑스의 협력과 동의가 있었기 때문에 가능했다. 당시 미국을 제외한 승전국들은 통일 독일의 국제적 위상 강화를 경계하면서 독일의 통일을 반대하였다.

그러나 서독은 독일 통일에 찬성하고 있던 미국과 협력을 강화하면서, 점차 다른 국가들과 협력을 해 나갔다. 이와 같은 노력으로 1990년 9월에 있었던 동서독과 전승 4개국인 미국 · 영국 · 프랑스 · 소련과의 **'2+4회담'**에서 '독일문제의 최종 해결에 관한 조약'에 합의를 하여 독일 통일에 대한 국제적 장애가 완전히 제거하여 통일을 할 수 있었다.

독일은 통일 후에 동독 재건을 위한 통일 비용문제, 동서독 주민 간 갈등, 재산권 문제 등 여러 가지 시행착오와 갈등을 겪었으며 특히 경제적으로 많은 어려움이 있다. 그러나 이러한 문제들은 통합과정에서 점차적으로 해소되어 갔으며 통일 후 동독 지역의 국내 총생산이 매년 7~9% 정도 성장하였다. 통일 초기에는 서독으로부터 재정 지원을 통해서 경제 발전이 이루어졌지만, 점차 동독의 경제가 자생력을 찾아가면서 통일비용 문제가 해결되어 갔다. 통일 30년을 맞이한 현재 통일 독일은 경제규모가 확대되고 국가적 위상이 높아지면서 **'유럽연합(EU)'**에서 주도적 역할을 담당하고 있다.

2. 독일 통일의 교훈과 시사점

독일 통일의 과정과 교훈을 통해 한반도 통일의 교훈과 시사점을 보면 다음과 같다.

첫째, 남 · 북한의 통일은 평화적인 방법으로 이루어져야 한다. 독일 통일의 사례에서 서독의 주도하에 동서독이 교류와 협력을 적극적으로 추진할 수 있었던 것은 **'북대서양조약기구(NATO)'** 및 **'유럽안보협력회의(CSCE)'**를 통해 안보 불안이 해소되었기 때문에 가능했다.

둘째, 평화적인 교류 · 협력과 통일이 가져올 수 있는 평화와 경제의 미래상을 인식하고 준비하는 것이 필요하다. 한반도 역시 남 · 북한의 교류와 협력을 활성화하여 남북한의 격차를 감소해가면서 평화와 번영의 미래상을 공감하고 구축해 나가야 한다.

셋째, 평화 통일을 실현하고자 하는 의지를 함양하고 통일을 향한 국민적 합의 기반을 구축해 나가야 한다. 서독이 민주주의 체제의 우월성에 대한 정치교육을 통해 통일을 달성할 수 있었듯이 우리도 평화통일교육을 활성화하고 내실화하면서 통일과 사회통합을 이루기 위한 내적 · 정신적 기반을 강화해 나가야 한다.

넷째, 한반도 통일에 대한 주변국가의 협력과 지원의 중요성을 인식하고 통일에 대한 우호적인 환경을 조성하기 위해서 주변국과의 협력을 강화해 나가야 한다. 독일은 통일 독일이 주변국가들에게 안보 위협이 되기보다는 유럽 전체의 평화와 번영을 촉진시킬 것임을 설득하는데 성공함으로써 통일을 성취할 수 있었다. 우리도 남 · 북한의 통일을 위해서는 주변국들과 우호적인 외교협력과 활동을 강화해나가고 남·북한의 통일을 지지하고 협력을 할 수 있도록 국제환경을 조성해나가야 할 것이다.

3. 남북한 통일을 위한 주변국 관계와 협력

한반도에서 남·북한의 통일문제에 영향력을 미칠 수 있는 미국·중국·러시아·일본의 전략과 입장은 자국의 이익을 우선하기 때문에 이해관계가 복잡하다. 먼저 미국은 북한 문제를 안보적인 차원을 넘어 비전통 안보 문제로 확대해서 접근하고 있다. 즉, 북한이라는 **'실패 국가'**의 도발적 행위가 안정적인 국제질서를 훼손하지 못하도록 관리하고 차단하려는 '글로벌 거버넌스(governance)' 58)차원과 동시에 한반도를 중심으로 동북아시아의 전통적 세력 균형의 논리에서 접근하는 양면적 행태를 보이고 있다. 미국은 북한의 핵 개발 문제를 명분으로 한·미·일 동맹 강화를 유지하면서 이를 토대로 중국의 세력 확대를 견제하고 있다. 이처럼 미국의 대(對)한반도 전략은 전통적 세력 균형의 맥락에서 유지해가고 있다.

중국은 한국이 통일 된 이후에도 미국과의 동맹을 그대로 유지할 경우에 한국·미국·일본 대 중국·러시아의 적대적인 세력 균형 구도가 형성될 것을 우려하고 있다. 중국은 한국이 주도하는 통일을 할 경우에는 북한이라는 전략적 완충 지대가 사라지고 두만강과 압록강을 사이에 두고 주한 미군과 대치하는 것을 용인할 수 없다는 입장을 밝히고 있다. 또한 북한이 붕괴될 경우에 많은 난민이 중국의 동북 지역에 유입되어 사회적 문제를 야기하거나 통일 한국의 민주주의 체제와 인권 등의 가치가 중국에 확산되어 중국 내부의 불안정을 가중시킬 수 있다는 우려를 하고 있다. 경제적으로는 북한에서 획득했던 경제적 이익이 줄어들고 중국의 동북 3성 개발이 지연될 수 있다고 본다. 또한 중국 역시 통일 한국이 북한의 핵무기 프로그램을 승계할 경우에 일본 및 타이완도 핵무기 보유를 시도해서 지역안보를 위협할 수 있다고 예상을 하고 있다.

일본의 경우는 미국과 마찬가지로 한국이 통일이 된 이후에 친중(親中) 국가가 되어 미국·일본과 거리를 두거나 적대적 관계로 변모할 것을 우려하고 있다. 통일 한국이 한미 동맹의 비대칭성을 교정해 나가면서 친중적 대외 정책을 취할 경우에는 동북아 지

58) 합의를 집행하는 권력이 존재하지 않을 때, 일국 혹은 1지역 이상으로 영향을 주는 문제를 해결하는 것을 목적으로 해 국경을 넘은 주체의 정치적 상호작용(공동통치)을 가리킨다.

역 내에서 중국과 주도권 경쟁을 벌이는 일본의 이익에 영향을 미칠 수 있기 때문이다. 또한 한반도가 통일될 경우에 배타적 민족주의 의식이 커져서 일제 강점기 식민지 지배 등의 과거사 문제와 독도 영유권 분쟁에 대해서 대일(對日) 강경 노선으로 일본과의 대립이 격화될 가능성이 높아질 것으로 보고 있다. 또한 북한이 핵무기를 폐기하지 않은 상황에서 통일이 되는 경우에는 통일 한국이 핵보유국이 되어 일본의 안보를 위협할 수 있다는 측면에서 일본의 군비 증가와 일본 내에서 자체 핵 개발 여론이 확산될 가능성도 배제할 수 없다.

러시아는 남·북한의 통일 과정에서 미국과 중국이 전략적 우위를 선점할 수 있기 때문에 동북아 지역에서 상대적으로 열세인 러시아의 영향력이 더욱 악화될 수 있다고 보고 있다. 이는 북한이 붕괴될 경우에 북한 주민들의 대규모 이탈과 러시아가 북한 지역을 개발하는 데 불리하고 경제적 이익에 손상을 가져올 수 있다고 우려를 하고 있다.

이와 같이 남북한 통일에 대한 주변국들의 부정적 인식을 전환시키기 위해서는 한반도의 통일이 주변국에게 많은 편익을 제공할 수 있다는 사실을 끊임없이 설득하고 협조를 구해야 한다. 우선 미국은 북한의 위협에 대응하기 위해서 지출하는 막대한 군사비용을 절감할 수 있다. 특히 북한 문제를 관리하고 해결하는 데 소요되는 경제적·외교적 관리 비용과 노력이 절감되는 효과가 있다.

중국은 남·북한이 통일이 될 경우에 북핵 문제를 해결할 수 있고 분단 상황에서 동맹국가인 북한을 지원하는 데 소요되는 막대한 비용과 노력을 절감할 수 있다. 그리고 경제 분야에서 통일 한국과 협력의 기회가 확대될 것이다. 특히, 남·북한의 통일이 한국 주도로 평화적인 방법으로 이루어진다면 북한의 비정상적이고 불법적인 행동에 대해서 편향적인 태도를 보일 필요가 없기 때문에 대국의 이미지를 쌓아가는 데 용의할 것이다. 또한 한반도의 통일은 한·미 동맹과 미·일 동맹을 강화하고 연계시키려는 미국의 명분을 약화시키고 통일 한국과 안보 협력을 증진 시킬 수 있을 것이다.

일본은 남·북한이 통일이 될 경우에 동북아 안보가 안정되고, 미·중과 중·일 관계가 균형있게 안정화되는 효과를 가져 올 수 있다. 그리고 북한 문제로 미국과 일본이 중국을 대치하는 형국을 탈피해서 미·중 사이에서 통일 한국과 일본이 중재자의 역할을 담당해 나갈 수도 있을 것이다. 또한 일본이 북한지역의 개발에 적극적으로 참여함으로써 일본 경제의 활성화에도 긍정적인 기회가 될 수 있을 것이다.

러시아는 남·북한이 통일이 되면 동북아의 안정으로 이어져 러시아가 참여하는 지역

안보체제로 확대될 가능성이 높아질 것이다. 특히, 북한의 핵무기와 대량 살상 무기를 해체하는 과정에서 적극적으로 동참하여 동북아 지역 내에서 영향력을 확대해 나갈 수 있는 기회를 얻을 수도 있을 것이다. 또한, 통일 한국의 경제 공동체에 참여하여 시장을 확대하고 경제적 이익을 확대할 수 있을 것이다.

제 5 절 남 · 북한 통일 방안과 전략

1. 남 · 북한 통일 방안

남 · 북한 양측은 모두 민족의 통일을 원하고 있으며 통일을 국가목표로 하고 있다. 그러나 남 · 북한은 이를 실현하기 위한 구체적인 통일의 방법과 통일 이후의 국가형태는 아래 표와 같이 많은 차이가 있기 때문에 이 문제를 해결해야 한다.

구분	남한	북한
통일 철학	자유민주주의	주체사상
통일 원칙	자주, 평화, 민주	자주, 평화통일, 민족 대단결 (남조선 혁명, 연공합작, 통일 후 교류협력)
통일국가 형태	1민족 1국가 1체제 1정부 (민족 공동체 통일:1994)	1민족 1국가 2제도 2정부 (낮은 단계의 연방제:2000)
통일 주체	민족 구성원 모두	프롤레타리아 계급
통일 과정	화해협력→남북연합 →통일국가 완성(3단계)	연방국가 점차적 완성
통일 절차	통일헌법에 의한 민주적 남북한 총선거	연석회의 방식에 의한 정치협상
과정	남 · 북연합 통일 민주 공화국	남조선 혁명 흡수통일

(남 · 북한 통일 방안 비교)

남한은 민족 구성원 모두가 주인이 되고 개개인의 자유, 복지와 인간의 존엄성이 보장이 되고 자유로운 삶을 누릴 수 있는 민족공동체 형성을 통일 미래상으로 구상하고 있다. 한편 북한은 공산화 통일을 목표로 대내외 상황과 변화에 따라 그 정도와 내용에 수정을 가하면서 연방제를 지속적으로 추진해 왔다. 북한이 주장하는 연방제는 남·북한이 각기 다른 이념과 제도를 그대로 두고 정치와 외교 군사권을 보유한 하나의 연방정부를 구성하는 것을 의미한다. 북한은 1990년대에 들어서면서 남과 북의 두 개의 정부가 정치, 군사, 외교권 등 현재의 기능과 권한을 그대로 갖고 점진적으로 통일을 추구해 나가는 **'낮은 단계의 연방제'** 등을 주장하고 있다.

이와 같이 남·북한의 통일 방안은 각기 다른 통일의 미래상 구상 속에 통일의 방식과 국가 결합의 형태로 연합과 연방제를 각각 상정하고 있는 점에서 차이를 갖고 있다. 그러나 북한이 주장하는 연방제는 주권의 문제에서만 연방의 성격을 갖추고 실질적인 제도나 정책집행의 측면에서는 국가연합의 특징을 보이고 있다. 따라서 현실적으로는 이념과 체제가 다른 연방의 실현 가능성은 거의 불가능하다고 본다. 따라서 남·북한은 양 체제를 유지하면서 남북 간 교류와 협력을 통해서 통일을 지향해 나가야 한다.

남·북한의 통일 방법은 상황에 따라 여러 가지 방안을 고려할 수 있으나 아래에 제시한 바와 같이 4가지 방법을 고려할 수 있으며, 우리가 추구하는 가장 이상적인 방법은 상호 협상에 의해서 민주적인 절차와 방식에 의거 평화적인 합의통일을 하는 방안이다.

① 상호 협상에 의한 평화적인 합의 통일 ② 북한 붕괴에 의한 흡수 통일(독일통일 방법)
③ 강대국의 개입과 중재에 의한 통일 ④ 전쟁에 의한 무력 통일(배제)

남·북한의 통일을 저해하는 갈등요인은 통일의 방법과 통일 이후의 국가 형태의 차이, 북핵문제와 미·중 관계와 주변국과의 이해관계 등이 있다. 이와 같은 갈등요인은 주변국들이 남·북한의 통일을 지지하고 협력을 하는 데 많은 제한이 되고 있다. 따라서 남·북한의 통일을 현실화하기 위해서는 독일 통일과정에서 동·서독이 중심이 되어 독일 통일을 주도하여 미국·영국·프랑스·소련과의 이해관계 및 갈등의 문제를 해결했기 때문에 주변국들이 독일의 통일을 적극적으로 지지하고 협력해서 독일이 통일 되었던 사례를 적용해야 한다. 그리고 한국이 추구하는 평화적인 방법에 의한 민주주의 체제로 통일을 하기 위해서는 남·북한이 중심이 되어 통일을 저해하는 요인을 해결해야 한다. 그리고 주변국과의 이해관계와 갈등 문제를 해결하고 주변국들이 남·북한의 통일을 지원하고 협력하는 방향으로 분위기를 전환하도록 협력해서 통일 여건을 조성해 나가야 한다. 이를 위해서는 상호 의존적 신뢰를 바탕으로 남·북 관계를 안정화 시키고 교류와 협력을 통해서 평화적인 분위기를 조성해야 한다.

2. 남 · 북한 통일 전략

남 · 북한의 통일 전략은 3단계로 추진할 수 있다. 제1단계는 남 · 북 관계의 정상화를 위해서 대화와 협력이 원활하게 이루어지는 가운데 평화적인 남 · 북 관계를 구축해야 한다. 이 과정에서 북핵문제에 남 · 북 관계를 올인 한다면 남 · 북 관계는 계속 대립과 갈등의 관계가 지속될 것이다. 따라서 북핵 문제에 남 · 북한의 교류와 협력으로 평화적인 분위기를 조성해 나가는 전략으로 정치와 경제를 분리해서 교류와 협력을 하고 평화적인 분위기를 조성해 나가는 전략과 지혜가 필요할 것이다.

제2단계는 한반도 공동체 형성과 교류와 협력의 심화 단계이며, 북한의 비핵화와 한반도에서 남 · 북한의 평화 체제를 구축하는 과정으로 이 과정에서 **'남한과 북한이 어떠한 위치에서 어떠한 역할을 할 것인가'**가 중요하다. 그리고 2단계에서는 남 · 북한이 제 분야에서 교류와 협력을 활발히 하고 적대감을 해소하여 남 · 북한이 평화적인 통일 방안에 대한 공감대를 형성하고 분야별로 통일을 위한 통합 방안을 논의하고 협력을 해야 한다. 특히, 2단계에서는 남 · 북한이 주도하여 북한의 핵 문제를 해결하고 남 · 북한의 평화와 안정을 이루어야 한다. 그리고 미국과 중국이 남 · 북한이 통일을 하는데 주도적인 역할이 필요하고 러시아가 남 · 북한의 통일에 긍정적으로 참여를 하고 지원을 할 수 있도록 유도를 해 나가야 한다. 제3단계는 최종 단계로 평화적인 방법으로 통일 국가를 건설하여 강대국으로 발전하여 동북아와 세계의 중심국가로 발전을 하는 단계이다. 이와 같이 3단계에 의한 통일 전략을 성공적으로 추진하기 위해서는 먼저 남 · 북 중심의 평화체제 구축이 우선되어야 한다. 이를 위해서는 냉전구도 속에서 한 · 미 · 일과 북 · 중 · 러가 대립하는 구도에서 탈피해서 한반도 다자주의를 추구하는 것이 핵심이다. 이를 위해서는 독일의 통일 과정에서 동 · 서독이 미 · 소와 양자관계를 충실히 하면서 독일 통일에 협조가 필요한 영국과 프랑스의 관계를 소홀히 하지 않았기 때문에 미 · 소 · 영 · 프랑스가 동 · 서독의 통일에 동의를 하고 적극적인 협조와 지원을 해서 독일 통일이 이루어진 사례를 남 · 북한의 통일 과정에 적용을 해야 한다. 따라서 남 · 북한이 통일을 추진하는 과정에서 주변국과의 관계 구축을 보면 다음과 같다.

① 한국 주도하 미 · 중과 양자 관계(한+미, 한+중)구축
② 평화적인 남 · 북 관계 구축
③ 미 · 중 + 남 · 북 4자 관계 구축
④ 남북한 + 미 · 중 3자 관계(남 · 북+미, 남 · 북 + 중) 구축
⑤ 4개의 2+1(남 · 북 + 미, 남 · 북+중, 남 · 북+일, 남 · 북+러)의 다자간 협력관계 구축

첫째, 한국 주도 하의 미 · 중과의 양자 관계(한+미, 한+중)를 구축하여 먼저 미 · 중이 남 · 북한의 통일을 긍정적으로 생각하고 지원하는 여건을 조성한다. 둘째, 평화적인 남 · 북 관계를 구축하여 평화적인 통일에 대한 이견과 대립을 해소하고 평화적인 통일을 해야 된다는 공감대를 형성한다. 셋째, 미 · 중과 남 · 북 4자(者)가 상호 남 · 북한의 통일에 대한 공감대를 형성할 수 있는 관계(남+미국, 남+중국, 북+미국, 북+중국)를 구축해야 한다. 넷째, 완전한 통일 여건을 조성하기 위해서 남 · 북한이 미 · 중과 통일을 추진하는 3자(者) 관계(남 · 북+미국, 남 · 북+중)를 구축해야 한다. 다섯째, 4개의 2+1(남 · 북+미, 남 · 북+중, 남 · 북+일, 남 · 북+러)의 양자 및 다자간 협력관계를 만들어 국가 간의 다양한 이해관계를 개선해 나가는 노력이 필요하다.

한반도의 평화정착과 평화통일을 추구하는 것은 이 시대의 소명이다. 그러나 전쟁을 체험하지 못한 대부분의 국민들은 남 · 북한의 분단 상황과 통일의 필요성을 느끼지 못하고 있다. 그럼에도 불구하고 남 · 북한은 통일의 꿈을 키워나가야 한다. 그리고 통일은 우리세대에 해야 된다는 명확한 목표와 신념을 가지고 북한의 변화를 기다려야 하고 통일 여건을 조성하는 노력을 계속해 나가야 할 것이다.

"국가를 유지하는 가장 중요한 토대는 좋은 군대이다"

- 마키아벨리

제 6 절 한반도 미래와 비전

1. 한반도의 상황

한민족은 930여 회의 외침과 수많은 국난을 겪으면서 통일국가를 발전 시켜온 자랑스러운 역사를 지니고 있다. 그러나 제2차 세계대전의 처리과정에서 미국과 소련이 북위 38도선을 경계로 한반도를 분할 점령하여 국토분단의 비극이 시작되었다. 그리고 1950년 6월 25일 새벽 4시에 북한의 기습남침으로 동족상잔(同族相殘)의 전쟁이 시작되어 승자도 패자도 없는 1,129일간의 전쟁을 마치고 1953년 7월 27일에 휴전이 되었다. 그러나 1953년 7월 27일 휴전이후에 남·북한은 이념과 체제를 달리하여 70여 년 동안 분단체제하에서 대립·갈등·경쟁·협력·평화를 반복하면서 무력충돌과 교류협력이 병존하고 있으며 전쟁도 평화도 아닌 불안정한 상황 하에 분단은 계속되고 있다. 또한, 70여 년이 지난 현재에도 북한의 도발은 계속되고 있으며 여전히 분단의 상황 속에서 6·25전쟁과 같은 동족상잔의 전쟁이 재발될 수 있다는 불안감 속에 살아가고 있다. 그리고 남·북관계도 평화적인 분위기와 통일의 희망보다는 긴장과 대립의 상황이 계속 되고 있다. 그리고 한반도의 미래는 예측을 할 수 없는 불확실한 상황으로 남·북한 관계와 미·중관계라는 두 가지 복합적 갈등 구조로 대립을 하고 있다. 특히, 동북아시아에서 미국의 **'헤게모니(Hegenmonie)'**는 중국의 급격한 부상으로 도전을 받고 있으며, 미·중 초 강대국은 동북아 지역에서 패권의 우위를 확보하기 위해서 경쟁을 하고 있다. 특히 미·일 동맹, MD(Missile Defense)확대, 한국에 사드배치 등으로 갈등이 심화되고 있으며, 이로 인해 미국과 중국은 정치·경제·안보·군사 분야 등에서 충돌과 대립을 하는 패권 경쟁이 계속되고 있다. 이와 같은 국제정치 구조의 변화는 미국의 동북아지역 대응전략을 변화시켰으며, 중국의 맞대응으로 동북아시아 안보질서의 변화를 초래하고 있다.

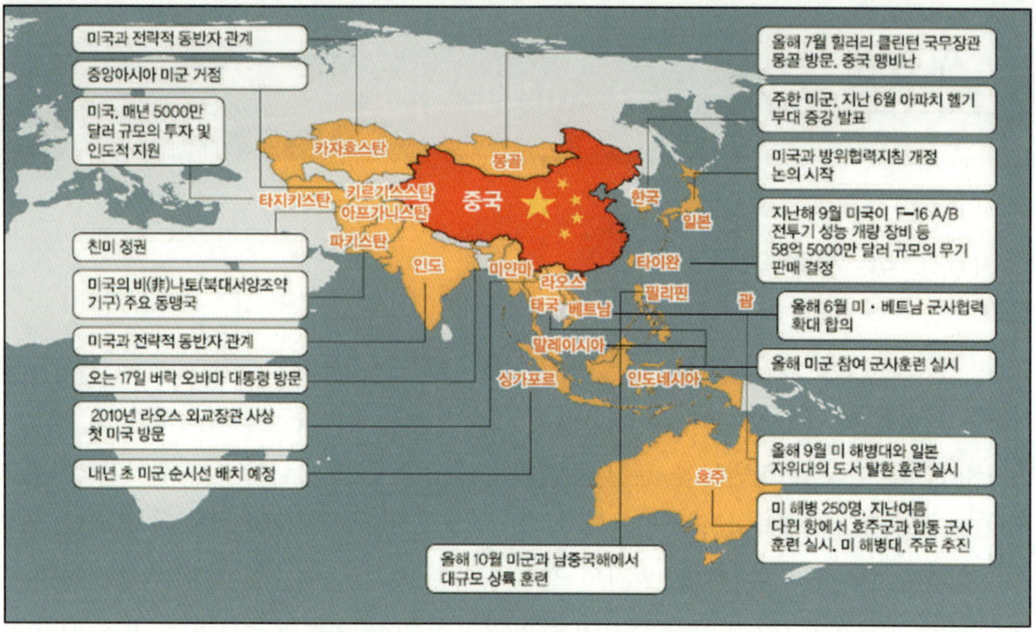

(미국의 대중국(對中國) 포위 전략)

또한 한반도와 이해관계가 밀접한 미국과 중국의 경쟁과 대립으로 세계의 안보 정세는 급변하고 있으며 동북아와 한반도의 정세는 더욱 불안해지고 있는 것이 현실의 상황이다.

미국은 인도, 동남아시아, 동북아시아 그리고 오세아니아까지 포괄하여 중국을 에워싸는 **'대중국(對中國) 포위 전략'**으로 중국을 압박하고 있다. 그러나 중국은 지속적인 경제성장을 위한 대외 환경을 조성하고 글로벌 강대국에 걸 맞는 중국의 이익과 위상을 확대하기 위한 국가전략과 국제사회에서 영향력 있는 중국의 역할을 추진하고 있다. 한반도는 중국의 입장에서 보면 지정학적으로 중국의 주변지역이면서 동시에 미국・러시아・일본 등의 강대국과 이해관계가 교차하는 특수한 위치에 있기 때문에 중국의 영향력이 복합적으로 적용되는 지역이다. 시진핑 주석은 2013년 중앙・동남아사아 순방에서 **'일대일로(一對一路)'** 정책을 발표하였다.

(중국의 육상 · 해상 일대일로 상황)

이는 중앙아시아와 유럽을 연결하는 육상 실크로드(일대)와 동남아시아와 유럽, 아프리카를 연결하는 해상 실크로드(일로)를 만드는 계획이다. 이 **'일대일로(一對一路)'**의 구축은 중국을 중심으로 육 · 해상 실크로드 주변의 60개국을 포함한 거대 경제권을 구성하는 목표이다. 이와 같이 미국의 **'포위 전략'**과 중국의 **'확장 전략'**이 가장 첨예하게 충돌하는 곳이 동북아지역이고 그 시작점이 바로 한반도이기 때문에 이와 같은 미 · 중의 대립과 갈등 상황은 남 · 북한의 안보와 평화에 큰 영향을 미치기 때문에 효과적인 미 · 중 외교와 평화체제를 유지하여 남 · 북한의 통일이 평화적으로 이루어질 수 있는 대안과 미 · 중과의 관계를 슬기롭게 개척해 나가야 할 것이다.

2. 한국통일의 비전

'남 · 북한은 왜 통일이 되어야 하는가?' 분단 70여 년이 지난 현재, 대한민국 국민 대부분은 전후 세대로 분단 상황의 심각성과 통일의 필요성을 느끼지 못한 채 살아가고 있다. 대한민국의 통일 문제는 국민의 생존과 밀접하게 연관이 있음에도 불구하고, 통일은 분단의 장기화로 국민의 관심사로부터 멀어지고 있다. 이와 같은 상황에서 한반도 미래의 모습과 통일의 비전은 무엇이며, 통일을 저해하는 요인을 **'어떻게 해결하고 어**

떠한 방법과 어떠한 국가형태로 통일을 할 것인가'에 대해서 방안을 강구해야 한다.

한반도 통일이란 기본적으로 분단된 남·북한이 합해지는 것으로 분단되기 이전으로 돌아가는 것이 아니라 새롭게 하나의 공동체로 거듭나는 것이다. 그리고 우리가 추구하고 바라는 통일은 국토를 분단 이전의 상태로 회복하는 동시에 서로 다른 두 체제를 자유민주주의와 시장경제의 기반 위에서 하나로 통합하여 새로운 민족 공동체를 건설하는 것이다. 그러나 우리 국민들은 통일의 필요성과 당위성에 대해서는 대체로 긍정적이지만, 남북 간 이질화나 경제적 격차 등 현실적인 측면을 고려하여 통일과정에서의 사회적 혼란, 경제적 손실 등의 영향에 대해서는 우려를 한다. 이와 같은 상황을 고려해서 한반도 통일의 의미와 필요성을 보면 다음과 같다.

첫째, 지리적 측면에서의 통일은 국토의 통일을 의미한다. 분단이후에 남북 주민들의 왕래를 제한했을 뿐 아니라 생각과 감정, 행동의 측면에서 커다란 제약과 더 많은 역량을 발휘할 수 있는 기회를 제한해 왔다. 따라서 국토의 통일은 구성원 모두가 한반도 내의 어느 곳이든 자유롭게 왕래하고 거주할 수 있는 터전을 마련하는 것을 의미한다. 따라서 지리적 차원에서 통일의 필요성을 보면, 통일은 한반도 구성원 모두의 삶의 공간을 확대한다는 점에서 필요하다. 따라서 통일은 대륙과 해양 양쪽으로 확장해 나갈 수 있고 우리에게 더 큰 자유와 더 넓은 공간을 제공할 수 있으며, 남·북한의 통일은 한 단계 높은 국력을 가진 한민족으로 발전할 수 있다. 그 이유를 보면 통일 이후에 인구의 증가는 현재 남한 인구는 5천 2백만 여 명에서 북한 인구 2천 5백만 여 명을 합하면 7천 7백만 여 명으로 증가할 것이다. 국토의 면적은 현재 남한 면적 100,339㎢, 북한 면적 120,902㎢으로 통일 한국의 국토 면적은 22만 902㎢로 확대됨과 동시에 통일 한국은 중국과 러시아와 국경을 맞대는 지리적 이점도 있다.

둘째, 정치·법률적 측면에서의 통일은 체제의 단일화를 뜻한다. 통일은 남·북한에 세워진 두 개의 정치체제를 통합해서 하나의 공동체로 결합하는 것이다. 이는 대립되어 왔던 남북한의 정치체제를 통합하여 단일 헌법, 단일 정부, 단일 국가를 수립하는 것을 의미한다.

셋째, 경제적 측면에서의 통일은 서로 다른 두 경제권의 통합을 의미한다. 남한과 북한은 분단과 함께 자유로운 시장경제체제와 사회주의 계획경제 체제로 나누어졌고 경제생활권 또한 남북으로 단절되었다. 따라서 남북 경제권 통합은 미래 한반도의 경제발전을 위한 바람직한 환경을 형성할 수 있을 것이다. 더욱이 남북 경제권 통합은 한반도 전역뿐만 아니라 북방 경제권과 동북아 경제권, 환태평양 경제권 등으로 범위를 확대하고 더 큰 경제 발전의 기반이 마련된다는 의미를 지닌다. 따라서 경제적 차원에서 통일의 필요성을 보면, 분단 상황에서 군사적, 정치적, 외교적, 경제적으로 경쟁하고 대결하는 데 소요되는 불필요한 비용과 노력을 최소화하기 위해서도 필요하다. 현재 남 · 북한은 지구상에서 가장 많은 군사력이 배치되어 있고 군사력을 유지하는 데 천문학적인 군사비를 부담하고 있다. 그리고 국제사회에서도 불필요한 경쟁으로 노력을 소모하고 있다. 따라서 통일이 되면 남 · 북한이 분단 상태에서 경쟁과 대립으로 소요되는 비용을 최소화할 수 있고 남한의 기술력과 자본력에 북한의 자원력과 노동력이 결합이 되면 경제적으로 더 발전될 수 있기 때문에 통일을 해야 한다. 또한 통일은 한반도 전체에 새로운 성장 동력을 기대할 수 있게 해준다. 통일은 일차적으로 국토 면적의 확장과 인구 증가로 인한 내수 시장 확대를 가져 온다. 남북 경제권의 결합은 남북이 공동으로 누릴 수 있는 공동번영의 기회를 가져올 것이며, 이는 한반도가 태평양과 유라시아를 연결하는 물류와 교통의 중심지역으로 부상하기 위해서라도 통일은 반드시 필요하다.

2006년 골드만 삭스 보고서에 의하면 현재 한국의 경제력은 세계 10대 경제강국으로 통일 후 30~40년 내에는 일본 · 독일 · 프랑스를 추월해서 세계 4대 경제 강국으로 발전할 수 있을 것으로 예상을 한 바 있다.

넷째, 역사 · 사회 · 문화적 측면에서의 통일은 하나의 사회 · 문화공동체를 형성하게 되는 것을 의미한다. 즉 통일은 오랫동안 나뉘어 살아온 남 · 북한 주민들이 마음의 분단을 극복하고 하나의 평화로운 통일 국가 내에서 공동체 의식을 갖고 살아가면서 새로운 문화와 미래를 함께 만들어 나간다는 의미가 있다. 따라서 역사 · 사회 · 문화적 차원에서 통일의 필요성을 보면, 남북이 공유하고 있는 역사와 문화의 회복과 미래지향적 계승을 위해서 필요하다. 남 · 북한 주민은 한민족이라는 정체성을 기초로 하나의 민족공동체를 이루며 살아왔다. 우리 민족은 동일한 언어와 문화, 혈통을 지녀 왔으며 통일 국가를 발전시켜 온 공통의 역사를 지니고 있으며, 5천년 동안 이어온 민족 문화의 전통을 계승 및 발전시키고 손상된 민족적 자부심을 회복하기 위해서 반드시 통일은 이루어져야 한다. 특히, 한국은 통일신라시대부터 광복까지 1,300여 년 동안 통일 국가를 유지해 왔다. 그러나 6 · 25전쟁 이후 지난 70여 년간 분단국가로 살아오면서 대립과 갈등으로 민족의 정체성이 크게 훼손되었다. 특히, 남 · 북한은 같은 인종으로 공통된 언어를 사용하는 같은 민족임에도 불구하고 남 · 북한이 분단된 이후에 70여 년을 서로 다른 이념과 체제하에서 서로 다른 길을 걸어오다 보니 언어의 이질화 현상을 보이고 있으며, 나아가 남·북한이 상호교류가 없는 분단의 상황이 앞으로도 계속 된다면, 남·북한은 지금보다도 더 이질화되고 상이하게 변화가 될 것이다. 따라서 남·북한의 이질화를 방지하고 민족의 동질성을 회복하기 위해서는 분단으로 인해 굴절된 역사를 바로잡고 민족의 역량을 극대화하는 새로운 민족 공동체를 건설하기 위해서 통일은 반드시 이루어져야 한다.

다섯째, 인류 보편적 가치 차원에서 통일의 필요성을 보면, 통일은 남북으로 갈라진 이산가족의 고통을 해소하고 남·북간에 자유롭게 오가며 살 수 있는 등 다양한 선택의 기회를 부여할 것이다. 특히 남·북한은 6·25전쟁으로 발생한 1천만 이산가족들의 아픔과 김정은 독재체제 하에서 고통을 받고 있는 북한 주민들의 인권 보장과 고통을 해결하는 인도주의적 차원에서 통일은 이루어져야 한다. 그리고 남·북한의 통일이 이루어진다면, 남·북한 주민 모두가 일상 속에서 통일로 인한 번영을 누릴 수 있는 기회가 열릴 것이다.

여섯째, 국제적 차원에서 통일은 국제적으로 자주적인 역량을 발휘할 수 있고 동북아시아는 물론 세계 평화와 안정에도 크게 기여할 수 있을 것이다.

부록 # 1 군사용어

고착 : 적 부대의 전부 혹은 일부가 아 주공 또는 조공방향으로 전환되지 않도록 하는 것.

공세이전 : 적의 공격을 무력화 시키고 주도권을 확보하기 위하여 방어로부터 적극적이고 대규모적인 공세행동으로 전환하는 것으로 반격과 동의어 개념으로 사용됨.

공세행동 : 방어간 공자의 과오나 약점을 이용하여 실시되는 공격 행동으로 역습, 역공격 등 다양한 기법이 있음.

공중강습작전 : 보병부대를 중심으로 구성된 제병협동부대가 중요지역 확보, 적부대 및 시설 타격 등의 목적을 가지고 육군항공자산을 이용하여 공중으로 기동, 지상전투를 실시하는 작전의 한 형태임.

과오 : 적이 특정한 전술적 행동을 취할 때 발생하는 취약점으로 부대 밀집, 공격대형 신장, 측방노출 등이 있음.

국지도발 : 전면전 이전에 정치적, 군사적 목적 달성을 위하여 특정 지역이나 목표에 제한된 군사력으로 대한민국 국민 또는 영역에 가하는 일체의 위해 행위.

기동방어 : 기동방어는 지역을 양보하면서 시간을 획득하고 원하는 시간과 장소에서 결정적 전투로 공자를 격멸하는 방어 작전의 한 형태.

건제 : 법령이나 명령에 의하여 전술상의 목적으로 편성법을 제정하여 군을 조직하고 유지하는 일.

견제 : 적 부대의 전부 혹은 일부가 아 주공 또는 결정적 작전부대 방향으로 전환되지 못하도록 하기 위해 상황에 따라 아군의 조공 지역으로의 전환은 허용할 수 있다는 개념임.

경계 : 한 부대가 전투력을 보존하고 부대의 안전 및 행동의 자유를 도모하기 위하여 적의 공격, 기습, 관측 및 기타 위협으로부터 아군 부대를 보호하기 위하여 취하는 모든 수단을 의미함.

교두보/해두보 : 도하작전/상륙작전 간 적 지역의 고지나 현저한 지형지물로 사전 확보되어야 본대가 도하 및 상륙할 수 있는 지역.

교전 : 전투보다 비교적 규모가 작은 무력충돌.

국지전 : 한정된 지역에서 벌어지는 전쟁이나 전투행위.

군사전략 : 국가목표를 달성하기 위하여 군사력을 건설하고 운용하는 술과 과학을 의

미함.

근접항공지원(CAS : Close Air Support) : 아군에게 직접적인 위험 또는 위협을 줄 수 있는 지상표적을 공격하는 공중포격.

기만작전 : 아군의 작전의도, 능력, 배치 등을 적에게 오판하도록 적을 아군의 의도대로 유인하거나 적의 기도를 사전에 포기하게 하는 계획적인 작전활동을 말하며 양공, 양동, 계략, 허식 등이 있음.

기습공격 : 불의의 공격으로 적에게 심리적, 물리적 충격을 가하여 혼란을 조성하고, 기습의 효과를 이용하여 주도권을 장악함으로써 유리한 여건 하에서 전쟁을 수행하고자 하는 것을 의미함.

내선작전/외선작전 : 외부로부터 포위상태로 전진해 오는 적과 대적하는 작전/내부에서 외부를 향해 작전하는 적에 대하여 후방 병참선을 외부에 유지하면서 여러 방향으로부터 구심점으로 이루어지는 작전.

단대호 : 숫자상 부호, 병과 그리고 지휘제대를 나타내는 군사 부호의 완전한 명칭을 의미함.

도로정찰대 : 정찰임무 중 주로 부대이동 또는 기동을 위한 도로위주 정찰 임무를 수행하기 위해 잠정 편성된 부대를 말함.

돌격 : 백병전이 수반되는 공격전투의 최종단계로써, 공격전투의 승패를 결정하는 행동을 말함.

대량살상무기(WMD : Weapons of Mass Destruction) : 중장거리 미사일과 생화학 무기, 핵무기 등 대량의 인명을 살상할 수 있는 무기들을 지칭함.

무기체계 : 무기와 이와 관련된 물적 및 인적요소의 종합적인 체계.

매복 : 이동 중이거나 일시적으로 정지한 적에게 은폐된 진지에서 기습 공격을 하려고 잠복 대기하고 있는 행동을 말함.

부대이동 : 부여된 임무를 수행하기 위하여 전투력을 유지한 상태로 부대를 요구하는 시간과 장소에 위치시키는 것을 말함.

백병전 : 적과 아군이 혼재되어 총검, 신체 등을 사용하여 상호 뒤섞여 싸우는 것.

병참 : 부대의 전투력을 유지, 증대시키기 위하여 작전을 지원하는 기능으로 보급, 정비, 교통 등을 총칭하며, 개인이나 부대에 대한 보급, 수리, 수송, 기타 업무를 포함함.

비대칭 전력 : 적의 취약한 부분으로 능력을 과시하거나 주도적인 대응을 할 수 있는 전력.

분쟁 : 언어, 종교, 경제, 정치 등을 공유하는 사회 단위 사이나 국가 간 다툼이 있는 상황.

쏘티(sortie) : 한 대의 항공기가 한 번 이륙하고 착륙하는 것.

역공격 : 방자가 적의 주력이 지향되는 지역을 고수하면서 적의 방책을 분쇄하기 위한 대책으로 실시하는 제한된 공격.

역습 : 방어 작전 간 공격중인 적의 노출된 약점과 과오를 최대로 이용, 기습적인 공세 행동을 실시하여 돌파구 내의 적 부대를 격멸하거나 상실된 방어지역을 회복함으로써 작전의 주도권을 장악하기 위해서 실시하는 제한된 공격작전을 말함.

요새 : 전략 혹은 작전 상 중요한 지점에 적의 어떠한 공격에도 견딜 수 있도록 영구적인 제반 방어시설로 구축된 전략적 요점.

용병술 체계 : 국가 통수기구로부터 전투부대에 이르기까지 군사력을 운용하는 군사전략, 작전술, 전술의 계층적 연관체계, 군사력을 운용하는 과학이자 기술.

유인 : 지휘관이 지형을 기동, 화력 또는 장애물과 결합하여 활용함으로써 적의 이동을 아군이 의도하는 지역으로 유도하는 것.

연합작전 : 2개 이상의 국가가 단일목표를 위해 하는 작전.

야포 : 차량·장갑차에 의한 견인포와 자주포로 구분.

양공 : 적을 기만하기 위해 실시하는 제한된 목표에 대한 공격작전.

양동 : 적을 기만할 목적으로 아군이 결정적인 작전을 기도하고 있지 않은 지역에서 실시하는 무력시위로서 양공과 비슷하나 적과 접촉하지 않는 것이 다름.

위력수색 : 적을 위협하여 적으로 하여금 사격하게 하거나 출동하게 하여 그 역량과 배치상태를 알아보는 수색의 한 방법임.

장애물 : 적의 이동을 저지, 지연 또는 전환시키는 지형, 토질 그 자체와 그러한 목적을 위해 인위적으로 조성한 것을 총칭하는 것으로 기본적으로 자연장애물과 인공장애물로 분류함.

전구 : 단일의 군사목표 달성을 위해 지상, 해상, 공중작전이 실시되는 지리적 지역.

전략 : 국가적 차원에서 군사작전 목적의 설정 및 지도.

전면전 : 일정한 범위 전체에 걸쳐 광범위하게 전투와 교전에서 적용하는 활동.

전술 : 작전술 수준에서 적을 격멸하기 위한 부대 운용을 의미함.

조공 : 주공이 목표를 달성할 수 있도록 역할을 수행하는 부대.

주공 : 결정적인 목표를 달성하기 위하여 공격역량을 집중하는 전술 집단.

주도권 : 작전의 성공을 위해 아군에 유리한 상황을 조성해 나감으로써 아군이 원하는 방향으로 전투를 이끌어 가는 능력을 말함.

전과확대 : 전투에서 달성한 성공의 이점을 최대로 이용하기 위하여 실시하는 공격작전의 한 형태를 말하며, 적의 조직적인 철수나 재편성을 방해하고 방어의 지속성을 파괴하는데 주안을 둠.

전략 : 이익을 저해하는 것을 방지 및 제거하고 이익을 극대화시키기 위해 목표를 설정하고 방책을 수립하여 제 수단과 잠재역량을 발전시키고 운용하는 술과 과학을 말함.

전사면 : 적 방향으로 기울어진 경사면을 말함.

전쟁 : 국가나 교전단체 간의 무력을 사용한 자기의지의 실현과정으로 비교적 장기간 소요.

전역 : 주어진 시간과 공간 내에서 전략적 또는 작전적 목표를 달성하기 위해 실시하는 일련의 연관된 군사작전.

전투 : 한 장소에서 한 시기에 벌어지는 비교적 큰 규모의 무력충돌.

전투근무지원 : 군사작전에 필요한 인원 및 물자를 보급하는 것으로 행정 및 군수지원 업무 등의 총칭.

전투단 : 주요 병과의 협동부대로 운용되는 증강된 보병 부대로 구성 비율은 한 예로 보병 1개 연대, 포병 1개 대대, 전차 1개 중대, 공병 1개 중대 및 대공포 1개 반 등으로 편성함.

전투지경선 : 인접한 부대, 대형, 지역 간에 협조 및 조정을 위해 설정한 지표상의 선으로 부대의 책임지역을 구분함.

증원 : 사람이나 물자를 늘려 돕는 행위.

지역방어 : 일정기간 동안 특정진지나 지역을 확보 또는 통제하는 방어형태로 주방어지역에서 결정적인 전투를 실시함.

진내사격 : 방어 작전 간 적이 아군진지로 진입 시 아군은 진지 내로 엄폐하면서 노출된 적을 격멸하기 위해서 아군 진지 상에 실시하는 요청사격을 말함.

진지 : 적과 싸울 수 있도록 설비 또는 장비를 갖춰 놓은 지역.

집중 : 작전의 목적을 달성하기 위해서 결정적인 장소와 시간에 전투력의 상대적 우세를 유지하는 것을 말함.

차안 : 강이나 호수의 우리부대가 위치한 기슭이나 언덕.

침투 : 특정 임무를 수행하기 위하여 적의 후방에 육상, 공중, 해상으로 부대를 은밀히 이동시키는 것을 말함.

최소예상선 : 최소예상선은 적의 입장에서 아군이 공격하지 않으리라 예상되는 지역이나 지점을 아군이 판단한 곳으로 심리적 측면을 강조함.

최소저항선 : 적의 입장에서 아군이 공격하지 않으리라 생각하여 군사적인 대비책을 수립하지 않은 지점이나 지역으로 물리적 측면을 강조함.

초월 공격 : 한 부대가 다른 부대를 통과하여 공격하는 것.

축선 : 전투 간 공격이나 방어가 주로 이루어지는 방향.

축차진지 : 여러 단계로 구축된 진지.

템포(Tempo) : 군사행동의 속도율로써 전장에서 수행되는 일련의 군사활동으로 속도와 리듬을 의미 한다. 템포는 단순히 속도만을 의미하지 않고 작전을 조정하는 능력을 말함.

포위 : 주공이 적의 강력한 방어진지를 회피하여 적의 약한 측익 또는 공중으로 기동하여 적 후방의 목표를 확보한 후 조공과 협격하여 지대 내에서 적을 격멸하는 공격기동의 형태를 말하며, 일익포위, 양익포위, 전면포위, 수직포위가 있음.

합동작전 : 육 · 해 · 공군 중 2개 이상의 군이 단일목표를 위해 하는 작전.

협동작전 : 서로 다른 병과 간에 단일목표를 위해 하는 작전.

협조된 방어 : 방어작전 간 책임지역을 할당받아 인접부대 및 타 병과와 통합하여 실시하는 방어작전.

행군 : 부대가 작전상의 목적과 요구에 따라 도보 또는 차량으로 이동하는 것을 말함.

후방지역 작전 : 군, 경, 민, 예비군 등 전 작전가용 요소를 통합하여 후방에서 실시되는 다양한 작전.

부록 # 2 지상작전 원칙

전쟁의 원칙은 과거부터 현재에 이르는 많은 전쟁을 분석해 본 결과 도출된 원칙으로서 모든 전쟁에서 적용되었으며, 어느 하나의 요소에 의해서 전쟁의 승패가 결정되는 것은 아니며 여러 가지 원칙이 통합될 때 전쟁의 승패에 유리하게 영향을 미칠 수 있다.

1. 목표의 원칙

가. 목표란 **"군부대를 운용하여 확보해야 할 대상으로 시가지, 통제선, 중요지형(고지군, 교량, 애로지역), 적부대, C4I 시설"** 등이 목표의 대상이다.

나. 전쟁원칙의 시발점으로 가장 기본적이고 지배적인 원칙으로 전 역량의 집중점과 방향을 제시하는 기능이다.

다. 목표의 원칙에 궁극적 목표는 **"최소의 손실로 적 전투력 및 전의를 말살"**시키는 데 있다.

라. 부대목표는 용병술 제대나 작전의 성격에 따라 다르게 선정될 수 있으며 임무, 적, 작전지역, 가용부대 및 수단 등을 고려하여 선정한다.

마. 목표의 원칙의 대표적인 적용사례는 전략적 차원으로 제2차 세계대전시 독일의 소련전역에서 모스크바를 목표로 선정한 사례와 작전술적 차원에서는 적의 심리적 마비와 공황을 유도한 6·25전쟁에서 인천상륙작전 사례가 있다.

2. 정보의 원칙

가. 정보는 **"적 부대의 구성 및 배치, 편성과 장비 등의 제반요소를 탐지하여 적의 능력과 기도를 파악"**하는 데 목적을 둔다. 이는 적의 약점을 간파하여 아군의 결정적 전투력을 집중하기 위함이다.

나. 정보의 원칙은 **"적 및 작전지역 등 모든 가용한 첩보를 수집, 평가, 분석, 통합, 해석한 자료"**이며, 작전계획과 실시 과정에서 기본 요소이다.

다. 정보의 원칙은 방책수립 및 결심을 가능하게 해주는 전제 조건으로 신뢰성, 명확성, 간결성, 적시성이 요구된다.

라. 정보방법은 간첩, 전장감시, 조기경보, 인공(군사)위성 등 정보수집 자산을 중첩되게 운용하고 통합정보 체계를 유지한다.

마. 정보 원칙의 대표적인 적용사례는 전략적 차원으로 6 · 25 전쟁시 중공군의 참전 여부를 확인한 사례와 작전술적 차원에서는 미드웨이 해전에서 암호를 사용한 사례가 있다.

3. 공세의 원칙

가. 공세의 원칙은 **"작전의 주도권을 장악하여 전장의 상황을 유리하게 이끌고 아군의 의지를 적에게 강요"**하는 능동적이고 적극적인 공격행동이다.

나. 작전의 주도권이란 전장을 지배하는 기세나 기선으로 통상 공격작전으로 구현되나 방어작전 시도 공세적 상황을 조성할 수 있다.

다. 공세의 원칙은 아군의 행동의 자유를 확보하고, 적의 균형을 와해 및 과오를 확대해서 궁극적으로 승리하기 위해서 시행한다.

라. 공세방법은 공격작전 간에는 기습, 전투력의 과감한 운용, 적의 과오와 약점을 이용한다. 방어작전 간에는 역습, 파쇄공격, 화력 운용 등 방자가 선택한 시산과 장소에서 다양한 전투수단을 사용하여 실시한다.

마. 공세 원칙의 대표적인 적용사례는 전략적 차원으로 제4차 중동전쟁에서 이집트의 정세판단 오류토록 한 사례가 있다. 작전술적 차원은 6 · 25전쟁시 낙동강 전선에서 북한군의 지속적인 공격을 저지한 사례가 있다.

4. 집중의 원칙

가. 집중의 원칙은 **"결정적 시간과 장소에서 전투력의 상대적인 우세"**를 달성하는 것이다.

나. 집중의 원칙은 지상작전 원칙 중에 지배적인 요소이며, 전력이 열세한 경우에도 적의 결정적 약점에 아측의 역량을 집중 운용하여 국지적인 우세를 달성하는 것이다.

다. 전투력의 집중 방법은 결정적 지역을 제외한 지역에서의 전투력을 절약해서 달성하며 방어나 지연전 수행, 기습으로도 달성이 가능하다.

라. 집중 원칙의 대표적인 적용사례는 전략적 차원으로 슐리펜 계획이 있으며, 작전술적 차원은 세계 1차 대전시 탄네베르그 전투가 있다.

5. 기동의 원칙

가. 기동의 원칙은 **"我에 유리한 상황을 조성하고 이점을 확대하기 위하여 부대와 자원을 결정적 시간과 장소에 이동"**시키는 것이다.

나. 기동의 원칙에 목적은 결정적인 시간과 장소에 전투력 집중하고 주도권유지, 성공확대, 행동의 자유보장, 취약성 감소, 속도로 적의 심리적 마비달성이 가능한 공간과 시간을 확보하는 것이다.

다. 기동의 역할은 전투력을 이동시켜 아군에게 전장의 주도권을 유지할 뿐만 아니라 작전의 성공을 확대하며 행동의 자유를 보장한다.

라. 기동 원칙의 대표적인 적용사례는 전략적 차원으로 美 걸프전에서 대병력을 6개월 만에 이동을 완료시킨 것이다. 작전술적 차원은 징기스칸의 기마전술(가족 대동/말 교체 등)사례이다.

6. 기습의 원칙

가. 기습의 원칙은 **"적이 예상하지 못한 시간, 장소, 수단, 방법으로 타격하여 적이 비록 알았다 하더라도 계획한 시간 내에 효과적으로 대응"**을 하지 못하도록 한다.

나. 기습의 원칙에 목적은 결정적 지점에 상대적 우세를 달성하기 위해서 전장상황을 아군에게 단시간 내 유리하게 전환시켜서 최소의 희생으로 최대의 효과를 달성하는 것이다.

다. 기습의 역할은 전황을 아군에게 단시간 내에 유리하게 전환시키며, 최소의 희생으로 최대의 효과를 얻을 수 있는 경제성을 제공한다.

라. 기습의 원칙에 대표적인 적용사례는 전략적 차원의 사례는 세계 2차 세계대전시 폴란드 전역(전격전 / 공세사상)이며 작전술적 차원의 사례는 일본의 진주만 기습 사례이다.

7. 지휘의 통일 원칙

가. 지휘의 통일의 원칙은 **"작전요소와 제 전장기능을 작전목적에 적합하도록 상호 결합하고 협조하여 전투력을 최대로 발휘"**하도록 한다.

나. 지휘의 통일 원칙의 목적은 군사력을 운용함에 있어 모든 전투력이 공동목적을

추구함으로써 노력이 분산되지 않도록 하는 것으로 단일 지휘관에 의한 일사분란한 지휘체제하에서 부대의 모든 노력을 통합하여 공동 목표로 지향하도록 지휘통일을 해야 한다. 그리고 상이한 지휘계통하의 부대간에 협조와 협력으로 공동목표를 달성하기 위해서 노력을 통일시켜야 한다.

다. 지휘의 통일이 이루어진 부대는 조직력을 바탕으로 전투력을 최대로 발휘할 수 있는 장점이 있다.

라. 지휘 통일 원칙의 대표적인 적용사례 중에서 성공사례는 6 · 25전쟁에서 한국군의 지휘권을 미군에게 이양하여 유엔군과 한국군을 효과적으로 지휘 통일을 한 사례이다. 실패사례는 월남전 시 통합지휘부를 미구성하여 월남전에서 패망한 사례이다.

8. 사기의 원칙

가. 사기는 **"부대원의 열성과 필승의 자세 그리고 어떠한 고난과 난관 속에서도 끝까지 목표를 달성"**하고자 하는 부대원의 의지와 인내심이라 할 수 있다.

나. 사기의 원칙은 개인 또는 부대가 부여된 임무를 완수하는 과정에서 개인 / 부대가 임무완수의 의지가 충만하도록 하여 임무수행 과정에서 지속성, 전체성, 고난을 극복하도록 하는 것이다.

다. 사기의 원칙에 방법은 전장공포심 제거, 전투자신감 부여, 평시교육훈련, 효과적인 지휘통솔, 공정한 신상필벌 등이다.

라. 사기의 원칙에 전략적 차원의 사례는 이스라엘이 중동전에서 승리(국가 생존자체)한 사례이며, 작전술적 차원의 사례는 나폴레옹의 롬바르디 전역(전쟁 전 연설)사례이다.

9. 방호의 원칙

가. 방호의 원칙은 **"적의 위협으로부터 인원, 장비, 시설, 정보 및 정보체계 등을 포함한 아군의 전투력을 효과적으로 보존"**하고 행동의 자유를 보장하기 위한 조직적인 활동이다.

나. 방호의 원칙에 적의 기습 방지, 적의 대량살상무기로 부터의 피해를 최소화하는 것이다.

다. 전투력 보존을 위한 방호대책은 제 작전요소가 통합되어 수행 되어야만 효과적인 방어태세를 유지할 수 있다.

라. 방호의 원칙 방법은 적지종심지역에서부터 적의 위협을 제거하여 군 및 제대 별 조기경보체제 완성, 작전보안활동 강화, 후방지역의 민·관·군 통합 방호체제를 유지하여 부대방호태세 유지와 전투력을 보존하는 것이다. 특히 대량살상 무기로 인한 공격으로부터 피해를 최소화할 수 있도록 방어태세를 유지해야 하며 기습을 방지해야 한다.

부록 # 3 참고문헌

1. 국내문헌(공간사 및 기관자료, 개인논문, 저자 순)

국방부, 전사편찬위원회, 『한국전쟁 전투사 : 신녕 · 영천지구 전투』, 1984, 9.

국방부, 군사편찬연구소, 『한국전쟁(상)』, 1985.

________________, 『안강 · 포항전투』, 1986.

________________, 『6 · 25전쟁사 1, 전쟁의 원인과 배경』, 2004.

________________, 『중국군의 한국전쟁사(1)』, 2002.

________________, 『6 · 25전쟁사 : 제5권』, 2003, 6.

________________, 『통계로 본 6 · 25전쟁』, 2014, 6.

________________, 『알아봅시다! : 6 · 25전쟁사 제1권 : 전쟁의 배경과 원인』, 2005, 2.

________________, 『알아봅시다! : 6 · 25전쟁사 제2권 : 북한군 남침부터 개입까지』, 2005, 3.

________________, 『알아봅시다! : 6 · 25전쟁사 제3권 : 고지 쟁탈전과 휴전 협정』, 2005, 7.

국방부, 『정신교육 기본교재』, 2010.

_____, 『국방백서』, 2016.

_____, 『국방백서』, 2018.

국방군사연구소, 『한국전쟁피해 통계집』, 1996.

국방안보교육진흥원, 『잊혀진 영웅들』, 1996.

공군본부, 『항공차단작전』, 공군본부

대한민국 육군협회, 『우리가 겪은 6 · 25전쟁 : II』, 2012.

북한사회과학원역사연구소, 『조선전사』, 25권, 1981.

육군본부, 『백공병단 유격대』, 육군 군사연구실, 1985

_______, 육군본부, 『전략/전술용어』, 1999

_______, 『6 · 25전쟁의 실패 사례와 교훈』, 육군 군사연구소, 2003.

_______, 『신화를 남긴 부사관들』, 육군 군사연구실, 2004.

______, 『1129일간의 전쟁 6 · 25』, 육군 군사연구소, 2014.
______, 『야전교범 참고 3-3, 독도법 및 군대부호』.
______, 『야교 100-1, 지상작전』.
육군교육사령부, 『국가와 안보』, 2017.
육군대학교, 『격동의 세월』, 을류문화사, 1994.
6 · 25전쟁 60주년 사업 위원회, 『미래를 향한 더 큰 대한민국 : 6 · 25 전쟁 60주년 사업 백서』, 2011. 5.
합동참모본부, 『합동 · 연합작전 군사용어사전』, 2004.
현대사상 연구회, 『6 · 25 동란과 남한 좌익』, 인영사, 2010.
통일교육원, 『2020 북한 이해』, 2019.
강경표, 『2020 통일문제 이해』, 2019.
______ 외, 『전쟁의 발견』, 진영사, 2013.
______, 『한권으로 읽는 6 · 25전쟁사』, 진영사, 2014.
강규형 외, 『김일성이 일으킨 6 · 25』, 기파랑, 1019, 6.
강성학, 『유엔과 한국전쟁』, 리북, 2004, 9.
강창국, 『6 · 25전쟁기 피아 지상무기 운용』, 군사 권 52호, 2004, 8.
______, 『6 · 25전쟁기 피아 항공기와 함정의 운용』, 군사 권 58호, 2006, 4.
김광석, 『용병술어연구』, 병학사, 1993.
김두현, 『낙동강방어선에서 영천지구 전투에 관한 연구』 군사논단, 2016. 3.
______, 『동서독 군사통합이 한국의 군사통합에 미치는 영향』, 군사논단, 2016, 6.
김명섭, 『전쟁과 평화 : 6 · 25전쟁과 정전체제의 탄생』, 서강대학교 출판부, 2015. 2.
김성우 외 1명, 『한국전쟁사』, 진영사, 2001.
김세열, 『오! 한강 2 : 6 · 25전쟁』, 가디언, 2019. 4.
김영호, 『한국전쟁의 기원과 전개과정』, 두레, 1998.
김정식, 『영천지구 전투 재조명, 국방과 기술』, 1996, 6.
김창진 외 1명, 『전사로 읽는 전술학』, 진영사, 2017.
김철범, 『한국전쟁과 냉전』, 평민사, 1991.
김학준, 『한국전쟁 : 원인 · 과정 · 휴전 · 영향』, 박영사, 1989.
김행복, 『낙동강 방어선에서 대구의 전략적 · 전술적 가치』, 『전사 제5호』, 2003, 6.

______, 『알아봅시다! 6 · 25전쟁사 제 2권 북한군 남침부터 중공군 개입까지』, 국방부 군사편찬연구소, 2008.
나종남, 『군사작전을 통해 본 6 · 25전쟁』, 양서각, 2018. 8.
______, 『백마고지 전투의 재조명 : 국군 제9사단의 전투 효율성을 중심으로』, 군사 권 105호, 2017, 12.
남시욱, 『6 · 25전쟁과 미국 : 트루먼 애치슨 맥아더의 역할』, 청미디어, 2015. 6.
남정옥, 『백선엽』, 백년동안, 2015, 5.
______, 『밴플리트, 대한민국의 영원한 동반자』, 백년동안, 2015, 5.
박재규 외 11명,『새로운 동북아 질서와 한반도 미래』, 한울, 2019, 2.
박윤식, 『잊을 수 없는 6 · 25전쟁 : 1950년 6월 25일』, 휘선, 2018, 7.
박태균, 『한국전쟁(끝나지 않은 전쟁, 끝나야 할 전쟁)』, 책과 함께, 2005.
백선엽, 『백선엽의 6 · 25전쟁 징비록 1』, 책밭, 2016, 7.
______, 『백선엽의 6 · 25전쟁 징비록 2』, 책밭, 2016, 10.
서상문, 『알아봅시다! 6 · 25전쟁사 제 1권 배경과 원인』, 국방부군사편찬연구소, 2008.
송요태 외 1명, 『6 · 25전쟁사』, 선코퍼레이션, 2007.
신복용, 『한국 정치사』, 박영사, 1997.
양영조 외 1명, 『알아봅시다! 6 · 25전쟁사 제 3권 고지쟁탈전과 휴전협정』, 국방부 군사편찬연구소, 2005.
______, 『남북한 군사정책과 한국전쟁 : 1945~1950』, 한국학술정보, 2007.10.
온창일 외, 『6 · 25전쟁 60대 전투』, 황금알, 2010, 6.
______, 『전쟁론』, 집문당, 2008.
유현종, 『백마고지 : 김종오 장군 일대기』, 을지출판사, 1985.
이동원, 『6 · 25전쟁 초기 김홍일의 활동과 예편 : 한강 방어 전투를 중심으로』, 군사 권 99호, 2016, 6.
이선교, 『6 · 25한국전쟁 : 국군은 왜 막지 못했을까』, 현대사 포럼, 2016, 11.
이상호, 『인천상륙작전과 맥아더』, 백년동안, 2015, 5.
이상철, 『한반도 정전체제』, 한국국방연구원, 2012, 9.
이완범, 『삼팔선 확정의 진실』, 지식산업사, 2001.
이종학, 『6 · 25전쟁이란 무엇인가』, 충남대학교 출판문화원, 2011, 5.

이중근, 『6 · 25전쟁 1129일 요약본』, 우정문고, 2014.
임부택, 『낙동강에서 초산까지』, 그루터기, 1996.
임성재 외, 2012, 육군본부, 1985,『6·25전쟁과 한국해군작전』, 계룡 : 해군역사관리단
장용운, 『낙동강 전선 서남부지역 작전지도 연구 : 남지 · 영산지역 전투를 중심으로. 군사 제 67호』, 국방부 군사편찬 연구소, 2008, 6.
장준익, 『북한인민대사』, 한국발전연구원, 1991.
정길현, 『미국의 6 · 25전쟁사 : 왜 비긴 전쟁으로 마무리 할 수 밖에 없었을까』, 북코리아, 2015, 5.
정명복, 『잊을 수 없는 생생 6 · 25전쟁사』, 집문당, 2011.
정상국, 『백문백답, 손자병법』, 북코리아, 2017.
정일화, 『6 · 25전쟁의 교훈과 미래전』, 군사논단, 2017.
정재흥, 『북한 핵/미사일 위협에 따른 우리의 군사적 대응방안 고찰』, 군사논단, 2016.
조봉휘, 『군사적 관점에서 본 6 · 25 전사』, 진영사, 2016.
조성훈, 『6 · 25전쟁 초기 한 · 미의 북한부대 탱크인식과 대응조치』, 군사논단, 2017.
최갑식, 『낙동강 방어선과 영천대첩의 교훈, 자유 제50호』, 1999, 5.
최용성, 『간략한 6 · 25전쟁사』, 양서각, 2009.
______, 『나라를 지켜낸 낙동강 방어선 전투 : 경북편』, 2014.
최용호, 『한국전쟁시 김포반도 전투의 재평가, 군사연구 제 18호』, 육군본부, 2002.
차종환 · 이태형, 『차세대가 알아야 할 한반도의 미래』, 예가, 2008, 6.
한상호, 『아름다운 영웅 김영옥』, 북스토리, 2012, 10.
허만호, 『6 · 25전쟁 휴전회담과 역사적 유제들 : 협상론과 제도론의 관점에서』, 한국학술정보, 2017, 12.
홍태영 외, 『안보적 관점에서 본 한국 현대사』, 오름, 2009, 12.

2. 국외문헌 번역자료

Braim Paul F, 『육군본부 역, 위대한 장군 밴플리트』, 육군본부, 2001.
국방부 군사편찬연구소 역, 『라주바예프 6 · 25전쟁 보고서(제1~3권)』, 2001.
김광린 역 『소련의 자료로 본 한국전쟁의 전말』, 도서출판 열림, 1998.
러시아 국방부, 김종국 역, 『러시아가 본 한국전쟁』, 1983.

마틴 리스(Martin Russ), 저, 임상균 역, 『브레이크 아웃: 1950, 가을, 장진호 전투』 나남 출판, 2001.
미군 야전교범, 『100-1 The Army』, 1983.
와다 하루끼 저, 서동만 역, 『한국전쟁』, 창작과 비평사, 1999.
일본육전사연구회 편, 이원복 역, 『한국전쟁』전 10권, 명성출판사, 1991.
커밍스 부루스, 김자동 역, 『한국전쟁의 기원』, 일월서각, 1996.
허중권 역, 『세계군사사사전』, 학연문화사. 2009.

3. 국외문헌

I.F. Stone, The Hidden History of the korean War, New York Monthly, Rrview press, 1952.
GHQ, Far East Command, Military Intelligence Section, "History of North Korean Army", 31 July 1952, MacAther Memorial Archives.
HQ KMAG, "Command Report, September 1952", RG 407, Army-AG Command Reports, 1949-54, Non Organic Units, USMAG Korea AYUT 8202, Box 5800, NARA.
HQ, Republic of Korea Army, "Status of Units and Station List : Status of Assigned and Attached Units as of 31 January 1953", RG 330, Entry No. 21A, Box 4, NARA.
KMAG AG Section, "Semi-Annual Report, 15 June 1950", RG 554, Entry A-1 1355, Box 29, NARA.
Myers, Kenneth W., "U.S. Military Advisory Group to the Republic of Korea KMAG`s Wartime Experiences, 11 July 1951 to 27 July 1953, (Undated)", RG 338, Military Historians Files, Box 12-13, NARA.
Skaggs, David Curtis & Weinert, Richard P., "American Military assistance to the Republic of Korea Army 1951-1965", RG 319, CMH Manuscripts, KMAG in War and Peace, Box 1, NARA.

저 자

김 두 현(金 斗 顯)

충북 제천 출생, 육군 소위 임관('86.3 : 학군 24기)

보국훈장 삼일장(2016.10), 전역(2016.7)

전) 육군 보병학교 전술학 교관, 1군 사령부 작전처 작전계획장교

전) 11기계화 보병사단 대대장, 76보병사단 작전참모, 3군단 작전과장

전) 학군교 교육과장, 서울과학기술대학교 학군단장

국민대학교 일반대학원 정치학 박사

현) 여주대 특전부사관과 초빙교수

공저 : 군사지리기상, 언어논리

논문 : 독일 통일의 군사통합 과정에 관한 연구

동서독 군사통합이 한국의 군사통합에 미치는 영향

북한의 사이버전 위협분석과 대응방안 고찰

낙동강 방어선에서 영천지구 전투에 관한 연구

6 · 25전쟁의 교훈과 한반도 미래

김두현 저

2020년 02월 04일 초판 인쇄
2020년 02월 07일 초판 발행
2023년 01월 04일 개정판 발행
2025년 02월 27일 개정2판 발행
발행인 박 진 영
발행처 도서출판 진영사
인천광역시 부평구 주부토로 236번지 인천테크노밸리 U1 지식산업센터 B동 1507호
전화 : 032)505-4207
팩스 : 032)505-4206
E-mail : 0183734207@hanmail.net
등록 : 제2007-000001호

ISBN 978-89-6541-692-0 93390
값 24,500원